枚方宿役人日記

―中島儀輔御用留―

中島三佳
松本弦子　編

清文堂史料叢書
第63刊

清文堂

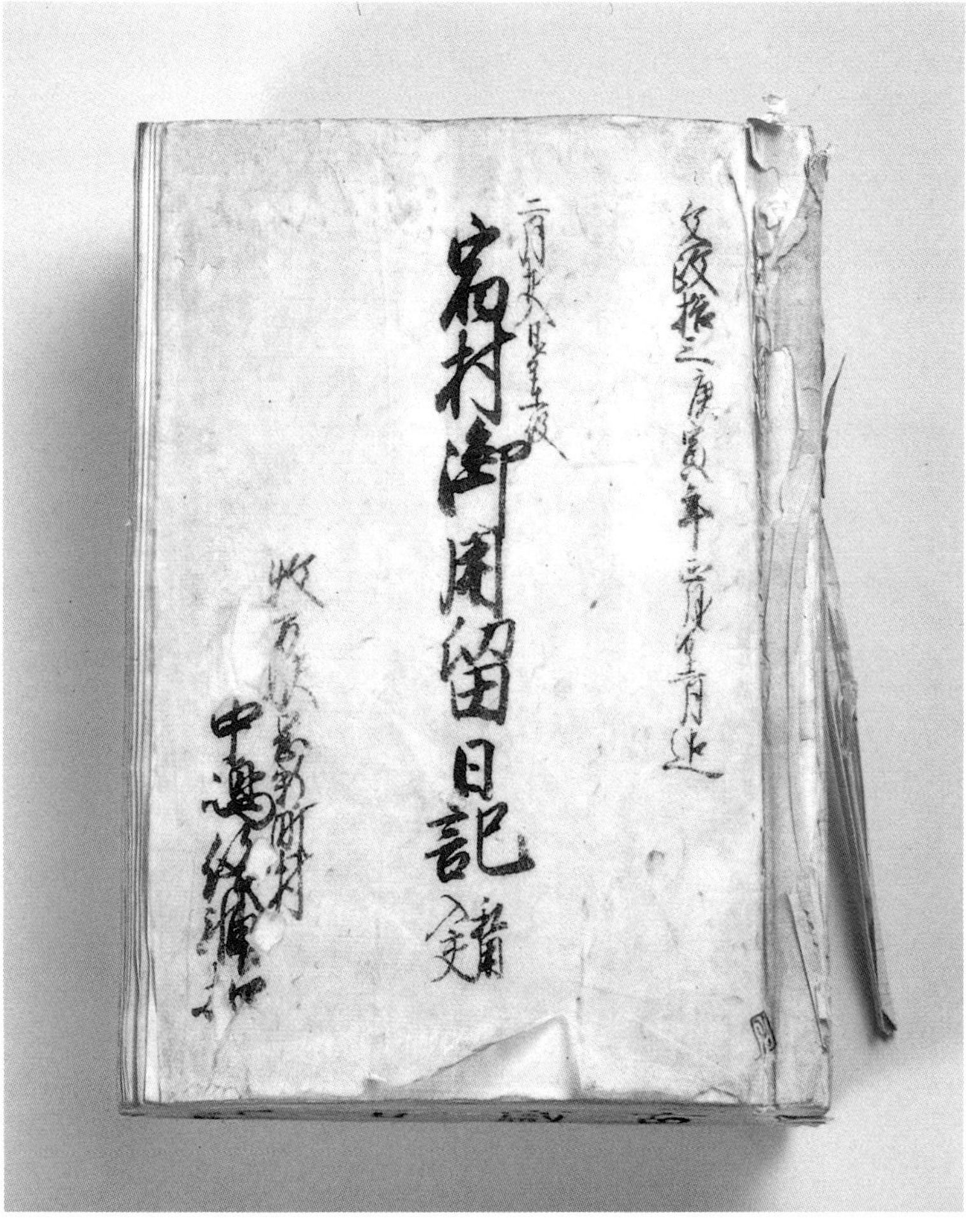

宿村御用留日記　私用入交　表紙

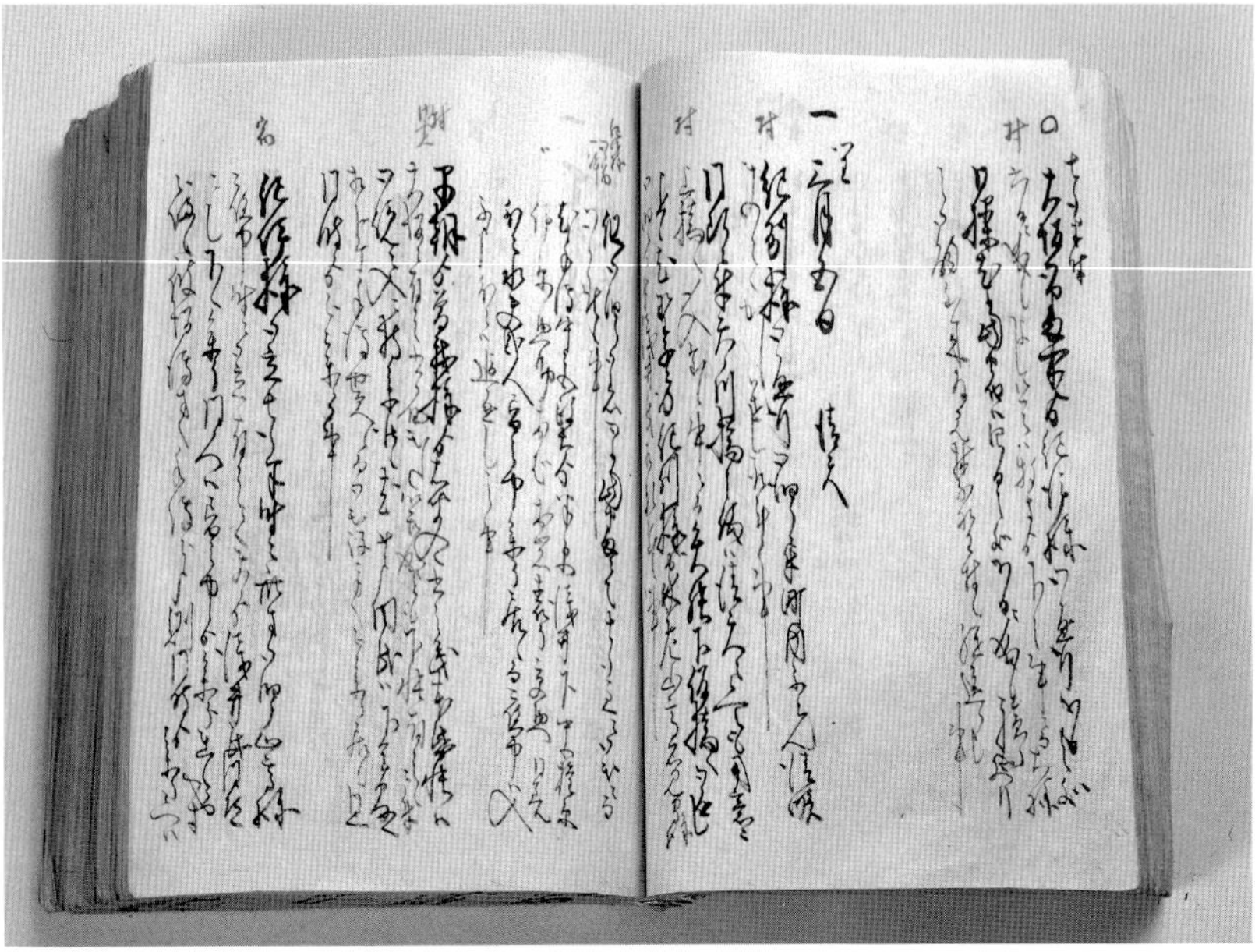

閏三月五日の条

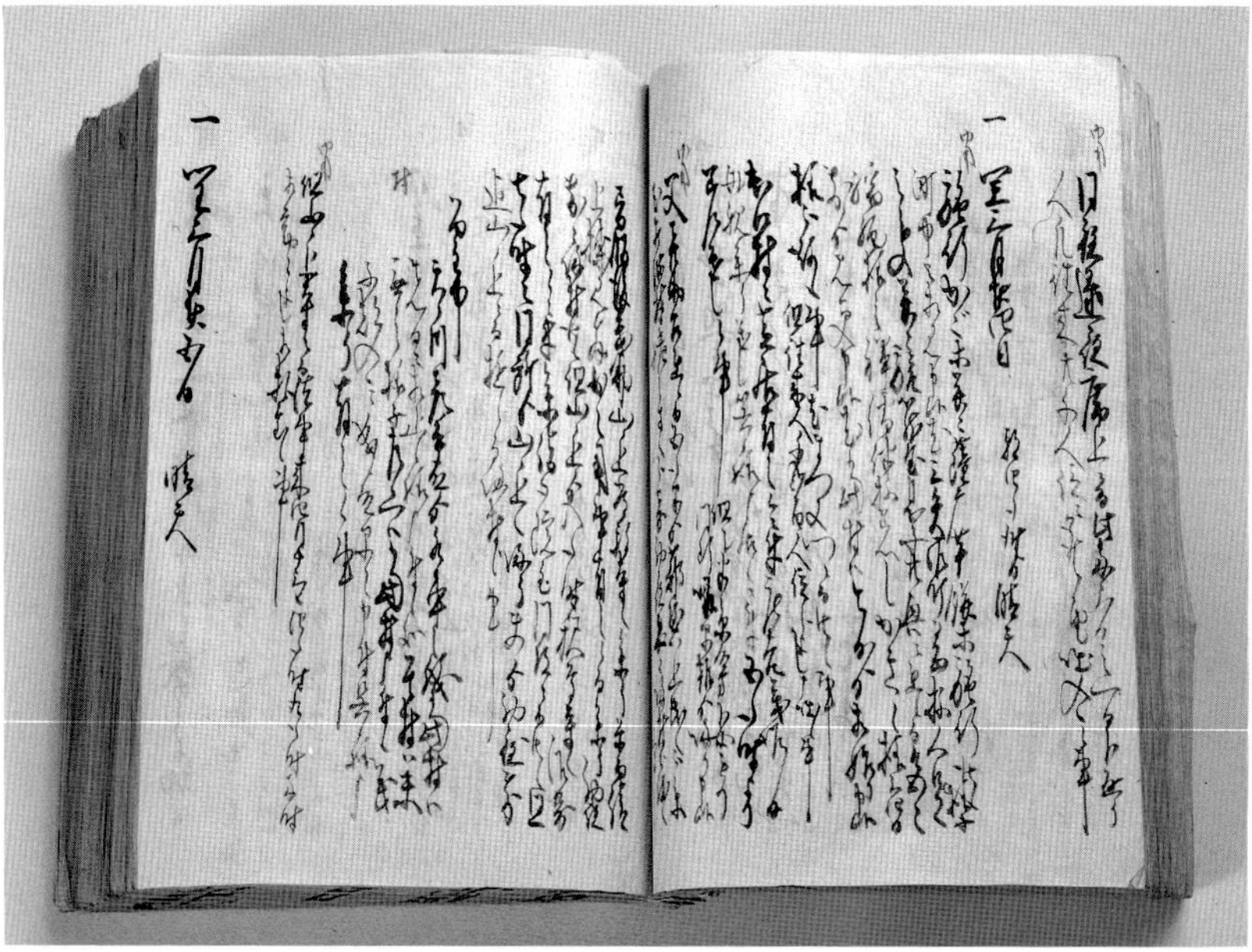

閏三月二十四日の条

枚方宿役人日記

中島儀輔御用留

目次

はしがき

枚方は古代より人が住みつき、近世においては大和・京都・大坂への交通の要路となり、殊に宿場町・在郷町として、北河内地方の中心的な町へと発展した。

ここに翻刻する文政十三年（一八三〇）の「宿村御用留日記」は、河内国枚方宿岡新町村の宿役人で庄屋でもあり、また、紀州侯専用本陣主として、そのうえ豪農、酒造家でもあった中島家の嫡子、儀輔政孝が記したものである。

これは、文政十三年一月から十二月までを克明に書き記した記録で、縦二十四センチ・横十七センチで、七百ページにも及ぶ。

内容は、はじめに月日・天候を、頭注には朱筆で宿・村・内用に分類し、一日の宿駅・村方及び家族の動静を、朝から夜に至るまで時刻を追って、順序よく記しており、日常生活を詳細具体的に記した庄屋役人日記である。

日記は、枚方だけに留まらず北河内地方や京都・大坂に関しても記し、広範囲な内容をもち、幕末期の北河内地方の天領（京都代官小堀主税支配）における、地方行政及び河内地方の村落共同体の人々の風俗・習慣を知る上で、貴重な内容が包含されている。

従来の歴史学では、余り重視されていなかった生活や、地域文化を克明に記したこの日記は、学術的にも大きな位置を占めるのではなかろうか。

一、この「宿村御用留日記」は、筆者儀輔政孝がはじめて庄屋・問屋役人に就任した年で、宿村役人として行政の経緯を書き留める必要から、特にこの文政十三年を最初として記録した。しかし、これ以後の日記は散佚して現存しない。

一、本書の刊行にあたって、「宿村御用留日記」の収録を快く了承いただきました中島隆士氏（枚方市新町一丁目）に、厚くお礼を申し上げます。

一、本日記の刊行は、ひとえに大阪市史編纂所長の藤本篤氏と、清文堂出版株式会社の前田成雄社長の御協力によるものであって、両氏に心から感謝する次第です。

一、本書の史料のなかには、身分的差別を示す名称が記載されているが、差別の歴史を科学的に研究するのに役立てるため、本書ではそのまま掲載した。

本書の編集・解題は中島三佳が担当、翻字校訂は松本弦子が担当した。

平成四年八月末日

中島三佳

文政拾三庚寅年正月ゟ十二月迄
二月廿八日ゟ在役

宿村御用留日記 私用入交

牧方駅岡新町村
中嶋儀輔扣

一 当寅宿方非番
一 正月二日
牧方宿内不残廻礼ニ出候事
一 三日
山ノ上常称寺へ礼ニ罷出候事
一 四日
摂州留田・庄所・田辺礼ニ罷出候、尤留主中親父ゟ小野・浅井・芦田右三家呼ニ遣し被申候へとも不被参候事
一 五日
芦田氏・浅井氏・小野氏被参候故、親共ゟ退役ノ被申出候事
一 正月六日
芦田氏・浅井氏被参候而、御両所心服役義ノ処、義助へ相頼候様相進被申候ニ付、段々相断候へ共、色々御咄ニ相成候故、余り失礼ニ而其場は勘弁仕、跡ゟ御返答可仕よし申候事
其夜、塩武・日金・なべ治・わた吉・くり弥〆五人被参候而先日御役義ノ処、退役被申出候ニ付一統相談ノ上、今暫ノ処相勤呉候様押而被相頼出候へとも、病気ニも有之候故達而相断被申候事
一 七日
義助私用ニ而山ノ上寺へ参り帰り延引ニ相成、其夜四ッ過ニ帰村、其節下ノ丁ハ何歟

騒ヶ敷様子有之暫仕候処、当村浅七・嘉兵衛両人中宮村五右衛門と申ものゟ言争ノ上脇差を以切付両人疵所ヲ受候ニ付其段届ケニ参り、尤届ケニハ文吉参り、且又中宮村へ引合人くり弥・わた喜・日金三人被参候様承り候、是ハ此方ゟ差図ニ而も無之、其場ゟ被参候と被存候、尚又浅井氏・芦田氏御両人被罷出候而、野子事ハ役名ハ無之候へとも相談ニ加り居候而、親類ノ事ハ此度竹屋市左衛門殿一応ハ咄合仕候も可然哉と呼ニ遣し為念申談候、其夜ハ仕舞明日ノ事と申分れ候事

一　正月八日

中宮村ゟ礼四郎・三郎治・九右衛門三人被参候而、五右衛門一件不調法心得違の段々相詫被申候へとも致方無之、何分本人へと相振り候、然ル処八平・日金両人仲人ニ立入被申候由承り候事

磯嶌村ゟ星田村九兵衛ゟノ訴状表受人ニ而、当村禄屋吉兵衛相加り有之由届ケ参り、甚々不相済仕義成共無致方、尤吉兵衛義ハ御印受居候事ニ而弐重ニ相成、則此方同書ハ磯嶌掛りノ方先訴ニ而其段先訴断ノ儀心配仕候事

一　九日

浅井氏被参候而、右中宮村一条ハ先夜夜中過相済候趣被申、且又小野氏ゟも相片付候よし被申参候、然ル処浅井氏江先日芦田氏と御両所江ノ返答、庄屋役ノ儀迚も難相勤候故此段御断申居候、尚又中宮村親類・組内并当方両人ノ親類、夫々右一条相済候ニ付言（マヽ）ノ礼ニ被参候事

一　十日

塩武・八平・忞喜・岡久・わた吉・なべ治〆六人被参候而親共へ庄屋役退候事ニ付勤役中ノ礼ヲ被申、尚又出直し義助へ跡役ノ

義被相頼候ニ付、中々左様ノ義ハ迚も及施
候義ニ而頓着ニ不仕相断候事

一　正月十四日牧方村出火　九ツ半時一軒焼
申候
八平・栗弥・岡久・なべ治・わた吉〆五人
被参候而、同様庄屋ノ義段々被相頼候ニ付、
色々相断候へとも達而被相頼候故、無拠左
様義ハ先ツ親共も如何被存候哉心服も聞度、
得と勘弁ノ上跡(加脱カ)ゟ御返答可申趣申談候事

一　同拾六日伊賀村出火　夜八ッ時一軒焼申
候
芦田氏・浅井氏被参候而、庄屋役ノ儀是非
受候様段々被相進候、乍去村不納ノ義ハ離
形を立候而、急度可納様被致候而、相頼出
候様仕候上ハ受候様、尤右ノ趣意ハ年寄中
御両人御了簡ニて一統へ申述、且また一統
心服是非相頼呉候様ノ実々心体ニ候哉ノ処
も相糺候間、然ル上ハ受候様被相進候、
甚々困り入色々相断談居候事

一　同拾七日
塩武・八平・なべ治・くり弥・綿吉・日金
〆六人被参候而、親共へ一統調印ノ一札ヲ
以勤役中ノ礼被申述候、且又引続キ義助へ
庄屋役ノ義、是も一統調印頼一札持参ニ而
段々被相頼候、且右様迄被致候而被相頼候
義候ハヽ、難黙止、其義無拠左様ノ義ハ先ツ
此度ノ処ハ三ヶ年を限り相勤候様申し候、
乍去不行届ノ野子故、一統ゟ御心添被下振
り任ニ不相成様と相頼置候、尤芦田氏・浅
井氏右御両家へも向後尚以御心添被下候様
相頼被置候様相頼置候、尚又年限相満候
ハヽ、外へいづれ成共相頼、年限中ニ得と其
積り被置候様、野子ニおゐても同様得と見
定、相譲り候積り可仕候様申居候事
天ノ川出火、夜中過ゟ焼出し拾壱軒焼失、
殊ノ外ノ騒故岡村役中とも談合、両村も明

晩ゟ立番為致候様申合決候事

一　正月十八日

糀吉掛り御印出口村へ日割相過候ニ付、下佐ニ持遣し候処先方ニハ受取不申、無拠其儘持帰り候事

井伝ゟ始火用立番申付、尤村方ゟ蠟燭代として壱組へ銭百文ツヽ相渡候筈、然ル処其夜宿人足ノもの浜へ参り候節、かんこの香高く候由申し候ニ付、直様見ニ出候処風と目ニ掛り、萬平屋根ニ而有之候故直さま用水を以防候上取得見受候処、つぎ切ニ而縄(カ)ニなひ夫々火ヲ付有之、甚々以不審成事、乍去其品ハ日金へ預ケ置、夫ゟ一統大ニ心元なく候故、一統ゟ立番弐組ニいたし度申出候ニ付、下ノ丁ハ兵市より始ニ而取計ハ同様、且又萬平近所ハ別段ニ立番仕候事

なべ治ニ而大四寸弐拾本并四寸三本取之、且又ほそ引三尺日の差ニ而取之水鉄炮直しニ相用候、水鉄炮直しニ付亀庄半人雇申候、且岡村高仁ニ而水鉄炮直しもの為致、代八分相掛り候様かめ庄被申之候事

御廻米一件ニ付牧方村ゟ廻状到来ニ付馬借所へ暮早々浅井出勤被致候事

一　十九日

御廻米一件ニ付浅井氏組合惣代ニ而出坂被致候事

糀吉判掛りノ儀ニ付、出口村へいかりや利兵衛遣し引合為致候様申付候事

宿方ゟ壱役ニ付三百文集メノ差持参り候ニ付直様、集番両方へ書付壱枚ツヽ相渡し置候事　但し集番上ノ丁、亀定・上弥、下ノ丁、わた伊

尤かめ定ハ先年ゟ御番衆中、出迎候ニ付、集番ハ相除候由、上弥ニ替る

一　廿日

糀吉義磯嶌村掛りノ方ハ、廿一日切ニ而候

へハ猶豫不相成、尤磯嶌ノ方ハ対談ノ積り行候由、此方ハ銀子難調候ニ付、組内呼ニ遣し色々相談ノ上忝喜ニ而金子五両かり受、是ハ組内ゟ証文差入、其替りニハ組内へ家質渡ニ而受取為置候、尚又金弐両ハいかゞ親類ニ而手元ゟかり受、金子七両ニ相成候故、磯嶌村対談ノ方へ百五拾匁丈ケ相渡し、則受取書取置申候事

　但し、芦田氏ハ立合

一　廿一日

浅井氏初夜前ニ帰村被致候事

一　正月廿二日

御廻米一件ニ付浅井ゟ廻状被致、下佐持廻、尤昼飯ゟ馬借所集会ノ義ニ而、同断浅井氏も昼飯後ゟ馬借所へ出勤被致候事

一　同　廿三日

山ノ上村寺普(請脱カ)財(材)木大坂ゟ着仕候ニ付、岡村・新町両村門徒ニ而山ノ上へ着申候事

但し浄行寺門徒も一緒ニ出被呉候事

一　同　廿四日

宿方手尻勘定仕候ニ付岡村ゟ今西氏出勤ニ而当村浅井氏・義助〆三人ニ而、外定役呼ニ遣し候へとも斎藤氏夕方ニ被参候而、已上六人酒飯被致候、夕前ニ相片付候事

糀吉一件五十匁取候、残金を以いかゝ・出口村掛りの方対談ニわた吉、大谷九兵衛方へ被参、段々引合被致候へ共まけ不申、無拠対談先方申方通り相渡し相済し被帰、尤御印相渡受取取置、証文持帰り被申、但し朝飯ゟ八ッ過迄被掛候事

　但し糀吉ニいかゞ村へも其段申参り候様申付置候事、尤わた吉へ右家質流しと相含候而、奥書調印いたし相渡し候事

(貼紙)
交野拾一講寺中へ新御章御下り有之候ニ付、前日山ノ上の御隠主被参候而、被相頼候故、

浄念寺ゟ天ノ川堤迄露払、又助露払為致候
様、岡村角野氏相談ノ上取計候事　尤御通
行八ッ過時ニ有之

一　同　廿五日
御廻米一件ニ付、組合惣代ニ而浅井出坂被
致候事
但し当村分六両弐歩弐朱、同人へ相渡し
置候事

一　同　廿七日
浅井氏暮六ッ時ニ帰村被致候、尤木谷買米
壱石ニ付、代七拾五匁三分がへノ由申被居
候事
但し当村分、浜庄屋ゟ廻米ノ受取書持被
帰候事

一　正月廿八日
火用立番廻り仕舞ニ相成候故、忞喜壱組ハ
残り候ニ付、壱組分為致、尚又井伝ゟ弐組
ツ、ニ而夜中替りノ積り、左候ヘハ明日の
労レも薄く格別差支ニも不相成候様被存候
故取計候事

（貼紙）正月十八日ゟ壱組ヘ百文ツ、廿八日迄、弐
拾一組分、弐〆百文相成候事
尚又二月七日又

一　同　廿九日　寄汁
四ッ半時ニ案内有之候故、芦田氏・浅井
氏・義助同道ニ而下佐召連罷出候処、酒飯
在之其跡庄屋願ノ書付浅井氏被相認、尚又
村方取締ノ雛形を出し勝手ニ而為相認候、
尤庄屋願ノ書付ハ座敷ニ而調印、高持一統
取揃候、其上五人組御仕置帳為読渡候処、大
体寄汁勘定も出来候様被申候、尤初夜半時
ニも相成候故、茶漬出候ニ付食罷帰り候事
但し此方ゟ注文百姓惣代弐人ノ事、平右
衛門・半兵衛と相定り候由、被申出候事

一　二月朔日
四ッ時ニ小野氏礼ニ被参、昨日ノ勘定帳并
調印ノ一札持参被致候、且又寄汁勘定帳ノ
面へ有金ぜに持参ノ事
萬年寺ニ而勇獅子ゟ例年ノ通り稽古角力有
之、尤前以札出候、且又手元ゟ壱歩持、鉄
之助蔵壱人参り候事
但し前日晦日寄汁ノ節、袴ずれと唱、ぜ
に五百文包おとめ持参礼申候事
尤年寄中ハ弐百五拾文ツヽ、有之由承居候
事

（貼紙）
八平殿被参候而、村のや源七郎旅篭屋渡世
仕候故、此段村ニも相含候様被申候、尤旅
篭屋中間とハ故障聞しも無之候故、御同役
へも并ニ宿方へも通達いたし呉候様被申居
候、依之御同役年寄中へも相談仕置候と申
居候事

一　二月二日　御用事無之
一　二月三日
万人講村方
四ッ前時ニ松沢ゟ使八平方迄参り、万人講
掛せん取集、明四日舟橋村久兵衛方へ持参
仕候様、則八平殿留主中ニ而平蔵殿被申参、
直様村中申触取集申候、明四日舟橋村行ノ
人綿伊相頼置候、且又万人講世話人取拵へ
相談芦田氏・浅井氏右両人へ仕候、尤八平
殿留主中故、被帰候ハヽ、相談候様有之、其
上ノ事と御座候事
宿
宿方ゟ廻文出岡村ゟ八ッ時ニ到来、則御普
請役御弐方様宿方御取締として、御越しニ
付而ノ趣申来り心得居候事、尚又夕方ニ与
吉参り明中飯後早々馬借所へ罷出候様、右
一件御相談申度由、乍去野子足痛ニ而相断、
是非と御座候へハ最一応与吉参候様申遣候、
直様ニ年寄中へ心得ニ而相頼置候事
村
留市并ニ組頭くり弥留主ニ而、綿重組内に

て付添参り、去朔日七ッ半時ニとん市蔵へ
盗人様ノもの這入少々盗取、尚又よごれぢ
ばん并ニぬりわん右弐品残し置候由申来り
候ニ付、先ツ弐品ハ其方ニ預り置候様申付、
跡ゟ沙汰可致様申居候事

一　二月四日　前晩初夜ゟ雨降、明日昼過迄小雨、八ッ時ゟ空晴申候

宿　宿方ゟ与吉参り、年寄中成共参り呉候様申
来り、則浅井氏へ相頼参り被呉候事

万人講村方　万人講参会ノ儀、綿伊・平蔵両人昼過ゟ被
参呉候尤、より銭両替金ニ而相渡、勘定書
相添并ニ酒代書出し八平書出し、いづれも
持参被致候、両人共其夜四ッ時ニ被帰候、
尤両替金ハ直間違有之、明五日小倉治右衛
門方へぜに持参致候様申談有之、其儘持帰
り被申候事

宿　浅井氏暮方ニ帰村被致候、尤御普請役御越
ニ付、取極相談有之候由同人ゟ承候事

村　杢喜昼時ニ参り、又兵衛方盗人盗まれもの
届ケノ儀相頼被出候ニ付、書付ハ佐助方へ
同人罷下し候事
　但し佐助へ義助書面相添相頼よし

村　とん市盗人盗まれもの并残し置候品等又助
相調候処、同人一札を以村方へ穏便ノ取計
難出来よし申之、村方も不安心ノ義ニ而届
出候積り申付、尚又とん市後家組内綿喜呼
ニ遣し、其旨申付候処、使様ノ人ニ而もよ
ろしく候間、いづれ成とも差遣候様、大坂
ニハまつ喜被居候事故、夫へ向ケ頼遣し、
尤下り掛ケノ節も相頼置候義ニ而、右とん
市方ゟ磯嶋村利八・市松替りニ被参、まつ
喜所書并佐助方所書相渡、尤盗まれもの書
付持し遣し、残し置候ものハ正ノもの持参
いたしさせ（マヽ）、初夜過ニ相渡、夫ゟ同人陸路
参り候様申居られ候事

内用　山ノ上永代経ニ付家内母被参、向おばさ

内用
ま・おすて〆参人参り被申、且向平五郎方
永代経上ケ候事
三矢村大八子息死去被致、葬式四ッ時ニ而
鉄之助参り八ッ時ニ帰村仕候事
　但し黙雷尊師山ノ上永代経ニ而、其方へ
　四ッ時ゟ御出ニ御座候、尤明五日朝仕舞
　候、且又暮過ゟ相廻し申候事

一　二月五日

万人村方
わた伊・平蔵殿両人被参候而、昨日先方へ
参り候処、天ノ川へ引有ノ灯篭石河市浜へ
出候様相談有之、来十一日南都講元宅ニ而
大参会ノ由、尤九右衛門当ノ切札一枚相渡
候ニ付持帰られ、且右より銭両替金ハ直違ニ
而、銭ニ而遣し候様相対有之候ニ付、四ッ
前時ゟ右銭拾弐〆五百文佐吉ニ持し遣し、
尤小倉村治右衛門へ相渡印形無之よしニて
仮受取置候、九ッ時ニ帰村仕候事

内用
瓶仕舞ニ而常例ノ通り御客御出有之、暮方
ニ一統御引取ニ候事

宿村
四ッ時ニ岡村ゟ地子米并ニ問屋給米ノ御小
手形歩行持参、尤先日岡中嶌氏上京被致候
ニ付相頼候故御役所ニ而御受被致候、是ハ
元来立冬ミニ御受可申筈成共、失念得受不申、
且又久下屋ゟ芦田氏分矢張村用上京ノ節ノ
書出し遣し候ニ付、是等岡村ゟ被遣受取置
申候

村
留市一件磯嶋村利八被帰、尤野子認遣し候
品書ハ持帰られ、尤一件まつ喜ニ相頼、且
まつ喜、たゞ篤相頼まれ候而、又兵衛方留
市双方共相済ノ趣申居候、尤初夜前ニ帰村、
まつ喜明後七日帰村ノ様有之候事
　但し委細ハまつ喜帰村被致候上、相訳り
　候哉ニ奉存候、尤佐助相頼候積りニ候へ
　とも同人留主中ニ而たゞ徳相頼候事

一　二月六日　用事無御座候
　　但し日金方泥町村たば喜ゟノ引

合書対談相調候由、同人被申居
候事

一　同　七日　　八ッ時ゟ雪降七ッ時ニ相止

内用　摂州庄所長左衛門殿外、郡次郎殿・京都長
徳院外壱人、二条殿御家人〆五人被参候而、
長左衛門殿ハ私宅年頭礼ニ被参候事ニ而、
外四人ハ南都へ被参候由、拙家ゟ被相分、
尤長左衛門殿七ッ時ニ被帰候事

内用　浅井氏・芦田氏両所被参候而、向ニ手元勘
定いたし、其夜初夜時迄相掛り候事

村　立番ノ儀今晩ニ而仕舞ニ相成候、尤下亀庄
組壱組ニ而八ッ時迄相勤相止メ候様申付候、
尤夜番ノ儀、立番相止候ハヽ、厳敷相勤候様
上下夜番呼ニ遣し、今晩ゟ八ッ替ニ而明番
へ相渡、且相渡候前、夜中時々町中一統叩
起し火用心申聞候様、明番ハ七ッ時ニ同様
申聞候様、尤同時村役人へ只今相渡、尤只
今受取候段申伝候趣、一々申付不申候間、
今晩夜番四人ゟ言送り候様申付置候、但し
三人立会ノ上申付候事

但し上夜番　日金・佐長・吉蔵
　　下　　扇藤・浅七・なべ治

（貼紙）
正月廿八日ゟ二月七日迄八日分、八組
　　八百文
正月廿八日〆高、弐貫百文
　都合弐貫九百文ニ相成候事

村　浅井氏被参候ニハ、岡村ゟ長兵衛参り立番
ノ義問合ニ付、当村ハ今晩ゟ相止候様被申
入候へハ、岡村ハ最一廻り仕候由申居候趣、
同人御咄ニ御座候事
　但し当村ハ今晩ニ而弐廻りニ相成候事

内用　浄行寺ゟ被相頼候ニ付、御章御迎ひニ木屋
村迄鉄之助上下ニ而参り、尤拾壱日講内、
外六講ノ内へ新御章御下り、木屋村ゟ浄念
寺へ御移りニ付、御迎五ッ半時ゟ七ッ時迄

相掛り候事
村　泥町村喜右衛門殿ゟ日金相手取候引合書、
対談相調候ニ付取ニ参り、尤使ハ田作被参
候故、相渡候事
内用　早朝ゟ喜助大坂淡路高安氏方へおかうノ薬
取ニ遣シ、同日初夜前ニ帰村候、尤容体持
し遣し候事
一　二月八日　四ッ時ニ雪少々降
村　上木屋弥兵衛呼ニ遣し、三矢村坂伝一件尻、
尤掛り銀催促仕候事
村　忝喜被参候、尤昨夜初夜半時ニ帰村被致候
由、尤大坂ハ双方共相済候、尤聞届候様被
仰付、尚又残し置候品ハ牢屋敷へ持参候様、
被仰渡候ニ付持参仕候処、与力衆御詰無之
候故、惣代部屋へ相頼候処、承知仕候間、
勝手ニ書付差上置候、尤右残し置候品ハ受
取置候ニ付、左様被存候様と惣代被申候故、
其儘ニ而引取候由ニ御座候事

但し大坂御奉行所へ差上候書付扣帰り被
申候ニ付写置候事
村　わた伊屋敷譲り渡しノ証文奥書相頼ニ被出
請取候而、相済ノ上奥印仕候様申居候事
村　なべ治呼ニ遣し、三矢大八ゟ同人安左衛
門・平左衛門右三人相手取候而ノ引合書、
是ハ先日ニ奥書相渡候へ共、未タ願不申候
故、可相成義ニ候ハハ対談仕候様ノ由、申
参り候ニ付、其意を以なべ治へ利解加へ対
談被致候様申聞候、尤同人ゟ八平方へも相
談被致候上早々埒明候様と申居候事
内用　おかうたいじやう日ニ而、餅搗仕候事
但し町内くばり申候事
一　同　九日
万人　八平殿呼ニ遣し万人講世話人ノ義、取調候
村　義相談、尤南都行当十一日参会ノ義、同人
参り候由被申居候事
村　早朝正月分月集切出遣し、明後十日取集候

由申触置候、後月ゟ切出遣し不申積り
内用 母并ニかう・うば・おすて・長蔵とん田行、
昼時ゟ暮過ニ帰宅被致候事
内用 早朝山ノ上寺ゟ書面到来、則其夜暮方ゟ隠
主浄行寺参り被居候か、同道ニ而被参、尤
跡ゟ供外ニ源兵衛参り被申、出坂ノ積りニ
而、尤材木ノ儀相談ノ上、ヶ様ニ大勢出坂
仕候も無益ノ事ニ而、日金一人出坂ニ成申
候、但材木買而已ノ事
　但四ッ過ゟ隠主、源兵衛供〆三人被帰候
　事
内用 向あさ方夜番ニ当り、尤宵番ニ而長蔵遣し
候事
一　二月十日
村 米源呼ニ遣し坂伝一件尻催促仕候処、金子
壱歩持参仕候、受取候事
村 又助呼ニ遣し参り候ニ付、博奕様ノ風聞も
内々 有之よし粗承知仕候故、精々夜廻り心得候
様、若左様ノ義も有之節ハ内々此方へ相知
らせ、其方役前ハ振違ニハ成共、此方へ相
知らせ候ニおゐてハ手元ニ而清略、若不行
届節ハ御役所へ差届、尤御役所沙汰ニ而仕
舞御公辺ニ成候而ハ、御役所ノ不行届ニも
成候而ハ恐入候義、いづれ極内々申聞置度
候旨申付候事
内用 父・鉄之助・供長蔵〆三人はつ午ニ而四ッ
時ゟ陸路出坂被致候、尤明晩帰村ノ様申被
居候事
内用 浅井氏被参候而、同人手元ノ内談五ッ時ゟ
七ッ時前迄申談居候事
宿 同人被申居候風聞、何歟先日馬借所騒ヶし
候もの逃去、よとニ而金毘羅参りノ様ノ姿
ニ成、軒別ニ立居しヲ役ニ参り候人足ノも
の見付捕帰り候ニ付、又助へ掛ケ段々清略
相糺相叩り有之由、尤下当番成ハ木南氏、
右捕帰り候人足ノものへ褒美として鳥目一

貫文被出候由承知仕候、且木南氏ハ病気成ハ馬借へ出勤ハ無之、奥田氏同様只定役小使而已ニ而吟味仕られ候由ノ事

村　四ツ時私部村三右衛門ゟ、当村いづゝ屋伊三郎・上木屋伊助・栗屋弥右衛門右相手取候引合書、尤三右衛門病気ニ而親類治右衛門与申仁持参被致候事

村　綿伊ゟ今堀譲りノ質屋敷外添物ノ証文、奥印仕候事

但し三人調印、先ツ今日ハ父一人調印、外ニハ持参被取候様奉存候、尤相渡申候事

一　二月十一日

村　正月分月掛ケ取集候事

中宮村四郎左衛門・内吉助両人、父大坂ゟ被帰候ヲ迎ニ昼飯後佐太迄遣し、尤駕篭ニ而遣し候、夜初夜過ニ帰村、尤鉄之助ハ残し居候事

内用　うば・おかう同道ニ而在所近辺の医師ニ掛り度候、尤自分眼あしく候ニ付、相頼候故遣し、大坂迎ノ人足ヲ為送候事

岡村きく殿より引合書四通持参被致候、房吉・平右衛門外壱人相手取候一通、松屋利兵衛・日野屋善助相手取候一通、河内屋茂吉相手取一通、栗屋弥左衛門外弐人相手取候一通、都合四通ニ相成候、昼前ニ持参被致候事

村内用　芦田氏昼より呼ニ頼遣し候処、初夜前被参候故、浅井一条尤内実役ノ義相談仕候処、御同人被申候ニハ一応浅井氏へ合候而、得と承談申候様被申居候事

内用　日金殿山ノ上村寺一条ニ付出坂、夜前夜登りニ而帰村被致候由被申居候、尤山ノ上へ

山ノ上普請一件　参り申度候へ共、労レ候ニ付、先方源兵衛殿成共、呼ニ遣し呉候様被申候故、書面則同寺ゟ幸便有之候ニ付、夫へ事伝相渡候、

其暮方ニ源兵衛殿参り候ニ付、日金殿呼ニ
遣し三人大坂始末相談候事

村　岡村ゟなべ治買米引戻し候義、埒明催促ニ
御座候事

一　二月十二日

村　上木屋伊助・日野屋善助・八幡屋平右衛門
呼ニ遣し、夫々引合ノ義申聞候事

村　守口一番ゟ廻状到来、文面左ノ通り、且又
浜入用、古橋参会入用等、五匁二分浅井氏
へ相談仕候処、先達而出坂被致呉候砌ノ過
上銀ノ内ニ而、相渡候様被申候ニ付、其方
へ廻文相渡、又銀子も同人ゟ相渡し被申候
事

廻文ノ写

以廻状得御意候、然ハ浜入用先日書付差
上候間、夫々渡方仕度候間、此廻状へ付
廻し、留ゟ守口町へ御遣し可被下候　頼
上候以上

二月十日　　一番村
　　　　　　守口町
新町村
岡　村
三矢村
泥町村
牧方村
走谷村

尚々田井村ハ当月四日参り申候

内用　鉄之助迎ニ夜舟ニ而大坂へ吉助遣し候事

内用　磯嶌弥兵衛殿ゟ江戸行被致候ニ付、かごし
う、ろうかりニ参り、箱共夫弥太郎殿へか
し相渡し申候事

内用　山ノ上村寺の材木上ケ等ノ義三矢村万庄方
へ相談、七兵衛遣し候処、以ノ外ノ申方ニ
而万庄不実意ノ様被存候、七兵衛事も立腹
申居候事
但し材木ハ着不仕候へとも前以ノ相談也

一　二月十三日

村
浅井氏書面ニ呼遣し直様被参候故、岡村ゟ催促ノなべ治ノ方ハ米引戻し候義、同人呼ニ遣しいかゝ、被存候哉、否承知致度旨申談候へとも得と相談ノ上返事可致被申、今晩浅井氏方へ返事仕候様被申居候事

村
田川氏呼ニ遣し置候ニ付被参、右岡村ゟ菊殿ゟノ引合ノ趣、尚又私部村三左衛門よりノ引合ノ趣、右両様申聞、早々埒明候様申置候事

内用
父京都日野様御発駕当十五日ニ付、御見送りニ上京被致明六ッ時ニ出立ニ而、十五日晩ニ帰村仕候様被申居候事

内用
鉄之助并ニ吉助大坂ゟ暮過ニ帰村仕候事

内用
うば、おかうつれ候而八ッ時過ニ帰り、尤うばの父親被送候事

内用
平蔵殿・弥兵衛殿両人油屋七兵衛京都仙入(泉涌)寺へ参り候ニ付、奉加ニ被相廻候ニ付、弐百文記帳致候様申居候事

(貼紙)

一常蔵参り、同人女房并ニ弁蔵女房右両人ノ送り出口村へ取ニ参り申度候間、下書相頼出候ニ付、一通差遣候事 一髪結弥兵衛、寺請ノ一札下書相頼候ニ付相渡候事

一　十四日　四ッ時ゟ雨降り八ッ半ニ雨降止候事

宗旨一件
内村
浄行寺被渡候而被申候ニハ、昨日ハ浄念寺候而こつち方ノ法中寄合宗旨ノ義、旦那中へ申談ノ一条談合有之、尤常称寺・浄行寺ハ明十五日ノ積り被申居候、則両寺旦那中へ其沙汰致置候様、被相頼居候事
但、右両寺旦那不残明十五日浄行寺へ寄合、宗旨ノ儀常称寺御院主并ニ浄行寺ゟ被談、尤此後心得違無之様ノ積り、尚又常称寺ゟ書中到来同様浄行寺ゟ被申候通

り、乍去少々相分り兼候義ニ而、昼後野
子事御寺へ参り積り御返事書中遣し、尤
昼後ゟ天ノ川通ニ庄おやし被参候ニ付同
道ニ而参り内談、且又材木ノ儀も相談仕、
暮過ニ帰村いたし候事

村

綿吉并ニ八左衛門・卯兵衛右三人被参候而、
糀吉ノ義、尤先日ゟ後家たらし骨上ケ上京
仕居候留守中、娘幼少成故、昨夜藤坂出火
ノ趣ゟ、己之助方へ泊り参り、明家ニいた
し居、其跡へ盗賊這入少々盗取候由被申出、
尤只今ゟ八左衛門・卯兵衛両人養父村吉兵
衛方へ参り其由申連帰り候様積り、直様参
り被呉候処、吉兵衛事早々帰り候様、申居
候由承知仕候事

山ノ上普請一件

財(材)木ノ儀院主被申候ニハ、一旦急入用ノ様
申居候へ共、全大工ノ間違ニ而、いよ〳〵
急ニ上ゲ候而ハ大工赤面ニ相成一両日見合
候も可然様被申候事

但し岡村へも半兵衛殿被参、材木上ケノ
儀談合被致候ニ付、拙者帰り候へハ早々
岡村へも一両日延引ノ義候由申遣し候事

村

山ノ上村へ参り居候留主中、三矢村ゟ少々
銀子添ノ書付、并ニ浅井氏ゟノ廻文添有之
帰村ノ上見受候処、全御廻米掛りノ事と被
存候間、浅井氏方へ遣し候積りニ候事

村

すやお升方へ養子貰候ニ付、目明ニおとめ
付添、印紙持参候而初夜前ニ参り候事

一　二月十五日

宗旨一件
村内用

早朝ゟ山ノ上御院主御出有之候ニ付一統ノ
門徒揃兼候故、直様催促いたし程なく揃候
故、御院主浄行方へ御出有之、一統并ニ浄
行寺門徒一統同様一緒ニ宗門ノ儀并御寺
法・御定目御読聞せ有之候上、不残調印取
被成候上、中飯ニ相成一統引取、御院主并
ニ供ハ浄行寺ニ而飯出申候、又々昼後寄集
御寺法ノ義、御院主ゟくれ〳〵御申聞有之、

則七ッ過ニ相成候、夫ゟ一統引取御院主三矢村へ御越有之候事

但し材木ノ儀、御院主此方ニ御出有之内、日金被参委細御咄御座候、且三矢村へ御越も同様材木ノ事、尤引取候義ハ跡ゟ申遣し候様被申居候事

村　昨留主中ニ参り有之、右三矢村ゟノ書付等今晩浅井氏へ持し遣し候事

村　かめ定ゟ弟熊吉事出口村へ遣し候ニ付送りノ下書持参仕候事

村　常蔵事女房出口ゟノ送り参り候ニ付持参受取候、尤弁蔵ハ別段自分ゟ持参仕候事

内用　父京都ゟ大津迄御見送り有之、同所ゟ引取、尤宿々かごニ而四ッ時前帰宅被致候事

内用　芦田氏御出ニ而、浅井氏ノ一条御咄ニ御座候事

村　糀屋吉兵衛参り候ニ付一通り呵り、一旦申付候ニ母親ニ印形手放し候段、右様ノ母親成ハ相渡し候而ハ不為ノ様申付候事

但し明日ニ而も母親被帰候へハ同道ニ而印形持参来り候様申置候事

村　明十六日宗旨下改致候積り、同役中相談申遣し承知ノ上、初夜前ニ一統へ為触候事

宿　夜四ッ半時ニ御伝馬所ゟ廻文到来、則明十六日御普請様御弐方御通行、并ニ阿羅陀人、右いづれも中飯ニ成候由、尤野子出勤仕候様廻文与吉持参ニ而申居候へ共足痛ニ而浅井氏相頼遣し候様仕候趣申聞候事

但し掃除ノ事　廻文申参り候事

一　二月十六日

村　村中宗旨下改仕候、尤芦田氏立会被呉候、浅井氏ハ馬借所ノ方へ出勤ニ而立会無之候事

但し芦田氏・義助・おとめ三人中飯仕候

村　弁蔵女房送り、出口村より参り候ニ付持参いたし候事

村　百姓中此方へ印形預り候ニ付組頭ゟ印形取
置候事
宿　阿羅陀人弐人ニ而、是ハ本陣へ入候由、御
普請役ハ上丸へ入候、是も弐方ニ而、尤い
づれも中飯ニ而四ッ時過ニ当宿へ御着、九ッ
過ニ御立御座候て、新町村浅井氏、岡村中
嶌・今西、三矢村奥田・中瀬子息、泥町鯛
六外ニ定役三人ノ内定役一人ハ被残、弐人
ハ天ノ川迄罷出候様子、問屋壱人但し問屋
代鯛六淀迄ノ様子、浅井氏ハ阿羅陀人ノ見
送り、よどまてノ様子ニ御座候事
村　伊加〻村誓願寺ゟ当村ノ同寺旦那勝手ニ宗
門改仕候上、印形取候間、此段御答置候様
申参り候事
宿　浅井氏帰り被申候ハ初夜□ニ帰村相成候由
承知仕候事
一　二月十七日
村　亀庄方熊治郎村送りノ義相認候而留主中相
頼候置候事
但し清略仕候上ノ義ニ而相頼候置候事
内用　四ッ過時ゟ義助私用出坂仕候事
但しおこう、うば供吉介〆三人ノ事なり
村内用　留主中相頼候置候書中、同役御両所へ差遣
し置候事
(貼紙)
両村立会　十七日　罷出候後、留主中扇藤ゟ申出候築
廻し普請、尤堤御立置仕度候よしニ而相談
候上、跡ゟ返事仕候様申居候事
一　二月十八日　義助大坂参り留主中七ッ時少々雪降風厳敷候
内用　十七日七ッ半時ニ大坂へ着、尤三人供共羽
山屋へ参り候而外三人ハ同家ニ而泊り、義
助用事在之北国屋へ参り泊り、明十八日朝
飯後羽山屋へ参り、供吉助事ハ帰村為致、
残り三人羽山屋子共召連医師へ参り、尤吉
助帰り候ニ付其夜迎ノもの参り候手筈内々

申遣し、又々義助事ハ北国屋へ参り中飯仕、外買物等仕、其夜同人方ニ而泊り候事

内用

一　同　十九日　十八日夜ゟ朝へ掛ケ而雪降、尤風早く厳敷、義助在坂中

義助北国屋ゟ朝飯後出、羽山屋へ参り迎ノもの相尋候処、参不申同家ニ而待合、昼時より陸路三人供惣助帰り候、尤昼飯同家ニ而食申候、夫ゟ帰り守口新屋ニ而飯仕、駕篭一丁吉田氏へ相頼遣候処今日ハ人足無之候とノ断ヲ受、無拠雇候而七百文ノ相対(カ)仕候、尤初夜前ニ帰宅仕候、内ゟ賃銭七百文相渡候事

　但し佐太ニ而灯ちんかり帰り候事

村

留主中用事

　すや太吉村送り持帰り候ニ付尤受取候事、但し同人受取候通り一札ノ下書参有之候、

　但し下書帰し申候

村

十九日

大坂南瓦屋町小郡屋熊次郎ゟ、当村栗屋弥左衛門相手取候引合書、但し銀高三百三拾二匁九分一厘ニ而持参仕候事

　　但し聞記候事

万人村方

十九日

万人講一件ニ付勇吉被参、石引ノ義廿三日往還引候様被申候ニ付、当村立合相談仕候、勇吉被帰候而中宮村ニ在之申書面相認遣し候処、尚又勇吉ゟ返事到来、又々書面差遣し候□、先ノ度右長兵衛遣し、弐度目喜助遣し、書面浅井氏相認被申、且又岡村木津治・角野・芦田・浅井・父九右衛門・歩行佐兵衛〆五人中飯出し申候事　尤聞記候事

村

弥兵衛寺請状一通持参仕候事

　但し下書帰り申候

村内用

初夜前時ニ帰村仕候故佐兵衛申付御同役弐軒へ只今帰り候趣、申参候様申聞候事

村　四ッ過時ニ大坂御番所ゟ当村市次郎、御差紙拝見仕候処、廿日四ッ時ニ罷出候様ノ事ニ而早々呼ニ遣し申付、尤飛脚ちん六百三拾四文飛脚へ相渡し申候、但し磯しま吉兵衛・市松代ニ参り候由聞候事

村　御触御番所ゟ到来ニ付八平殿持し遣し出坂ノ事

御国役触ニ付高付　浅井氏私用ニ而出坂仕候由ニ御座候事

山ノ上一件　十九日

(貼紙)

常称寺ゟ書面到来、木上ケノ儀申参候事ニ而、則野子留主中、親共ゟ明後廿一日上ケ候よし被申遣候事

一　二月廿日

村　芦田氏御出候而、留主中ノ咄合承り候而、糀屋吉兵衛ゟノ一札受取候、其上万人講世話人ノ義相頼候ニ付相談仕候事

但し今晩相頼候様決着仕候事

村　日金・柴半・塩武・忢喜・岡久・くり弥・なべ治・綿吉〆八軒呼ニ遣し候処、留主中ニ而しほ屋・柴平・日野屋・くり弥・わた吉〆五人被参、則芦田氏立会石橋一条ノ義、相談ノ上万人講世話人ノ義相頼候事

但し夕方ゟ被参候事

山ノ上一件　昼後常称寺木揚ノ儀明廿一日ノ由、当村旦那中へ日の屋千之助・内長蔵両人ニ而為触、尤岡村天ノ川へ両人差遣し候事ニ而三矢・蔵ノ谷へハ村の屋差遣し候事

一　二月廿一日　風有之寒気つよし

山ノ上一件　山ノ上寺木揚ケニ而喜助差遣し尤昼前ゟ父被参候事

万人村方　杉沢氏・中宮三郎治殿、石引ノ義相談ニ被参候而、色々と父咄合被致居候事

村　菜種買入ノ義、綿伊へ書付ニ相認持参仕候様申遣し候事

村　とん田屋市松一件、磯しま吉兵衛大坂より

暮過ニ帰村いたし、大坂方始末首尾よく参
り壱品ハ不足ニ而残り御渡し有之、乍去其
方へ先ツ預ケ候様被仰渡、且受印仕帰り候
事、尤飛脚賃六百弐拾四文同人持参り候而
受取候事

万人 村方
万人講世話人ノ義ニ付呼ニ遣し
厺喜・なべ治・岡久・綿重〆四人被参候ニ
付相頼候、尤芦田氏も七ツ半時被参居候ニ付
同様立会ノ上咄合相頼候事
但しわた喜・なべ治両人ハ夕方ニ被参

万人
わた伊同断ニ付呼ニ遣し咄合仕相頼候、尤
別段義助一人ニ而相咄候事

村
義助一人ニ而相頼候事

村
上木屋伊助呼ニ遣しニ付被参候、則栗屋一
件早々埒明候様仕候旨申付候事、且又品申
合一条同様早々埒明候様申談候事

一　同　廿二日　晴天少々春気催

内用
芦田氏御出ニ而、浅井氏一条談合四ッ時ゟ
八ッ時迄有之候事

万人 村方
万人講一件石引ニ付勇吉・大安寺おやじ被
参候而いよ／＼明日石引仕候積り、尤車出
し呉候様、尚又材木かし呉候様被申候ニ付
おとめへ申付鍵渡し、かし遣し候、其跡へ
講元外一両人世話人被参候而、前刻世話人
被参定而被申候、いよ／＼明日下ノ橋迄往
還通し、夫ゟ大なる石ハ舟ニ積、少なる分
往還引候積り被申居候、いづれ明日ハ一統
罷出候様申居候事
八平殿八ッ半時ニ帰村被致候趣承知仕候、
尤同人ゟ明日ノ人足出し呉候様申参り村中
へ為触候事
山ノ上御院主御出ニ而少々内談有之、尤浄
行寺殿同道ニ而相談ノ上、浄行寺方へ御出
有之候事

村 内用
（貼紙）
天ノ川弥助ゟひろめし赤飯参り、尤外御年

寄中も参り候よし承知仕候、是ハ全役前へ差遣し候様被存候事

内用　飛脚津之加大坂へ参り候ニ付羽山屋へ先日ノ礼状遣し、尤はり武へ書面遣し供もの取ニ遣し候事

万人村方　下亀庄被参候、尤万人講一件ニ付呼ニ遣し候ニ付而ノ義故、同断世話人ノ義、何歟談合ノ上相頼候事

村　明日石引ノ義村中一統へ相触置候事

一　二月廿三日

万人村方　石引ニ付五ツ時ゟ其方へ罷出、尤岡村も三人被出、当村ハ芦田氏・義助両人ニ而外世話人ニ相頼候分三、四人ハ被出候、且七ツ時ニ萬平方ニ而岡村三人、長兵衛、当村弐人と佐兵衛〆七人支度并ニ酒呑申候、尤石大ノ分数五ツいかりや表ノ西へ出し置、尚又小ノ分数壱ツ三矢村河市浜へ出申候、尤いづれも往還ヲ引、壱方ハ西橋詰ゟ下へおろし、三矢村行ノ方ハ西橋ハ荷ニ而通し往還ヲ引、則此方ハ暮方ニ而仕舞候所初夜前ニも相成候事

村　浅井氏七ツ過ニ帰村有之候事、尚又其夜被参候ニ付明日ノ事談合候事

〃　明、石引ニ付西橋上へ遣し候節、手都合談合申度候故、岡村相頼呼ニ遣し候処、中嶌氏差支ニ而、同村今西氏代ニ被参候ニ付何歟談合事

〃　酢屋お升方養子、小倉村へ返り一札相認相渡、尤養子太吉へ相渡候事

岡村かせ六方ニ而四間ノ中丸太一本、角野・今西・義助〆三人借りニ参り、留主ニ而候へ共三人ニ而持帰り候事

但し橋上ヲ通し候節相用、荷ノ大棒ニ相用申候事

明日も石引ニ付村中一統へ相触候事

内用　岡村飛脚あら清大坂へ参り候ニ付、印形出来候ハ持帰り候様相頼候事

村　廿三日　岡村ゟ御触書到来、尤御役所ゟ摂州多田院の勧化ノ御触受取、則拝見同村へ受取書遣し候事

（貼紙）
村　同村栗屋ゟ質物流しノ証文奥印相認遣し候事
但し年寄中御両所ノ義ハ、同人ゟ其向々へ罷被出候様申居候、且又九右衛門一人調印遣し候事

一　二月廿四日

万人村方　同断石引ニ付早朝ゟ西橋上へ石荷通しノ義ニ付、両村役中相談仕候上、浅井氏・芦田氏右両所へ相頼候而野子他行仕候事
但し岡村中嶌氏も差支ニ而他行ノ由
留主中

村　七ッ時萬平へ岡村角野・今西、当村芦田・浅井外ニ歩行弐人、三矢村奥田も一緒ニ支度并ニ酒有之候由

〃　石大ノ方四ッいかりや浦西へおろし置、小ノ方三矢村行ノ分岡村迄着置候事

〃　古手屋七兵衛ゟ嫁村送り、三矢村ゟ参り候ニ付持参仕候事
右いづれも承り記候事

内用　暮過ニ義助帰村仕候事
但し他行ハ私用山ノ上常称寺方へ参り、併御院主留主中ニ而待居候ニ付延引、七ッ過ニ津田村ゟ黙雷尊着、御院主同道ニ而被帰候ニ付夫々少し談合、尚又黙雷尊師同道ニ而帰村仕候而、其夜此方ニて一宿留申候事

万人村　初夜時日の金・栗屋両人被参候而、先日相頼候惣代中より一統相談ノ上、右御咄ノ趣承知候ニ付、此後用事被申遣候節、何時ニ而も相勤候旨、一統ノ惣代ニ而弐人参り候様

被申居候事

村　私部村三右衛門ゟノ使参り、引合書ノ相手
いかゞ御座候哉と申居候ニ付、則其使へ利
解を以両三日相待候様、左候へハどう成共
相分り取計仕候様申聞候事

内用　山ノ上常称寺御院主ニ岡村光照寺ノ所持ノ
寺法書かり帰り候事

一　二月廿五日

内用　黙雷尊師津田村へ被参候、尤常称寺へより
夫ゟ同寺同道ニ而津田村へ被参候、且直様
京都へ来月二日頃被参候様被申居候、先ツ
暫相分レ候事

村　多田院勧化ノ義ニ付御役所ゟ御触書、則摂
州東大寺へ送り候ニ付内喜助持し遣し候事
但し五ッ時ゟ遣し候事也
八ッ過時ニ帰村仕候受取取置申候事

村　飛脚津の加大坂ゟ帰り候ニ付印形袋、肉入
袋持帰り候ニ付早朝取ニ遣し受取候事

内用　同断岡村あら清帰りニ付、印形持帰り早朝
取ニ遣し(候脱カ)受取事

(貼紙)二月廿四日　分宿

朝五ッ時京都御手代曽我次郎兵衛様、大坂
ゟ御引取ニ而守口ニ而御泊りゟ御返りニ有
之候ニ付、馬借ゟ案内いたし候故、直様義
助御挨拶ニ罷出候処、御立ニ而下芦田氏門
前迄御越、夫ニ而御挨拶仕天ノ川迄見送り
申候事

万人村方　石引ノ儀相頼候而、取極候世話人中ゟ、村
中一統へ夫々相頼被呉候趣ニ而一統罷出候、
尤早朝ゟ八ッ時ニ相片付申候、御年寄御両
人同様罷出被呉候而、野子出勤不仕、尤
少々用事有之候故如斯、且八ッ過刻ニ御年
寄両人ニ、外ニ日金・柴半・まつ喜・岡村
角野・今西、尤両村歩行弐人〆新町六人・
岡村三人はつ正へより小昼ニ支度いたし酒
呑候様被申居候よし、尚又七ッ時ニ講元并ニ

大安寺おやじ、三矢柏屋都合三人先、無滞
相渡候ニ付挨拶被出候事
内用 山ノ上寺へ黙雷尊師ノ両掛昼飯早々吉助ニ
持し遣し候事

（挟込）

印形改候事 政孝之返操

一 二月廿六日
村 大坂南瓦町小郡屋熊次郎ゟ栗屋へ相手取候
引合書ノ催促ニ使参り候事
村 交野屋呼ニ遣し、坂伝一件入用掛り銀催促
いたし委細申聞候事
　但し早々埒明候様申聞候事
村 明廿七日上京ノ義治定いたし、尤浅井氏・
芦田氏・半兵衛〆三人相談仕候、尤野子事
少々足痛故、駕篭くり屋へ申遣し候事
八ッ時泥町村ゟ御廻米一件掛り銀持し被遣
候処、浅井氏掛りニ而其方へふり候へ共、
留主中故野子受取候置候、尤先方へ受取書
村 相渡し置候、且又其夜浅井氏御出ニ而候故
金子百疋相渡し申候、尤泥町村ゟ金子三十
歩、せに弐拾三文過上相渡置候故、弐拾三
文不足ニ相成候事
一 二月廿七日　雨天　京行
村 義助庄屋役願ニ付朝飯後ゟ上京出立、尤浅
井氏・芦田氏・半兵衛義并供佐吉〆五人ノ
事
　但し義介駕篭ニて、尤少々足痛故ノ事
七ッ時ニ京都へ着、夫ゟ七条(大宮)近江屋通ニ而
菓子相求久下屋へ参り候事
駕篭淀迄ノ積りニ候へ共雨天故屎田迄連申
候、尤人足ハ当村与八・髪結吉蔵両人ニて、
屎田焼餅迄賃銭六百文相渡し候事
内々 菓子持参仕一柳様へ暮方ゟ参り、役願ノ願
文外手都合相談仕候処、御咄委細被成下候
故至極手都合、弥明御役所へ罷出候と被仰

下候事
但し御退役願文ノ義ハ入不申候事故一緒
仕候様被仰候ニ付、右願文認入、尤別紙
雛形扣置候事

村 一 二月廿八日　雨天　在京
早朝ゟ御役所へ罷出候、先ツ別宅願仕候処、
御聞済ニ相成候ニ付庄屋願文差上候、無程
御呼出しニ而、御役所新建ノ方へ罷出候様
被仰候ニ付其方へ罷出候処、一柳様御掛り
ニて被仰候ニハ、右願ノ通り御伺申上候処、
御聞済ニ相成候ニ付役義大切ニ相勤候様被
仰付候事、但四ツ時相済候事

村 礼金相包夫々廻礼芦田氏同道ニ而参り、尤
委細記帳ハ役願ノ帳面ニ御礼等記置候、且
又其夜横井様・曽我様掛りノすしハ無之候
へ共染馴ノ事故、尤芦田氏同道ニ而礼金持
参罷出候、萬場ノ亀井氏も同様罷出候而、
外弐軒ハ同人へ相頼置候事

一 二月廿九日　晴天　在京
朝飯ゟ久下屋出、夫ゟ東山見物、尤五条第
北生渕ニ而五人支度仕、又々東山夫々へ罷
出暮方ニふしミわた長方へ着、其よ夜舟ニ
而帰村ノ積りニ候へとも殊ノ外人多く、尤
手前とも皆々大ニ労れ候ニ付其夜ハ同家ニ而
泊り、明陸路帰村仕候積り談合決候事
但し同家ニ而五人弐匁ノ泊りニ外酒三合
取候事

村　一　三月朔日　雨天

伏見綿長朝ゟ出、夫ゟ陸路帰り、尤淀堤ニ而まつ喜殿ニ合、尚又上嶋万屋ニ而兵市ニ合、いづれも御苦労ノ一礼有之、尤万屋ニ而少々酒呑七ツ時ニ帰村仕候事

留主中

村　廿七日中振村ゟ源蔵村送り持参候ニ付同人此方へ持参仕候事

村　私部村三右衛門当村栗屋相手取候引合書ノ義催促ニ候故、留主中と有之無是非近々罷出候よし申居候事

村　大坂南瓦屋町ゟ当村栗屋相手取候同断義、催促ニ候故留主中と申被戻候事

内用　廿九日とん田ゟ雛人形持参仕候よし候事

〃　菱乃餅仕候よし候事

但し一家夫々へ持し遣し、且町内も同様ぐわり申候事

ちゝづれも跡ゟ聞及仕候事

一　三月二日　晴天　風多く

村　早朝書面相認年寄中御両所へ上京ノ挨拶仕候事

内用　但し歩行・おとめ・八平方へハ遣し、昨七ツ時ニ帰村いたし京都首尾よく相済此段申遣し候事

村　岡村くら嘉、先達而藤田ゟ小物成質流証文奥印取計候礼ニ被参、尤印紙弐枚持参被致候事

村　なべ治・大塚勘介外親類一人〆三人ニ組頭定次郎右ノ人又兵衛一件ニ付被参候ニ付、相尋候処甚不都合ノ義ニ而、先ツ手元得と勘弁ノ上被申出候様申聞候事ニ而引取られ、又々相頼候間得と勘弁仕候様被申居候事

村　九ツ時ニ大坂西御番所ゟ当村まつ屋又兵衛四日四ツ時ノ御召状到来、則飛脚ちん四匁此ぜに四百弐拾文飛脚へ相渡候、尤同人直

様呼ニ遣し候へとも商用ニ而他行留主中ニ而、
其夜参り候ニ付委細申聞候処まつ喜留主中
候事故帰り候へハ相談仕候間夫迄ノ処ハ相
待呉候様申居候事

（貼紙）閏三月十日、飛脚ちん四百弐拾文持参受取
候事

村　浅井氏被参候而、床条蔵村送りノ儀相咄有
之相談仕候事

内用　九ッ過時ゟ私用富田村へ義助参り暮過ニ帰
村仕候事

村　八平殿四ッ時ニ被参候而、昨日ハ帰村ノ趣
御苦労ノ一礼有之、且長兵衛のきニ非人罷
出候よし被申居候、尤明日ハ石引ハ如何御
座候哉相尋候処いよ〳〵石引ニ候よし被申
居候、且右非人、おとめ呼ニ遣し為見候処
立行不居候故、其侭仕舞候事

万人村　石引ノ儀、世話人中ゟ八平殿子息、平蔵殿
相触被呉候事

一　三月三日　曇天

内用　おかう節句勤、近隣男女ノ小児大分参り候
事

まつ又参りまつ喜夜前帰村仕候故、同人出
坂仕候故此旨申参り候事

定治郎被参同人事改名萬助といたし、出生
ノ小児松太郎といたし呉候様申参り候事

（貼紙）まつ喜被参候て、出坂ノ義被尋委細ニ申聞
相頼候、尤其夜呼掛ニて出坂被致候事
但しまつ又同道ニ而ノ事なり

村　岡村ゟ御役所ゟ宗門ノ御触到来、尤四ッ時
拝見仕候、且同村ゟ書中到来、当村なべ治
一件催促ニ而御座候事

〃　九ッ時ゟ石引有之、則世話人衆供々被出呉、
尤弐本ノ残り丈ニ而暮方ニ相片付申候而、
同役中芦田氏計り出勤いたし被呉候、浅井

氏出勤無之野子事も宗門帳ニ取掛居候故出勤不仕候事

内用

初節句ニ付匙菓焼候而九ッ過ゟ女中衆七ッ過ニ仕舞候、暮方過ゟ男客仕候而夜中時ニ相片付候事

村

岡村ゟ廻状到来、尤是ハ鈴木様ゟノ廻状御講ノ儀ニ付、且又天ノ川田中彦平殿より添廻状共到来拝見仕候、鈴木様ゟノ廻状ハ公儀様御触留一緒ニ留置、田中氏廻状左ニ記之

添廻状を以得其意候、春暖相催候処、先以御勇健可被成御座候条奉賀寿候、然ハ別紙御廻状ノ通、来ル十一日赤木講相勤り申候ニ付、来九日迄ニ掛ケ金通とも此方へ御遣し可被下候、一所ニ掛込申度候、尚又御出席ノ御方ハ十一日八ッ時迄ニ谷町弐丁目多田屋篤右衛門方へ御尋可被下候、下拙義ハ彼方ニ相待居候間、左様御承知可被下候、尤御出席被成候御村方たり共、掛ケ金通共九日迄ニ摧(催)方へ無間違御遣し可被成候、此段得御意度早々以上

禁野村
彦平印

三月十三日

岡　村
岡新町村
磯嶋村
渚　村
坂　村

右村々
御役人中

内用

八ッ時天ノ川中谷氏へ参り、尤摧(催)席先生帰宅ノよし候ニ付急々得其意、其上二条御殿俳諧連席ノ義被仰候ニ付跡ゟ返事可仕よしニ而帰村候事

一　三月四日　晴天

村　大塚村勘介参り向綿屋又兵衛一件、則先日ハ参り御咄申上候処、又々昨日同人義私方へ参り、村方ノ使ニ而おやへ当村宗旨候間相戻し候様申居候故、早々相戻し候故、戻し候へハ私共ハ何ニ而も相知り不申候哉ニ申置候而、直様罷帰り候よし承知仕候、一向不相分候へとも罷帰り、跡ニ而其儘ニ而有之候事

村　なべ治呼ニ遣し候へとも留主中ニ而明日罷出候よう申居候事

同　交野屋呼ニ遣し坂伝一条ノ義、委細申聞催促急ニ埒明候様申聞候事

同　わた伊ゟ改候菜種買入候書付持参、尤同人是ゟ出坂仕候故おとめ持参仕候事

一　三月五日　雨天(五)

村　なべ治此節浄土宗後重ニ入居候故息子参り候故岡村引合ノ米引戻し出入ノ趣意、尤同村ゟ催促ノ趣申聞、早々埒明候様申付候事

尚又三矢村大八方引合ノ趣意も同様申聞置候事

内用　天ノ川中谷氏へ断ノ書状差遣し候事

但し宗門ニ付差支ニ而御断可申上候よう

村　大塚村勘助并ニむめ両人参り候ニ付、右佐右衛門同村へ当村使と偽り候義申聞、且又右両人申候義は佐右衛門参り候故、村方ニ而大ニ御叱り受候故と申居候故、左様ノ事成ハ早々むめ送り取りニ参りも可然様ニも父ゟ利解被申聞大ニ喜、尤佐右衛門参り候義ハ決而無之由、大塚村御村方へも申候様申聞、佐右衛門義ハ一向不相済義と申居候事

村　岡村中嶌氏被参候而宗門改帳ノ義、得と相談候上此年五人組御仕置長(帳)ハ走谷村と承知仕候事

但し来年ハ当村番ニ而、段々上ゟ下へ参り候よし、当村・岡村・牧方村・走谷村

〆四ヶ村相廻申候
村
出口村ゟ八ッ時使参り、則土方ノ義ニ付、
松鼻庚申方ニ而御村々御役中立会ニ而候間、
只今罷出候様申参り候へとも当村ニハ望ノ
もの無之候旨、相断申遣し候事

一　三月六日　曇天
村
常蔵呼ニ遣し、同人女房寺送り并ニ喜蔵寺
送り急々取参り候様催促仕委細ニ申聞候事
村
まつ喜殿被参候而昨夜初夜前帰村仕候、尤
大坂御番所首尾能相済、用達多田屋方ニ而
差出書相認貰候而罷出候処、代呂もの御見
せ被下候上、此方ノものと申上候故六品御
渡しニ相成、尤村方へノ御預ケ被成候よし、
且亦御掛り同心本馬小間作様外壱人ニ而何
歟当村へ御出役被成候処、御憐愍ニ而大坂
へ御呼出し候様被仰付、夫ニ付一寸承り候
ニハ、右御両所へ事相済候上ハ御礼ニも罷
出候様承知いたし被罷帰候よしニ候事
村
塩武殿呼ニ遣し、床弥兵衛引請一札ノ委細
ニ相咄いたし、同人如何様とも可仕よし、
且又床留蔵村送りノ儀も相頼被致居候、尚
又要助印形預りノ一札ノ調印承知ノ上取置
候、内々同人忰定吉義立帰りノ義相頼被居、
相含候様有之、先ツ当年ノ義ハ相除置候而
も可然様取計呉候様被申居候事
村
牧方村吉右衛門殿ゟ廻文到来、尤先日出口
村より申参り候事土方ノ義ニ付、昨日其席
へ罷出られ候故、御同人より御口達ノ義ニ
て廻文左ニ記置候
但し宗門帳ノ義も在之候故委細ニ記置候
事
廻状を以得御意候、扨不正ノ天気ニ而御
互ニ困り入申候、夫ニ付昨五日出口村用
水樋伏替土方ノ義ニ付、廻状到来候へと
も御村々御出席も無之只一村罷越候処、
中振村平蔵へ六百四拾匁ニ而落札ニ相成

候ゆへ、此段御村々へ下拙ゟ一応沙汰致
呉候様御座候ゆへ、右ノ段一寸得御意候、
委細其向可申上候以上

三月六日　　牧方
　　　　　　　吉右衛門

泥町村
三矢村
岡　村
新町村
　御役人中

村

尚々岡村・岡新町村御両村へ得御意候、
当宿ハ御仕置帳走谷村御認合候ゆへ、昨
日出合候ニ付其段申合置候所、京都ニて
合帳ニいたし候ゆへ紙たち切候事、合帳
ノ上ニ而可仕候故、其段御両村へ申達候
様御座候ニ付、此段御承知可被下候、且
又右半紙ニ御座候事

右ハ岡村ゟ到来、披見仕候、三矢村へ持し
遣し候事

内用

岡村光照寺殿寺法書、右牧方村廻文と一緒
ニ持し遣し光照寺へ返済仕候、尤此方へハ
山ノ上寺より事伝り帰り候ニ付、相渡し可
申上候と申遣し候事

村

亀屋定次郎参り、庄左衛門方熊次郎義、出
口村へ角屋保次郎方へ養子ニ遣し候ニ付、
村送り相頼出候故、先達而二月十七日相認
置候書付相渡し、尤庄屋九右衛門調印ニ而
取計候事

村

重蔵呼ニ遣し、村送り本寺証文催促仕候而
早々いづれも埒明候様、渚村寺白雲寺へ相
頼参り候様申聞候事

一　三月七日　　曇天　宗旨帳ニ相掛り間々ニ仕候

村

八平殿呼ニ遣し、浅七・嘉兵衛両人喧嘩一
件仲人取修相済候ニ付、中人ゟ当村方へノ
一札被致候様、尤先達而被申居候義ニ而催
促いたし、且又萬人講石引ノ儀いよ〱十

日井路相助候、橋々取払申候、尤人足ノ義ハ雇入、講元賄ニて仕候趣ノ様、昨日講元被参候而右様被申、直様同人事ハ出坂被致候由、八平殿此段御答申置候趣意被申居候、夫ニ付岡村へも村方ゟ右様通達答置呉候様被申居候ニ付、直様おとめ同村へ申遣し候事

村

私部村三右衛門ゟノ栗屋外弐人相手取候引合ニ付、同人ゟ使被参候故、最一応本人取調ノ上、奥書差遣し候様申し候而、使帰し申候事

村

浅井氏被参候故、栗屋方引合ノ義相談候処、同人栗屋へ被合候而、其上奥書相認同人へ相渡、同人ゟ栗屋へ相渡被申候様、且栗屋ゟ三右衛門三矢村居候よしニ付夫へ持参ノ旨被申居候事

村

同浅井氏中飯此方ニ而呼申候而、夫ゟ扇藤ゟ先達而ニ被相頼出候築廻し堤普請ノ義、相談候上同人・義助同道ニ而罷出候処、八平殿門ニ被居候故、是も同道ニ而長浜屋浦堤ノ処見分いたし、是ハ先ツ壱〆文相渡、普請ニ仕候様三人相談相決、八平殿へ詫置候而相分レ、浅井氏・義助両人同道ニ而築廻し堤へ参り見分仕候上、先ツ是ハ日雇ニ而仕候様も可然と相談相決候而、夫ゟ帰り郷蔵表ニ而相分レ申候事

　但し日雇方扇藤外へも浅井氏ゟ相談いたし被呉候様談合置候事

村

米源呼ニ遣し、品申合坂伝一件相咄いたし、其上同人一(カ)分ノ不足の弐朱も不足候故、早々埒明候様且又右弐朱も早々持参仕候様申聞候事

村

床条蔵村送り相認置候事

同弥兵衛引取一札相認、塩武方へ浅井氏相渡し被呉候積り、印形押候上持参仕候様申聞候事

但し浅井氏相認被呉候事

内用　其夜、明八日大坂へ喜助遣し候積りニ而、高安氏へ書状、容体書相認并ニ羽山屋へノ書面相認置候事

一　三月八日　晴天

村　牧方村庄屋吉右衛門殿上京被致候故、宗門御触相頼御返上いたし貰申候事

内用　喜助大坂へ遣し、尤高安氏へ薬取ニ遣し候外、羽山屋へ見舞ノ書状相添、菓子病気見舞ニ遣し、伏見町山岡氏へも菓子御礼御挨拶ニ差遣し候事

村　禁野村田中氏ゟ、赤木御講ノ先日廻文被致候故、右同人方へ相頼候書面相添、金子壱両懸金ニ而持し遣し、尤通共相渡、留主中ニ候へ共内方へ相頼置候事

内用　喜助暮方過ニ帰村仕候事

宿村　七ツ時ニ馬借所ゟ馬足銭ノ差持まいり候ニ付、則馬壱疋ニ付四百文集メニ而、書付弐枚相認、上下集番へ相渡し申候事

但し来十五日切、岡村惣代京庄方へ持参ノ様申聞候事

村内用　芦田氏八ッ過時ニ御出、宗旨帳掛り居候ニ付挨拶ニ被出候様子と被存候、外咄合ハ無之世間雑談而已ニ御座候事

村　常蔵参り、同人女房寺送り并喜蔵女房寺送り、一緒ニ出口村ニ而取参り浄行寺へ相渡置候事

一　三月九日　晴天

村　浄行寺殿被参、同寺待徒殿事、牧方村へ切出し、当村相除候様相頼被居候、尚又当村与八女房寺送り未不参候間、取寄候様申付候義、被相頼置候ニ付、早々呼ニ遣し申付候而、早々取寄候様御座候事

村　牧方村田中氏ゟ書面到来、宗門寺別十二日ニ取候様、且又浄行寺殿一件同様相除呉候様、いづれも申参り候ニ付、承知とハ申遣

し候へ共判取日限ハ迚も帳面難出来候間、明十日当村十四日頃ノよし申遣し候積り、明早々牧方村へ参り其旨申参り候様おとめへ申聞置候事

村　私部村三右衛門ノ引合一条ニ付、同人方使被参、勘定書持参ニ而入訳被申居候ニ付、手元最一応相調候様申聞候事

村　大阪南瓦屋町ゟ当村栗屋相手取候引合ノ一条、表書催促ニ被参候よし聞承知仕候事

内用　木作利助七ッ半時ニ参り候事

御用　内実　(貼紙)

同書面中ニ京都御役所ニ而、曽我様ゟ牧方村へ義助事少々用事御座候故、上京仕候へハ此方へ参候様、尤用事ハ宿方ニ而ハ無之趣御事伝ニ有之よし被申越候事

一　三月十日　雨天

村　おとめ牧方村へ遣し、十二日寺方判取ノ義ハ迚も当村差支故、十四日当りならてハ難出来よし申遣し、尚又京都御役所宗旨御掛り尋遣し、尤書付被遣候事

内用○　羽山屋老人病気ニ付母四ッ時過ゟ出坂、供伝兵衛参り申候

村　宗兵衛呼ニ遣し宗旨ノ儀、小児ノ儀相尋候処、生早々ゟ同村与八方へ遣し候ニ付、直様与八方宗旨ニ入、此段相含呉候様相頼候故、其上其旨相含候様申遣し申候、其上吉助事家□出候旨相届候義相尋候、是ハ元々豆腐屋へ相談候上、御返事仕候様申居候事

但し当年ハ先是迄と相含候様頼居候事

村　浅井氏四ッ過ニ被出候ニ付、相頼候而宗旨帳奥寄相頼、中飯酒出し申候、且又八ッ過ゟ半兵衛殿頼ニ遣し手伝貰申候、其よ義助共三人酒飯仕候、外ニおとめ供ニ而初夜前ニ被引取候事

村　岡村へおとめ遣し小入用帳仕候ニ付、立会内外入用物共、向合仕候、尤先方ゟ書付被

遣候事

内用　わた伊被参候而、浄行縁組ノ義ニ付相談仕度候由、今晩同寺へ寄候様申参られ申候事

但し其ゟ父被参候事、夜中時ニ被帰候

内用　木作利助椽（縁）下ノしつくいいたし、外杢引取候ニ付かきこぼち、又ハ木引手積り一日相働申候事

但し雨天ニ而仕事ハとんと出来不申候へとも如斯

一　三月十一日　晴天

村　四ッ時ゟ浅井氏宗門帳手伝いニ被参り呉候、昼飯酒とも差出し申候、且又昼後より芦田氏頼ニ遣し参り被呉候而宗門帳続合仕候、其ゟ御両人へ酒飯出、尤其ゟ咄合相はづみ彼是夜中時ニ相成申候事

但しおとめ共同断

村　私部村三右衛門ゟノ引合ニ付、田川呼ニ遣し相咄候処、同人使参り直談、尤浅井氏同様談合ニ而、来月晦日迄相延し候様、勘定書先ゟ被相渡候通、相違も無之よし何歟談合相聞候事、尚又大坂南瓦屋町ゟノ引合一

村　条相談し候、如何被致候哉相尋候処、今日ニ而も出坂先方へ参り相談仕候様被申、尤引合表ハ今ニも参り候へハ当月晦切ニ相延し候様認呉候様、夫迄ニハいづれ内済仕候積り被申致候事

村○　南瓦屋町引合人被参候而、裏書相渡し候様申され候ニ付当月晦切ノ様答書相認遣し候事

内用　伝兵衛大坂ゟ八ッ半時ニ帰村仕候事

早朝ゟ日の善藤坂村へ遣し松の木引取ノ義相談貰申候、八ッ時ニ被帰候而都合よろしくよし、尤長尾・藤坂ニ而人足拾弐人相雇候積り被申居候事

内用　惣助夜舟ニ而出坂為致、尤母迎ニ差遣し候事

村

木作利助一日相働申候事
一　三月十二日　晴天
牧方村田中氏ゟ廻文到来、今暮早々馬借へ
罷出候様ノ事ニ而　廻文左ニ記之
　廻状を以得御意候、追々春和ニ相成候処
弥々御安康ニ御勤役被成御座候段、珍重
ニ奉存候、然ハ宗旨ノ義ニ付一応御相談
申上度義御座候ニ付、今夕飯後早々馬借
所へ御出会可被下候、可相成候ハヽ御庄
屋中乍御苦労御入来可被下候
貴面委細可申上候以上
　三月十二日　　　　牧方村
　　　　　　　　　　吉右衛門
　　泥町村
　　三矢村
　　岡　村
　　新町村
　　御役人中

内用

右ノ通九ッ過時ニ岡村ゟ廻り候ニ付披見
仕候
藤坂村ゟ松引取申候、尤前日ニ木掘上ケ置
人足拾弐人外ニ隠居増壱人付参り被呉候、
且又中宮村ゟ茂三郎・伊三郎両人、未明ニ
喜助遣し相対仕候而、朝飯早々参り、尚又
当村ゟハ日の善・京惣・表利・日金・浅井
氏・芦田氏外ニ佐吉・佐長・岡文参り被呉、
尤田ノ口池の辺ニて中食、尤内よりニぎり
めし・酒・香ノもの相持し遣し、先方ハ余
程ニ早朝当方着、八ツ半時ニ参り候ニ付、
夫ゟ一統へめし・酒出し申候、且又いん居
増長尾権左衛門へハ別段、尤いん居計ハ日
雇賃なし、権左衛門分日雇外ニ両人共挨拶
いたし日雇ちん、尤いづれも日の善ゟ相渡
申候事
　但し白米弐斗三升
酒　六升　　入用

村　暮早々ゟおとめ明十三日宗旨判取ハ相触置、
尤明後寺方ノ判取も同様、一寸申入置候様
申聞候事

内用　木作利助一日相働申候事

村　暮早々牧方村ゟ廻文ニ付、馬借所へ参会出
勤仕候処、宗門一乗寺代印、臺鏡寺ノ儀ニ
付、是ハ一乗寺死去仕候故無住、夫故代印
臺鏡寺ニ而矢張一乗寺寺印押候而、一乗寺
ノ代ニ実名印計り臺鏡寺可致候旨、最一段、
乍去岡村ハ其通りニ而、相片付有之候ニ付
相談ノ上、当村・牧方村ハ藤坂村遍照寺ノ
例も有之、甚々困り入候仕合、頓と談事難
決、左候へハ先年宗門わく乱ノ節、浄念寺
ちっ居ニ而、守口香喜寺代印候事故、此例
取候様、尤清略仕候上牧方村ゟ沙汰可仕よ
し、明日早々沙汰有之旨承知罷帰申候事
但し四ツ時ニ相成申候

万人村　万人講灯篭石、八幡へ参り候分舟ニ而とし、
尤当村世話人中、右舟ニ而付添参り被申、
都名前ハ竹屋・栗屋・綿喜・綿伊・塩武右
五人ノ様聞承知仕候、但し舟ニ而淀迄遣し
同所ゟ八幡へ遣し候積りノ様聞承知いたし、
尤役人三人ハいづれも出不申候へとも表向
宗門帳面ニ相掛り居候間、如此御座候事

村　八平ゟ九右衛門入ノ質物証文参り預置候事

一　三月十三日　晴天

村　八平殿被参、豆腐屋ゟ被相頼候と有之、橋
宗兵衛方吉松事、親元豆腐屋ノ義ニ有之故、
彼是引合ニ御座候、夫ニ付先当年ノ所ハ御
村方ニも帳面相〆り候義ニ候へハ後而談合、
当年ノ処ハ此儘ニ而可仕候様申居候間、右
様当季ノ処相含候様申被居候事

村　宗兵衛九ッ過時ニ参り、豆腐屋ゟいづれ成
とも御咄申出られ候哉ニ有之候故、右様申
居候よし申聞居候事

村　前晩申触村中宗判取候、浅井氏・半兵衛も

相雇申候、芦田氏〆三人ニ而調印取、読合せ仕候、中飯三人ニ義助・おとめ五人めし出申候、且夕飯ニハ天ノ川伝喜雇、とうふ拾三丁買田楽焼かせ申候事

　但し日中印形取候節、寺印ハ明日ニ取候間其積り申触居候事

内用　利助一日相働申候事

　但し手伝ニ惣助一日働申候事

村　岡村ゟ山ノ上村常称寺ノ印形落印仕候、取置呉候故被相頼候ニ付取候事

帳面此方へ遣し被置候事

一　三月十四日　晴天

村　寺印取候、尤浅井氏・芦田氏同様立会被呉候へとも、芦田氏ハ四ッ時ゟ石引ノ方へ被参候、尤日の善宗旨外差上候帳面為切立候而、浅井氏ハ終日手伝被呉候、尤常称寺御

宗旨　寺用　内々　院主被参候ニ付酒出し其処へ願生坊御越ニ而同様座敷へ通し、浅井氏も座敷ニ而一緒ニ何も無之候へとも酒有之候、暮過ニいづれも被引取候事

村　岡村ゟ長兵衛参り、則帳面印形取候故相渡し申候、且なべ治方一件催促ニ候間其積り早々申聞候様申遣し候事

村　日の善ニ而宇田の紙八枚取候、是ハ宗門たんさく願出ニ相用申候事

万人　村　芦田氏被参、則今日石引ニ出候而、当村計萬平ニ而飯五合、すし三箱取候様相咄しニ御座候事

万人ニ世話人中ゟ当村人足ハ一向無数候故、同中八平ゟおとめニ為触候間、左様御承知有之候様一寸此段御案内と被申居候事、八平殿宅ニ而世話中人より十五日石引、尤石八幡へ付候ヲ舟ニ而付添趣向、又ハ舟等ノ義談合有之候よし承知仕候事

寺用　内々　山ノ寺御院主ゟ同寺印形、若三矢村ゟ取ニ参り候へハ押代人ニ成呉候様相頼被居候而、

印形相渡し被置受取置候事
一　三月十五日　晴天　風有之
村　おとめを以、八平殿・浅井氏・藤八・長仁
右四軒ノ印形相戻し申候事
なべ治呼ニ遣し候へとも石引一件ニ付舟ニ而
外一緒ニ参り候よし、留主中ニ而不被参候
事
村　私部村三右衛門ゟ願付候而、御高判ノ訴状
到来候ニ付、元来引合始末一向不相済候へ
とも、同人使先日申参り人とも又相違、三
矢村まつ重持参ニ而一通りハ申聞候へとも、
何分気ニまかせ願付候義成ハ致方も無之候
事ニ而、御高判ハ受取、尤受取書差遣し申
候事、但し野子事も近々上京、親共も上京、
両人とも留主ニ成候故、芦田氏へ相頼同人
被持帰候事ニ而、田川ハ留主中故、浅井氏
へ相咄し有之候へハ同人事甚々不足ノ申分、
且又先方不埒不相済候義立腹ノよし、尤手
前事も不足気ニ□り候趣粗承知仕候事、尤
芦田氏を以浅井氏へ右様ノ次第成ハうちら
ニて何ヶ様とも可然様ニ致し候と申遣し候
事
村入用帳清略吟味仕候処、甚々間違有之、
帳面替ニ細々困り入申候、八ッ時ゟ芦田氏
御出ニ而落印外相調ノ義相頼候故、暮過ニ
被引取候事
万人内実　萬人講世話人中ゟ舟一艘かり入ニ而、外ニ
萬平方おちか・三矢小間利ノ息女并ニ旅篭
やノ子共両三人連被参候様子、甚々以花義
ノ振舞ノ趣聞及候事
内用　木作利助一日相働申候事
村　同日夜通しニ村小入用弐冊ノ内、七、八枚
認替申候、尤仕舞候節ハ弐番酉泣居候事
一　三月十六日　晴天少々暖気
村　なべ治呼ニ遣し、岡村ゟ催促ノよし早々埒
明候様申聞、尤今日中相分り候様申聞候事

村　内用　長浜屋与三吉家這入仕、尤佐太のかし家へ
家入候故肴印紙一枚おとめ持参、よろしく
相頼呉候様申居候事

村　岡村ゟ長兵衛参り、明日上京供ノ義相頼参
り候ニ付引受置、喜助召連候積り御座候事

村　私部村三右衛門願付候相手ノ内、上弥呼ニ
遣し御印参り有之よし申聞、急々埒明候様
申聞候事

村　夕方相認候帳面ノ書替とじ張いたし、芦田
氏御出候而手伝貰申候、尤其よ夕飯此方ニ
て出し世間咄大く仕候事
　但し初夜前ニ被引取候事

内用　早朝三矢村仁兵衛・萬吉両人山ノ上寺へ参
り候処、同寺印形野子方へ参り候よし故、
此方へ相渡し呉候様被相頼候故、両人へ相
渡し申候事、跡へ同寺小僧様取ニ御出ニ而
其よし申遣し、三矢萬吉・かせ仁両家おし
へ帰し候事

村　柏原御講御触大坂たゞ徳へ相渡し候様守口
菊田ゟ添書有之候故、相封し津の嘉へ相渡、
右たゞ徳へ遣し候事

村　玉子三拾清略いたし相調候ニ付、三拾代銭
四百九文おとめを以夫々相渡し、尤つゝこ
み直ニ而不相分、但し曽我様へ進上ノ積り
ニ候事
　但し是ハ曽我様ゟ牧方村被参候せつ事伝
有之候ニ付参り候故、手土産ニ遣し候積
り

内用　木作利助一日相働申候事

村　内用　芦田氏・浅井氏御両所へ留守中相頼置候事

一　三月十七日　晴天　宗旨ニ付上京仕候

村　朝飯後ゟ岡村中嶌氏同道ニ而上京、尤供喜
助召連、橋本ニ而三矢村・泥町・牧方・田
井一緒ニ相成り、三矢ハ馬ニ而参候、且又
木作利助同道ニ而二口屋ゟ相分レ帰り申候、
尤当方七ッ時ニ久下屋へ着仕候事

村
同夜曽我様へ参り、尤先日牧方村へ事伝御
座候故何とも不相分候事ニ而、玉子三拾み
そこしニ入進上手土産、然ル処御同人留主
中と有之、無是非中飯後罷出候様、申上置
候而其よハ帰り申候事
同日夕飯同家ニ而仕、同夜泊り、尤膳ノ上ニ
而酒弐、三合計り七ヶ村ニ而のみ申候事
一　三月十八日　雨天　在京
村
宗門方御役所へ帳面持参ニ而罷出申候、且
又御玄関へ印鑑除キ万端御願申上候、西御
所へ御呼出ニ而御聞届ニ相成申候、宗門方
ハ八ッ前時ニ相片付申候事
村
但三矢村・泥町村両村ハ同日ニ相不済候、
当村ハ内島謙次郎様御掛ニ而首尾大ニよろ
しく候故申分なく相済候事、尤中飯ハ久下
屋へ弁当取ニ遣し申候、食申候
村
昼時ニ曽我様へ罷出候処、御同人被申候ニ
内実
ハ内々少々相頼申度候義有之候故、牧方村
へ事伝候義ニ而、此方ゟ頼筋ノ義ニ右様ノ
品物被遣大ニ気ノ毒ニ存候様、且用事ハ
内々聞合ノ事ニ而、則書付御渡しニ而預り
帰り申候、尤可相成事成ハ廿四、五日ごろ
迄ニ、もし難聞調候へハ当月中ニ而も可然
様御申聞ニ御座候事
村
同日三飯供共弐人仕候而其夜相泊り、且又
七ヶ村ニ而外ニ守口も一緒ニ酒含夜中半時
ニも相成候事
内用
父被参、尤昨十七日九ッ時ゟ上京仕候処、
日野様御帰京日限間違ニ而、三、四日滞留
仕候間、野子早々帰村仕候様被申、且又今
晩北野近辺迄参られ候よしニ而被寄呉候、
直様被引取、且両三人連中有之候事
内用
(貼紙)
籾種つけ申候、且壱斗上数八升、大防都合
壱斗八升、兵市浦へつけ申候事
一　三月十九日　晴天　在京

村　早朝内山様御内宅へ罷出御礼申上候而壱番差出し、且又大塚村ノ用事ハ無之哉、相尋申上候事

内用　朝飯後御所へ罷出候而、父ニ合ニ参り合候処、廿二日ニハ帰村仕候様被申、野子事ハ今晩夜舟ニ而帰宅仕候様申居候事

村　昼飯食、夫ゟ三矢・泥町・岡四ヶ村同道ニ而五条へ出候而、高瀬へのり伏(見脱カ)へ着、夕飯食候而、夜舟拾人前申付、綿長より夜舟ニ而七ッ時ニ帰宅仕候事

一　同　廿日　晴天

村 内用　早朝御年寄中両所へ夜前七ッ時ニ帰村仕候よし申遣し候事

留主中用事

村　昨日なべ治参り、此間中大ニ御苦労ノよし礼ニ参られ、竹の子持参有之候よし聞入候事

村　綿伊参られ、泥町村一文字屋・郡津藤兵衛・なし作村六左衛門右三人相手取候引合書相頼置候、尤銭高拾三〆五百拾四文、当月迄〆高ニ而書付持参有之候事

村　大坂南瓦屋町小郡屋熊次郎ゟ、栗屋相手取訴状御印持参仕候故、留主中私部村ノ引合ハ如何相成候哉と浅井氏呼ニ遣し、早速被参呉候故、相尋候而、右瓦屋町方へハ受取書ニ先訴ノ趣、相認相渡し候事

但し九ッ時ニ持参仕候事

留主中

村　禁野村ゟ廻文相添候而、赤木御講ノ通并ニ焼物料共持参候ニ付、浅井氏受取被置候故、両様共受取、尤焼物料ハ弐朱ノ事

村　尚々右南瓦屋町持参人へ、右栗屋義ハ先訴有之候ニ付、いづれ御断ニ出候間、いつの頃ニ罷出候哉と申談候処、いつなるもよろしく様ニ申居候故、廿五、六、七日当りニ参り候様ニと申答置候事

内用
山ノ上
常称寺
一件

芦田氏御出ニ而御座候、且又岡村角野氏御
出ニ而山ノ上、是ハ常称寺石つき又ハ棟揚
ケノ義、何歟両村ゟ幟様ノものニ而も差遣
し候様ノ趣相談有之、外ニ内談少々有之候
事
　但し父被帰候ヘハ相談いたし置呉候様有
之候事

村　牧方村ゟ持参、則柏原御講再御触壱通到来、

（貼紙）
九ツ時ニ而拝見仕候、尤同村ゟ当方へ向ケ
書中到来、同断ノ義被仰遣候事

村　十六日ノ夜津ノ加大坂たゞ篤へ柏原講ノ御
触書持し遣し候故、受取書受取候事
田川氏呼遣し、右御印ノ義相談候積りニ候
へ共、留守中ニ而被帰候へハ被参候様申聞
候事

一　三月廿一日　晴天中通り

村　綿伊より被相頼候引合書、泥町村へ一通、
村　郡津村へ壱通、茄子作村へ一通〆三通相認
相渡し申候事

（貼紙）
寅五月十九日、対談ニ成候故同人持参いた
し候事

宿村　馬借より紀伊様御帰国ニ付、四百文壱疋ニ付
集ノ差、与吉持参仕候故、直様上下弐枚差
相認、尤下ノ丁ハわた伊・上ノ丁ハ上弥へ
相渡申候事

村　名前願印鑑願ニ而、兵市・七兵衛・亀萬外
ニ無高高持ニ成候故、わた喜・今堀印形願
半兵衛〆六人印形夫々へ相返し申候、尤兵
市・古長・亀萬三人ハ四拾八文ツ、書料取
候事

村　田川被参候ニ付、右御印ノ義申聞、且早々
相片付候様申聞候事

村　柏原御講再廻文拝見ノ上、名前下へ受書仕
候而、守口菊田氏へ書面相添持遣し相渡、

受取書取置候様申聞候、尤野子より書面表ニハ当組合ニ而四人参り候積り申遣し候事

村 内実
八ッ時より曽我様ゟ被仰聞候事聞合ノ義ニ付、坂村八右衛門方ニ而聞合候事　尤まんじゅ印紙三枚持参ニ而、同人方へ参り大躰ニ聞合候事、暮前ニ帰村仕候事

内用 山ノ上一件
同断参り掛ケ天ノ川通ニ庄おやじニ而呼込咄合、山ノ上常称寺殿ゟ事伝、明廿三日新町村門徒中弐、三人参り被呉候様、石つき又ハ古家こぼちニ而御座候故、参り候様被申居候事伝ニ候と承知仕候事

内用
父初夜前ニ磯島村弥兵衛・利助外両三人都合五、六人同道ニ而帰村被致、尤磯しまへハ暮前ニ帰られ候よし申聞候事

村
其よ芦田氏御出ニ而、御講近々ニ御座候故井庄ノ方如何候哉、相尋候処、同人一応掛合仕候よう被申候ニ付相頼置候事

一　三月廿二日　晴天　乍去寒気有之不順

村
芦田氏御出ニ而、井庄ノ方都合宜敷候故、外并同様致呉候様申居られ候よし承知仕候事、外ニ用事無之

内用 山ノ上一件
山ノ上寺義、日金・八平・柴半右三人へ相咄仕候事

一　同　廿三日　晴天

村
柏原御講掛銀、去丑十一月十一日会分ノ差相認、八軒外ニ岡村かせ太、都合九軒へ相渡申候、尤明廿四日夕方迄持参有之候様申遣し候事

村 内実
下佐上嶋村へ遣し右聞合ノ義、内々申聞早朝ゟ遣し候事

内用
私用、義助・鉄之助同道ニ而とん田へ参り、夫ゟ総持寺へ参詣仕候、尤四ッ時ゟ参り候ニ付、一寸御両所へ相頼置候間、暮過ニ帰宅仕候事

留主中

村
又助参り自分ノ義ニ付、今晩牧方村へ

相頼参会付貰候事ニ而、一統御寄被下候様相頼出候と有之、留主中故芦田氏へ相振り相頼遣し候事と聞及候事

村　同日夜芦田氏御出ニ而、今日又助参り、尤牧方村ゟ廻文持参ニ而参会ノよしニ候と被申候故、野子事ハ外ニ無拠用事有之、芦田氏相頼候而出勤致貰申候事

但し集会席ハ馬借なり、尤初夜前より出勤いたし被申候事

村　同断浅井氏御出ニ而、先日京都ニ而守口より江戸廻米木谷渡しニ付、浜庄屋入用渡し未不相渡候由催促ニ御座候故、其談相咄申述候処、其儀先夜牧方村ゟ承り承知仕居候、尤走谷村計り不参候故、是等参り候へハ直様相渡候様、是も相渡り候ニ付早々相渡し候様申被居候事

村 内用　芦田氏・浅井氏同々御咄ニ而、何歟泥町村尼崎ゟ内用相頼居候、当村竹屋市左衛門追善明日ゟ仕度候故、当村井伝ニ而仕度候故、其段相咄呉候様、申居候よし承り候ニ付、右井伝方表〆置候へハ格別差構ニも不相成様相談し居候、尤いよ〳〵咄済候へハ明廿四日ノ晩ニも仕度よし承り及候事

内用 山ノ上　山ノ上寺ゟ使参り、酒取幷ニ今日ハいよ〳〵参り呉候様、外ニも同道ニ而両三人罷出候様、相頼ニ被申遣候故、外八平・日金様夫々使ノ人遣し為頼候而、父昼飯後ゟ被参候、七ッ半時ニ帰村被致候よし承知仕候事

但し山ノ上寺へ被参候、日金・八平・父都合三人被参候事、尤其上咄合ニて当村・岡村・三矢・牧方四ヶ村ノ処、此方ゟ廻文相認廻し候様一統ゟ被相頼候、尤村々より旦那名前ノ書付被差遣候筈、決談相成候由聞承知仕候事

一　三月廿四日　晴天　余程暖和

村
下佐参り候ニ付、昨日上嶋村へ聞合ノ義申
内実
述候故委細ニ聞取書取候事
村
芦田氏御出ニ而、夜前馬借所へ出勤被致呉
候故、委細聞取候ニハ又助一件談合ニ而、
金子弐両借呉候様頼出候故、承知ノ上三矢
村ゟ出金被致候筈、尤飯布施ニ而引□り候
積り、尤大坂ゟ御召ニ而明廿五日罷出候様
ノ義ニ而、全小頭ノ義御申渡ニも相成候哉
と奉存候故、此段も若受候而五ヶ村役中へ
申遣候而ハ不都合故、前以申上置候様仕度
候、右様ノ談合相聞候様聞取候、且又牧方
村ゟ被申候ニハ先日一乗寺代印臺鏡寺ゟ預
り一札、同村ゟ下書被差出候而、相認参り
候ニ付、出勤ハ三矢村被参候様聞取候事、
尤帰りノ節夜中時ニ相成候故はつ庄ニてし
っぽく一膳ツヽ、酒壱合岡村木津治殿、尤芦
田氏同道ニ而被引取候由、右はつ庄方ニ而
如斯御座候事、尤芦田氏朝五ッ時ゟ中飯出
し八ッ時迄咄し被居候事
内用
今堀氏ゟ中宮村九右衛門ゟ養子女被貰候、
尤浄行寺へ遣し度候おやの貰被受候義ニ而、
右今堀氏ゟ茶焼候ニ付呼ニ参り候へ共、相
断不罷出候事
　但し八ツ時ノ事
村
八ッ時庄頭、順在一人参り候ニ付鳥目十文
相包遣し、手引常蔵禁野村へ送り遣し候事
村
小手形宗門上京ノ節、失念仕候故、廿五日
磯嶋村弥兵衛上京被致候ニ付、宗門方御役
所へ持参仕候而、差上候様相頼遣し、尤間
違候ハヽ茶場甚兵衛へ相渡し被呉候様ニと
相頼遣し候事
内用
三矢村かせ仁ゟ、三矢村分常称寺旦那書出
し持し被申候事
村
柏原御講掛銀寄ノ切出し、今日ノ様仕居候
処いづれも不参、わた吉壱人壱歩壱朱持参
受取候事

一　三月廿五日　　晴天

村　柏原御講かけ銀未タ不参候ニ付夫々催促ニ
おとめ遣し候事

村　芦田氏御出ニ而田川氏方ノ義、未対談引合
も人不遣候事ニ而、先ツ此度ノ処ハ先訴断
置呉候様、同人被申居候よし御咄ニ御座候
事

内用 山ノ上 一件　岡村角野氏御出ニ而、山ノ上寺ノ義ニ付相
談仕、尤岡村旦那書仕、当村・牧方村ハ角
野持参ニ而、天ノ川ノ分取ニ遣し候而、廻
文弐通相認、三矢村・牧方村一通、是ハ岡
村より遣し被呉候、天ノ川・岡村・新町村
ハ一通ニ而、天ノ川新町ハ手前ゟ持廻り候
而岡村へ相渡し、尚又明廿六日中飯後早々
岡村、光照寺へ向ケ御集会ノ廻文ニ而、磯
嶋村茂兵衛外壱人ハ此方ゟ申遣し候事
但し七ツ時ニ大塚村灰平被参候ニ付其旨
相咄仕置候事

〃　同断ニ付、牧方村田中氏被参呉候様、相頼
ノ書面両村ゟ相頼遣し候事

村　田川氏御出ニ而今晩出坂仕候故、先訴届ケ
ハ仕置候間其旨相咄いたし候へハ、同人左
様いたし呉候様被相頼居候事

村　浅井氏ゟ江戸廻米入用わり帳面、取ニ参り
候ニ付おとめへ相渡し申候、尤入用掛り同
人へ相渡候而、壱歩壱朱受取書取置候事

村　夜舟出坂仕候ニ付浅井氏・芦田氏御両所へ
留主中相頼遣し置候事、四ッ時ゟ出

村　御講掛金大躰参り候へとも、なべ治・日
金・杢喜三人不参ノ事

内用 村　先達而被仰付候曽我様ゟノ聞合ノ義相認候
而出坂持参仕候事
但し夜舟出坂候処、出候跡ニ而、無拠引取
候、尤御印持参候事ニ候へハ、明廿六日
歩行候積り仕候

一　三月廿六日　　晴天　暖気　　出坂

村
早朝ゟ陸路参り、尤御印持参ニ而、四ッ過時ニ大坂北国屋佐助方へ参り申候、且供ハ喜助荷物跡ゟ持参り九ッ時ニ持参、是ハ直様博労町銭平方へ参り、昼飯仕候而帰村仕候、夫より岡村木津治殿・田井長蔵殿両人被参候ニ付、三人同道ニて御講西照席へ参り初夜前ニ引取候事

懸金四両弐歩三朱持参仕候、過ぜに弐分八厘、ぜに弐十九文受取候、且又浅井氏ゟ被頼候而、郡中当組合御廻米、浜庄屋入用銀四拾九匁六分四厘、此の金三歩、ぜに百文共守口弥兵衛殿へ相渡、尤席上ニ而仕義あしく候故受取ハ得取不申候、牧方五ヶ村ニ而浜庄屋入用銀四拾壱匁九分四厘先日に相渡候、且田井村ハ先達而ニ直渡しニ相成候由、持参仕候ハ走谷村分已而相渡候而相済申候事

但し其夜北国屋ニ而弐局ノ夕飯仕候、同日ニ南瓦屋町ノ方へ明廿七日出候様書面遣し置候事

内用
（貼紙）
廿六日　宿七ッ時ニ伝参る、大坂松屋町羽山屋ゟ伝参り、弐人ノ病人残し、外出来あしく候との事ニて、其夜直様夜舟ニ而、母人伝と同道ニて、惣助おばつれ候而被参候事

一　三月廿七日　晴天暖気　在坂

村
早朝ゟ南瓦屋町小郡屋熊次郎、当村栗屋弥右衛門相手取先訴届ケニ出候積り、四ッ時ニ又々催促ニ人遣し候ニ付、先方ゟ参り候故双方合印仕、西御番所目安方へ罷出候処、訴状御引上ケニ而、直様相済九ッ時ニ片付申候

村
田井村長蔵殿早朝ゟ被帰、岡村今西氏四ッ時ニ被帰候事

村
内用
御用片付次第羽山屋へ罷出候処、母人并惣

助のおば参り被居候而、病人見舞ニ而、夕
方ニ又々出候様申候而外へ出候、夫ゟ買も
の私用仕候而暮方ニ又々羽山屋へおば同道、
尤北国屋ニて野子夕飯いたし境源ゟ舟ニの
り、夜舟四人前ふとん弐丁共同人へ為付帰
村、夜八ッ時ニ帰宅仕候事

一　同　廿八日　晴天暖気　早朝御年寄両所へ帰村ノよし申遣し候

内用　八ッ時ニ芦田氏御出ニ而世間咄いたし居候
事、尤七ッ時過ニ被引取候事

村　牧方村田中氏八ッ半時ニ渚村へ被参候、帰
り掛ケ被立寄候而御講出勤ノ儀、并ニ一乗
寺無住中預り一札ノ義、下書遣し置候様相
咄、尤認来り候へハ岡村・三矢村両村ニ而
序ニ相頼候様被申居候ニ付、可然取計相頼
置候事

用　七ッ時ニ本陣善兵衛ゟ書面参り、尤紀伊様
紀伊様　御宿ノ義、いよ〳〵山高様御宿いたし候段
御勤一件　申ノ書状ニ而、若差支有之候へハ御七里様
へ向、其段相断候様有之候、其よ馬借所へ
参り候処、奥田氏外ニ下両村年寄衆被参居
候ニ付御宿ノ義、且又役人ノ義談合其侭ニ而
引取、尤四ッ半に引取候事

内用　浅井氏暮早々被参候而、紀伊様御宿ノ義咄
合相分レ野子馬借所へ罷出候事

内用　大坂羽山屋ゟ隠居死去、尤葬式ノ義明廿九
日八ッ時ノよし飛脚参り、是ハ其夜舟ニ而
被帰候事

内用　浄行寺ニ而常称寺石礎ノ義ニ付、牧方方角
一統ノ寄合有之候事

留主中聞書

廿六日

内用 山ノ上一件　中飯後早々浄行寺ニ而、常称寺石礎ノ
義談合御座候事

内用　同日

紀伊様　四ツ前ニ御七里外本陣、定役五、六人

御宿一件　紀伊様御進行ニ付内見分ニ被参候事

廿七日

内用　大工雪隠仕候義、山崎へ伊兵衛遣し見て貰候処、あしく候よし被申候ニ付今日より相止候よし被申居候事

〆但しいづれも跡ゟ聞取記置候事

宿村　岡村京庄被参候而足銭ノ儀、上ハ余程不足ニ御座候故、早々寄候而持参仕候様被相頼居候ニ付、承知仕候様申聞候事

一　三月廿九日　晴天　暖気

内用　早朝ゟ父幷ニ半兵衛殿供兼而伊兵衛〆三人羽山屋ノ葬式ニ被参候事

但し明晦日帰村ノよし被申居候事

村　泥町村ノ廻文、岡村ゟ廻り候ニ付受取候、尤髪結一件ノ掛り銀扣置候間、其段承知ノ義、尚又同村へ銀子相渡し候様ノ廻文ニ而有之事

但し当村分懸り銀拾六匁弐分五厘

（貼紙）

髪結番人足銀割合覚

一　拾匁七分五厘　伊加賀村

拾壱匁八分五厘　牧方村

一　三拾六匁六分五厘　三矢村

一　拾五匁八分壱厘　岡村

一　拾六匁弐分五厘　新町村

村　紀伊様御通行ニ付、道筋見分として大坂東西同心弐人ノ先触、跡へ御出ノ先触ニ而、殊ノ外過受候へ共写取、岡村ゟ到来ニ付、きん野村へ遣し、直様帳面付いたし、岡村近伝罷出候而天ノ川へ見送り候事

但し八ッ　西御同心　栗原清左衛門

東同断　田中伝五右衛門

右御両人ニ御座候事

村　四ッ時、願生坊被参候而犬田村へ先達而引出し置候木、来月二日迄ニ引、尤御当村引候間、此段其節ハよろしく相頼候と、四ッ

内用

時ニ半切百枚持参ニて頼ニ被参候事

芦田氏御出ニ而紀伊様御通行ニ付、御泊り此方ニて御家老御宿仕候へハ、御両所ノ内御壱人ハ後出勤不被貫候間、御両人ノ内御壱人此方御手伝被下候様相頼置候事

宿村

上木屋弥兵衛呼ニ遣し足銭ノ儀、京庄申参り候旨申聞、早々受取相渡候様申聞候事

村

浅井氏呼ニ遣し候へとも留主中ニて不被参候事

　但し被帰候へハ御出有之候様相頼候事

内用
紀伊様
御宿
一件

紀伊様御宿ニ付御宿わり様、御両人并ニ御七里本陣手代弐人、此方初夜前ニ見分被致候事

村

同断御通行ニ付、大坂御番所様ゟ掃除ノ御触到来ニ付、禁野村へ直様遣し申候、尤受取ハ別紙ニ取候、但受書相認調印ニて、ぜに拾八文飛脚ちんわり岡村へ相渡候ニ付、禁野ゟ拾七文受取候事

内用
心得

夜八ッ前時ゟ空模様替り雨天ニ成候而、八ッ時ゟ雨降り明方ゟ中雨ニ成

一　三月晦日　雨天合雨ニ成候而四ッ時ゟ天気くわっと照り候へども終日一体曇天

村

四ッ時土砂ノ廻文、岡村ゟ到来拝見仕候、尤明朔日御越ノ様有之、則泥町村へ遣し申候事

村

七ッ時御役所御手代湯口様ゟ御廻文到来仕候ニ付、拝見仕候、則三矢村ゟノ添書左ニ記之

以添書得御意、追々暖気相成候処弥御勇健御勤役被成御座、珍重奉存候、然ハ湯口様ゟ御廻状到来仕候、然ル処明後二日昼頃迄ノ内、罷出候様被仰候へ共、紀伊様御通行ニ付甚多用罷在候間、今晩夜舟ニ而出坂仕度候間、不苦候へハ御同伴申上度、此段御承知可被下候早々以上

寅三月晦日　　三矢村
泥町村　病気ニ付宜敷願上候
岡新町村
走谷村
田井村

四ヶ村
村
右ノ通り三矢村ゟ出候而、泥町村ゟ到来ニ付
走谷村へ遣し候事
但し走谷村へ大豆屋卯兵衛遣し申候処、
尤八ッ時ニ参り暮方ニ帰り申候事

村
七ッ時ニ三矢村ゟ土砂延引相成候段、廻状
到来披見仕候、尤廻文左ニ記之
以廻章申上候、追々暖気相成候処、弥御
勇健ニ御勤役可被成御座候奉改寿候、然
ハ高槻土砂御役所ゟ明朔日差支御座候ニ
付、明後二日延引仕候処、此段以廻状得
御意候早々以上
寅三月晦日
泥町村

牧方村
岡　村
岡新町村
右到来ニ付牧方村へ遣し候事

内用
五ッ時前ニ大坂ゟ伊兵衛帰り、則大坂羽山
屋方彦左衛門殿死去被致候ニ付、葬式今八
ッ時ニ而、書面ハ無之候へとも、親共義幷ニ
半兵衛殿葬式兼而相勤帰り候間、今日帰り
ノ義ハ難出来、勿論供惣助遣し候様申参り
候ニ付直様遣し、尤竹の子弐貫匁買候而持
し遣し候、尤父母両所へ書面相添遣し候事

内用
岡村ゟ四ッ時ニ津田屋分散わり七貫百八拾
六文、あら清・千之助両人持参仕候而、一
向無数候故相断被申居候、尤受取ハ不遣候
へとも押切おし銭受取置候事
但し割合銭勘定書記置候

内用
守口屋文吉参り、三貫文ノ利百八拾四文持
参仕受取置、尤三貫文直様かし呉候様、直

ニ持帰り申候、其上六貫文ニいたしくれ候
様頼居候、跡ゟ咄いたし遣し候様申聞居候
事

内用
紀州様

勇屋・国松屋外両三人宿札幷ニ宿ノ義ニ付
参り候ニ付、則宿わり当村分記之、其外大
体相談仕候へ共又々明日罷出候様、尤宿札
ハ此方へ預ケ置候事
　但し私方山高様御宿ノよし申居候事ニ付
　承知仕候

○

芦田氏八ッ時ゟ御出ニ而尚又浅井氏御出ニ
而、明後二日土砂ノ義ハ芦田氏へ相頼置候、
当村分宿わりハ浅井氏へ相頼置候、且明日
ハ右湯口様よりノ差紙ニ付出坂候間都而相
頼置候、夕方ニ相成候故夕飯両人へ相出、
暮過ニ被引取候而、則今晩常称寺一条右両
所より村中へ相咄被呉候様子ニ而、組頭外
夫々浄行寺へ被寄候事

内用

八ッ時常称寺ゟ使ノ僧被参候而、七日八日

山ノ上
一件

両日石築ニ付八日打揃参り呉候様ノ廻文持
参被致候、当村旦那中へ手前ゟ持廻り為致
候事、尚又大塚村旦那行ノ書状被頼候而受
取置候事

村

三矢村へ今晩夜下りハ差支ニ而、明日陸路
ニて参り候積り申遣し候事、尤明湯口様へ
出候義ハ参り候上打揃罷出仕度相頼遣し候
事

村

四ッ時八平殿被参候而、床の条蔵義、先達
而京橋三丁目へ送り出し候処、書替呉候様
被相頼候ニ付書替置候ハ野田村へノ送り、
尤大和屋宇兵衛方へ引取候趣認置候事
　但し八平殿方へ相渡し申候事

村

平藤参り向なべ屋又兵衛義、頼母子銭相待
懸銭ノ儀一向不参ニ付、何卒取調早々埒明
候様申付呉候様申参り、尤ゆら徳頼母子ニ
て凡都合六貫文計り御座候由、且又早々と
ハ乍申、紀州後ニてもよろしく様申居候聞

置候様申居候事
内用
父并ニ母、半兵衛供、惣助四ッ時ニ帰村、
守口より母かごニて被引取、尤賃せんかご
着共三百五拾文人足江相渡申候

（挟込）

覚
惣〆　六石五斗
内へ　壱石　　罷有之
　五斗　　志方屋
五斗　　わた庄
〆　弐石五斗
百三拾七匁三分五厘
又　弐拾九匁　なべ治
六〆五百六十四文　諸道具
代
〆　弐百廿七匁四分二厘
壱石ニ付
三拾七匁五分三厘ツヽ

中ニ　野道
一　壱石三斗
　代　四拾八匁七分九厘
梅の木
一　五斗
　代　拾八匁七分六厘
〆六拾七匁五分五厘
此銭　七貫百八拾六文　受取
寅　三月晦日　津田屋　江

一　閏三月朔日　曇天ニ候へ共終日天気
村　早朝ゟ出坂、四ッ時ニ北国屋へ着仕、多田
屋相尋候処、湯口様泉州へ御越ニて留主中、
無拠佐助方ニ滞留仕居候事
　但三矢村奥田氏・走谷村中尾氏・義助都
　合三人
村　八ッ半時ニ御番所ゟ御差紙到来、牧方へ罷
出候処野子出坂仕居候故、北国屋方へ持参
り飛脚ちんハ入不申、尤多田屋篤右衛門よ
りノ書付ニハ飛脚ちん四百文遣しくれ候様
有之候へ共、全牧方へ遣し候積りニ而如斯、
且又明後三日四ッ時ノ事ニ而、外三矢村・
走谷村共相談仕、土砂明二日ノ事故印形帰
し、当村右ノよし申遣し度候ニ付、別飛脚
遣し委敷申遣し候事
　但し岡村も同様御差紙出候よし承知仕候
　事
暮方迄相待居候へ共、田井村不被参候故、
如何御座候哉此義も難相分、尤湯口様より
ノ差紙持参早々被参候様申遣し度、是ゟ別
飛脚仕立遣し、尤外用事も有之候故如斯仕
候事
内用　八ッ前時ニ羽山屋へ悔ニ参り候而、帰り小
川屋へより黒丸子ニ二朱ノ処相求候事
一　閏三月二日　曇天　八ッ時ゟ雨降
村　早朝多田屋方へ罷出候而、湯口様御伺申上
候処罷通り候様被仰、直様罷出候処、全外
村々鴻池新田相手取、上庄外組合ゟ掛り一
件、御奉行所へ罷出候義ハ何事ニ不寄相届
ケ候様、且此度ノ義ハ如何候哉御調ニ御座
候ニ付、当村ノ義ハ右一件ノ掛合無之候段、
相断候へハ間違ニ而御呼出ニ相成候趣、断
湯口様より被仰候而、先ツ〳〵引取候様有
之、台所へ引取相待居候処其間ニ被引取一
緒ニ引取候事

（貼紙）
閏三月朔日　夜暮過ゟ飛脚遣し、尤賃せん弐朱一片ノ相対ニて、弐朱ハ三矢村被扣置候、且又八ッ時ニ田井村へ参候よし、明過ニ北国屋へ帰宅仕候、尤田井村長蔵殿五ッ時ニ被参候事

村

御奉行所ゟ御差紙ノ義一切難相分候ニ付、西御奉行所惣代部屋へ罷出相尋候処、一向相分り兼候へとも御役所ハいづれゟ出候哉相尋候へハ、地方ゟ御国役調ノ義と一緒ニ出候由、惣代ゟ聞取候事

村

四ッ時ゟ三矢村・走谷村・田井村、義助同道いたし帰村仕候、尤守口吉田氏へより、嶋名氏へより先日親共かご被貫候礼申候而、帰り同所ニて三矢村・野子ハ仕度いたし、外弐ヶ村ハ酒有之、夫ゟさだニて休、木屋ニて休七ッ過ニ帰村仕候事

留主中

村

二日四ッ時、御役所ゟ紀伊様御通行ニ付、道筋不都合無之様致候よしノ御触書、岡村到来拝見仕候而、当村留ニ而此方へ預り置候事

村

閏三月朔日

御役所ゟ地方并ニ村方諸事明細書差上候、雛形帳并ニ御触書相添相廻り候ニ付、岡村より到来拝見仕候而、二日牧方村へ持し遣し候事、今二日芦田氏・浅井氏両所共、并ニ岡村庄屋・年寄衆共一緒ニ、大坂御番所ゟ御差紙ノ儀ニ付出坂致し被呉候由、昼過ゟ被罷出候、尤昼舟ノ様聞及候事

北国屋佐助方算違書出し弐重等ノ義書付相渡置、跡ゟ為相調候事

一　閏三月三日　小雨但し夜中ゟ風強く

内用
山ノ上
一件

一　山ノ上常称寺一件ニ付浄行寺寄合ノよし申参り候事

内用

禁野村伝喜ゟ宗旨ノ節、豆腐代取ニ参り、尤同人息子へぜに弐百文相渡し候事

○村 山ノ上一件

八平殿呼ニ遣し、山ノ上一件ノ儀花義(美カ)ニ不相成様内々相含被置候様、尤御役所ゟ村諸書付差上候様ノ事も申参り候事故、御出役御出成ハ決而不見立様と相頼置候事

○村

井伝参り、同人借家へ作次郎と申人入申度候ニ付、此段相断申候旨申出候故、尤家主ゟ村方へ差入候様申聞候ニ付、下書相認候様相頼居候事

村○

岡村へ天ノ川ノ義おとめを以申遣し、尤上ノ橋ニ相成候ハヽ、大工入用ニ候間、義八へ申遣し候処、同人眼病ノ由ニ而相断り、磯嶋村へ申遣し候ニ付、差支有之候へとも差繰候(候脱カ)而参り由申居候事

村○

芦田氏・浅井氏御両所へ御帰りノ儀相尋申遣し候処、未御帰り無之様有之候事

○村

夜四ッ過時ニ浅井氏・芦田氏御両人共御帰り、尤夜舟ノ様承知仕候、其外咄ハ不承候事

一 閏三月四日　雨天　八ッ時ゟひやう降る 七ッ時ゟ雨ニ成ル

両村 天ノ川 紀伊様ニ付

岡村ゟ中嶌氏・今西氏御両人共御出ニ而、天ノ川仮橋ノ義相談居候処、角野氏御出、尚又浅井氏御出ニ而相談ノ上仮橋往還へ為付、人足岡村拾人、当村拾人并ニ大工磯嶋村与三兵衛した町ゟ為掛、仮橋ノ中〆穴掘柱等為致候、尤中飯・朝飯共九右衛門方ニ而いたし候、且亦岡中嶌氏ハ被帰候ニ付、角野氏・今西氏、当村浅井氏・義助・芦田氏も昼前ニ御出ニ而、都合三人萬平中飯申付、尚又歩行弐人、酒弐合計有之候事

○村

九ッ時大坂西御番所様ゟ、当村市次郎并ニ所ノもの壱人、五日五ッ時ニ罷出候様ノ御差紙ニて、尤飛脚ちん四匁相渡候様多田篤

ゟ申参り候ニ付、四匁代ぜに四百弐拾文飛
脚へ相渡、受書仕候而差帰し申候事
但しとん市呼ニ遣し申聞、今晩夜下りノ
積り致候様、且又芦田氏役人出勤ニ相頼
候事
磯嶌村天満屋来坂ニ而芦田氏ハ相止メ候
事

（挟込）
閏三月十日飛脚ちん四百弐拾文持参いたし 受取候事

村
浅井氏・芦田氏御出ニ而、大坂ノ様子甚々
思ノ外心易く義ニ而、則御国役高付ノ義、
尤引高御申ニ而御座候由、当村高百四石七
斗五升五合ノ処、去丑年損毛引高有之候而、
当村高六拾石八斗九升三合
岡村高百廿七石六斗九升七合
同断引高有之候而、如斯御座候
右ノ通り御申ニ而承知仕候、尤御国役掛り
ハ掛り不申よし承知いたし居候事

（挟込）
百廿七石六斗九升七合　岡村 六拾石八斗九升三合　岡新町

○村
八ッ過ゟとん市大坂御番所ゟ御召ノ義ハ、
磯嶌村天満屋親類ニ成候而参り候ニ付、所
ノものノ義ハ北国屋佐助殿へ相頼ノ書状相
添取計、尤百姓代ハ若林治兵衛ノ印形差遣
し置候、尤委細天満屋へ申聞置候事
宿○
七ッ時紀州様ニ付御役所ゟノ御出役、曽我
様・林田様御両所御越被成候よし参り候跡
へ、天の川へ御見分甚々閙ヶ敷躰、直様天
内村
ノ川へ罷出候而御挨拶申上候、然ル所浅井
氏ノ義ハ馬借方へ下ヶ候様御申ニ而、一通
りノ御断ハ浅井氏ゟ被申立候へとも達而馬
借へ罷出候様被仰候、無拠受置候事
村
同時過ニ御出役御宿浄念寺ゟ、只今岡村・
岡新町村役人罷出候様申参り候ニ付、直様

出掛ケ候処、岡村橋ノ上ニ而浅七ニ合候処、参り候ニハ不及、天ノ川橋ノ義念入候様御事伝此段承知仕候、乍去岡村中嶌氏へ参り咄合、直様同道ニ而御出役御挨拶旁々罷出候而、伊三郎義相咄申上候而、随分外ニ而も差支不申義申上候処、尤成様仰ニて、左候へハ下番役人共相談仕候様御申ニ而談合候処、差支無之様被申候ニ付、其段御出役へ下鯛六・かせ甚同道ニ而座敷へ罷出置候、且又仮橋ノ儀ハ天気成ハ右ニ而仕舞、雨天成ハ上板橋入添、尤入添ハ早々出来候様御申付承知仕候、尤先達而相頼置候聞合ノ義

村内実

ハ如何御座候哉御尋ニ付、則其義ハ先月廿五日大坂多田徳方へ出置候処、未着不仕様子大ニ赤面仕候、乍去右相断候へハ、左様成ハ大坂ノ方不行届様被仰候、尤今晩書面罷出候様申上置候、且又本陣へ帰り掛ケ、前刻座敷見分仕候様申候へとも参り不申候間、其旨申候様御申ニ而立寄申伝候事

但し初夜前ニ帰村仕候事

村内用

塩屋武兵衛義ハ此方へ相遣し候様存候へ共、本陣方ゟ段々相頼候ニ付、其方へ差遣し申候様、芦田氏ゟ相咄被申聞御座候事

村○

角野氏・今西氏・芦田氏・浅井氏天ノ川より御引取ノ前ニ此方へより、幸、井徳参り居候ニ付なまぶし・かまぼこ一枚同人ゟ取之、酒ハ此方ゟ三合計り、尤歩行弐人共、外ニ少々酒有之候而、暮方ニ被引取、尤浅井氏ハ此方ニ而飯被致候而被引取候事

村○

七ッ半時大坂御番所ゟ、紀州様御通行五日ノ処六日ニ成候よし、是ハ牧方ゟ下ノ事ニ而右様日繰、尤当宿ハ四日ノ処五日ニ成候積り、延引ノ御触到来拝見、禁野村へ継送り申候事

一　閏三月五日　　晴天

村

紀州様御通行御泊りニ付、町内ふとん清略、

夫々へかし遣し取計候事

村

同断ニ付天ノ川橋ノ儀ハ、晴天ニ候へとも
用意ニ上橋へ〆入置候事ニ而、矢張下仮橋
へ御遣し申上候、尤野子方紀州様家老山高
石見守様御泊りニ付、浅井氏相頼置候事

紀州様御宿一件

但御泊り御着御当番ニて七ッ過に御出ニ而
御座候事
尤手伝中宮政右衛門・半兵衛・浅井、下
中宮権兵衛・伊兵衛・惣助・おば・お
岩・表り・京惣・日善外ニ水夫弐人昼ノ
中参り居候而夜中ハ入不申、外ニハ追返
しノ事

村内実

早朝ゟ曽我様ゟ右聞合書ノ義、本紙帳ハ大
坂ニ有之、書届出し候筈成とも下帳有之候
ニ付御覧ニ入ニ持参仕候、尤芦田氏ハ下年
番へ相下ケ手伝貰候而御出役方へ被参り居
候、且同時ゟ被参候事

宿

紀伊様御立七ッ半時ニ、此方御泊り山高様
夜中時ニ御立有之候、夫ゟ浅井氏同道ニて
下へ参り、同人ハ昼ノ中ゟ参られ候而一寸
被帰候、彼坂伝方へ手伝被申、則同時ゟ参
り候へハ坂伝へ被参候、拙者事御合印場ハ
岡の今西氏・角野氏御両所ニて其方へ八ッ
過時ゟ同席ニ居候、且三矢村かわ喜ニ而御
合印継立申候、夜引明申候而朝飯尼四郎方
ニて三人とも支度仕候、且馬借へ参り候処、
竹藤尼四郎方へ参り候様被申候ニ付、如斯
御座候事
但し浄念寺へ参り芦田氏見舞申候、且又御
出役御目覚ニ哉と相尋候処、無其義ニて其
儘引取候事

一　閏三月六日　晴天

宿

朝下ゟ帰り四ッ時迄寝申候而、四ッ時より
岡中嶌氏同道ニて浄念寺へ参り御挨拶仕候
而、御酒出程なく御引取ニ而同寺門中ニて
相断、尤三矢奥田・泥町鯛六・かせ甚三人

村

ハ天ノ川迄被送候事

守口菊田氏ゟ、御役所ゟ御触并雛形帳出候、村明細ノ書上一条ニ付廻文到来、則文面左ノ通り

以廻状得御意候、各々様方愈々御安康ノ由珍重奉存候、然ハ此度京都御役所様ゟ御私領渡り差障り有無ノ書、上下書相廻り、右ニ付御相談申度候間、来ル七日朝飯早々古橋喜八方へ御参会可被下候、右為御案内如此　早々以上

閏三月四日　　守口町

大庭四番流作　　壱番流作

點野村　流作　　右三流作ニ而、御壱人御出勤可被下候

仁和寺村　　対馬江村　　田井村

走谷村　　牧方村　　泥町村

三矢村　　岡　村　　新町村

右御役人中

尚々文化九年申正月、大岡久之丞様御代官所ノ節、右御私領渡り書上も御座候間、右御支配所村々ノ御方ハ其節ノ扣へ篤と御調へ可被成候

以上

村

牧方村ゟ添廻文弐通共四ッ時ニ到来、則文面左ノ通り

添廻状を以得御意候、夫ニ付別紙ノ通り守口町ゟ明七日古橋参会ノ由申来候故、右ニ付御相談申上度義御座候間、今中飯後早々馬借所へ御出勤可被下候、右御案内申上候　以上

閏月六日　　牧方村
　　吉右衛門

三矢村

泥町村

岡　村

岡新町村

村

御役人中

追而申上候、文化九申年ニ書上帳御座

候ハヽ御持参可被下候

右ノ通り牧方村ゟ出候而、岡村ゟ到来披見仕候ニ付、曽我様・林田様御両所へ岡中嶌氏同道ニて出候所へ、牧方村も被出候而、右御役御立後馬借所へ参り候処、牧方村被帰候故、其間ニ臺鏡寺へ参り境内見物仕、夫より弥助案内ニて桜見仕候、尤七ツ時より馬借所へ参り牧方村・三矢村・岡村・泥町村・当村相談いたし決談、牧方村壱人、岡村壱人、田井・走谷両村ニて壱人、都合三人古橋村へ惣代ニ而罷出候様相成暮前ニ引取候事

　但し牧方村廻文ハ同人へ相戻し申候、且守口廻文ハ岡村へ相渡し申候事

内用

父并ニ半兵衛両人早朝ゟ宇治江参られ候而、初夜半時ニ帰村被致候事

村

とん市御差紙一件、磯嶌村天満屋治郎左衛門出坂仕候故、今七ツ時ニ帰村いたし、尤大坂表無滞相済、則書付写帰られ候、尤あふめじま綿入壱ッ渡し候ニ付、受取受印仕候而、則北国屋飯仕払、右戻りノ品々売渡し候代ニ而ノ仕払仕帰り候由承知仕候事

　但し売渡し代九百四拾七文、御渡し被成下候よし申居候事

村
内実

其夜曽我様へ書上ケ書付ニ付、着不仕様子ニ而、早々着仕候様ノ書面佐助へ差遣し候事

一　閏三月七日　晴天

内用

八ッ時芦田氏御出ニ而、夫ゟ浅井氏外京惣・日善・布やおみよどの・表りノ御春どの・おいさどの右七人ノ内、浅井氏ハ不被参候而、六人被参、すし此間紀州中ノ残りもの万端ニて、紀州様ノ無難喜仕候而酒出し七ッ時ニ被引取候事

〃

同時紀州様御宿ニ付、下宿旅篭代此方へ引

込候ニ付、夫々へ割渡し申候事
○寝屋村ゟ八ッ半時千木秤ノ義ニ付、御番所さまよりノ御触到来拝見仕候、尤飛脚ちん七拾文同村へ相渡し申候事

（挟込）

七日籾種上ケむしニ掛置候事

一　同　八日　曇天　七ッ前ゟ雨降

村　御番所様御触千木秤之儀ニ而早朝継送り、尤岡村へ遣し、且庄屋義助、年寄藤七ニ而浄行寺都合三判ニ而調印仕候事

内用山ノ上一件　早朝ゟ山ノ上常称寺行ノ屋台并ねりもの様ノ義ニ而さわぎ候、尤昼飯ゟ父并家内ハお仲・鉄之助・おとみ都合四人、外ニ吉助・喜介屋台かきニ参り、尚又見ニ外下女弐人とも八ッ時ゟ参り、母・義助外ニ長蔵・庄吉都合四人留主仕候、暮過ニ帰村仕候而、父初夜前ニ被帰候事

但し右ノ様子并ニ御年寄両人共被参、尤下佐供ニ而、岡村も中嶌氏・今西氏并ニ長兵衛何れも被出候事、尤岡村も当村と一緒ニ而天ノ川ゟねり牧方村へ上り候様承り候事

〃　且又竹馬ノ立札并ニ金封書付義助仕候、尤建札方金子五百疋進上、岡村・新町村といたし、金封ニハ金五百疋といたし熨斗はり水引掛候而取計候事

内用　八ッ半時ニ蔀屋村八上四兵衛殿被参候、尤東本願寺ノ木引ニ被参候而、一寸見舞ニ被出候事

村　亀屋弥兵衛八ッ過ニ参り、木引ノ儀ニ付被相頼、木鼻上り有之候故、橋ノ下通り不申候故、天ノ川橋板はづし申度候ニ付、此段何事左様いたしくれ候様被申出候ニ付、可然勝手ニ被致候様、乍去橋銭取ノものと相談ノ上と申聞候事

但し同人早々元ノ如く板掛置候様申居候

事

内用　父留主中、岡角野氏ゟ同人内義産前ニ而少々差縺候様子、大ニ心配いたし被居候事ニ而、二月堂ノ陀羅尼ノごをりさんかし呉候様書面参り候ニ付、直様義助持参ニ而見舞申候事

一　閏三月九日　曇天　朝四ッ時ニ雨ふる　昼八ッ半時ニ同断

内用 山ノ上 一件　早朝山ノ上村常称寺ゟ、牧方村極楽寺を以而昨八日ノ礼ニ被参候而、挨拶被致候事

内用　八ッ前時ゟ山ノ上村寺へ義助見舞旁々罷出候処此方法事五拾廻忌来ル廿弐日ニ約束仕候、且又同寺ニ芝居仕候ニ付宿方人馬へノ挨拶、可然様取計呉候様被相頼候事、且又棟上ケニ付当月十五日ゟ岡村・新町村ニて手馴しもの四、五人、尤弐百文ノ雇ニ而遣し呉候様被相頼居候、尚又浜へ板上り有之候ニ付、天ノ川門徒へ相頼置候へ共、若残り候へハ其分岡村・新町村ニて引受呉候様、書面あしく候へハ山ノ上村ニ仕候見合ニ而、可然と被申居候事

但し七ッ時ニ帰村仕候事

留主中

浄行寺ニ而一統被勘定致候ニ付、夫故都而相談ノ義ニ付呼ニ参り候よし、尤留主故父被参候事

村　作治郎女房、半切五拾枚程持参ニて井伝ノ借家へ参り候よし、挨拶ニ参り候へとも是ハいまだ家主ゟ引合不相済候故、先ツ此侭ニて預り置候様申居候、且又御年寄中ハ如何候と相尋候処、両家へ参り候様申居候事

村　井伝呼ニ遣し、家主ゟ差入ノ一札催促いたし、尤下書相渡し、早々相認参り候様申聞候事

内用　馬借へ常称寺ノ儀ニ付、おとめ印紙拾枚并ニ人馬中へ山ノ上村世話人ゟノ書付ニて持

し遺し、右人馬へよろしく割合相頼遺し候
事

村

芦田氏・浅井氏御両所へ少々相談申度候ニ
付、御勝手ニ参られ候様、おとめへ相頼申
聞候事

内用

暮過ゟ八平殿被参候而、右常称寺一件諸勘
定仕立候処、惣都合弐拾四貫余りニも相成
候故、わり方甚々六ッヶ敷様子、いづれ〆
上ゲ候而已ニ而、又々清略仕候上持参仕候
故、可然評義いたし候様被申居候へとも、
こちらニ而も六ッヶ敷御相談可申上様申聞
候事

内用

うば、おかう連候而在所へ参り、尤目あし
く候故医師ニ掛り度候ニ付、父親迎ニ被参
候故、早朝ゟ参り候事

一　閏三月十日　清（マヽ）天

村

井伝ゟ作次郎差入候家受一札相認持参被致
候事

村

牧方村ゟ御役所へ書上ケ一条ニ付、今十日
早朝尼四郎へ寄候廻文三矢村ゟ五ッ時ニ到
来、披見仕候、文面左ノ通り
以廻状得御意候、弥々御安康ニ御勤役罷成
御座珍重ニ奉存候、夫ニ付昨七日古橋へ出
勤致候処、右一件ニ付直々御相談申上度義
御座候故明後十日朝飯後早々尼四郎方へ御
出勤可被下候、此段御案内申上候、尤御
村々先達而大岡久之丞様御支配ノ節、文化
九年申正月ニ御尋ニ付、書上帳与御扣へも
御座候ハヽ御持参可被下候、且又御検地帳
年暦并ニ御名前等も御調ノ上御持参可被下
候、何歟と御相談申上候而取計仕度奉存候
右ノ段廻状を以得御意候　以上

閏三月八日　牧方　吉右衛門
岡村　太右衛門

泥町村

三矢村
新町村
御役人中
追而申上候、田井村・走谷村御両村ノ儀ハ申合置候故、いづれ朝飯早々ゟ御入来ニ御座候故、無間違早々ゟ御出席可被下候

村 右十日五ッ時ニ三矢村ゟ到来披見仕候事
但し義助夫ゟ出勤仕候事

村 月集ノ儀明後十二日ニ取集候間、其積りニ而持参仕候様、為触置候事

〃 栗屋弥右衛門、今晩被参候様申遣し置候事

〃 まつ喜・とん市右弐軒へ先日御番所様差紙到来ノ節、飛脚ちん四百弐拾文ツヽ、弐口ゟ受取候事

四ッ時ゟ参会、尼四郎方へ罷出候処、いづれも不被参候故、馬借へ帰り待居候処、岡村御出ニ而、同道又々尼四郎方へ罷出候而、右一条相談仕候、且又中飯いたし同時ニ飯在之、書付相認候より七ッ半時ニ酒在之、又々夕飯いたし初夜前帰村いたし申候事

村 但し三矢村馬借近辺迄おとめ迎ニ参り候事、尤書付三矢村相頼候事ニ付、帰りノ節同人へかし、明朝早々返し候様申居られ候事

留主中

村 牧方村ニ罷出候煙亡息子竹次郎義、山ノ上村芝居ニ而喧嘩いたし候ニ付、当村へ寝屋村ゟ届ニ参り候故、当村義ハ右竹次郎義、先達而右帳ニ相成人別帳外ニ相成仕居候故、存じ不申よし申聞候趣、父ゟ聞及候事

岡村中嶌義ハ参会八ッ時ゟ、同村角野氏内義死去被致候故帰村被(候脱カ)仕事

村 初夜時ゟ芦田氏御出ニ而、右くり弥呼ニ遣し置候故、同人被申候ニハ浅井・田川両人右一条ノ義、野子ゟ先達而引合ノ節ノ書付

表ノ銀目ニ掛合呉候様、尤銀子ハ当月晦日
迄相待候様、村方ゟ引合相頼候様、一向不
相分候ニ付左様ノ義ハ拙者後引合不仕、全
体御両人心体如何候哉と頓着ニ不仕、併筋
立而御咄ニ相成候ハヽ随分咄合仕候間、先
右様ノ義ハ一切決得かたく候段同人へ相断
申居候事

村　又助飯料当村分、先晦日申受候処、何卒相
渡くれ候様頼置候、尤先日受取書付持参仕
置候、則壱貫五百文父より相扣渡被呉候事

内用（挟込）　籾種前日ニのしろ拵仕候而今日同断雇申候
事

一　閏三月十一日　清天

村　三矢村ゟ昨夜かし置候書上ケ帳ノ下ケ帋、
礼申候而返し被申候事

村 内用　井庄被参候而、先日山ノ上寺へ屋台持参り
候節、同村ニ而傘かり帰り候ニ付、其後催
促ニ候間清略いたし、人足仕立候而持し遣
し候間、さ様相心得候様被申居候事

内用　井伊へ疱瘡見舞いニ糯米ニ小豆持し遣し候
事

内用　岡村、宗一郎殿ゟ酒直段ノ儀申参り、尤悔
旁々父被参、尤昨日死去被致候と直様被参
候へとも、進物持参ニ而被参候事
　但、葬式八ッ時ニ而義助野送りニ立候事

内用　楠葉村与左衛門ゟ柴、舟ニ而持被参候、外
壱人と弐人ニ而、尤内代へぜに九貫文相渡
し置候事

〃　山ノ上院主浄行寺ニ被居候ニ付、法事ノ義
廿弐日、廿三日両日仕候様、尤両日共御末
寺御連被下、牧方法中相招候積り申談候事
　但し唐土名所図会五冊借申候事

村　浅井氏被参候而、田川氏ノ義相咄ニ而、尚
委細ハ同人か芦田氏か被参候而咄合被致候
様申被居候事

万人村　八平被参候而、小倉村彦左衛門殿ゟ書面到来、尤当月十七日伊勢山本太夫ニおゐて太々執行仕候旨、尤伊勢内宮ニ而如斯、十六日ニハおばた定宿へ着仕候様、且笠印・木札持参候様申参り候ニ付、則磯嶌村ハ弥兵衛へ相渡、外村ニハ浅井氏ゟ廻文ニ而案内仕候様被申居候事

内実内用　山ノ上御院主ゟ咄ノ中ニ、当・岡両村ノ人足ノものニ而、いづれとも不分候へとも、何角同村芝居場へ参り喧嘩買、其上両村ノ場抔取置無之段申募り候よし、甚々不埒ノ体有之趣承知仕候事

村　○日金松原御講掛金一歩一朱持参仕候故父受取置被呉候事

一　閏三月十二日　清天

村　父とん田村へ被参候、尤五ッ過ゟ被参候事
　但し惣助同道、弐月分月集寄候事

村　私部村ゟ今日ハ出坂仕候哉相尋ニ参り申候故、今晩罷下り候様申遣し候事

村　田川被参候而出坂ノ儀被相頼候、尤先方引合ハ相片付有之候ニ付、外連印ノ方ハ大坂雇入候様被申候故、役人ノ処も可然様被致候様、乍去役人ノ内印形ハ持参有之様申置候事

村　且又芦田氏御出ニ而出坂ノ儀印形遣し、下佐成とも罷下し候様、若差支成ハ外ニ而も役人ハ壱人差下し候様、被申置候而被帰候処、初夜前ニくり弥参候而、岡久相頼置候様被申、尤御高判同人へ相渡し申候、尤曽我様行ノ書付早々差登し候様ノ書面、北国屋佐助方へ相頼遣し候事
　但、今晩夜舟ノ積り被申居候事

村　岡村中嶌氏右御役所へ差上候書付ノ義ニ付、相頼呼ニ遣し候処、八ッ時ニ御出ニ而何歟談合候而、泥町村ゟ書付出候ニ付、其書付三矢村ニ扣被置候ニ付取ニ遣し、御年寄も

相談仕置候様被申、夫ニ付今晩中嶌氏宅へ
出候様申居候処、暮方ニ長兵衛参り今晩差
支有之候故、明朝早々此方へ御出ノ様申参
り承知居候処、今西氏御出ニ而、三矢村ノ
書付并ニ当村ノ遣し相渡置候書付持参ニて
御座候事
　但し初夜前ニ被参候而四ッ時前ニ被帰候
　事
内用　父八ッ半時ニ被帰候事、尤惣助一緒ニ而被
帰候事
宿方　岡村今西氏、三矢村・泥町両村ゟ定役ノ義
ニ付廻文参り候ニ付、持参ニ而此方へ到来
披見仕候
　尤廻文左ノ通り
以廻章得御意候、愈々御安康ニ被成御勤
役珍重奉賀候、然ハ　紀州様御当日彦
平雇入候ニ付、夫ゟ続而相勤候様申聞候
処、承知ノ趣ニ御座候、尤治左衛門義兼
而退役申出候故、此段廻章を以得御意候
否哉思召ノ程承知仕度候　早々以上
　閏三月十二日　木南喜右衛門
　　　　　　　　奥田八郎兵衛
　中嶋九右衛門様
　同　儀　助　様
　右今西氏初夜前ニ被参候節持参ノ事
一　閏三月十三日　清天
村　昼飯早々岡村中嶌氏ハ留主ニ而、今西氏ハ
前夜御越被下候ニ付、三矢村雛形を以相認、
尤三矢村書付当村相認候書付共弐通持参ニ
而同人へ相渡候、三矢村ハ先方ゟ為戻候積
り、且当村書見合御勘弁被成候様申談置候
事
　但し同人諸事心得留帳面借用仕り帰り候
村内用　芦田氏御出ニ而法花本山へ木引ニ付、萬年
寺山ニて松引、鶴屋浜出し候間、何卒当村
先達而万人講石引ノ節、拵候縄・綱かし呉

候様被申候ニ付可然様、尤何時ニ而も御渡
し可申候様申居候

内用
山ノ上御院主母公七ツ前時ニ舟ゟ上り此方
へ御立寄、尤下女共弐人ニ而酒飯出申候ニ
而、喜助山ノ上へ為送申候事
　但し酒三斗被相頼候而、金弐歩為相渡受
　取置候事

一　閏三月十四日　曇天　八ツ半時ゟ雨降る
　　　　　　　　　　　暮前ゟ合雨

村
四ツ時出口村ゟ廻文到来、尤普請土方ノ義
　　則廻文左ノ通り
　廻章を以得御意候、春暖弥増御座候処
各々様方益御勇健ニ被成、御勤珍重御義
奉賀候、然ハ先達而御頼申上置候当村入
樋御普請ニ付、土方入札仕候処、中振村落
札ニ相成、此義も先日出来仕候ニ付、渡し
方銀貸し呉候様申参り候ニ付、今日相渡し
申度奉存候ニ付、別紙帳面ノ通り割方仕候ニ
付、右銀子何卒此者へ御渡し可被下候様奉
頼上候、先ツ右ノ段夫を以申上度如斯御座
候以上
　閏月十四日　　　　　出口村
中振村
走谷村　　跡ゟ差遣し申候
泥町村　　跡ゟ為持遣可申候
伊加々村　跡ゟ差遣し申候
三矢村
牧方村
岡　村
新町村　　跡ゟ為持遣可申候
右村々御役人中様

帳面ニ而　　　中振村　平　蔵
　　　　　　　　　　　文　蔵
落札主　　　　　　　　東右衛門

一　六百四拾五匁
一　　九匁六分　右入札ノ節札入人足へ御
　　　　　　　相談ノ上切手壱貫文代

〆六百五拾四匁六分
此割　高
三千四百四拾壱石弐升五合
高拾石ニ付壱匁九分弐も　三匁不足

（挟込）
閏廿二日
出口村ゟ使参り銀子相渡し申候

村
高　百四石七斗五升五合
一　拾九匁九分弐厘　新町村
右ノ通割銭仕候ニ付夫々御渡し可被成候
以上
九ヶ村
御役人中　出口村
如斯到来ニ付跡ゟ持し遣し候様申遣し置候事

村
早朝万人講縄・綱、大隆寺門徒ゟかかりニ参り候ニ付かし相渡候事

万人
村
八平殿被参候而、万人講笠印八組相渡候、

内々承り候ニハ当村ニ参り候よしニ御座候事

内用○
山ノ上
一件
山ノ上ゟ書面到来、則棟上ケ手伝頭人足遣し呉候様、無間違取計明日ゟノ積り申参り候ニ付、日金呼ニ遣し相尋候処、扇屋頼置候都合よろしくよし今日同人山ノ上へ参り、直々手都合見て参り候様申居候趣被申居候、且又扇屋山ノ上ゟ帰りより相尋候処、いよ〳〵明日ゟ参り候様、尤当村ゟ五人参り候積り、尤綱・萬力此方ノかし渡し候事

内用
○
父并半兵衛・鉄之助外ニ惣八都合三人、中宮村ニて弐、三人中宮村野間田面見分ニ被参候、尤八ッ過時ニ帰村被致候事

村
岡村ゟ相渡置候書付、此方分相返り申候事、尤其夜中嶌氏方へ罷出候処、留主中ニ御座候事
但し京登り十七日ノ様内方ゟ承知仕候事

村○
岡久八ッ半時ニ大坂ゟ帰村尤栗弥ノ付添ニ

而御番所ノ処、対決ノ積りニ候へ共、先方当村ノ処岡新町と而已ニ而、岡新町村ノ間違ニ而西御番所へ相断旁々延引ニ相成、無拠刻限切仕置候よし、尤来十八日ニ対決仕候様被仰渡候よし被申居候事

村　尚又田川暮方ニ被帰候而参られ、岡久ゟ被申候通ニ而書付ハ写帰り不申、大体心得居候よし、明日ニ而も相認遣し候様被申居候事

一　閏三月十五日　雨天　四ッ過時ゟ空晴 乍去一日雨天

内用　中飯後早々長々木南氏無沙汰ニ而見舞旁々罷出申候、直様帰り掛萬年寺山へ登り法花の本山行ノ木引同所ゟ引候事ニて見受候処、同所ニ当村ゟかし申候縄・綱、雨打しニて致し有之候見受帰り候事

内用　浄行寺へ参り、当方仏事廿二日、廿三日両ノ由牧方惣寺方、尤西派ノ分同寺ゟ案内致置被呉候様相頼置候而承知有之候事

村　芦田氏御出ニ而粗承り候ニハ当村ニも伊勢宮参り仕候もの有之由、尤留主中見舞又ハ跡祝様ノ義、尤土産等ノ義決而不相成候よし、一統へ申触候様申聞候義相談、且田川一件出坂ノ儀相頼置候而、尤法花木引ノ義ニ付縄・綱ノ儀鳥度(渡)咄合仕置候事

村 内用　暮前ニ扇藤ニ合候而、山ノ上寺へ先日ねりものニ参り候節、当村へかりかへり候傘最四本計不足ノよし同人親類方ゟ申し、早々清略ニ而返し呉候様有之承知ノ旨申居申候事

村　木南氏ニ乍序相尋申候
御普請所掛り出口村ゟ申参り候義ハ先例ニ御座候よし

〃　御役所様へ差上長拵(帳)候節、書上ケ一条ニ而酒造又ハ水車運上ハ書上ケハ不及、全体小物成運上ノ趣意ニて有之よし被申居

候事
村内用 浅井氏へ書面ニ而、当村先年書上ケ候文化
九申年ノ扣帳并ニ羽倉様御支配ノ節明細帳、
外ニ昨年御廻米割長（帳）かりニ遣し候処、留主
村 中ニて明日返事仕候よし御座候事
村 杢喜呼ニ遣し候へ共留主中ノよし申居候事
○〃 田川書付ノ義申遣し候処未仕無之よし明日
ニ而も差遣し候よしニ御座候事
○〃 伊勢参宮一件村中へ相触候様申聞候事
内用 浄行寺ゟ早朝半切桶三枚かりニ参り相渡し、
尤七ッ時ニわた伊・かめ庄・八平三人ニて
重掛ケ并ニ吸ものわん弐十人前・手塩皿三
十・武蔵野香大丁子右ノ品かりニ相頼被居
候事
一　閏三月十六日　天気
村 早朝御役所へ書上ケ候書付相認とじ帳仕候
而、年寄弐軒百姓代弐人ノ印形取ニ遣し押
候而、尤印形夫々相返し其夜相渡候事

〃 右書付其夜岡村中嶌氏へ持参候而相頼、明
十七日上京ノよし被申居候事、但し下帳共
弐冊相渡し置候事
内用 五ッ半時ゟ中宮村分田面見改ニ父・半兵
衛・鉄之助・義助外に惣八、中宮村ゟ権兵
衛・喜助・五郎右衛門・政左衛門都合九人
参り暮方ニ帰村仕候
〃 浄行寺婚礼、同所今堀ゟ縁付在之候事
〃 天ノ川畳屋早朝ゟ被参候而一日相働申候事
内用 留主中
浅井氏被参候而四枚折ノ屛風かりニ被参、
尤浄行寺へ遣候趣承知仕候事
一　閏三月十七日　晴天
村内用 早朝岡村ゟ当村とん市、盗賊紛失もの届ノ
書付かりニ参り写取相渡候事
内用 五ツ時とん田村西田氏ゟ使書面出来、尤浦
町茶屋方妹死去被致葬式八ッ時ノよし申参
り候事

村　栗屋一件出坂ノ儀清略仕、尤芦田氏受込ニ而相尋遣し候処、田川氏被参候而長次郎遣し候よし余り不都合、本人いづれ成とも被参候様申聞候事

　但し田川ゟ先日日切ノ書付持参受取候事

村　芦田氏髪結床ニ而合候故、万端相頼置候而右一件安へ留主中相頼置候事

村　浅井氏御出ニ而右一件留主中相頼置候、夫ゟ義助摂津へ罷出候、尤供吉助召連候事

　但し香義弐匁余りらうそく持参仕候

内用　葬式七ッ過ニ片付暮方過ニ帰村、尤大塚渡しはづれ候而より六拾文差出越帰宅仕候事

留主中

　栗屋一件ニ付同人被参候而御印取ニ参られ候故相渡し、尤同人并ニ役人代ニハ長次郎参り候よし承知仕候事

村　浅井氏ゟ御廻米一件わり帳持参被致候故受取候事

一　閏三月十八日　晴天

村内用　五ッ時大坂多田屋篤右衛門ゟ書面到来、尤京都曽我様ゟノ書面添有之、甚以不行届其場遁レノ返答ノよし申候と相成候而困り入申候事

宿（貼紙）

十八日四ッ時三矢村馬借与吉参り候而、馬借方彦平ゟ書面并ニ書付共ニ而、郷方より弐わり増一件相切ノ金壱両、当村へわり合分一両持し遣し受取候、尤下両村へ一両取候よし、且金三両分野子ゟ受取書遣置候、尚又同人定役ノ義ハ御承知ニ御座候哉此義も相尋ノ書面、乍去参り掛取込居候而跡ゟ返答可仕よし申遣し候事

九ッ時ゟ右書面并ニ上包紙共持参候而上京仕候事

　但し御年寄両所へ留主相頼置候事

村内用　尤浅井氏ゟ山ノ上御院主母公京都西教

寺行ノ書状持参被致候事
京都西本山へ参詣仕、夫ゟ御焼香買候而西
教寺へより右書面相届、久下屋へ着、支度
仕菓子相求候而曽我様へ罷出咄合相済、土
佐光孚ノ日出富士ノ画ノ軸もの頂戴仕候而、
帰り又々久下屋ニ而夕飯仕度いたし暮方ゟ
久下屋出而伏見海道へ下り候而綿長へ着、
初夜過同人方ニ而舟弐人前取之夜八ツ時ニ
帰村仕候事
　留主中　用事無之趣

内用
但し中宮村玉勇・竹松勧進角力仕候よ
し尤番付持参相頼ニ参り候よし承知仕
候事

村
内用
(貼紙)
曽我様ゟ右多田屋ゟノ書面并ニ曽我様ノ書
面共多田屋へ相返し、早々京都表ハ相断相
済候間、全間違ハ曽我様方ノ義故、曽我様
ゟノ御断御立被成候様申遣し候様被仰聞候
事

村
内用
一　閏三月十九日　雨天
御年寄両所へ夜前舟ニ而帰村仕候よし申遣
し候事

〃
曽我様ゟ被仰聞候右多田屋へノ書中并ニ御
同人様書面共相封し相認置候事

村
岡村ゟ京都へ差上候書付ノ義相済、昨刻前
帰村仕候よし、尤書面相添被遣候ニ付受取
候事

村
但同村ゟ御役所元〆林田様ゟ出候而受取帰
り、御触書半切紙ニ而相認有之候義ニ而、
当村ゟ三矢村ノ方へ相廻し候様申参り写取
右村へ相廻し候事
　但し村名へ印形押候而遣し候事

村
栗屋呼ニ遣し相尋候処、大坂ノ方御聞済六
拾日切被仰付候よし被申居候事
尤昨夜延(遅)く帰り候様被申居候事

但し書付扣置候事

〃　多田屋行ノ書状封飛脚へ差出候へとも今晩雨天にて参り不申、無拠差遣不申候事

〃　岡村中嶌氏御出ニ而、馬借彦平ゟ申参り金子壱両此方へ受取候よし咄合、尚又定役相勤候義、差支ノ有無返事相尋ニ参り有之故、此義御年寄中も咄合置被下候様申居、且又神事ノ義四月九日ノ積り咄合決着仕候事

一　閏三月廿日　晴天

○内用　五ッ時ゟ父并ニ喜助供ニ而大坂へ被参候、尤五拾廻忌・七廻忌ノ年忌ノ買ものニ而如斯、羽山屋方へ中陰見舞兼而、尤明廿一日暮迄ニ帰村仕候様被申居候、且明昼飯ゟ迎ノものかご持参候而参り候様有之候、則多田屋行ノ書状父へ相頼、喜助同家へ持参受取書持帰り候様申聞候事

村内用　芦田氏五ッ時ゟ御出ニ而差而用事も無之候へとも昼前迄被居候、尤神事も四月九日と岡村相談ノ上治定仕候よし談合候事

内用　四ッ時ゟ吉助并ニ大坂や茂八息子両人部屋村八上氏へ遣し、尤亡隠居被申居候ノ通り屏風半双持し遣し、七廻忌ノ茶ノ子持参らせ、且書面相添遣し七ッ時ニ帰村仕候事

○内用　同時出口村半右衛門芝居仕候由、尤書面持参相頼居置候事

○内用　同時中宮村利平次序ニと見舞候ニ付、則明日迎ノもの同村四郎左衛門、明四ッ時ゟ参り可申候様事伝、若間違候ハハ茂三郎右両人ノ内無間違差越候様相頼申候事

下佐へ浅井氏明日ニ而も御勝手ニ御出被下候様、并ニ又助勝手ニ参り候様、明早朝ニ而も申参り候様申聞候事

内用　父大坂へ被参候ニ、川嘉へ親父死去被致候ニ付、とら屋印紙弐枚持参悔被申候様、且同家ニ而しんちうノじやう一ッ受取帰られ候様相頼候事

内用　明廿一日前嶋狭間氏へ遣し候、尤法事案内状、尤茶ノ子両日共分遣し候書面相認置候事

内用　一　閏三月廿一日　雨天

早朝ゟ糯搗仕、夫ゟ吉助前嶌ゟ田辺、庄所弐軒、とん田、柱本六ヶ所へ遣し、且又餅并ニ茶呑茶碗五ツツ、茶ノ子ニ両日分持遣し申候、尤帰り掛ケ出口村伝兵衛方へ寄せ申候事

○内用　昼飯ゟ伊兵衛・中宮四郎左衛門両人かこニ而父迎えニ遣し、尤さだ迄ニ而、且暮前ゟ惣八・喜助ノ供ノ助ニ遣し初夜前過時ニ帰村被致候事

但し多田屋篤右衛門ゟ右書面ノ受取取置候事

○村　七ツ時山又助参り候ニ付、則林田様ゟ被仰遣ノ御触書被読聞右ノ次第故、右大枝村九兵衛義ハいづれニ被居候哉、尤当村へハ決而寄付不申様取置候様、且四ヶ村ハ一体同様ノ事ニ而、若参居候へハ其沙汰可仕候由申聞置候、尤同人義ハ大坂御与力大塩様ノ門弟ニ而発明成仁ニ有之よし、且昨年ゟ度々大金持出し候様、尤昨年抔百三両も持出し遣払候よし又助申居候事

村○　初夜前ニ芦田氏御出ニ而、咄中ニ天ノ川橋ノせん先日抔ハ五文も取候よし、尤少し故下ニ而堪（堰カ）留候次第も有之よし、尚又橋せん取候故、旅人ぼやき候様全体ノ右事成故、取不申候而も不宜哉抔申風聞有之、御談し畢竟取ニ足らぬ事成共、又々風聞高く成候へハ差支候哉、如何敷奉存候事

但し浅井氏上京ノよし承り候事

村○　八ツ半時送りもの参り岡村へ継送り申候事

但し付添二人、尤書付類常例ノ通り

内用　一　閏三月廿二日　雨天

釋尼妙意様五拾廻忌法事相勤、尤法中拾ヶ

寺請待仕候而、且手伝八平息子平蔵殿・浅井氏・半兵衛・井徳右ニ而法中八ッ時引取ニ相成候事

但し懸ものハ探鯨三幅対ニて花挿上計り生申候事

村　出口村ゟ使参り、則御普請土方わり合銀取ニ参り候ニ付、勘定仕候而銀子拾九匁九分弐厘此金壱歩ぜに三百八拾六文添相渡し候、但八ッ半ニ相渡し候事

村　浅井氏へ定役ノ儀相談仕候処、随分可然よし、且天ノ川のせん取候義ハ、一應呼ニ遣し強盛ニ取不申様申聞も可然哉、大体弐、三文より取不申由申聞候も可也哉と咄合候事

一　閏三月廿三日　五ッ時ゟ快晴

内用　老母七廻忌法事九ッ時非時相勤、尤法中拾ヶ寺請待仕候、尤芦田氏・浅井氏・八平殿相招申候、手伝八平・井徳・浅井氏・半兵衛八ッ時仕舞、夫ゟ勝手客仕候、惣仕舞八ッ半時夫ゟ同席ゟ評義上り

〃　中宮村角力へ父・芦田氏・小野鐩(カ)之助同道ニて被参暮方ニ帰村仕候事

但し掛ものハ常信三幅対掛申候、尤花掛候而ゑにしだ、尤椽(縁)ニてまり花ニ一八生仕候事

村 内用　小野氏咄被致候当村内々施行ニ餅糯遣し候よし仕度候ニ付、相含呉候様申聞居らせ、尤右様事ハ差支無候よし申述候事

内用 ○　尚又浅井氏も咄被致候右様ノ事

同夜逮夜相勤、同行中相招浄行寺請待仕候

内用　同夜逮夜席上ニ而此両三日ノ一日分通り人、凡往来共千人位ニ御座候由咄合候事

一　閏三月廿四日　朝四ッ時ゟ晴天

内用　施行かご等并ニ薩摩芋・餅等施行仕候様子町中ニ相見申候、尤三矢・泥町・岡抔人足ノもの并ニ旅篭屋息子共奥ニ迎候而、色々

縮緬様ノ襌襦袢抔着し、かき候様三、四日
前ゟ見受申候、尤当村ハ今日ゟ相始り申候
様被存候事、尤まつ又門ニ而仕候事
　但し往来人千弐百人位ノよし申咄候
事
出口村ニ芝居有之候ニ付、庄吉義昨日母親
参り遣し呉候様申居候ニ付、五ッ時より差
遣し候事　但し半兵衛殿方下女もり
　同断昨早朝ゟ帰り申候
内用　父喜助召連候而、五ッ半ゟ部屋八上氏へ被
参、尤打越村姥ノ方へ被寄、初夜過ニ帰村
被致候事
昼飯後義助山ノ上常称寺へ参り、普請上棟
見舞少々用事有之候而参り、初夜前ニ帰村
仕候、但山ノ上ゟ八ッ時釈尊寺へ御寄有之
候ニ付、参詣御院主同道ニ而仕候、且七ッ
時ニ同所ゟ山ノ上へ帰り、夫ゟ初夜前迄山
ノ上ニ而遊候而帰村候事

留主中
村　天ノ川彦平殿水車ノ儀、当村ハ先日ニ
相止候様申付候処貴村ハ未無之様子、
左候へハ当村申付候義不都合ニ成候故、
早々申付呉候様申参り有之候事
内用　但山ノ上寺ニ而法事来四月十三日四ッ時・
九ッ時両時相勤候よし相頼置候事
一　閏三月廿五日　晴天
村　日の金・かめ庄両人へ水車ノ儀、今日切ニ
而差止候様申遣し置候事
村　天ノ川橋せん取ノもの四人呼ニ遣し、惣代
ニてかめ万参り、右橋せん儀弐文、三文よ
り取間敷、尤三文ニ成ハ村方へ沙汰いたし
候上と、先年此方へ差入在之書付も有之事
故、格別目立申間敷候申聞候ニ付、一文、
弐文ゟ取不申段同人申居候事
村○　日金・柴半両人被参候而、常称寺行ノ諸入
用勘定表ノ帳面持参ニ而候へ共、是ハ御年

寄両所へ相頼被成候方可然哉ニ被存候其上
ノ事、咄合ハ可仕候間、先左様御取計可然
奉存候様申聞候事
村○ 同夜浅井氏御出ニ而、右常称寺一件帳面持
参ニ而候故、談合ノ上両所ゟ可然と頼置候而
帳面同人へ相渡置候事
○ 但し同人へ御廻米一件帳面相戻し申候事
○内用 七ッ時ニ下佐の佐吉、上弥、わた伊の乙吉
外両三人伊勢下向仕候事
○〃 八ッ時ニ浄行寺へ参り、則来月十三日仏事
四ッ時・九ッ時両時相勤申候よし、尤山ノ
上御院主・御伴僧・浄行寺殿右三人ノ様申
頼置候事
〃 但、月並御講此方当月番ノよし被申居候事
伊勢参宮参詣人往来凡五百位ノよし申風聞
○〃 ニ御座候事
○村 岡村中嶌氏ゟ去丑年中、父九右衛門と立会
勘定仕候よし書面ニ而被申遣候事

一　閏三月廿六日　晴天
村 朝五ッ時送りもの参り、芦田氏へ相頼遣し
母ゟ被遣置候事
内用 今堀氏ゟ父、野子共両人田楽焼ニ而被相招
候ニ付九ッ時ゟ参り八ッ時ニ帰宅、尤父七ッ
時引取申候事
村 八ッ半時三矢村ゟノ廻文岡村ゟ到来披見仕
候、尤左ニ相認置申候、且願書相添参り申
候事
以廻章申上候、春暖相増候所、各々様弥
御勇健御勤役可被成御座候奉改寿候、然
ハ此間（マヽ）惣代ニ而秤座善四郎殿方江、右ノ
通高斗差遣し候処、秤并千木ノ儀ハ富田
村ニ而相直し候へハ、村々秤并千木員数
書無相違無之様此書付ニ相添差出し候様
被申候ニ付、御村々吟味ノ上員数書当村
へ御遣し可被下候　早々以上
閏三月廿六日　　三矢村

泥町村　御世話宜しく願上候
岡村　右同断
牧方村　右同断
岡新町村　右同断奉存候
早々御順達ノ上当村へ御戻し可被下候
以上

内用 山ノ上一件　上ゟ送りもの参り岡村へ継送り申候事
九ッ時山ノ上常称寺御院主書面ニ而上棟ノ御祝被遣候ニ付、此義談合ノ上ノ趣意申遣し、尤灯燈返し申候事

内用　浄行寺ニ永代経相勤り、尤今廿六日八ッ座初夜廿七日八ッ座御次座初夜有之、御法談明(善カ)尊寺ニ御座候事

一　閏三月廿七日　晴天

村　送りもの参り候ニ付芦田氏へ相頼遣し候様子承知仕候事

内用　四ッ過ゟ母并ニ惣助・おば都合三人出坂被致候事

〃　芦田氏御出ニ而只雑談而已ニ而、中飯出し八ッ前被引取候事今堀氏へ昨日ノ礼ニ参り申候事

〃　八ッ時前嶋挟間氏被参候而、酒飯出し七ッ時ゟ被引取候事
但し当村神事来月九日ノよし、尤子息同道被参候様申述置候事

内用　七ッ半時山ノ上常称寺ゟ上棟御祝義として餅一重ツ、持参り、尤此方ゟ廻文相添夫々へ相渡申候事

〃　月並御講当方番ニ付義助参詣いたし、尤外参詣人五人ニ而相済候後、御初夜相勤明尊寺法談聞及候事
但し四ッ過ニ相果引取候事

一　同三月廿八日　晴天

村　早朝ゟ村中一統千木秤ノ御触ノ趣、受書ニ調印取候而、夫々持秤千木等清略仕候上員数相改扣候、尤芦田氏御立会ニ御座候事、

但林田様ゟ被仰付候一条も同様受書ニ而、
是ハ惣代ニ而小野・半兵衛両人ゟ調印取置
候事

内用　門前往来人余程無数、凡五、六百人程ニ而、
交野ゟ見物人多く御座候、尤三矢村ゟ行
例(列)ニ而三拾人計阿波亭もの参り、尤八ッ時
過ニ而、尚又七ッ時ニ三矢村大塚蔵ノ谷入
組ニて御所車ノかも祭りノ様子いたし阿波
亭もの三拾人計り天ノ川橋迄参り候事

内用　暮方惣助大坂ゟ帰村仕候事

村　内用　同夜義助岡中嶋氏へ参り、先夜書面ニ而勘
定ノ儀申参り有之候ニ付、此義来月五日と
治定仕置候、且馬借所定役ノ義延引失念仕
居候事故、延引成候へ共貴所様ゟ返答申遣
し被呉候様相頼置候事

村　御役所御手代林田舟治郎様御帰りニ付、其
旨くり弥ゟ沙汰被致候故罷出、天ノ川へ当
方門ゟ見送り御挨拶仕候事

一　閏三月廿九日　晴天

内用　早朝ゟ鉄之助・吉助両人母迎旁々出坂いた
し申候事

村　四ッ過時ゟ曽我様・好川様御両人大坂より
御引取ニ而、御中食泥町二階屋へ申付尼四
郎仕出しニ而酒飯出申候、尤八ッ半時ニ御
引取、尤岡村角野被参候故同道ニ而御挨拶
申上天ノ川迄上両人、下問屋衆両人被送候
事

村　七ッ時浅井氏ゟ書面ニ而検約都而見舞も
の・くわりもの等不相成候哉相尋ニ付、勿
論其通り申触置候事故左様御承知ノ旨申遣
し、尤お留へ口上ニ而返事、乍去さ様しつ
かりとも不参候事故大体ノ積り申遣し候事

内用　三矢・泥町ゟ旅篭屋ノおやまども江戸腹当
いたし、ふんどし・ゆかた掛ニて施行かご
かき天ノ川迄参り候、尤今日ハ往来人ハ凡
八百人位と被存候事

〃　当村施行相止り候趣承知仕候事
但し当村ニ而参詣ノもの追々有之候様子承知仕候事

一　四月朔日　晴天

村　岡禁野村ゟ送りもの参り岡村へ遣し申候、四ッ時過ニ御座候事

〃　四ッ時過ニ岡村ゟ御役所様御停止御触到来候ニ付扣取、尤岡村巳下刻ニて当村午上刻ニ而認、摂州東大寺村へ喜助昼飯ゟ差遣し申候事

但伊勢内宮別宮棟盡上ニ付御触也、尤五日ノ間ノ御停止也

村　直様お留今日ゟ五日迄鳴もの・普請不相成候よし申触候事

内用　岡村今西氏へ先達而借用仕候手扣へ書面相添返却仕候、尤お留ニ持し遣し候事

内用　お留ニ浅井氏ニ御誘閑間御出被下候様相頼遣し候事

内用 山ノ上 一件　山ノ上常称寺行、尤上棟ニ付中飯招候よし申参り候ニ付、日金・半兵衛・塩武・八平右誘合候へとも繰合難出来候よし、無拠義

助御断寺ニ中飯後罷出申候、尤七ッ時ニ帰
村仕候事
但し黙雷尊師先月廿四日ノ夜同寺へ被参候
而、事伝有之候よし承知仕候、乍去尊師御
出ニ候故、明早々京都へ直様被帰候よし承
知仕候事

　留主中

村内実

　喜助東大寺村ゟ帰り候而、御触書不調
法仕置候よし承知仕候事
　尤喜助八ッ過ニ先方へ参り暮過ニ帰村

内用

お留ニ明日ハ早朝ゟ山崎ノ方へ参り候故、
留主中相頼候様御年寄両家へ明日ニ而も申
参り候様申聞候事

一　四月二日　　曇天　　四ツ時ニ小雨降る

村内実

早朝ゟ東大寺村庄屋五郎左衛門方へ廣瀬渡
し舟越候而参り相尋候処、今朝早々御役所
へ差上ニ遣し、尤強而案し候すしニも無之
様被申、且張替遣し候事故右様被申居候、
夫ニ付昼から帰り掛相尋ニより候様、尤山
崎ノ親類松田越前守と申候而罷出薬市（カ）相尋
申候、夫ゟ

内用

柳谷観音様へ参詣仕、長仁相尋候処支度い
たし帰り申候、松田氏へより中飯いたし八
ッ前ゟ円明寺小倉様へ参り御能見申候、尤

御能番組

翁　千歳　野村三造　三番叟　佐下十次郎　　舎利　　巴　　葵上
熊坂　祝言　猩々　　狂言水掛諍　　同はい臥　　茶壷

右ノ通りニ而仕舞熊坂半分見、夫ゟ帰り申
候而山崎へより、且東大寺村庄屋方へより、
様子使京都ゟ帰り候ニ付首尾能参り候様承
知、広瀬渡し越候而初夜前ニ帰宅仕候事
　但山崎ニて京都小豆屋息女縁談年十八
相懸（カ）ノ義聞込置候様被相頼居候、且八
幡宇野田親類京都ノ方養子ノ義、被相
頼居候事

初夜前ニ帰村いたし長仁へ使遣し、随分相
続候而宜敷様子、且事伝申遣し候事
留主中　大坂佐助ゟ書面参り有之候事
明三日酒煮拵いたし置候事
内用　くり弥(カ)小児死去被致候ニ付父悔ニ被参候
手伝被居、且印紙持参いたし葬式被立候
事
一　四月三日　晴天　風厳吹申候
内用　酒煮仕候而伝兵衛・伊兵衛・惣助・喜助・
吉助・長蔵・義助・半兵衛〆八人、尤廿四
釜七分焼申候事
鉄之助八ッ時大坂ゟ罷帰り、尤羽山屋ゟ男
壱人送り候而参り直様引取候事
内用　とん市小児死去いたし鉄之助葬式ニ立申候、
尤印紙一枚持参ニ而、父暮方ニ悔ニ被参候
事
〃　お留ニ向又兵衛呼ニ遣し候へ共留主ノ由ニ
御座候事

村内用　岡村中嶌氏へ、お留ニ五日ニハ立合勘定仕
候様申居候へとも無拠酒煮延候故、七日ニ
立会申度、若曽我様ニ而御差支候哉、相尋
候処、随分宜敷よし申帰り候事
内用　浅井氏被参候而世間咄し勝ニ而、且野村花
甚被申居候ニハ村野ニ生花いたし候人有之
候よし、若廻寄有之候ハヽ引合せ申候よし
承知仕候、且神事九日ニ而、倹約ノ義ハ大
村　体通例ニいたし候よし申談可然様被申、且
又山ノ上行一件わり仕度ニ付、又助一件わ
り、藤本太夫ゟ被頼候わり、両帳見合ニ而
かし呉候様被申居承知仕候事
内用　参宮ニ而交野屋惣右衛門八ッ半時帰村被致
候事
〃　大垣内惣八昨夜帰村いたし候よしニ而参り
候事
〃　日野屋善次郎・河内屋茂吉外帰村仕候よし
承知仕候事

一　四月四日　　晴天　風厳吹

村　廿八日ノ残り千木秤改ノ印形取申候、尤幸次郎・仁左衛門・そよ右三人取申候事

村　四天王寺五条宮様勧化人弐人参り、尤古帳持参ニ而家別順行相頼候故家別廻り、且お留延く候故右弐人而已廻り申候事

村　綿屋又兵衛呼ニ遣し平藤・ゆら藤両人ゟ相頼出候義清略いたし、早々埒明け候様申聞候事

村　浅井氏ゟお留参り、五人組替帳并ニ又助鉄棟わり一条ノ節、帳面かし申候事

内用　七ッ過時ニ記申候早朝ゟ酒煮いたし、尤手伝義助・半兵衛・伝兵衛・惣助・伊兵衛・喜介・吉介・長蔵〆八人ニ而弐拾九釜焼申候、尤初夜時ニ仕舞申候事

村　山ノ又助并ニ點野ノ小頭外ニ山ノ弟子弐人同道ニ而挨拶ニ参り、尤又助小頭ニ成候故、弐拾四ヶ村ノ支配いたし候よし、弥御上表ハ右様受候ニ付、扇子壱箱持参ニ而罷出候ニ付、父挨拶受被居候故、手前ハ直々ニハ不合候事

但し是迄同様相頼候様と申居候故、是迄とハ別而入念相勤候様申聞被居候事

一　四月五日　　晴天

内用　早朝七ッ起ニ而酒煮仕候、尤手伝人同様ニ而釜数弐拾四ッ焼申候事

但し七ッ時ニ仕舞候事

村　八平殿被参候而山ノ又助度々参り相頼候ニ付、此度同人小頭ニ成候故、右村々挨拶ニ出候故、金子入用ニ付惣金五両位ノよし是ヲ村々ニ而借用仕度候よし、八平殿を以村方へ相頼候様被申、全体右様ノ事ハいつれノ村ゟ成共廻文ニ而其上寄合取計候義ニ而、一村而已ハ取計難出来候よし申答申候処、其旨申通候様申被居候事

村　己之助・亀屋しほ両人并ニかじ吉三人印形

参り候故調印仕候事
内用　芦田氏御出ニ而何歟病気ノよし被申居候、
且外用事ハ無之世間咄而已ニ而見舞被呉候、
尤何歟持参被致候事
村　浅井氏・芦田氏両所ゟ神事ノ義、客来法度
ノよし言添ニ而、お留一統へ相触候よし同
人ゟ承知仕候事
一　四月六日　晴天
内用　早朝八ッ起ニ而酒煮仕候、尤手伝同様ニ而
数廿弐釜外おり古酒焼申候、八ッ半時ニ相
仕舞、則酒煮相済申候事
○村　四ッ半時岡村ゟ牧方村ゟ出候廻文到来、則
又助一条談合ノ義申参り、尤今暮早々馬借
所へ寄候よし廻文文面左ノ通り記之置
廻状を以得貴意候、薄暑ノ節ニ御座候処、
各々様御安全ニ御勤役被成御座候段、珍
重御儀ニ奉存候、夫ニ付又助義此度小頭
役付致、且又外ニ御相談も申上度義御座
候ニ付、今夕飯後早々馬借所へ御出勤可
被下候、何卒無間違早々御順達ノ程御頼
申上候以上
四月六日　牧方村
吉右衛門
泥町村
三矢村
岡　村
岡新町村
御庄屋中
村　同時岡村中嶌ゟ当村与八義、同人借宅へ変
り候ニ付、其旨御答ニ而書面到来候ニ付、
此義当村方ニハ差支無之よし申答候事
〃　お留へ芦田氏・浅井氏両所へ右牧方村より
廻文ノ旨、馬借所へ出勤ノ義相頼遣し候事
但し芦田氏出勤仕候よし被仰遣候、尤今
晩ハ野子以来(依頼カ)趣意申談相頼候積りニ候
処、同夜当方へ罷越候様申被遣候事

○村　同夜芦田氏御出ニ而、則廻文ノ趣一通り相
頼委細申談、尤廻文牧方村へ返却仕候事
附り、三矢村出合成ハいつ出坂ニ御座候
哉、御尋被下候様相頼候、且岡村中嶌氏
へ明七日相待居候間、無間違御出可被下
候様事伝相頼候事
〃　禁野村ゟ送りもの参り候ニ付岡村へ継送り
申候事
内用　おとみ病気おこり病ニ而同夜初夜過ゟ内へ
親ノ方へ帰り申候事　但為送候事

一　四月七日　雨天

村　四ツ時芦田氏御出ニ而前夜参会ノ趣意、則
又助義役付いたし候ニ付、五ヶ村ゟ祝義ニ
金子五百疋并同人春已来火事一件ニ付夜廻
りいたし候故、心付ニ銭五貫文右両様共相
渡し候積り出勤ノ衆中ニ而談決仕、則右弐
様共野子相扣候様、外四ケ村ゟ被相頼候よ
し承知仕候ニ付、無拠野子ゟ扣候様芦田氏
へ申候事
但し右ニ付金子一両壱歩、父九右衛門ゟ
かり入杉原ニ而包熨斗はり五ヶ村名相認、
且ぜに五〆文手元ノ分差出、都合弐品共
相拵置候てお留ニ山又助呼ニ遣し候事
芦田氏出勤ノ上奥田氏不被参候故、同人出
坂ノ義ハいつ候哉、片山ニ相被頼置候而明
日ニ而も返事片山ゟ有之様被申居候事
村　岡中嶌氏ノ事伝ハ、明日被参候様口述仕候
処、聢と不被申候故、明日返事いたし候よ
し有之候事
村　浅井氏御出ニ而山ノ上一件ノ割方いたし候
様被申、是ハ今朝早々半兵衛方ニ而見申候
様ニ申、且海老屋浦堤日雇ニ而相渡し候よ
し出来上り候様被申、尤築廻し堤并ニ水車
ノ下ノ堤樋等見分仕候様被申候ニ付、両人
同道ニ而罷出、扇藤同道ニ而見分仕候、其
上樋外堤等ハ跡廻しニ而、差当り丈いたし

くれ候様扇藤へ申候、且又樋堤ハ岡村談合
候上と申候、尤其節扇屋、海老屋浦堤ハ日
雇八人半入候よし承知仕候、夫ゟ髪結床ゟ
浅井氏と相分レ申候事
四ッ半時築廻し井伊所持田面かたちへ相用
候、尤普請ニ付五尺かせ拾本取ニ参り相渡
申候、夫ハ八右衛門・長兵衛両人ノ事

内用　但し浅井氏野村花甚被参候ニハ明八日ニ同
村ニおゐて花会有之候よし相咄御座候事

村　九ッ時片山ゟ書面到来、則千木秤改書付ノ
義、同村八郎兵衛殿方へ差遣し候様ノ書面
披見仕候事、尤角屋定吉ゟ受取候事

（貼紙）
村　昼飯後千木秤改員数調の義、残り候分相調
候而、惣改決着仕、員数書〆高井ニ神□（善カ）四
郎方へノ書付相認置候而、三矢村へ義助調
印ノ上同夜持し遣し候事

内用　留田西田氏ゟ使参り、先日当方法事ノ香義
并ニ礼ノ義申参り、尤持参有之、且又明八
日同村神事ノ義、案内ニ而もちノ重参り候ニ
付此方ゟ礼状差遣し候事
　但当方神事明後九日ノよし申遣し置候事

内用　朝五ッ過時ニ出口村伝兵衛帰り候ニ付、同
村半右衛門芝居ノ義頼ニ参り有之候故、ぜ
に百文同人ゟ相渡し候様申聞相渡し候事

内用　同時喜助打越村へ遣し、おかう・うば両人
迎ニ遣し候へ共雨中故両人ハ帰り不申、喜
助七ッ時ニ帰り候事

村内用　岡中嶌氏七ッ時ニ被参候而、立会勘定ノ義
同人小児ほうそう故、取込候様子ニ而断被
居候事ニ而、いつれ神事後と申延し置候事

五ケ村　山ノ又助留主ニ而おしげ参り候ニ付、右ノ
金銭共今日ニ相渡候様、四ヶ村ゟ被相頼居
候義ニ而候故、金銭共相渡候、尤又助出坂ニ
而留主代印ノ受取書おしげ持参受取候而、
尤金銭共おしげへ相渡し申候、且又代印ハ

摂州かじ原ノ番人ノよし同人より承知いたし、尤当方ハ五ヶ村宛ニ而矢張又助ゟノ請取書ニ御座候事
但し弐通ニ而岡村中嶌氏其後刻御出故、其儘相咄しいたし置候事
且五ヶ村夫々御役方へ礼ニ出候様申付候事
村　同夜三矢村奥田氏へ千木秤改ノ書付相認、且書面ニ而相頼ノ趣意申候而お留ニ持し遣し候事
内用　禁野田中氏被参候而、舟越様御入用金ニ而三百両程借用申度候よし被申頼候へ共、父不廻りノよし相断被居候事ニ而暮方ニ被帰候事
内用　同夜母同道ニ而、岡伊兵衛方へ久吉ほうそう故見舞い申候而、野子ハ同村中嶌氏へ偏ニ断印紙二持参ニ而、是も同様ほうそう見舞申候而、夫ゟ母同道ニ而帰り候事

一　四月八日　晴天
内用　四ッ時ゟとん田神事ニ付参り申候、夫より西田氏同道ニ而普門寺千歳并ニ景瑞寺ノ庭一覧仕候、尤普門寺ハ庭院(隠)元禅師ノ作、真ノ作ニ而御座候、且七ッ過ゟ出暮方ニ帰宅、尤七ッ時内ゟ神事明九日ニ而、餅ノ重喜助持参仕候而前嶋ノ方へ廻り候故、直様同家罷出、尚喜助ハ半時計り後帰宅いたし申候
但摂州へ参りよし内へ相頼候而、年寄両所へ申遣し候様仕候、且留田ニ而高槻農民農業余話ノ書物借用罷帰り申候事
村　留主中
日の善ニ而らうそく一袋取申候、尤神事ノ灯燈ニ相用候よし代三匁と御座候旨聞承知仕候事
内用　大坂羽山屋ゟ使参り有之、尤満七日志持参、尤母かたミ分持参有之泊り居有之事
父岡村角野氏へ中陰見舞ニ被致候事

（挟込）

八日 日寝家内ニ相始候事

一 四月九日　晴天

村 内用 明六ッ時伊加賀村半左衛門と申方出火ニ而尤六ッ前時、六ッ時ニハ火相慎(鎮)り候へ共見付候故、早々義助見舞ニ罷出申候、尤同村喜右衛門殿・喜助・こま差右三軒へ下佐召連候而ゟ直様帰村仕候事

但しまとひ灯燈ハ直様六ッ時迄ニ遣し申候

内用 前しまおかる殿・定六殿おすへ供下女・下男七ッ時ニ被引取候、尤吉助渚三軒家迄送申候事

但灯燈一ッかし申候事

村 八ッ時禁野村ゟ送りもの三人参り岡村へ継送り申候事

内用 初夜時ゟ氏神へ参詣、吉助召連候而参り直様帰り尤岡伊兵衛方へ久吉ほうそう相尋候処、余程あしき様子承知仕候事

〃 出口村伝兵衛子供連候而神事ニ参り七ッ前ニ引取候事

〃 暮方ゟ大垣内宗八并ニ磯嶌弥兵衛両人参り、尤磯嶌ハ外内用ニ而被参候故、酒而已出し四ッ前時両人共被引取候事

〃 羽山屋ノ使朝飯後引取候事

但竹の子壱〆五百匁計持し遣し候事

一 四月十日　晴天

内用 四ッ時ゟ父山ノ上寺へ被参候而、法事十三日一日ニ治定仕置候処、十二日、十三日両日ニ被致候而、尤同村源兵衛方へ悔ニ被参候而暮過ニ帰宅、且吉助向坂迄迎ニ遣し候事

村 送りもの病人五人参り、尤三度ニ而かご弐丁ツ、入用ノ事有之、禁野村ノかごかり候而岡村へ継送り申候、且三度共禁野村ゟ参

り岡村へ継申候、夫ゟ古かご壱丁取寄置候
事
但し古かごハ大豆屋利八方ニ而かり候よ
しニ御座候事

内用
宗助方ノ惣吉伊勢ゟ帰り申候、尤暮過ニ而
直様此方へ参り申候事

村
四ッ時井庄参り、栢原御講かけ金一歩一朱
丑十一月十一日ノ会分持参受取候事

一　四月十一日　晴天

内用
早朝岡村伊兵衛方久吉ほうそうニ而養生不
叶相果候由、長蔵母親参り申之候、尤夫ニ
付長蔵遣し呉候様申之候ニ付直様遣し申候、
尚又父悔ニ直様被参候而九ッ過時ニ被帰候
事
但早々遣し、尤相頼候ニ付遣し柱本へ参
り候よしニ候、且義助九ッ半時悔ニ参り
申候、夫ゟ出候而角野氏へ中陰見舞ニ参
り候

（貼紙）
十一日
大垣内前領境樋普請地掛りニ付、人足喜
助壱人
壱日罷出申候、尤酒壱升ニ取ニ参り候事

村
内用
角野氏先日父被参候節、拙者へ咄合有之候
よしニ而、則中陰見舞旁々参り相尋候処、
先日馬借へ又助一件ニ出勤仕候処、片山同
人へ向過言等申、勿論上両村へノ事言ニ而、
別而義助義名前ハ不申候へ共、全義助と被
存候、御番代ノ節当村村のや源七馬引合候
次第抔、恩ニきせ候様子言並候趣甚々不相
済候よし相咄ニ御座候、夫ニ付両人共余り
不埒ノ申方気色仕候、乍去全体宿方ノ為ハ
いかゞと相尋候処、矢張ひじをまげ一通り
返事仕候も可然哉ニ同人被申候事、夫ゟ帰
り申候事

内用
七ッ時伊兵衛方久吉葬式通り候事

但し鉄之助相立申候事

宿 同夜岡村中嶌氏ほうそう再見舞ニ参り候、且定役ノ義勿論片山ノ次第相談候処、則今西氏も御出同席ニて甚々さつきやく成事、勿論一向不相済、乍去角野氏被申候通も可然哉ニ相談候而決着、則中嶌氏ゟ返事明日ニ而も早々いたし被呉候様相頼候事

但し先日下ゟノ廻文遣し呉候様被申居候事

村 下佐を以まつ喜・なべ治両人へ先日切出し遣し候栢原御講掛金催促仕候事

一 四月十二日　曇天　同夜初夜時ゟ雨ふり

村 松喜四ツ時参り、御講掛金持参一歩一朱、尤引合書岡村井筒屋徳兵衛・かせ屋五兵衛・磯嶌村忠左衛門右三人相手取、辰五月元弐百匁り弐百四拾匁相滞り、尤百廿ヶ月都合四百四拾匁ノ引合書相頼居候事

但し之判連印

〃 同人岡村捨松・三矢村小倉屋利八・中宮儀右衛門右三人判印ニ而銭拾五〆文、亥四月ゟり八〆五百五十文、内三〆四百文差入、残り入候弐拾〆百五拾文相滞り候ニ付引合書相頼居候事

村 十二日

(貼紙)

> 岡村立合人足出候而嶋野外井路浚相掛申候
>
> 十五日　浅井氏ニ決、承知仕候事
>
> 十四日ニ仕舞ニ成候よし承知仕候

村 同時送りもの引戻し岡村ゟ参り上へ送り申候、尤大坂ゟ戻り候様子上楠葉村ゟ送り出し遣し候義ニ而、則送り出し扣置候、尤此中ニはり置候事

村 早朝鉄之助を以岡村へ先達而三矢村・泥町村ゟ出候定役一条ノ廻文持し遣し候事

内用 九ツ時釈了慶様百廻忌法事相勤申候、尤山

ノ上御院主・役僧・村の浄光寺殿・浄行寺
都合四人招請待仕候、且四ッ半時ゟ八ッ時
迄ニ而被引取候、尚又掛ものハ春嶽先生
記さく（カ）弐（カ）幅対もの掛申候、尤花菊少キ弐本
瀬戸もの花篭生ケ掛候事

村
同夜巳之助女房参り、同人印形貫ニ参り則
相渡候事

内用 山ノ上 一件
半兵衛方へ参り候処日金被居候而、先日山
ノ上寺へ当村・岡村両村ゟはやし様ノ車参
り候節、雨ふり同村ニ而誰彼と申無差別傘
かり、尤其中ニ四本戻り不申候由扇藤申之
候而、則集銭ハ九百文程有之是ニ而引去り
候よし申し候旨甚々不相済申方、乍去清略
当村分相頼候様、其上岡村へも申遣し同様
被申頼居候事

内用
初夜時ゟ雨降り申候事

（挟込）

送り一札ノ事
河内うす□郡
尊むね村
百姓三郎兵衛
忰 三吉
年廿才
右ノもの此度参宮仕候所、当村方ニ而病気
ニ付、一両日養生被致候へとも快気不致、
本人ハ早々国元へ罷帰り候義申候ニ付、無
拠送り出し申候間、宿々村々御心添被遣、
無遅滞御継送被遣可被下候以上
上林元次郎殿
御支配所楠葉村
役人印
文政十三寅
四月十一日
村ノ

御役人中

（挟込）

覚

辰五月

一元　弐百目　三判連印

百廿ヶ月分

利弐百四拾目

〆四百四拾匁

寅四月十二日　松喜

岡村

井筒屋徳兵衛殿

綛屋　五兵衛殿

磯しま村忠右衛門殿

（挟込）

覚

亥四月

一元拾五〆文三判連印取

三十八月分

利八〆五百五拾文

内三〆四百文利受取

〆五〆百五拾文滞不足

〆全廿〆百五拾文

寅四月十二日　松喜

岡桶屋、捨松殿

三矢小倉屋利八殿

中宮村儀右衛門殿

一　四月十三日　雨曇天　九ッ時ゟ空晴候

村

四ッ時岡村ゟ送りもの参り候ニ付禁野村へ
継送り、尤六ツヶ敷候へ共格別ニ無之候処、
同村ゟ受取不渡候故、御年寄両人沙汰いた
し相談仕候、然ル処九ツ時過なく九ッ過時
ニ持参り候事
但し江戸州のものニ而、人足吉蔵・為蔵
両人参り候事

村

山ノ又助参り先日相遣し候五ヶ村ゟ取計ノ

祝義、并ニ余時夜廻り賃心付等ノ礼ニ参り、則小頭ノ場所村々ノ書付持参仕候、尤外五四ヶ村へも同様礼ニ参り候様申居候事

宿　年寄衆御両所へ定役一条ノ儀、右先日ノ次第相咄し、尤先方へ岡村ゟ返事相頼候趣意相咄し申候事

　但し九ツ時ニ被引取候事

村　九ツ時禁野村ゟ送りもの壱人参り岡村へ継申候、尚又七ツ時同村ゟ病人壱人参り、尤此もの国所不相分候へ共、何分同村ゟ送り来候ニ付岡村へ継申候

内用　釈信順様百廻忌法事九ツ時ニ相勤申候、尤御院主村の浄光寺殿・御役僧・浄行寺殿都合四人請待仕候、且八ツ時過ニ被引取候事

内用　八ツ半時禁野村田中儀左衛門殿被参候而、先日咄合被致居候舟越様御入用金ノ義、何卒積致呉候様被申候へとも達而相断居候、されとも相談致置呉候様、何分外両村も直々罷出候様仕度候よし、此義相断折角御出候処、却而無其儀節ハ失礼而已申候へ共不苦候間、是非共遣し候様被申居候事

村　同人被申居候当村水車水筋川中へせき入候よし堤差支ニ相成候儀ニ而、早々取払申付候様、天ノ川田中氏も被申居候事ニて早々取払候様相頼被居候事

村　同夜お留ニ年寄衆両所へ送りものノ義、禁野村ゟ受取書取候故、御案内被下候様申遣

村　し且又なべ治栢原御講掛金持参被致候様申遣し、与次兵衛千木秤ノ印形持参候様申遣し候事

内用　大垣内前領境樋普請ニ人足喜助遣し、且昼から半人出申候、暮方ニ帰宅仕候事

一　四月十四日　曇天　四ッ時ゟ空中晴レ

内用　早朝ゟ母・うば・おかう・喜助供ニ而とん田へ参り、尤八ツ時ニ帰村仕候事

内用　父早朝ゟ木屋村へ、先日野子山崎ニ而受取

候而帰り候聞合ノ義ニ付被参候へ共、一向
さ様ノ事ハ無之とがもなき間違ニ而、九ッ
過時ニ帰村被致候、尤庄吉供ニ召連被連候
事

内用
前嶋狭間氏八ッ時ニ被参候而、七ッ半時迄
被居、尤酒飯出、且見舞被呉候而、外咄合
向平五郎方養子ノ義、一ッ屋村ノ方相談相
頼候而、且内実咄合候事

村
浅井氏ゟ書付到来、井路浚両村当ノ分ニ而
酒弐升遣し候様有之、則相渡し入物共遣し
候事、又々壱升取ニ参り候事

（挟込）

口上
一酒弐升
右両村天の川水引井路
人足渡し銭ノ内ニ而相渡し
呉候様申候間、入物御かし被下
此者へ御□し頼上候、尤御帳
面ハ両村と御当置被下□
委細長（帳）面可申□候
卯月十四日
薬（カ）　儀助様　伊□□□

内用
七ッ過時甲斐田村六右衛門被参候而、同人
娘安産いたし候よし、尤病気もよろしく殊
ニ男子出生の趣ニ大悦ニ咄し被居候、夫ニ
付かちん弐ッ持参候而受納仕置候事
但し用意杭四尺五尺築込ニ而弐拾本計り
前ニ取ニ遣し候故、相頼被居候事

内用
同夜三矢村近文母親病死ニ付悔ニ参り申候、
尤帰り馬借へより与吉と一緒ニ咄合ノ事

村
早朝与治兵衛印形持参仕置候而、印形押申
候事、尤千木秤一件受書ノ印形なり

一　四月十五日　晴天

内用
父山崎松田方へ見舞被申、尤家相見方へ見
て貰ニ被参候、早朝ゟニ而外ニ母・お中・

鉄之助・姉菊・おかう・うば、おとも・同
下女・内いそ・供吉助都合拾壱人柳谷観音
様へ参詣候而被罷出候事
但し道ゟ事伝有之、磯しま酒仁息子ノ参
候ニ而ゟかご橋本迄迎ニ差遣し候様有之、
則喜助中宮村へ遣し人弐人拵申候、直様
九ッ時ニ弐人ノもの市松・茂三郎当方へ
参り候而、少々休候而九ッ時半ニ迎ニ参
り候事

村 下佐呼ニ遣し同道ニ而天ノ川水車辺、禁野
村ゟ故障ノ趣見分仕候処さ様成義ハ無之、
尤出張有之処も有之候へとも三、五年ノ事
ニ而ハ無之、其外ハ一切無之と申両人引取
候事

村 早朝扇藤参り、内野井路浚ノ義いかゞ仕候
哉、いづれ後刻浅井御出故、御談有之候様
相頼候而、尤両村立会ノ掛樋へ相用申候五
尺杭六本、なわ六百匁、身表拾ヲ持帰り、
尚又同断両詰入有之、横木紛失故万人講財
木三本折損し有之候分取候而相用申候
但し紛失ハ万人講石下へ敷候故、田中へ
に(カ)へ込其上いつとなく紛失仕候よしニ御
座候、尤昼迄ニハ仕舞ニ成候趣申居候事

村 四ッ時浅井氏御出ニ而、井路浚出方ノ義、
今昼ゟ為出候而為浚候積り仕候、然ル所不
申候分ハ酒手等為取候而成共、明日出候成共
為致候様、下佐を以浅井と両人談し候上申
遣し候事
但し昼後喜助差遣し候事

内用 九ッ時禁野村儀左衛門殿・招提村孫右衛門
殿・楠葉村年寄庄右衛門殿三人被参候而、
舟越様金子ノ義相咄候而段々相断、乍去無
利無体ニ相頼被居候へとも此方ハ相断、達
而申居仕舞ハ言知らけニ而被引取候事
但し直様出坂仕候間、大坂方相断申候而
相断不立候へハ、又々帰りノ節寄候而相

頼候様被申居候故、相断ハ段々と申募り
候へとも言知らけ候而、出坂被致候事
村　五ッ時まつ喜先日相頼置候引合書催促ニ相
頼ニ被参候事
村　四ッ過時泥町村ゟ苅捨淀川・天ノ川共書付
持参候而、印形取ニ参り押遣し候事
両村　岡村両村立合人足出候而、嶋野井路、外井
路浚仕候、尤昨十四日ニ仕舞ニ成候よし今
日浅井氏ニ聞承知仕候事
内用　父并母其外不残初夜半時ニ帰村仕候事
〃　芦田氏初夜時ゟ見舞被呉候、四ッ時ニ被引
取候事
但し兵市ゟ明中飯ニハ伊勢ニ相勤候よし案
内申参り候事
一　四月十六日　雨天
村　早朝ゟ昼迄喜助井路浚ニ出候事
内用　但し残ノ家ハ残り人足を以仕立上ケ候積
り有之よし承知仕候事
村　同時禁野村ゟ送りもの小児ニ而おひ候而参
り、芦田氏方へ頼遣し候よし母ゟ承知仕候
事
内用　岡村伊兵衛方ニ七日ニ而三部経上ケ候ニ付、
山ノ上御院主御越ニ付、父四ッ時ゟ参詣仕
られ候而八ッ時ニ帰宅、尤拙者一寸参詣仕
候、且又御院主送り候而喜助参り候事
内用　兵市方伊勢講相勤り候ニ付罷出候而、七ッ
時ニ引取候、尤御鬮当り魚荷屋・長次郎・
井伊都合三人ニ而御座候事
村　四ッ半時岡村ゟ送りもの参り禁野村へ継申
候
宿村　同夜片山氏参り、役付一件ノ義何歟談合四
ッ時ニ被引取候事
村　(加太淡島)か田栗嶋様勧化参り、父ゟ取計被呉候、手
引長蔵禁野村行、但し拾文ノ取計也
一　四月十七日　雨天　四ッ時ゟ空晴候
両村　扇藤参り立会堤并ニ立合川井路浚いたし候、

賃せん尤海老屋仕八人半代壱〆七百文、中嶌の堤仕拾弐人代弐〆四百文、築廻し堤九人仕壱〆弐百文、尚又井路浚人足打切六貫文都合拾壱〆九百文、内酒代四百五拾文、差引十壱〆四百五拾文同人へ相渡し申候且

内用 山ノ上一件

又

山ノ上寺ノ日用せん拾弐人分弐貫四百文父より差出被申、右両村人足拾壱〆九百文義助扣へ置候事

村

岡久被参候而、三矢村栢屋利右衛門へ銀元り弐百八十七匁相滞り候ニ付、引合書相頼出候事

但し岡村政七へノ引合書返し受取候事

内用

九ッ前ゟ蔵ノ谷大彦頼母子ニ参り、則勘定仕候而帰り、尤帯又・春新両人江落申候、四〆三拾壱匁七分五厘ニ御座候、夫ゟ帰り掛ケ馬借へより二階新と咄合、且又片山被参候而咄合候事

村

中宮村糀屋次郎兵衛被参候而、当村巳之助中宮村へ引取候よし申参り候事

但し義助留主中父へ申参り則聞被置候事

内用

禁野村弥三郎市辺四畝もの井戸ノ義申参り、則父相談ノ上明日か明晩か参り候様申聞候事

村

お留へ明後日月集寄候よし申触候様申聞候、且新かけ樋ノ義扇屋へいつ掛候哉、相尋候様申聞候事

村

夳喜ゟ頼置候引合書五通并ニ岡久ゟ相頼出候同断壱通、都合六通相認置候事

宿村

馬借方ゟ与吉米相場拾五日迄ノ分書上候書付弐枚持参、調印いたし遣し候事

(挟込)

御村方様

一、八人半　　立会　はま

長浜や堤

〆代壱〆七百文　同用

一、拾弐人　同中嶋堤
〆代　弐貫四百文　同用
一、九人　同用九人
築まわし堤
〆代　壱〆八百文
一、六貫文　立会
川さらへ
〆拾壱〆九百文内四百五拾文・酒三升
代引
〆テ拾壱〆四百五拾文相渡ス
四月十七日　扇藤

一　四月十八日　晴天

内用
早朝ゟ吉助大坂へ遣し、尤羽山屋上京被致候ヲ此方へ向ケ参候様且母も同道被致候趣、尚又外買もの等有之候故ノ義ニ而御座候而、八ッ半時ニ帰り候事

村
岡久被参候故、同人〔三矢〕岡村へ引合書相渡候事
但し相済次第持参被致候様申聞候事
忝喜被参候而、三矢岡村井徳引合書ノ儀相認置候へ共、同人身寄ノ事成ハ一通りノ事とハ違候而、少しニ而も趣意相立候へハ対談仕候様利解旁々申聞候処、格別ノ義ニ而、乍去入候而も強成ノ事ハ不致候よし申居候事故、引合書同人分弐通外ニ三通相渡し候、相済次第早々持参仕候様申置候事

村
但し同人借家巳之助中宮村へ引取候趣、差支無之哉申居られ候故、隣家相尋候様申聞候事

（貼紙）
寅五月廿五日まつ喜参り、岡村井徳并ニ曽田忠右衛門方引合対談仕候故、引合書持参仕候事　但し外ハ未持参無之

内用山ノ上一件
常称寺御院主被参候、且四ッ半時ゟ七ッ前迄被居候、且人足五日ノ間人足四拾人程入用岡村ニ而難出来候故、当方ニ而相頼候様

被申、彼是六ッヶ敷候へ共扇屋呼ニ遣し相頼候処、先ツ工面致置候見候様申帰り、其夜参り明十八日参り候様、尤四人可参候由申居候事

〃　同断御院主へ天ノ川門徒并岡村弐ヶ村へも直々御頼被置候様、心添申候事

（貼紙）

山ノ上御院主ゟ、寺法御触書ノ帳面かせ仁方へ取ニ遣し、かし渡し被呉候ニ付預り置候事

〃　同夜天ノ川通ニ庄の親父被参候而、人足八人程出候様引受候ニ付、明日ゟ弐人ツヽ、明後々々四日出候様申被居候事

内用　朝飯ゟ市辺土手埋候間、人足出候様前晩より天ノ田中屋被参候而、咄合有之候故、喜助壱人差遣し八ツ半（七過）ニ帰り申候、尚又昼飯後田中屋被参候而咄合有之、父七ッ過ニ一応被参候処、当村井庄人足出候様寄り候中ゟ申遣し候へ共出し不申、同人直々場所へ参り候故、寄候ものより段々利屈ニ而、甚々気ノ毒千万ノ体ノよし、無拠同人も酒五合買候よし承知仕候事

内用　禁野村弥三郎参り、則井戸ノ義ニ付明後廿日中宮村与八内壱人差遣し候間其旨申遣し、且与八義明日ニ而も参り相頼置候様申聞候置事

一　四月十九日　雨天

村　早朝ゟ月集寄候、尤三月分ニ而寄高壱歩弐朱ぜに五〆弐百五拾九文寄候事

内用　四ツ時ゟお好連候而うば帰り候ニ付、吉助為送候而、七ッ時吉助送り届帰宅仕候事

〃　同時とん田へ喜助遣し、西田氏父・姉参宮□致候ニ付、留主中故見舞ニ赤飯いたし持参為致候事

但八ッ時ニ帰村仕候

〃　八ツ半時大坂羽山屋伯母さま・甚三郎様并ニ

嶋の内塚口家源三郎様供安兵衛殿都合四人
被参候而、其夜一宿被致候事
〃　父四ッ時ゟ中宮村へ参られ候而、八ッ時ニ
帰村被致候事
山ノ上一件　山ノ上常称寺行人足ノ儀、雨降候故参り不
申様子承知仕候事
内用　禁野村弥三郎参り、今日中宮村与八方へ参
り候処、明日か雨天成ハ明後日参り候よし
申居候間、明日人足差遣し呉候様被申、且
こわ板持参いたしくれ候様相頼居候事
一　四月廿日　雨天
内用　朝飯後喜助・禁野村弥三郎井戸浚ノ方へ遣
し、尤松のこわ板三枚斗り持参、尤中宮村
与八両人此方ゟ遣し候故、中飯幷ニ小昼共
弁当遣し酒六合斗り遣し相片付ケ候て暮方
ニ帰村仕候事
内用　大坂親類共四人共上京四ッ過時ゟ、尤内ゟ
父母両人同道ニて被参候而、羽山屋おばさ
ま駕篭ニてよど迄遣し、尤吉助・宇兵衛両
人ニて初夜前ニ帰村仕候事
内用 山ノ上一件　四ッ前時常称寺ノ使参り酒相渡し、尤人足
ノ義今日天気ニ成候へハ遣し呉候様、被申
居候よし一件事伝御座候事
〃　同夜天ノ川通ニ庄おやじ被参候而、今日天
ノ川ハ人足遣し候間、明日ハ当村も遣しく
れ候様申被参候事
〃　同扇藤参り山ノ上行ノ義相尋候ニ付、右様
ノ事伝ニて明日ハ無間違被出候様相頼置候
事
〃　昼過半兵衛殿ゟ当村浅七山ノ上ノかさ持居
候間、尤扇屋ゟ承知仕候故、取ニ遣し候様
被申早々お留遣し其夜取寄候事
内用　同夜浅井氏被参候而見舞被申、其上咄中く
り屋小児ほうそう六ッヶ敷様子承知仕候、
且又岡村ニて中嶌氏義角野氏・半次郎取合
一件同人へ相計候よしニて、同村騒動彼是

心配ノよし承知仕候事

内用

但し同人ゟ中宮村先年坪屋一件ノ咄合承り、尚又隠居ノ節天ノ川彦平殿・大垣内源左衛門殿取合一件ニ付、当方へ被相頼候よし隠居ゟ承知仕居候旨聞承知仕候事

内用

禁野村四平参り屏風箱弐ツ三朱ツ、、并ニ手提箱六匁、本箱四匁八分ツ、、弐ツ、并ニ花篋箱、花台箱、右篤相頼候処直段右様申居候、且手提箱ハ当月中、外ハ来月差入ニ出来遣し候様申居候事

一　四月廿一日　晴天　朝五ッ過迄曇天 夫ゟ晴天ニ成

内用

早朝くり弥小児ほうそうニ而出来悪敷様子ニて心配ノよし見舞申候事

〃

上木屋・長兵衛・日善・八平四軒参宮下向ニて挨拶ニ一寸罷出申候事

但し日善・上弥弐軒ゟ土産もの参り候へとも右宜申触候通りノ事ニて相断戻し候事

内用 山ノ上一件

山ノ上行人足・扇藤両人参り候よし承知仕居候処、同寺ゟ役僧被参候而、未来り不申早々遣しくれ候様申参り、直様扇藤へ申遣し呼ニ遣し、直様参り何歟同人手元夫婦喧嘩根入候よし、人別送り相断候へとも利解を以宥居候、然ル所山ノ上行人足無之故、尤同人ゟ村の屋頼置候よしニて則同人呼ニ遣し候処綿まきいたし居候よし一向不相分、役僧へハ早々差遣し候様申述相調候処、村のやへ扇藤呼ニ参り候義ハ今朝出候よし彼是申内最早四ツ過ニ成、昼後と決着、尤扇藤も昼ゟ参り尤村のや・浅七門ニ而合候故、直々相頼候而昼ゟ参りくれ候様、内吉助・喜助都合五人遣し候積りノ処、昼後内弐人、浅七参り扇藤・村のやハ跡ゟ参り候様申し候、暮方迄相働帰村暮過ニ成候、其上承知仕候ニハ扇藤喧嘩不相分、村のや我儘而已

申、参り不申候よし承知仕候、全体村のや
ハ別而相頼候而朝ゟと申候へとも是非難出
来、昼ゟ昼寝なし候て参り候様ニも申し、
旁々参り候積り、以ノ外一向不相済呼ニ遣
し一通り申聞、心得方違の趣得と申呵り候
事

（挟込）

覚
一元　四百目
リ　百四十五匁六分壱厘
〆　五百四十五匁六分壱厘
右ノ通□かし

内用 山の上 一件　但し其夜浅七も参り居候故、明日ノ事伝当
村ニて弐、三人遣しくれ候様被申居候よし
承知仕候事

〃　尤明日当村ニて善左衛門・日金・塩武三人
遣し候積り申遣し候処承知、尤少々雨天ニ
而も参り候様押而相頼置候事

村　禁野村ゟ送り病人弐度参り岡村へ継送り申
候事

内用　同村傘屋弥兵衛参り、頼母子かけ銀貫ニ参
り、留主相断不渡候事

立合　八ッ時過ニ又助弟子参り、天ノ川禁野ノ方
橋ノ下、橋杭弐ッ目ノ処ニ非人病人たヲレ
候よし届ケニ参り、委細聞糺扣居候様申聞
候而、年寄中呼ニ遣し候へとも浅井氏とん
田へ被参候よし、芦田氏御出ニ而委細咄合
直様見改ニ参り候処、格別ノ事ニ而も無之
様子、然ル所医師今堀禁野村ゟ被帰候節ニ
而直様見て貰、薬弐、三帖被遣候様相頼候
而風邪ノ趣、長家へ入、古むしろ三枚九右
衛門ゟ相渡候、又助弟子ニ委細申聞随分気
を付候様、且伊勢参宮ノものニ而国ハ作州
ニて拾四才計ノ男ニ而外委細聞入候様申聞
置候事

但し岡村役中へ其沙汰いたし候、尚又又
助ニも委細ニ申参り候様申付候事

村　同夜浅井氏御出ニ而、則今日病人ノ始末尚
又都而取計咄合候事
但し扇藤内義村送りノ儀相咄合候処、彼
是六ツヶ敷様子利解申加へとも元来心得
方不宜候、却而為方ニ不相成候様被存候
と聞き及候事

村　又助ゟ委細ニ為聞取候而、則書記候事

(貼紙)
作州仁納郡
廣野村
百姓伊清吉
悴　亀之丞
年　拾五歳
四月上旬ゟ国元出立同断、
五人つれニ而一人ニ成候故、則
伊勢参宮いたし御払一枚
持参仕居候事

(貼紙)
倒病人小家へ入候ニ付、小家ノ中
方付、人足熊蔵一時余り手伝申候
乍去、日役壱枚程遣し候へハ
可然候事

一　四月廿二日　晴天

内用 山ノ上 一件　早朝ゟ善左衛門・日金・塩武山ノ上普請ニ
付参り申候事、尤初夜前ニ帰村仕候事

〃　但し塩武ノ息子当方へ寄候而、御院主ゟ
被申候ニハ明日ハ半日ニ而仕舞ニ成候故、
明日ハ山ノ上ニ而人足手当仕候故、此段
事伝御座候事

村　禁野村ゟ送りもの参り岡村へ継申候、尤受
取ハ別紙ニ取置候事

立合　又助呼ニ遣し病人ノ儀始末相尋候処、夜前

ハかゆ為食、尤薬今堀氏ニ三帖貰候而弐帖
ハ夜前ニ為呑、尤はき出し候へともかゆ薬
共少々ハ跡へ残り候様申之、且今朝ハにぎ
り飯弐つ食申候、一福(服)ノ薬為呑申候、且今
堀氏相頼薬貰度申居候事、今堀九ッ過参候
故、病人咄合ニ而今日も見て貰遣し候様頼
入見て貰様請候事

内用　同人頼母子禁野仲右衛門方ニ而相勤り、則
鉄之助遣し候事、尤くじ五拾文受取候事

内実　四ッ時前ゟ岡村角野氏被参候而同人忌明ニ而、
尤岡村半次郎一件ニ付騒動ノ旨逐一ニ咄承
知仕候、其上野子へ田中吉右衛門殿当り呼
ニ遣し候成共、御相談被下右様村方払候も
余り不宜哉、いづれ共可然様と被相頼居候
而四ツ半時ニ被引取候事

内用　くり弥小児相果候よし八ッ前時ニ申参り、
則送りハ暮方ニ仕度候旨申参り、直様佐度
屋まんじゆ印紙弐枚持参ニ而候処、実正ハ
今朝相果被申候よし承知仕候、且又送り相
立申候事

村　くり弥より引取候節、長次郎方ニ浅井氏・
半兵衛両人被居候故、寄候而扇藤方ノ咄合
荒々承知仕候事

村　但し浅井氏ゟくり弥方葬式ニ付、諷経ノ
僧方ハ無之様、尤小児故相断候様仕度よ
しニ而、村方ゟ当村困窮ニ而諷経ノ義ハ
小児ノ事成御断可申上旨、廻文寺方へ当
村ゟ申遣し、尤同人取計候間其段咄被致
候事

内用　父初夜前ニ京都帰村被致候、尤岡村役中ノ
供ニ井徳参り居、尤外組頭衆夫々参り被居
候へ共役中ハ不被帰外組頭ノ中被帰、尤井
徳被帰候ニ付、同道ニ而引取被申候事

一　四月廿三日　晴天

村　京都ゟ孫忠子参り、則芦田氏へ相頼遣し、
且家別順行ニ例年ニ而取計被申候事、但禁

野村ゟ参り案内おとめ遣し候事
〃
送りもの禁野村ゟ送り岡村へ継、尤同断相
頼遣し候事
内用
中飯後浄行寺門内ニ稽古角力いたし候ニ付、
芦田氏一寸案内いたし被呉候故参り申候、
尤本堂ニハ今堀外夫々被居候へ共、手前共
ハ勿論浅井氏・芦田氏三人共立居申候事
〃
大坂客羽山屋おばさま・甚三郎様・塚口屋
源太郎様供壱人・母右七ッ半時ニ京都ゟ被
帰、船ニ而御座候事
立合村
七ッ過時ニ又助弟子参り、則たおれ病人ノ
義昨日今堀氏見貰候而薬三帖申受、尚又飯
等少々ハ食候へ共、今日ハ一向食不申、
少々食候而もはき申候、則今堀氏今日見て
貰候処、出来悪敷候而大病ニも相成候様被
申候旨申居候、且只今ハ薬貰申候而帰り度
申居候事
内実
同夜岡村中嶌氏見舞ニ罷出申候、尤留主中
ニ而内方へ見舞申置候、且夫ゟ昨日角野氏
被参候而被頼候趣意ニ而、牧方村田中氏へ
参り咄合候処同様是も被申居、只今京都へ
見舞候而も宜敷候へとも却而悪敷候故、先
ッ見合居候而被帰候へハ此方ゟ牧方村呼ニ
遣し相談仕候上、岡、中嶌へ咄合候様仕方
可然様決し罷帰り申候

一　四月廿四日　晴天

内用
大坂客人四人共九ッ半時ゟ被帰、尤舟迄か
ごニておばさま為送、且荷持ニ吉助参り申
候、且かごニハ浅七・佐吉両人かぎ屋迄遣
し候事
立合村
浅井氏呼ニ遣し八ッ時ニ被参候ニ付、病人
出来悪敷候ニ付其段相談仕候上宿四ヶ村外
三ヶ村へ廻文いたし、尤持廻りニ而遣し候
処廻文左ノ通り

以廻文得其意候、迎暑ノ節ニ御座候処、
弥御安康ニ被成御勤役奉改喜候、然ハ伊

勢参宮ノ旅人病気ニ取合、当村往還筋ニ
而倒候ニ付、早速又助へ申付養生為致置
候間、若哉自然ノ義も御座候而ハ如何敷
奉存候故、此段御通達可申上候間御承知
置可被下候、先ハ右申上度如斯ニ御座候
早々以上
四月廿四日　　岡新町村
岡村
三矢村
泥町村
右村々
御役人中

村
右ノ通り差遣し候処村々承知仕候、乍去泥
町村ニハ同様承知仕候、乍併御如才候へ共
無宿もの成ハ又助ニ而もよろしく、国所相
知レ申候もの成ハ村方々番仕候様申参り、
尤成申方と承知仕候、乍去此度ハ無宿とも
宿村とも不被申、元来作州ノ国所も相分り
候へ共郡ハ最一段相分り兼候、尤仁納郡と
有之候へ共右名ノ郡ハ無之義ニ御座候事

内用　大工与三兵衛参り一日相働申候、尤車直し
仕候事、

村内用　扇藤参り先日申参り候事夫婦喧嘩ニ付送り
取候様申参り候へ共、仲人入候而相済候間、
さ様承知仕候様申参候事

村　同夜お留を以扇藤明日ニ而も掛樋ノ義ニ付、
勝手ニ可通参り被呉候様申遣し候事

内用　長治小児病死仕候、印紙一枚遣し、尤葬式
ニ立申候事

〃　河与小児同断ニ而印紙一枚遣し、尤葬式ニ
立申候事

一　四月廿五日　雨天　八ツ時ゟ雨ニ成申候　九ツ時前ゟ催申候

村　早朝扇藤参り、新掛樋大工ニ掛ケ候ニ付取
寄、尤内喜助・吉助・扇藤三人ニ而引取、
大工与三兵衛四ツ過時ゟ相掛り申候事

但し一日当方ニ而働申候事

内用　大坂八上彦兵衛様被出候、尤忌明挨拶ニ而

八ッ半時ニ被参候事

一　四月廿六日　　雨天

内用　大坂彦兵衛殿四ッ時ニ被引取、尤池田幷ニ

蔀屋・今津・横打ノ方へ廻り候様被申候事

〃　早朝天ノ川へ八上氏同道ニ而水見ニ参り余

程水高く、尤小家ノ病人見舞候処よろしく

候旨申居候事

〃内実　昼後八平被参候而、樋ノ上九兵衛方一件ニ付

宇治ノ手筋ノ義被申、且中宮村ノ方申遣し

振り候事、其方相頼候様申被帰候事

一　四月廿七日　　晴天

宿　九ッ半時馬借方ゟ廻文到来、則左ノ通り

以廻章得御意候、薄暑ノ節各様方御勇健

ニ御勤役可被成珍重奉賀候、然ハ宿方ノ

儀ニ付急相談申上度義出来候ニ付、何卒

今暮早々馬借所へ御出席可被下様、此段

御案内可申上候、余ハ御面上万々可申上

候　不具　　　　馬借所　　印

四月廿七日

三矢村　　岡村

新町村　　泥町村

外ニ御惣代中

〃　右ノ通り廻文出来ニ付承知候旨申遣し候事

内用　早朝大豆屋利八女房病死仕候よし、豆腐屋

九ッ半其旨申参り候而、父印紙一枚持参悔

ニ被参候事

但し葬式七ッ時ニ而鉄之助立申候事

〃　父七ッ時ニ山ノ上御院主幷ニ村の浄光寺殿

三人同道ニて、同村源兵衛へ悔ニ印紙一枚

持参ニ而被参候、尤同寺普請見舞ニざこ三

升持参被致候、尤庄吉召連候而暮方ゟ遣し

候事

宿　同夜馬借所へ、岡村角野氏へ寄候而、先日

牧方村へ咄合ノ始末決着申候而、夫ゟ同道

いたし参り候事

宿　但し用談ハ守口嶋名氏書面并ニ伏見高井氏ノ書面到来、則宿方割増ノ儀頼申度旨、尤承知成ハ印形等仕候様申参り、尤伏見心眼(マヽ)ハ四わり五分ノ願も仕度候様子談合有之、且ハ淀宿請書有之、是ハ当宿ノ儀町役人へ咄合仕候処御断申呉候様申居候、且願済候而相叶候ハヽ、宿并ノ儀成ハ調印いたし入用等も出銀仕候へ共、時節柄ノ事ニ而背本意候よし付紙有之、則今晩談し決し不申故、大体淀宿同様ノ旨申遣し候も可然と申居候、外ニも大体同様ノ様子被存候而、其旨返事いたし候様申居候事

但し出勤人宗三郎・義助・萬孫・鯛六・山彦外小遣壱人右ニ而、尤当村佐兵衛迎ニ参り四ツ過ニ帰村仕候事

一　四月廿八日　晴天

立合村　早朝天ノ川ニ而行倒病人病気全快いたし候故礼ニ参り下へ相立申候、尤同時わらじ一束遣し候事、但し今日迄八日ニ相成候事

〃　山ノ又助弟子参り病人立候ニ付礼ニ参り、尤先日よりよろしく故為立申度候へ共、雨中ニ而無之義、今朝為立申候事申参り候事

但しお留呼ニ遣し小家為〆、且又浅井氏へも其旨申参り候様申遣し候事

且お留を以なべ治御講かけ銀ノ義未参候、早々持参いたし候様申遣し候事

村　芦田氏五ツ半《四ツ》時ニ御出ニ而、則病人ノ義咄合いたし、且前晩参会の趣咄合候而九ツ前ニ被引取候事

〃　但し田川ノ方私部村三右衛門願付被在候一条、急々埒明ケ候様同人ゟ掛合被呉候様相頼、尤一件咄合承知いたし候事

村　八ツ時塩武被参候而、灰屋倉儀病気ニ付近隣困り入刈屋村新七呼ニ遣し候処、同人息

子参り候而、高田村ノ方同人共親ノ出所成
事故其方へ引取候よし申居候、夫ニ付さ様
取計候哉と被申、随分可然事と申、勿論其
節倉義参り候ニ付、先ツ其方へ参り養生致
候様申付候、直様塩屋も急キ為帰候様取計
候積りニ而被引取候事
　但くらへ母ゟぜに弐百文被遣候事
村　磯しま与三兵衛新掛樋仕候而一日相働申候
事
一　四月廿九日　晴天
内用　早朝書面ニ而牧方村へ先日岡村一条此方ゟ
沙汰いたし候様、且両人談合候而咄入候筈
ニ致置候へ共、出坂仕候故断ノ申遣し候事
　但し佐兵衛へ書面渡し申候事
○内用　年寄中両所様呼ニ頼遣し御出ニ而、野子義
少々不快ニ付、尤用事も有之兼而出坂候間
都而留主中役用相頼置候事
村○　但し車ノ下ノ樋戸前損し有之故、扇藤仕替

不申迚ハ持不申段申居候故談合、岡村へ御
両所ノ事引合被下候様相頼置候事
村○　浦ノ橋藤田屋馬通り候ニ付崩落候故、直様
藤田屋呼ニ遣し野通ひ通を通り候旨、且又
早々不届出候段厳敷相呵候処、甚々不調法
ノ段相詫候ニ付、已来心得候様申付為引取
候事
〃○　但しお留へ夕方早仕舞ニ而、佐兵衛成共渚
村ノ方へ参り早々掛渡候様引合書旨申聞、
且又馬通りニ而薄々様子申候而引合候様、
尤東崖崩其義同様早々仕候様委細ニ申聞置
候事
村　八ッ時刈屋村新七息子参り、倉義引取候ニ付
村送り渡し呉候様申参り、尤其義ハ左様ノ
筋無之哉、随分如何様共致遣し候へ共、先
ツ同人其方へ連帰り候而養生為致病気全快
仕候へハ又々当村へ帰し候様可致様申聞候
事

但連帰り候而高田村ノ方へ預り置候由ニ
承知仕候

村　下佐兵衛暮方ゟ渚村へ参り、右崩橋并ニ崖崩ノ義、早々仕候様引合致候旨委細申聞候而、先方へ行初夜前ニ帰村仕候、尤渚村六右衛門方ニ而委細承知仕候ニ付、明日か明後ハ無間違差遣し為致候様仕候と申居候

但し渚村六右衛門今日大坂ゟ帰りニ浦道帰り見受候よし被申居承知ノよしニ御座候事

一　四月晦日　雨天　七ッ時ゟ空晴申候

内用　楠葉村盛太郎殿四ッ時ゟ被参候而八ッ前時迄被居候、尤舟越様御入用金ノ義ニ付咄合有之候事

村　磯しま与三兵衛掛樋仕一日働申候事

内用　禁野村儀左衛門殿、舟越様御用金ノ義ニ付被参咄合被致居、八ッ時ニ被参候而七ッ時ニ被引取候事

村内用　当村伊勢参宮ノもの一人も無之趣、尤皆々帰村仕候、且又往来も大ニ相減し申候、乍去送りもの病人、尤参宮ノものと相見候而甚々多く候事

一　五月朔日　晴天

村内用　渚村役人六右衛門殿付添ニ而外人足五人計り参り候而浦ノ橋膳(繕)被致、尤此方へ身表取りニ参り候事

内用　早朝ゟ女共弐人苗取今日ゟ始植付仕候、但し早開ニハ男共へたすき・手拭廻し・下女共ハたすき・手拭・揚もじ是ハ但し切義ニ而、壱丈遣し我家先例ニ御座候事

内用　今夜四ッ時ゟ出坂仕候、尤年寄中両所へ書面ニ而留主中相頼入候事

〃　大坂羽山屋ゟ使参り、直様使外ニ連有之候而、八幡へ参詣いたし同夜舟ニのり帰坂仕候事

　但し義助同夜一緒ニ舟ニのり申候事

一　五月二日　晴天　在坂中

内用　五ッ時夜舟着いたし北国屋へ参り候、尤羽山屋小共塊源ニ而相分レ候事

〃　九ッ時ゟ南堀江へ参り、尤佐助同道ニ而あい玉浄瑠理(璃)聞申候、尤初夜過ニ帰村仕候事

一　五月三日　雨天　在坂中

内用　九ッ時ゟ羽山屋へ参り申候、然ル所先夜同舟仕候小共昨四ッ時ニ少々金子持候而家出仕候よし承知仕候、則同舟ノ次第相咄し連ノ様子等申、七ッ時ニ引取北国屋へ帰り申候事

一　五月四日　曇天 夜中ニ雨降る　在坂中

内用　四ッ時ゟけんさい橋幸助殿方へ相尋候処、同人留主故ふしミ町瀬戸物屋のミせ見歩行、尚横堀石屋石共見歩行、且長堀ノ方へも参り見歩行暮方ニ佐助方へ引取候事

一　五月五日　曇天　在坂中

〃　早朝ゟ天満石屋へ参り四ッ半時ニ佐助方へ帰り、昼飯後羽山屋へ参り右小共ノ義如何候哉見舞、今晩上京仕候よし申居候而、七ツ前ニ引取候事

内用
枚方ノ方へ遣し候書面并ニ羽山屋へ遣し候
書面弐通相認佐助へ相頼候而相渡、同人方
ゟ塊源ニ而舟三人前ふとん共取之乗舟ニ而
上京仕候事
　但し夕飯七ッ時食候而、尤弁当同人方ゟ
　入七ツ時より乗舟仕候事
　尤夜七ッ時ニ舟着仕候而ふしミ綿長へ参
　り泊り申候

内用
（貼紙）

五日暮方ニ植仕舞ニ相成、明六日半兵衛殿 方植仕舞ニいたし候事 但し六日昼ゟ半日内丈休日いたし候事

一　五月六日　晴天（夜中ゟ雨降る）　大坂ゟ直上京

内用
綿長方ニ而朝飯仕、人足壱人雇候而四ッ時
ゟ京都へ参り、尤人足賃せん相渡不申綿長
へ頼置候、九ッ過時ニ久下屋へ着仕候事
昼飯食草臥半日寝申候、其夜夕一飯申候

　但し吉野杉原四枚取之、薬礼夫々寄金仕
候事
七ツ時岡村中嶌氏外共、三条亀藤方ニ被居
候よしニ而、其方へ参り見舞候処、当月朔
日ニ村下ケニ相成被引取候よし申居候事

一　五月七日　雨天　在京中

内用
早朝ゟ竹中氏へ参り候処、先生宇治ノ方へ
御越ニ而留主故無拠薬礼相渡、明日罷出候
様申引取候、夫ゟ長沢氏へ参り昼前迄遊居
候事

〃
雨中ニ而無致方昼飯いたし暮方迄碁打候而
七ッ過時ゟ夕飯後三条大橋山城屋方へ参り
候事

一　五月八日　雨天　在京中

内用
早朝ゟ竹中氏へ参り薬六貼貰帰り候事
昼夕飯共三条ノ方ニ而支度いたし候事

一　五月九日　雨天（強雨）　在京中

内用　早朝山城屋方ニ而いたし九ッ時ゟ久下屋へ
参り終日碁打候、昼夕飯いたし候事
同家ニ而菓子取之候事、但弐匁くらひ

一　五月十日　曇天 強雨　在京中

内用　早朝ゟ竹中氏へ参り薬三貼貰申候、尤内ニ
有之薬被下候ハヽ、腹中心悪敷旨相尋候処、
勝手ニ持参見せ候様被申、相頼帰り跡ゟ差
遣し見せ候積りニ居候而九ッ前時ニ引取、
三条山城屋方へ参り候て雨つよく無致方昼
飯夕共いたし候事

〃　参り掛ケ土角表四郎方へ参り、先達而ノ表
具出来候哉相尋旁々引合候事

一　五月十一日　晴天　在京中

内用　早朝ゟ竹中氏同道いたし四条古書画会ノ方
へ参り候積り約束仕置候ニ付着替旁々、尚
又早々竹中氏方へ参り候趣意ニ而久下屋方
へ帰り候処、半兵衛・宗八両人被参候而同
家ニ被居候故、大ニ打驚如何候、内ニハ病
人等も無之哉、若村方変事無之哉と相尋候
処、全左様ノ事ニ而ハ無之よしニ而相笑居
候、且大坂ゟ出候書中も着不仕候、長滞留
相成候而尤大水事故相尋旁々と有之、左候
へハ野子事同道帰村仕度候へとも、今日御
両人被帰候而野子事ハ少々尻ニ出来もの有
之陸路歩行難出来故、明十二日早朝ゟ伏見
へ出候而舟ニ而帰村候よう申候而両人頼帰
し、尤内へくれ〲委細ノ訳書面ニ相認、
尚又年寄中両人へも書面相認弐通共両人へ
相渡し候事
但し九ッ時ゟ両人被帰候事ニ而、尤同日
ハ水高く故舟無之故、如斯御座候可相成
事成ハ同道ニ而引取申度候へとも無拠如
斯御座候事、尤荷物宗八ニ持し帰し候而
明日ハ帰り候由申遣し候事

〃　終日いづれも出不申候而碁打昼夕共食申候

事

一　五月十二日　晴天　在京中帰り候

内用　早朝ゟ久下屋出、東洞院伏見へ出申候、尤六角桑四郎方へより早々持参候様引合、寺町ニ而茶せん・こはぜ・筆弐百文ノ所相求候而伏見へ出、九ッ時綿長へ参り同人方ニ而支度いたし舟弐人前取ノ乗舟いたし、尤舟ちんハ相渡し八ッ時ニ前嶋へ上り狭間氏へより候処留主中故、内方へ向平五郎方ノ義咄合相頼候而、七ッ時ゟ大塚渡し越候而引取、尤渡し舟仕舞ニ而六拾四文差出暮過ニ帰宅仕候事

但し年寄中両家へお留へ申付只今帰り候よし申遣し候事

○留主中次第

村　同夜芦田氏御出ニ而、留主中御世話ニ成候
内用　段とく一礼申候而用事相尋候処、別段用事ハ無之候へ共、参会弐席有之候よし二日ノ寄合ハ馬借所より廻文到来、浅井氏出勤ニ御座候、尚又六日ノ節ハ廻文無之岡村ゟ申参り、尤岡村も下ニ而聞被帰候趣、其節参会ハ同人御出勤ニ而左ノ通り

六日ノ夜馬借所ニ而

村　三矢・泥町・岡村当村外ニ牧方村ハ出勤無之趣、尤又助右様役付仕候ニ付、御役方へハ先達而ニ罷出候故、村々一体ノ小前軒別ニ出候よし、牧方村へ頼出候趣ニ付牧方村も一人ニ而勘弁難付故、参会有之候よし相談有之候処不宜様、尤泥町村鯛六殿出勤ニ候故、当役心腹ハ如何候と相尋候処、一切さ様ハ悪敷等ノ事尤ニ而差留候様談決いたし、尤牧方村へハ三矢村ゟ明三日其旨申遣し候約束ニ而引取候よし承知仕候事

村　同日　送りもの病人壱度参り岡村へ遣し候事

〃　三日　同断岡村へ継申候事
〃　四日　同断岡村ゟ参り禁野村へ継申候事、
尚又禁野村ゟ一度参り岡村へ遣し候
事
〃　五日　送りもの病人三人上ゟ参り岡村へ継
申候事
〃　六日　送り病人弐度上ゟ参り岡村へ継申候
事
右、芦田氏ゟ承り相記候事

村　十三日四ッ時浅井氏御出ニ而留主中御世話
ノ段一礼申用事相尋候処、別而用事も無之
よし、乍去如斯用事御座候よし承り左ノ通
り
二日馬借所ゟ廻文到来、則其夜馬借所ニ
而寄合ノ義申参り左ノ通り出勤ノ上

宿　宿方割増ノ儀、先達而伏見守口ゟ申参り候
条ニ而、此度右様先達而返事遣し候嫁こと
りノ状到来ニ而、何分淀当宿ニ而一席いた
し談合ノ趣申参り、此義ニ付参会ニ而四ヶ
村寄談合、岡村・当村ハ先当年ハ下年番成
ハ可然様と申候へとも不相分、全体此度ノ
割ましハ最一段成共談合ニも浅候様申遣し
候も余り不都合ニ而、一、弐席ノ事ハ可然
事、右両宿へ付合ニ而もよろしく哉、乍去
御年番可然様取計被呉候様相頼候而引取候
事

村　八日堤方御役所ゟ水高く候故御廻文到来、
則常例ノ通りニ而廻文写無之候へとも禁野
村へ継送、同日申下刻受取取置候事

村　九日堤方御役所ゟ廻文到来、則岡村ゟ巳刻
故、同刻ニ禁野村へ遣し同刻受取取置候事
尤同断常例故写無之よし承知仕候事

〃　同日送り病人四人参り岡村ゟ参り、則禁野
村へ継申候事
〃　十一日同断壱人禁野村へ継申候事
但し禁野村ゟ壱人送り来候故岡村へ遣し候

事

〃　十二日同断病人弐人禁野村ゟ参り岡村へ遣
し候事
右浅井氏ゟ承り相記候事

立合
村　父より承知仕候留主中
新田ノ坪車ノ井路尻へ伏込候門樋、磯嶌
村大工与三兵衛ニ相掛ケ候而相調候よし
承知仕候事
但し何日相掛り候共不承候事

村　七日頃岡村木怒平外弐、三人、信州善光
寺へ参詣仕候ニ付、其手続ニ而御供并ニ
書面相添候而相頼ノ趣、尤□平参り宿坊
ハ此後いづれノ村方ニ有之候共通照坊へ
参り呉候様相頼居候、尤年寄中弐軒共御
供別ニ分レ有之、書面ハ此方計り、則芦
田氏ハ其節参り合被居候故直様渡候よし
承知仕候事

(貼紙)
十日
内用　亀屋庄兵衛病死仕候、明十一日葬式仕候
よし承知仕候事

村　十一日九ッ時ゟ父瘧利起り明九ッ時頃迄出
候而、尤止メ候而又々出候故、引続而ノ事ニ
而ハ無之候へ共大ニ困り被入候よし、其跡
十二日吐血被致夫ゟ引続嫌気劣候趣承知仕
候、則医者ハ今堀氏ニ而胺(按)腹ハ藤田氏ニ而
御座候よし、十二日ノ夜帰り候て承り打驚
色々相迷候へ共其後追々宜敷方ニ而候へ共
心配仕居候事
右ハ母ゟ逐一承知仕候事
午去先日十一日京都へ宗八・半兵衛殿
両人被参候せつハはなし一切無之帰り
候而承り候事

一　五月十三日　晴天
内用　早朝門へ出候処、日金手前へ佐度屋小児病

気余程あしく、片鉾医者迎ニ遣し呉候様被相頼候故、同人方ゟ与兵衛、手前ゟ吉介両人片鉾へ朝飯ゟ遣し候事ニ而、直様佐長へ見舞いニ参り、然ル所四ッ時ニ相果申候、則葬式ハ七ッ時と極メ、尤磯藤八ハ中振村寺ノ方へ遣し、尤源蔵同道ニ而小児寺送り取ニ遣し取帰り此方へ相見せ申候、夫ゟ一乗寺へ相納申候、尤昼飯後手伝ニ参り七ッ半時ニ送り申候、尤下嶋村親類へ守文遣し候事

内用
但し片鉾医者迎ハ四ッ時ニ而相果候砌帰り差支ノよし間ニ合不申、勿論死候後ニ御座候、且上ノ丁おんぼへハ日善・留吉遣し候事、尤白米三升重ニ入遣し候事

村
浅井氏四ッ時ニ被参候而、委細留主中ノ様子承知仕、尤一札申且委しくハ用事聞留ノ所ニ記之置候事但し留主中故手前ニ有之

〃
送り病人三人禁野ゟ参り岡村へ継申候事

内用
四ッ時大垣内七兵衛・三矢新助両人参り、田坂ノ樋水入り不申候故、昼時ゟ人足出し呉候様、尤外々へも只今申参り候間、頼候様申候ニ付、九ッ時ゟ昼寝早起ニいたし田坂へ吉助遣し、尤じよれん・もつこ・牛取棒三品持参ニ而遣し暮方ニ相片付帰り申候、尤酒俵等此方へ取ニ参り岡甚右衛門・内の吉助両人参り候事

内用
村
内実
岡村へ右半次郎一件未ダ中嶋氏直々ニハ見舞不申故、見舞旁々罷出申候、尤暮過ゟ参り同村今西氏同席見舞申候、且又其上先日中嶌氏京都ニ而川方御役所ゟ御召ニ而罷出候処、天ノ川橋ノ儀御尋ニ付甚々赤面困り入申候よし御咄ニ而、是ハ重而新町村共談合ノ上申上候様申延置候、近々両村壱席仕候様咄合候而引取候、尤四ッ時前ニ御座候

同夜参り留主中ニ芦田氏・浅井氏御両人被参候而、則浅井氏ハ長次郎ノ方息子一条何

歟大坂表へ引合ニ参り候様申被居候よし、跡ニ而承知仕候、尤芦田氏ハ此方帰り候節被居候、世間咄し致居候而四ッ時過被引取候事

村　同夜お留ニ忝喜呼ニ参り候様、尤同人借家へ嘉兵衛参り、変宅家主引受一札申遣し候事

なべ治御講かけ金持参仕候様申遣し候事

内用　同夜父病気出来悪敷故心配仕候、尤伊兵衛泊り申候事

〃　米屋源兵衛参り同人姉とよ村送り頼出候而、尤常称寺ノ寺送り持参置候事

〃　亀屋庄兵衛葬式ノ礼ニ同苗弥兵衛、庄兵衛悴庄吉同道ニ而町中一統へ参り、尤此方へ初夜ニ参り候よし承知仕候事

（貼紙）
十三日
禁野村ゟ座頭弐人参り、則岡村へ送り遣し手引常次郎参り候事

（貼紙）
喜助とん田西田氏へ見舞ニ遣し候事、尤無沙汰いたし候よし断申候様申聞遣し候事

一　五月十四日　晴天

内用　早朝今堀氏見舞被呉候而、甚々六ッヶ敷様子薬ノ儀色々被申何分相頼候と申、薬貰申候事

〃　四ッ時ゟ岡、藤田氏見舞被呉候故あんふく相頼候事

〃　同時前嶋喜右衛門殿義、父なぜ不参哉と被申候故、其折ニまかせ全体ハ呼ニ遣し度候へ共気ニ立候哉と心配ノ折柄、直様喜助前嶋村へ遣し候処、早速被参候へ共、今晩ハ是非高槻御家老御上京故、御用向有之故帰り候積り、乍去暮方迄咄合、又々明日罷出

村
候様被申居候而被引取候事
同夜初夜前ニ虚無僧弐人参り合力頼出候ニ
付、両人へ弐拾四文取計候事

内用
同夜父そばニ半兵衛殿・義助両人寝候故、
随分よろしく候而明日安心仕候次第ニ御座
候事

村
重蔵、渚村白雲寺・臺鏡寺ノ法類証文持参
いたし受取置候事

（貼紙）
内用
十四日
同夜佐渡屋源蔵葬式ノ礼ニ参り候事
京都竹中氏へ参、弐拾壱貼先達貰受置候
薬持し遣し、尤書面相添、御加減被成下
候様等ノ義相遣し、尤岡村あら治へ相渡
置候事

内用
（貼紙）
十四日
御講かけ金壱歩壱朱持参仕候、尤なべ治
分ノ事但し常称寺掛候入用ノ儀、持参仕
候へ共半兵衛方へ相渡申候事

内用
（貼紙）
まつ喜参り候ニ付、下書相渡候、早々相
認持参仕候様申聞候事

一　五月十五日　晴天

村
送り病人壱人禁野ゟ参り岡村へ遣し候事

〃
送り病人男女小共都合五人岡村ゟ参り申候
ニ付禁野村へ継申候事　但しかご弐丁

村
八ッ時伊勢参りはぐれ小児壱人禁野村ゟ参
り候ニ付岡村へ継申候、尤送り出し書記置
候、此中ニ有之候事

挟込
口　上
一　兵庫たくみ町
畳　屋
安兵衛忰
為　吉

年拾壱才

右ノもの四人連ニ而致報参宮いたし候処
右連ニはつくれ壱人ニ相成難渋候義申出
候ニ付、此頃中逗留為致、相応ノ連吟味
いたし候へ共程能連も無御座候、勿論国
元へ差急キ申候故、無拠過(カ)ノ状相認メ人
足を以差送り申候間、先々御継送り可被
下候、且又路銀ノ貯等も無之趣ニ候間、
村々時節ニ至り候ハヽ食事等ノ義も暮ニ
及候ハヽ、宿等ノ義も御憐愍以を以御世
話被成遣被下候様御頼申上候　以上

寅五月八日　伊勢山田筋開橋
出張所役人
松原清蔵　印

摂州兵庫匠町迄
宿々
村々
御役人衆中

右ハ五月十五日禁野村ゟ到来ニ付記置候事

〃　お留を以岡村専合所不残植付候様有之、尤
当村不残植り候ニ付、明十六日村中一統ニ
休日ノ義相談ノ上相決候故、年寄一軒ハ留
主故芦田氏へ問合候上、明十六日休日相触
候様申聞置候事

〃　七ツ時岡村ゟ送りもの参り禁野村へ遣し候
事

内用　八ツ半時前嶋喜右衛門殿被参候而、色々父
病気故談合仕候、尤其夜泊り被申候事

内用　同夜大垣内ゟ南谷筋井路浚仕候故、人足遣
し候様申参り候ニ付、遣し可申義ニ候へ共
人無之故遣し不申よし同村茂八来合居候而
申遣し、且大垣内使ハ平兵衛参り候事

一　五月十六日　曇天　四ツ時ニ小雨有之候
休日ニ仕候事　但植付不残仕候ニ付如斯

村
八ッ時苅屋村新七ノ使ニ同村甚左衛門参り、則先達而同人方へ参り居候くら儀病気仕候ニ付、村送相済呉候様頼出候故、村送り相認相渡し候事
　但し苅屋村ハ三吉捨三郎様御知行所ニ而、則三吉様ハ御旗本ニ而御座候、且又同村甚左衛門ハ当村灰屋ノ庄兵衛女房すが息女ノ聟ニ而御座候よし承知仕候事
　但し村送り書ハ別帳ニ記之置候事

万人村
八ッ半時杉沢ゟノ廻文到来、則岡村へ継送り申候、尤廻文ニハ同人方ニ召遣ひノ勇吉殿義国元ゟ度々書面到来ニ付、引取度申候ニ付暇差遣候よし、且又此後替り人差遣し候節ハ印鑑差持し遣し候趣、左候へハ取敢くれ候様、尤多人数故為念申入候よし相認有之候事ニ而、則杉沢作兵衛印、講惣代、代熊木喜兵衛両名ニ而書面出候義ニ御座候事
　但し当村ハ八平殿当方弐軒計ニ御座候、外々へハ別段此方共ゟ申通し候はつニ御座候事

村
四ッ時杏屋喜兵衛ゟ同人御家へ塩屋嘉兵衛変宅仕候故家主ゟ請書一札持参仕候、受取置候事

村
米屋源兵衛呼ニ遣し品申合口掛り銀催促仕候、尤外并同様ニいたし候様、尤掛り銀も早々相済し候様と申聞候、且又村送り同人姉たか三十一才ニ候へとも三拾才ニいたし相認相渡し候事
　但し京都烏丸道御池下ル所寅屋町、町の役人中へ送り書遣し、且又同町大和屋喜市方へ縁付申候事、且又山ノ上寺送りも取来り一緒ニ相渡し申候事

内用
七ッ過時ニ前嶋狭間氏被引取候事

〃
同夜岡村角野氏被参候而、父病気見舞ニ被申呉候、世間咄有之四ッ時被引取候事

内用
八ッ半時浄行寺并ニ長兵衛付候而参られ、

村　同寺衣料平五郎方共麦弐斗相渡候事
村　髪結弥兵衛家請并引取一札相認持参仕候事
一　五月十七日　曇天
村　早朝明後日十九日月集メ寄候よし為触候様、下佐へ申被置候事
〃　早朝ゟ扇藤・内吉助・喜助〆三人車ノ尻門樋伏仕候、尤暮方迄掛り、且内より場所迄長蔵荷ひ持運ハ手伝申候事
内用　浅井氏大坂ゟ被帰、則先日飛脚ノ間違ノよし断ノ書、飛脚屋ゟ受取同人佐助ゟ相渡候ニ付持帰り被申候事
〃　五ッ過時ゟ山ノ上寺へ私用ニ而罷出、終日居候而暮方ニ帰宅仕候事
村　四ッ時芦田氏御出ニ而、右浅井氏大坂ゟ持帰り申候書付持参、且又くり弥一件私部村三右衛門願付ノ義対談仕候よし、尚委細ハ晩程参り候様被申咄合仕候様、尤野子留主中御申ニ而引取られ其夜御出無之候事
一　五月十八日　曇天　八ッ時小雨降る
村　早朝岡村紅粉半参り、当村先髪結桑蔵義、当村ハ如何成候哉尋ニ参り、是ハ先達而大坂ノ方へ送り出し申候よし申答候事
村　五ッ半時くり弥被参候而、私部村三左衛門より願付一件済口ノ断申度候よしニ而、尤対談ハ仕候義出坂ノ義被頼候故、当村なべ治息子御金宰領ニ参り候ニ付、席ニ同人出貰候積り被申居候、且却而同人不案内故くり弥書付等写帰られ候様申聞置候、則九ッ前ゟ出坂被致候事
内用　四ッ前時ゟ留田西田氏へ参り七ッ半時ニ引取候事
村　同夜浅井氏御出ニ而、則先日岡村きぬ平ゟ受取候善光寺宿坊ゟ御礼御供直々相渡し、尤書面みせ申候、且芦田氏も御出ニ而くり弥一条咄合仕候事
〃　同夜呼ニ遣し塩武外弐人へ髪結弥兵衛家請

一札継印致ニ参り候様申遣し候事

〃　京宗・上伊両人明日ニ而も参り候様申遣し置候事

内用　天ノ川傘屋弥兵衛参り、則頼母子かけ金取ニ参り義介ゟ金壱歩弐朱遣し、ぜに六拾八文内ゟ渡し、都合勘定ニ而相渡候事

一　五月十九日　晴天

村　早朝上弥・京宗両人参り、品申合口一件咄合催促仕候処大体相分り候間、早々勘定仕候よし、乍去米源留主中故帰宅迄延引いたし呉候様申居候事

村　同断ゟ月集申触置候故、相待居候へ共一人も持参り不申、昼時催促仕候へ共一日一人も参り不申候事

内用　半兵衛方おともほうそういたし候故、同断見舞、尤粉七升ニ而鯛弐枚鶴いたし残りしんこうニ而相調申候、九ッ時ニ出来候故持し遣し候事

村　九ッ時塩武参り候故、髪結弥兵衛家請一札継印ノ義申候而相渡し候処持帰り候、追而後刻同人、綿重両人ノ印形ニ而継印いたし、塩周息子為蔵持参受取候事

〃　同夜お留呼ニ遣し月集ノ儀、清頓為致候へとも一体不相分趣意成共、先ツ其儘ニいたし置候事

〃　同八平殿呼ニ遣し、留主中と有之明日ニ而も被参候様申聞置候事

内用　八ッ時亀定小児病死仕候よし、佐七参り直様悔ニ参り葬式手伝申候、尤ひりやうす三十・印紙壱枚持参いたし、尤七ッ半時葬式鉄之助立申候事

村　四ッ時綿屋伊右衛門参り、先達而差遣し候引合書三通、茄子作村・泥町村、郡津村右ヶ成対談ニ付候間、持参いたし候故受取置候、且又父病気見舞小鯛壱枚持参被参候事

内用　禁野村四平ゟ使参り代銀取ニ参り、則先達

而箱誂候故、出来上り持参大ニ間違ニ而帳
面入不申、無拠差戻し仕直させ申候事
村　送り病人壱人ニ而、外ニ付添四人都合五人
禁野ゟ参り岡村へ継申候事
内用　早朝ゟ喜助京都へ遣し、尤半兵衛おとしほ
うそうニ付ましなひニ遣し暮方ニ帰村仕候
事
一　五月廿日　晴天
村　八ッ時くり弥被参候而、則御番所出候も十
九日ニ御聞済ニ相成、尤其夜舟ニ而被帰候
よし、且又済口御断ノ書付写被帰候而持参
被致候事
村　七ッ時すが参り、則同人娘はる南野村へ縁
付候故、村送りノ下書持参いたし相認呉候
様被相頼候、則夫ゟ相認置候事
村　橋ノ宗兵衛参り同人息子吉枩義、先達而家
出候ニ付親元九兵衛方へ引合候処、九兵衛
方へ引取候よし夫ニ付寺送りノ義相尋候故、

常称寺ゟノ差図可受様申聞候事
内用　同夜禁野田中儀左衛門殿被参候而、三ヶ村
銀子義難出来候へハ同村丈ケ成共壱〆匁余
りいたしくれ候様被相頼、何分親共相談ノ
上、明日御返事ニ而御答申上候と申居候事
岡村阿ら治京都竹中氏ゟ薬持帰り候事ニ而
受取候事
一　五月廿一日　雨天　五ッ時ゟ降掛候
村　八平殿呼ニ遣し月集先日申触候所、一人も
持参不被仕不埒ノよし逐一相咄し申候、且
又先達而同人へ申置候浅七・卯兵衛両人へ
疵所受候節、仲人八平・日金両人取扱相済
候故、同両人ゟ村方へ差入書付ノ儀催促仕
候事
〃　同人質物九右衛門方へ差入候証文、三月ニ
此方へ参り名前違有之故、今迄捨置有之、
則清略いたし奥印仕候、尤三月ノ奥印ニ仕
候事

但し今日奥印仕候へ共三月参り有之故、三月ニ仕候様取計候事

内用　禁野田中儀左衛門殿方へ銀子ノ儀返事書面相認、中宮村四郎左衛門一日手伝ニ参り居候故、帰り掛ケ持し遣し候事

但し断ノ趣意相認遣し候事

村　送りもの病人壱人禁野村ゟ送り来候ニ付岡村へ継申候事

一　五月廿二日　晴天　暮過ゟ空曇天ニ相成候而初夜過ゟ強雨

内用　早朝ゟ山ノ上寺へ参り御経訖方古へ参り、尤世間咄合いたし八ッ半時ニ引取候事

〃　禁野村田中儀左衛門殿ゟ父病気見舞ニ鯛壱枚到来仕候事

〃　藤田屋与兵衛小児病死仕候ニ付葬式七ッ半時ニ而葬式ニ立申候事

村　暮過時ニ三矢村ゟ苅捨ノ書付持参ニて、印形取ニ参り調印いたし取計候、尤淀川・天ノ川両様共五月廿日切と不残苅捨仕候よし認有之、尤苅捨扣帳へ記置候事

〃　送り病人弐人弐度禁野村ゟ到来岡村へ継申候事

一　五月廿三日　曇天　四ッ時ゟ雨降る雨天

村　早朝おすが呼ニ遣し、同人娘はる南野村ノ内へ□家へ送り出し申候、尤村送り相渡候事

〃　佐度屋月集先日失念仕候ニ付、断候而五月分持参受取候事

内用　四ッ時大塚灰平参り、則禁野徳平江粕代ノ勘定尻仕候事

村　九兵衛呼ニ遣し、先日橋宗兵衛参り同人息子ノ義如何仕候哉相尋候処、全村方ゟ被申抔申候而、先方へ引合ノ義一切無之、何分先方へ差遣し置候事成ハ、先方了(マヽ)間次第先方了(マヽ)間次第と申居候事

村　藤田屋与兵衛参り同人義、小児病死仕候而

雑費も多分入候事ニ而困り入候故、今銀子
手達無之ニ付銀子百匁かし呉候様申し、則
後刻日金参り被申候故、相談いたし候所渡
呉候様被申、尤父ゟ金三歩銭五貫四百拾七
文都合百匁かし渡し、八ッ半時ニ渡候事
　但し日金ノ引合又ハ手元かしも両様共父
九右衛門より被扣借候、且証文ハ九右衛
　門当ニ而候事
内用　七ッ半時岡わた庄葬式ニ而義助立申候、尤
小児ほうそうニ而死去相承り候、同夜悔ニ
参り候事
　但し酒印紙一枚持参仕候事
村　同夜直様岡村中嶌氏へ参り、植付届ケノ儀
相談いたし、尤当年ゟ帳面ニ相認候趣ニ有
之候よし先達而ニ一寸承り候ニ付此義相尋
旁々、則雛形かり帰り且相認候而差遣し候
間、上京出勤ノ義相頼置候事
村　送り病人四人かご弐丁ニ而禁野村ゟ到来、
　岡村へ継申候事
内用　同夜浅井氏御出ニ而世間咄し、尤父見舞被
呉候事
一　五月廿四日　雨天
村　植付届ケノ帳面上帳下帳共弐冊相認候而岡
村へ相頼遣し、尤弐冊共持し遣し申候事
　但し植付ハ当月廿日迄ニ不残植付仕候よ
　し相認候事、且書面ニ而頼遣し候事
村　九ッ時鴈宅新七先日くら病死仕候ニ付、何
か是迄世話ノ段一礼ニ参り挨拶仕候事
内用　同時ゟ義助山ノ上寺へ参り七ッ半時ニ帰宅
仕候事
〃　同夜下佐参り病送りニ百萬遍繰申度候よし
申届ケ候事
　但し明晩ニ而も晴天ニ成候ハハ致候様申
　居候事
〃　同夜吉助扇藤へ遣し、今晩ニ而も樋結候様
成候へハ起し呉候様頼遣し候所、四ッ前時

同人是ゟ結置候様申参り、夫ゟ吉助ト弐人
参り樋結置申候事

一　五月廿五日　雨天

内用　四ッ時芦田氏御出ニ而、無沙汰見舞并ニ父
見舞被呉候て九ッ前時ニ被引取候事

村　四ッ時橋宗兵衛参り、則同人息子吉杢一義
九兵衛方へ遣し候寺送り中人方へ遣し置候
趣申参り、夫ニ付全体先日九兵衛呼ニ遣し
相調候処右偽り、寺送りノ義御村方ゟ被仰
候抔申、先方へ申入候義一切無之、且又引
合ノ始末不得心ニ候へ共無拠強引に候故、
引取候様申候義ニ而御座候よし申居候故、
左様事成ハ何分宗兵衛方ニ而出来候事故、
同人方ゟ願候様申聞、尤寺送り持参仕候共
取戻し候様申聞候、且又可相成義ニ候へハ
相含呉候様頼候へ共、一通り成ハ格別ニ候
へ共、右様手続候義ニ候へハ決而得含不申、
いづれ其方ゟ願出候様仕候よし申聞候事

内用　四ッ時過甲斐田村六右衛門、乍去序ニ而無
沙汰見舞被呉候て同時半過ニ被引取候事

村　八ッ半時まつ喜参り、先達而差遣し候岡村
井徳かせ五・いそしま忠右衛門弐通共引合
書対談義候故持参仕候、尤白雪糖一箱持参
ニ而礼申候事
　但し四月十八日差渡し候事
　但し中宮村・岡村捨杢・三矢小倉右三通
　ハ未ダ埒明不申候事ニ付持参不仕候事

村　同夜長浜仁左衛門呼ニ遣し、先日宗兵衛ゟ
聞取候右豆腐屋ゟ寺送りノ儀申候義一向無
之、勿論私ゟ申候義も一切無之よし申居候、
且又今日宗兵衛ゟ寺送り書付仁左衛門方へ
持参仕置候故、此義宗兵衛方へ差戻し候様
同人へ申聞候事

〃　送りものノかご此方へ持参仕置候様お留へ
申聞置候事

〃　八ッ時送りもの禁野村ゟ一人参り岡村へ継

申候事

村　同夜京宗・上弥・米源三人へ坂伝一件勘定ニ参り候様申遣し候所、両三日延引いたしくれ候様頼居候事

〃　同岡久へ先去四月十八日ニ三矢村へノ引合書如何候義候哉相尋遣し候事

　但し明日参り候よし申居候事

〃　同浅井氏へ先去常称寺一件割方ノ節、遣し置候又助鉄棒一件割方帳貰ニ遣し候事

清略いたし跡ゟ持し遣し候様申帰り候事

一　五月廿六日　晴天

村　下佐参り浅井氏ゟ又助鉄棒一件割帳持参仕候事

村　岡久参られ三矢村引合書ノ趣、未ダ片付不申、三、四日相待呉候様被申候故、相待居候義ニ申居候事

〃　同夜岡村ゟ長兵衛参り、植付届ケ帳面一日今西氏上京被致候よしニ而相納メ候趣、且又下帳持し被越候事

内用　手作草取一遍目相廻り申候事

〃　同夜病気除ケニ而百萬遍地蔵さんニ而繰候而、跡町内繰上り天ノ川川下へながし申候事

　但し今日地蔵さんニ而百萬べん繰候而、尤地蔵さん繰払いたし候故、半日休候様仕度よし百姓代より被申遣候故、いづれ来朔日ニハ休日いたし候故、今日ノ休ハ不都合、随分休無之共出来申候義ニて休ハ不承知申遣し候事

一　五月廿七日　雨天

村　早朝明後廿九日月集寄候様申触置候事

外ニ村用無之、山ノ上寺ゟ役僧参られ御院主見舞申度候へとも彼是用事ニて御無沙汰いたし、夫故見舞旁々ニ而参り候よし承知仕候事

一　五月廿八日

内用　早朝浅井氏見舞被呉候、直様被引取候事

〃　下佐不残天日嶋へ参り候故、お留参り若用事有之候へハ呼呉候様頼居申候事

村　五ツ時松喜参り先達而差遣し候中宮村・岡村・三矢村三ヶ村へ遣し入候引合書未ダ対談不相済、弐、三日相待呉候様相頼居候故、相待居申候よし被申居候事

内用　四ツ半時ゟ前嶋狭間氏へ参り、見舞旁々先達而手間取候礼ニ菓子一箱持参ニ而遊居七ツ半前ニ帰宅仕候、尤狭間氏大坂へ被参候而留主中、無拠世間咄し而已仕居申候事

村　内用　日金両替札為見候処、弐朱ニ付代銭八百四十文と有之よし承知仕候事

内用　早朝向交野屋呼ニ遣し、脇差仕立代金ノ内へ金子三両弐歩相渡候、同人へ直々相渡候事

〃　四ツ時禁野村戸屋四平参り、誂置候箱間違ノよし申候而、仕直箱誂申候、尤代銭ノ内へ当村ニて買もの仕候故、銭弐百文かしくれ候様頼候故、相渡置候事

村　同夜大豆卯兵衛参り、月集銭五ヶ月分ニ而壱〆壱百九文持参、明日成共今晩受取くれ候様頼候故、受取置候事

村　同夜岡村ゟ長兵衛参り、明後朔日休日ニ仕候よし当村ハ如何御座候哉と尋ニ参り、則父ゟ先ツ当村ハ年寄中相談いたし明日返事仕候様、若返事無之候ハヽ休日ニ仕候積り御承知被致候様と頼置候、尤此方ハ同様休日ニ仕候積り候へ共如斯御座候事

一　五月廿九日　曇天

村　早朝ゟ月集寄候而、尤お留を以催促為致候て、惣寄高都合同夜迄、銭三拾五〆弐百五文、金弐歩弐朱持参仕候故、受取置候事

村　明朔日一日休ノ儀年寄中尋合候所承知ニ付休日為触候事

橋ノ宗兵衛参り、吉杢儀矢(カ)人届ケノ儀、矢

張同人ゟ届ケくれ候様頼居候事

〃　同夜九兵衛参り、宗兵衛悴吉杢儀ニ付先日寺送り差戻し申候、尤彼是御苦労ノよし礼申候而、尚此上なから宜敷様と頼居候事

（貼紙）吉松年廿六歳、尤養子悴ニ而、去丑四月廿八日家出仕候事

村
内用　同夜浅井氏御出ニ而、此節ハ御警用無之哉と相尋候処、差而事も無之よし被申候ニ付、少々清略仕度候間相頼度候へハ明日罷出候様被申候故頼置候事

内用　同夜初夜過ゟ浅井氏同道ニて、則同夜平藤方ニはなし、尤大坂親類ノ人々参被致候ニ付鉄之助都合三人参り夜中時迄参り居候事

一　六月朔日　雨天　早朝ニ土用に入申候事　四ッ時ゟ雨降る　八ッ過時雷鳴

村　休日村中一体ニ仕候事

〃　五ッ半時岡村ゟ送りもの一人子供一人都合弐人参り禁野村へ継送り申候事

内用　土用入ニ而骨継餅搗申候事
大隆寺入院祝儀銀弐匁壱分持し、尤八ッ時ニ遣し実ハ延引ニ候へ共如斯御座候事

村　糀屋後家呼ニ遣し同人悴吉杢儀相尋候而、則養父ニ居候吉兵衛とも相談ニて早々申出候様申聞候事

（貼紙）但しまつ喜へ持参いたし候よしお留申居候尤同人ゟ受取置候事

（貼紙）糀屋吉兵衛兄、吉松年三拾弐歳ニ成申候尤

村　八平殿呼ニ遣し、浅七・嘉兵衛両人中宮村五右衛門一件、仲人両人ゟ取候下書相渡し

候事
〃 八ツ半時大坂松屋町、淡路町ノ人、当村津の嘉ノ儀何か尋ニ被参候、尤郡村御支配被扣帰、尤近々引合書差入候積り被申居候事
○ 浅井氏朝飯ゟ被参候而、暮前迄村方名寄高分等相調、尤間違も有之候故一日雇申候、
村 且昼夕共飯出申候事
村内用 米源呼ニ遣し、同人月集又ハ坂伝一件外弐軒ゟも不足丈ケノ所早々持参仕候様催促仕候、且又要助月集ノ儀早々自分持参不仕候へハ、隣組相談いたし組頭ゟ清略持参仕候様申聞候事
村 七ツ半時岡久被参候而、先達而三矢村へ差遣し置候引合書奥書参り候ニ付持参被致、近々出訴仕候よし被相頼居候事
但し答書ノ趣扣置候事
村 七ツ半時禁野村ゟ送りもの岡村へ継申候、尤岡村ニ而受取候へハ受取禁野へ遣し候へ共、岡村次第跡ゟ受取持し遣し候様申候事
但岡村ゟ受取ハ参り候へ共、止宿ニ成ハ宿ちん割合ノ儀申参り、乍去入合なり不申、尤禁野村へ受取遣し候事

一 六月二日 中天 八ッ時夕立有之

村 五ツ半時岡久被参候而、浅井氏も今日ハ坂伝一件ニ而上京被致候よし、且又同人義出訴仕度よし被申居候事
村 橋の宗兵衛呼ニ遣し申候、印形受取、尤忰吉杢義家出届ケ当四月廿八日出ノ届ケニ書付相認、則今日浅井氏外用事ニて上京被致候故序ニ届ケ候様申聞候事
〃 四ツ時浅井氏被参候而、只今ゟ上京被致候ニ付橋宗兵衛一条相頼、尤印形書付共相渡し候事、尤岡久願ハ模様ニ而同人相認被呉候而、茶場ニて為致候而いたし候様被申、付添同人被出候様被申居、且明晩ニハ帰村仕度被申居候事

但し岡久同道ニ而被参候事
尤糀屋吉兵衛方矢人(マヽ)届ヶノ義尋ニ遣し、
未ダ養父ノ方へ参り不申様子、無是非
勝手ニ早々参り候様申聞置候事

村
八ッ過時岡村ゟ持参禁野村彦平殿ゟ廻文、
則赤木御講ノ儀ニ付文面左ノ通り

急廻状を以得御意候、極暑ノ砌ニ御座候
所愈々御勇健可被成御座候条奉賀寿候、
然ハ堤方掛り御講ノ儀ニ付、急々申上度
儀御座候間、右御講通御持参ニて明三日
中飯後早々弥助方へ御出会可被下候、委
細ノ義ハ御出席ノ上可申上候間、無間違
明三日中飯後御出勤可被成下候、此段申
上度早々以上

早々御順達ノ義候以上　禁野村
彦平印

六月二日
岡　村
岡新町村
磯嶋村
渚　村
坂　村
右村々
御役人中

右直様いそしま村へ遣し申候事

村
一　六月三日　晴天
早朝西宮勧化被参候而鳥目三拾弐文相包、
人足壱人と相記遣し候へ共人足ハ出し不申
候事

村
四ッ時芦田氏御出ニ而、岡久銀談ノ儀被申
居、且下いかりや・息子善左衛門両人世話
ニ而三味線引当村へ引込置候、尤善左衛門
宅ニ居候而、若きもの共稽古いたし候よし
いかゝ被相尋、尤右(マヽ)両人ゟ頼出呉候様申居
候故と被申居ケ成差含置候而も可然哉ニ申
居候、乍去浅井氏も相談ノ上と申居候事

〃

八ッ時岡村今西氏被参候ニ付同道ニて天弥方へ参会ニ参り、尤席上田中・坂岡田・磯嶌九兵衛・今西・儀助都合五人ニて、則田中ゟ浜元御講ノ儀御城代ゟ御城番へ被仰付、夫ゟ夫々御沙汰有之よしニ而、大ニ六ッヶ敷様子決而不相成候間、是迄致居候義ハ夫々都合宜敷様致候而相止メ候様とノ事、夫故赤木御講ノ儀も夫々通差戻し呉候様、尤くじ一度も不当方ハ金弐歩余り出候而、一度ニ而も当り候方ハ無之致度、尤下夫々組合ハ承知呉候故と鈴木様ゟノ被仰ニて御座候様被相咄候、夫ニ付席上五人共承知被致候故、当村も同様申居候、且御通失念いたし参り候ニ付同夜お留を以持し遣し、慥ニ田中氏ニ相渡し候よし承知仕候事

但し酒出申候、尤代拾弐、三匁くらひ様存居事尤七ッ時ニ引取候事

内用

北国屋佐助方へ弁当から返し、尤先達而渡置書出し調、書付調被置候哉調候上、当村飯代通ニ認候而早々遣し候様書面津の嘉飛脚遣し候事

村
内用

津の嘉ニ而寅屋まんじゆ印紙三拾枚、ようかん印紙拾枚、ようかん弐匁ノ所弐ッ買調候様、尤代銭三〆二拾文持し遣し候事

村

日の金ゟ同人、八平ゟ塩屋嘉兵衛、浅七喧嘩一件ノ仲人ニて書付村へ差入候故、書付下書とも持参受取候事

但し書付表ハ正月ニいたし置候事

一　六月四日　晴天

村

八ッ時禁野村ゟ送りもの一人付添壱人参り岡村へ継送り申候事

内用

下ノ丁八左衛門ばさん被相果候故父印紙持参ニて悔ニ参り、尤九ッ前時葬式鉄之助立申候事

但し七ッ時ゆら藤八参り、右酒代書出し取ニ参り遣し暮方ニ持参勘定仕候事

村 同夜浅井氏被参候而先夜被帰候よし、尤宗兵衛矢人願ノ義ハ相済候様子、尤書付振り合ハ先ノ通りニて白紙いたし置候故、甚兵衛方ニて紙買相認もらひ相済申候、且三十日尋被仰付日限到り不相知候へハ、別段届ケハ不及よし湯口様御掛りニて被仰候、且又坂伝一件願文押印共持被帰候故拝見仕候事

但奥書御公用留ニ記置候事

村 岡久願筋ハ同人証文失念被致候故、願不仕六日ニ出候様仕置候よし承知仕候、尤明日ハいづれ上京仕候事故、芦田氏相頼候へとも少々病気私と有之候へとも是も同様、尤酒煮故相断申候、同人相頼候事

（貼紙）七ツ時過ゟ酒煮拵候事

村 橋宗兵衛参り今日伊三郎見受候故、被帰候哉、定而相済候哉と礼参り候故、夫ハいまだ同人ニ不合故いかゞ候哉不相分、いづれ合候間其上礼ニ参り（候脱カ）様申聞候事

内用 一 六月五日　晴天

早朝ゟ酒煮仕候、尤中宮村四郎左衛門・惣助・伊兵衛・半兵衛さん・吉助・喜助・長蔵手伝申候事、義助早朝腹痛昼時ゟ手伝申候事

但し藤田氏ニ薬貰申候事

村内用 四ツ時浅井氏被参候故、同人いづれ京行被参候様相頼候而、則岡久方三矢村ノ引合書相渡し、尤暑中見舞相頼渡し候事

但し手帳ニ委細ニ記置候事

尤両村ニて川方へハ別段ノ事

〃 早朝津嘉ゟ印紙触尻三拾、ようかん拾枚ようかん弐棹持帰り受取候事ニて、尤代銭廿九匁ノ所三〆弐拾文遣し候へとも弐拾八文不足故津嘉ゟ相渡候よし承知仕候、夫ハ同人へいまだ不渡候事

内用　尚又浅井氏へ六角菓子屋へ壱朱壱分ノ所買調被呉候様相頼渡し候事

一　六月六日　晴天

村　禁野村ゟ送りもの参り岡村へ遣し候事

内用　四ッ時ゟ母留田へ被参候、尤喜助供ニて七ッ時ニ帰村被致候事

　但しようかん一棹持参被致候事

村　四ッ時岡村長兵衛参り天ノ川橋一件ニ付相談いたし度、尤浅井氏被帰候ヘハ当村ゟ廻文いたしくれ候様相頼越され候、且明七日休日ノ義いかゞ尋ニ参り候故、明半日いたし候様申遣し候事

〃　同夜お留を以橋宗兵衛へ同人矢人一件ハ相済候故、乍去浅井氏ハ留主中故、弐、三日過而礼ニ同人方へ参り候様申遣し候事

明早朝休日昼ゟ半日ノよし申触候事

　但し芦田氏へ相尋候上取計候様申聞候事

〃　守文参り村送り認呉候様頼居候事

内用　手作草取弐遍目相廻り申候事

内用（貼紙）

> 同日八ッ時渡し場舟ゟ上り候而、ちごへの所ニて天神の森ノ人、夫婦并ニ婦人方三人連ニ御座候而、妙見さんへ参詣帰り掛ケ右場所ニて出産いたし小児相果申候、右婦人ふしミおきくさん被参候而世話被致、夫ゟ八平方へかごニて被参滞被致候よし、尤小児ハ直様父親連帰られ候よし粗承知仕候、同夜佐兵衛ニ聞取当村掛り無之候事
>
> 　但し改事ゆへ記置候事

一　六月七日　晴天

村　橋の宗兵衛参り京都一件礼ニ参り、尤浅井氏へハ被帰候ヘハ又々罷出候様申聞候事

〃　昼から半日休仕、尤早朝為触候事

〃　早朝ゟ昼迄新掛樋掛ケ扇藤・なべ治・内ノ吉助・喜助都合四人ニて相掛ケ申候事

内用　八ッ時ゟ義助山ノ上常称寺へ暑中見舞、御

村
内用 院主江州行留主見舞旁々ようかん持参ニて暮前ニ帰村仕候、尤浄行寺殿参り被致候故同道ニて引取申候事

留主中浅井氏被帰候よしニて、同人ゟ岡久一件三矢村ゟノ引合書幷ニふしミわた長書出し、則相頼候六角菓子調帰り被呉候ニ付、持参いたし被呉候故受取置候事

村 常称寺ゟ帰り掛ケ綿伊門ニて浅井氏ニ合一寸挨拶仕候、尚委細ハ明日ニても参り咄合候様申被居候、何分御草臥と申分レ候事

内用 同夜事、頼母子被致候故、お留手伝呉候而なべ治・扇藤・佐長・大利・七兵衛都合五人被参候而四ッ時ニ被引取候事

一 六月八日　晴天

村 四ッ時岡久被参候而昨日暮前ニ帰宅仕候、則願出候処直様ヶ様ノ御差紙ニ相成候と、御差紙三矢村へ相渡候様被仰候而御渡ニ御座候よし、尤封ノ儘拝見仕候、且又今日是ゟ三矢村へ持参仕候様被申居候事

村 守文呼ニ遣し同人娘人別送りノ儀、楠葉村与兵衛方へ縁付候よし聞取相認置候事

〃 同夜岡村中嶌氏暑中見舞、尤石橋一件参会相談ノ義いづれ成共席取極、廻文出し被呉候様相頼置候事

内用 同角野氏へ同断暑中見舞候而いろ〳〵世間咄し抔有之、且同人少々不快とノ事故、随分被厭候様申帰り四ッ時ニ御座候事

〃 土山井路さらへニ而昼ゟ喜助遣し暮過時ニ引取候事

内用
(貼紙)
八ッ時うば、おかう同道ニて、則同人父親送られ候而帰り申候事

一 六月九日　晴天

内用 早朝たば清小児死去仕候、父悔ニ印紙一枚持参、尤四ッ時葬式鉄之助立申候事

但し酒代勘定ノ銭、車ノ庄七持参仕候事

村　四ッ時浅井氏御出ニ而京都ノ始末、暑中見舞夫々届物無滞相渡候由被申、且又岡久願付ノ義、則佐藤様御掛り候而願書上ヶ候へハ直様御差紙御渡しニ成候よし被申居候事

〃　但し先夜岡村中嶌氏へ咄合天ノ川一件廻文、同人ゟ近々被致候間御出勤頼置候事

村　岡村中嶌氏より廻文芦田氏ゟ下佐おしづ持参仕候、文面左ノ通り

以廻文得其意候、甚暑ニ御座候所各様益御勇健ニ可被成御座珍重奉存候、然ハ天ノ川橋一件ニ付御相談申上度候間、明後十一日昼飯早々天ノ川弥助宅へ御参会被下候様奉頼上候、先ハ右ノ段御案内申上候、以廻書　早々以上

六月九日　中嶌太右衛門

今西治郎兵衛様
角野宗三郎様
芦田藤七様
浅井伊三郎様
中嶌儀助様

追啓仕候、両村篤と御舟談申上度候間、無御不参御出勤奉願上候　以上

村　右ノ廻文岡村ゟ出、芦田氏ゟ暮方ニ到来、浅井氏へ同夜持し遣し候事

村　同時中嶌氏ゟ別紙書面添到来、則河六宅ノ様咄合ニ候所間違、断ノ書面野子へ被持遣候事

但しお留ニ聞候ニハ浅井氏ハ右廻文被見候而此方へ被遣候事故、同人方へ遣し不申此方ニ留置候事

同夜お留を以岡村へ虫送りノ儀、明晩ニいたし候よし尋合候様申聞、尤御年寄中へ其沙汰いたし、いづれも承知成ハ明早朝相触候様申聞候事

但し岡村二十四日ニ仕候よし被申候故十四日へ延し申候

内用
村

同夜吉助扇藤へ相談ニ遣し浦井路浚、則先達浚残り人足顔有之、此分柳とみ・天角左衛門・井伊・村のやわた吉・とん市・かせ太且又先達而出申候へ共差当りほしく故、井庄・柴九・扇藤・大利此分弐重成共出申候様申候、乍去此節事成ハ先達不参候分、出不申候へハぜに弐百文ノ積りニて取集候様、右ノよしお留を以一統夫々へ為触候事

一　六月十日

内用

内野井路浚ニて吉助早朝ゟ昼迄出申候、且出申候顔付ハ別紙ニ仕置、同寄ノ中ゟ不参ニて村のや呼ニ遣し候所、何歟不都合ノよし申候故、不相済旨同寄中ゟ申参り、同夜呼ニ遣し相呵り申候、已来心得違無之様と申付候、且又八平同所へ出候節、柳とめ分改り候而出候様申参り、ヶ様ノ事成ハ外ニも厳敷都合能く為触不申よし申立一向不相済、今ハ不申候へとも折ヲ見て申し候と被申、尤同所へ被出候てゟ甚々雑言多く粗承り候而ハ一向聞にくき次第、内吉助ゟ一寸承知仕候、夫ゟ同夜浅井氏頼ニ遣し御出ニ而、亦々荒々承り篤と咄合申候、且先達而出候人足等相調申度候ニ付、扇藤呼ニ遣し候へ共不相分候故、とくと明日ニ而も相調呉られ候様頼置候事

尚又卯兵衛呼ニ遣し今日次第尋申度候へとも後ニ参り候よしニ而、明日昼寝ノ間ニ而成共一寸参り被呉候様頼遣し候事

但し村のや言違ノ義ハ全体夜前ニ申触候所お留忘候故、不触候故同人自分雇人と申し勝手仕事仕居候所、右寄候中ゟ呼ニ遣し、尤不出候へハぜに弐百文相渡候様申遣し候義ニて、左様ノ事ハ不出来、今日ニ今日ノ出候事ハ難出来、尤ぜにハ得不出候故、此方分残し置候ようと申帰り候よし、甚々不相済今日ハ工面難出来候

故、又々出候節ハ急度罷出候様申帰し候へハよろしく所、畢竟言違候義ニて其段申聞候而、一体も気ニ立候事故已来ハ左様ノ言無之様申聞候事

　但委細調ハ別紙ニ記置候事

内実（貼紙）

　　扇藤

柴義様

四月十六日

一、半人　大庄　　一、半人　八右衛門

一、〃　加□　　一、〃　綿吉

一、〃　扇藤　　一、〃　鍋治

一、〃　長兵衛　　一、〃　八平

一、〃　柴九　　一、〃　源七

〆十七日

一、半人　井庄　　一、半人　柴九

一、〃　柴半

〆六月十日

一、半人　角左衛門　　一、半人　八平

一、〃　鍋屋　　一、〃　井庄

一、〃　宗助　　一、〃　卯兵衛

一、〃　下佐

〆内野井路浚　人足出候分

内実（貼紙）

且又同日出候中ニハ八平引頭ニ而、則同人ノ差略不申、外ハ半日故、百文中ニハ五拾文受取都合弐百文取候而、酒肴買候而呑候よし、且又此方酒ハ壱升取ニ井庄の松取ニ参り、是ハ払無之、吉助へよろしく致くれ候様八平言ニて申帰り候事

　全体不分様奉存候

内用　九ッ時ゟ軸もの土用干仕候、其日ニ片付直し申候事

〃　同夜たばこや葬式ノ礼ニ参り候事

一　六月十一日　晴天

内用　早朝留田西田氏へ踏込粕六〆匁取ニ遣し、

尤使吉助書面相添弐朱壱分渡過、百四十九文持帰り、且病人相尋西瓜・袷共持遣し九ツ過時ニ帰村仕候、但し返事参り候事

村内用

四ツ時日金・柴半両人被参候而、常称寺一件取集銭残りノ儀評義と被申候故、是ハ急々立会割合仕候も宜様申居候、尤いつ成共夕方浄行寺へより候様申候へハ、今晩仕候と日金被申同人相頼為触被呉候様仕候事

　但し同夜八平・塩周弐人共村頼母子ニ付談合有之差戻ニ而相止り申候

村天ノ川一件

八ッ過時ゟ岡村役中三人被参、当村芦田氏・浅井氏被参候故、同道ニて都合六人天弥宅へ参り天ノ川石橋一件いかゞ仕候哉咄合候所、先ツ右体六ッヶ敷、御役所ニて毎々御渡仕候義有之、甚々困り入先日岡中嶌へ御掛り相沢様ゟいかゞ候哉、出来不申候へハ又々積合江戸表へも願□申し遣し方も有之よし被仰候故、其言筋ニて今日ノ評義可相成事成ハ願止メ少々物入候而も止り候様、若左も難出来候へハ迚も願ノ通りハ不及申、往還筋ハ難出来仮橋ノ所ニて只今ノ通りニ少し見増シノ位ニいたし度、夫ゟハ月普請成ハとても出来不申旨打割分ケ御内談ニ御内宅へ参り申度、且夫とても六ツヶ敷候へハ幾へにも袖にすかり難渋申立候積り決談仕候、尤上京ノ義ハ岡村中嶌近々野子方へ被参候様被申居、此方ゟも参り候様申居候事ニて酒飯有之、尤暮過ゟ両村歩行弐人参り申候、此ものへも酒有之同夜四ツ時前ニ引取候事

同席ニて岡中嶌氏今日内野井路浚ニ而銭取集候義大ニ世話ノよし、全体是迄ヶ様ノ義無之よし嫁ことり承り、乍去是ニ而少々相調居候義ニて先つ不申ニ置被下候様頼居候事

同断ニ而明日新田井路浚地掛りノもの内

ニて岡村弐人、当村弐人高役ニいたし出候
様申使談決し候故、長兵衛も岡村ゟ被申付、
佐兵衛も申付置候事

内実
（貼紙）
同日八平ゟ被申出候而扇藤へ相談候義、其
上同人ゟお留を以て新田井路さらへ出合候
様申触られ候、明日十二日一寸義助承り候
ニ付記置候事

内用　中宮村与兵衛四ッ時ゟ飯出候而八ッ時迄父
立合勘定いたし相調候而引取候事

内用　四ッ時三矢浄念寺暑中見舞ニ参り候事
同夜守口浄行寺ノ送り持参仕置候事
同日扇藤ゟ昨夜頼置候先達而出候井路浚人
足願付ノ書付持し遣し受取候事、尤昨日ノ
所へはり置候

一　六月十二日　晴天

内用　五ッ時いかゞ誓願寺暑中見舞ニ被参候事
〃　岡村へ羽織間違有之候ニ付持し遣し、且昨
夜御苦労ノよし申聞候事

村　浅井氏へ同様ニ而宗兵衛印形取ニ遣し、且
又糀元ニて吉杢ノ儀清略申聞候而いかゝ相
尋遣し、浅井氏留主中にて不相分、糀屋ハ
十四日ニ吉兵衛養父より帰り候よし申参り
候ニ付、左候へハ御村方へ参り候様仕度候
事

村　九ッ時講元浅井氏ゟ宗兵衛印形持参仕候、
且又新田井路浚ハ岡村弐人、新町五人都合
七人ニて当村出過ノ所ハ追而差引候様被申
越候事

村　橋宗兵衛呼ニ遣し、印形渡し三十日切尋被
仰付候よし申聞、尚又浅井氏へ同人礼ニ参
り候哉相尋候所、今日出候様申居候、又々
上京都而入用ハいかゝ候哉書付相頼居候事

村　九ッ時岡村ゟ御番所川方御触弐通到来禁野
村へ遣し、尤飛脚ちん六拾四文岡村へ渡し
候故、当村へ六拾弐文取申候、別帳ニ御触

留置候事

〃 守文呼ニ遣し浄行寺送り書同寺印形此方ニ有之候故、此方ニ而押、尤村送り先日認置候ニ付弐通共相渡し候事
　但し守文娘つじ年廿一才ノものノ送りなり

〃 九ッ半時尾州賛田宿住吉様ノ勧化并ニ燈篭勧化ニ壱人参り、帳面弐冊ニ弐拾文仕候事

〃 同熊野権現様ノ勧化壱人、帳面壱冊拾文記帳仕候事

〃 三川の若宮八幡宮勧化并ニ燈篭勧化ニ一人参り、帳面弐冊ニて弐拾文記帳仕候事

〃 九ッ半時ゟ川方御与力衆ゟ御触ニ而、同断同心衆迄広瀬泊りニ而御越、尤大坂ゟ御越し故、当村八ッ時ニ相成、当村まつ吉役人代ニ差出し申候事
　但し岡村尋合候所役人代取計也、尤少々不快故義助代人仕候事

内用 八ッ半時京都ゟさぬき黙雷子被参候而常称寺へ被参候所留主中故、此方へ御越野子留主中ニて浄行寺へ参り居候様被申、其夜暮早々義助相尋候所御待合ニ而、同道ニて此方へ連帰り一宿為致候、尤少々用談有之右仕合、明十三日早朝ゟ中振村安養寺方へ用事有之、其方へ参り夫ゟ上京仕候様被申候而此方被出相分レ申候事

内用 山ノ上一件 同夜山ノ上常称寺行一件ニ付寄合、尤月門徒丈ニて割合ノ義談合割方付申候、且日金・柴半ゟ寄合被触候而如斯、尤四ッ時ニ引取申候事

一　六月十三日　雨天　前夜から雨降、朝止　有之五ッ半時ゟ雨降る

内用 酒煮仕候、手伝義助・半兵衛・惣助・伊兵衛・喜助・吉助・長蔵都合六人ニて半兵衛五ッ時より手伝被呉候事
　但し桶弐本焼、九ッ時ニ相片付申候事

〃　朝五ッ時黙雷子被帰候、尤中振へ被参暮方ゟ京都へ被引取候事なり、昨日ノ所ニ委細記置候事

村　同夜お留参り岡村ゟ明十四日休日ノ儀、尚又虫送りノ義いかゞ申参り候ニ付、承知ノ旨申候而年寄中へ申遣し、両村同様ニ明十四日ノよし田の虫送り申触候事

一　六月十四日　曇天　四ッ時雨降る

村　一日休日ノ事

〃　九ッ時八平宅ニて村名目ノ頼母子相勤り申候、尤父被参七ッ前時ニ被引取候事

〃　暮方ゟ田の虫送り松明持参ニ而吉助参り、尤氏神前ニて火付候而持手作地へ相廻り申候、且太鞁(鼓)ハ出不申、半鐘而已出候而初夜前ニ相片付申候事

内用　同夜三矢村本陣方にて生花ノ会有之、尤交野連中寄合、外伏見・大坂夫々先生方も交り有之よしニ而、半兵衛殿同道ニて初夜時参り直様同時過ニ帰宅仕候事

〃　同夜天ノ川中谷氏方ニ狂言有之よし承り候へ共参り不申候事

一　六月十五日　雨天

内用　村用無之事
草取手伝中宮村四郎左衛門壱人、朝ゟ暮迄参り候事

一　六月十六日　雨天

村　九ッ半時糀屋おそハ参り、同人息子元忢義ニ付、先日養父村ノ方へ十四日ニハ参り候様申参り候旨御答申置候へ共、今以参り不申故今日参り吉兵衛ニ合帰り申候、尤同人義一向難出故相断候而相頼入候様、且矢人ノ義被成下候様とノ儀、おそハ使ニ而参り候故先ツ承知致候、別段登り候も如何敷、席(序)有之候へハ其節無之ハ別段ニも上京可致候故、両三日見合各々様申聞候、尤吉兵衛印形おそハ持参故、且吉兵衛ニも村方へ預

ヶ置候様頼居有之故、此方へ受取置申候事
内用　草取手伝中宮村利平次壱人朝ゟ暮迄参り候事

一　六月十七日　晴天　暑半夏敷

村　四ッ時中宮村拾四郎被参候而、当村枩喜ゟ右村儀右衛門相手取引合書奥書被致候而持参、尤右一件いづれニ対談仕度よし、且まつ喜方へ利解被相頼候ニ付、同人心服如何候と相尋候所、弐拾〆文四ッわりニて壱分まつニ損させ残三人ニて割済ノ様被申、最一段不都合申聞、乍去同人ゟ夫々へ直々ニ引合被申候様申聞、下三矢村へ被参候、まつ喜呼ニ遣し相尋候所、しま存□ノ内ニも度々掛合候義ニて、且いづれとも下済仕度申し、左候へハ損引何程と決着聞候所、拾五〆文位残りハ損いたし、夫ゟハ一文も出来不申よし申し、畢竟ハ此方ノ心得ニて聞申候、乍去中宮村も六ツヶ敷様子ニて厚く了簡いたし候様申聞申候、且七ッ時拾四郎下ゟ夫々へ参り引合仕候、まつ喜方へ寄り今、金壱両ニて済しくれ候様申候へとも頓着不仕よしニて引取候故、よろしく頼入候様被申、乍去余りノ事故、此方ゟも申聞方無之様申候、いづれニ出情被致候様申聞置候事

　但し引合書ノ奥書引合書留ニ記置候事

村　七ッ時岡村ゟ送り病人壱人参り禁野村へ継申候事

村　お留麦給米ノ儀寄呉候様相頼申候、尤席(序)ノ義如何候と申候故、いつも浅井氏殿此義如何ニ致候哉相尋置候様申聞置候事

村　同夜岡村中嶌氏被参候而、先日参会仕候右天ノ川一件ニ付、川方出候義同村ニも嶋半一義相片付候故、明後十九日上京故如何いたし候哉被相尋候ニ付、得と親父共も相談いたし明日御返事仕候様申置候事

村　内実

同夜大豆卯兵衛呼ニ遣し、先日内野井路浚ノ節ノ何か様子承り、尤八平ノ仕義承り候所委細別紙ニ記置候、且いつれも速々ニて已来ハ其最寄〳〵ニて地掛りニて出候様取計呉候様相頼居候故、左も不仕候い而ハ難義ノ由申談し居候事

村

同家藤八参り、同人頼母子ノ儀此方落尻勘定甚々延引申方無之よし、夫ニ付後講右ノ顔ニて相頼候而夫ニ而勘定仕度旨、左候へハ加入いたしくれ候様申し頼居候故、父へ相咄置候様申聞候、且又夫ニ付元来ハ六〆文と申もの、向佐右衛門不参ニて右様ニ成、いよ〳〵後講相頼候上ハ佐右衛門ゟ同人方へ六〆文ノ変りニ何成共相渡くれ候様取計相頼居候、併是ハ随分申聞遣し候へども先ツ其方ニて何丈ケ掛合、其上組頭へ相頼而不相成、其上此方へ申出候様いたし候と申聞ケ遣置候事

（挟込）

聞取書

此方吉助早朝ゟ出置候所、外夫々ハ四ッ時残ニて八平殿も同様ニて暫く仕事仕候所、八平殿いつれやら被参候而其間不見、夫ゟ卯兵衛・村のやノ義、其外不都合ノ義ニ付此方へ尋ニ参り、父ゟ先ツ仕事ハいたし置候様被申候故、夫ゟ不参ノ分ヲ不構仕事仕候、仕舞候而其所へ八平殿又々被参、夫ゟ此方ノ不足、且ハ夫々ぜに集いろ〳〵差略被致候よし、其外全体ノ不相分義ハ十日ノ所ノ内吉助ゟ聞取候義も同様ニて御座候よし承知仕候事

一　六月十八日　晴天　暑半夏敷八ッ時夕立有之、夫ゟ清よく成

村　九ッ時岡中嶌氏へ上京ノ儀、断ノ書面同人息子天ノ川中谷ゟ被帰候ニ事伝遣し候事

〃　八ッ時禁野村ゟ送りもの参り岡村へ継申候

事

一　六月十九日　　晴天　　暑厳敷　四ッ時土用明

内用　早朝ゟ留田西田氏へ参り暮方ニ引取申候事
　但し年寄二軒其趣申遣し留主頼置候事

〃　同夜禁野江戸屋四平ゟ当用書入ノ箱弐ッ使ニて持参、尤書付参り候故ぜに壱〆文相渡、尤受取書使ゟ取置候事
　但し村御用向無之事

一　六月廿日　　晴天　　八ッ時ニ夕立有之

村　早朝中宮村拾四郎・同村儀左衛門、当村まつ喜より引合一件ニ付被参候而、八〆文位ノ処同人へ掛合仕らむよし被申、尤同人方へ被参候而掛合被致候へ共迚も咄ニ不成、又々此方へ帰り被寄候而其よし相咄、左候へハ致方無之、出願為致候より外無之よし申居候事

村　四ッ時まつ喜被参候而三矢村ゟノ引合書、奥書答、尤岡村同断弐通共持参受取置候、且又対談付不申故、出願今昼七ツ頃ゟ出坂仕度旨、尤願文趣意認方被尋候故差図いたし遣し候処、八ッ時持参被致候而奥印仕候

村　跡へ同人方ゟ使ニて取ニ参り相渡候事
　但し用達ノ方へ右ノよし相咄し候様申聞、且願文別帳ニ扣置候へ共利足滞、何迄ノ書付無之、此義心得被置候様心添遣し候事

（貼紙）
七月四日　九右衛門磯嶌村五人へ相越候引合書、六月廿日ニ認遣し有之、委細七月四日ニ記有之候事

内用　同日朝飯ゟ中宮村四郎左衛門草取手伝暮方ニ引取候事

〃　手作草取三番目相廻り仕舞上ケ草ニ而相片付申候事

一　六月廿一日　　晴天

内用　早朝ゟ酒煮いたし、手伝伊兵衛・惣助・喜
助・吉助・長蔵・義助手伝申候、九ッ過時
ニ相片付、尤桶弐本焼おり焼置候事

村　七ッ半時番所様ゟ上宿割増し御触到来、但
し村名書箱共受取人足ちん七拾文相渡申候
事　尤寝屋村渡し

〃　御触書ハ上宿馬入川ノ賃銭割ましニて、則
当村義助・藤七・浄行寺三判受印仕候而同
夜岡村へ持し遣し候事

内用　前しま狭間氏八ッ時ゟ被参候而七ッ半時ニ
引取られ、且時候見舞被呉候事

村　同夜浅井氏被参候而見舞被呉候、且岡久一
件願文如何成候哉、此義相尋持し被遣候様
頼置候、尤忝喜ハ出願為致候よし申聞居候、
外世間咄有之候事
　但橋宗兵衛矢人願ノ入用小遣等相尋候所、
五匁取呉候様被申居、夫ニてよろしくよ
し被申居候事

一　六月廿二日　晴天

村　八ッ時禁野村ゟ送りもの参り岡村へ継申候
事

村　八ッ半時常蔵参り、則品申合□一件尻勘定
弐朱壱分持参ニ而、尤父九右衛門掛りニ付
同人勘定被致過せん被相渡候事

内用 山ノ上一件　同夜半兵衛殿門ニ而、則塩周・日金・半兵
衛・義助寄候ニ付、常称寺一件尻ノ咄し出
候故談合候事

一　六月廿三日　晴天

村　早朝岡村長兵衛、作兵衛方迄参り、明廿四
日休一日候よし申来り候故、お留参り当村
も同様可然様申候而、尤年寄中弐軒へ相尋
候而相触候様申聞、同七ッ時ニ相触居候事

内用　四ッ時芦田氏被参候而世間咄而已有之候、
且又同夜浄瑠理稽古さらへ有之よし承知仕
候、但席ハ米源方ノ様聞取候事

村　送りもの九ッ過時病人壱人岡村ゟ参り、尤

当村ニてめし為食禁野村へ継申候、且又八
ッ時送りものニて岡村ゟおかげ参り仕度丈
壱疋、尤ぜに三百弐拾九文付添有之、同村
ゟ受取ノ通り禁野村へ継申候事

内用

同夜亀定方逮夜有之義助参詣仕候事

村

同夜八ッ時守口町諸口村ゟノ廻文、尚又守
口町下嶋頭村ゟノ廻文弐通到来文面左ノ通
尚々右躰日限七月三日頃ニ御座候
以廻状得御意候、残暑甚敷御座候所各々様
方愈々安全ノ由珍重奉存候、然ハ柏原様御
講ノ儀、当会ハ京都ニ而御勤被成候ニ付、
最寄組々暑サノ時分ニ付惣代ニ而上京出勤

村

いたし呉候様、昨日湯口様ゟ御相談ニ御座
候間此段申上候、尤本廻状近々勘定元ゟ相
廻り候間是又御承知可被下候、夫ニ付最寄ニ
而御上京ハ人数御取極置可被下候、尤不参
料御座候、書外御咄も御座候へ共近々御面
会ノ上可申上候、先ハ如此　早々以上

六月廿二日　諸口　三郎平
守口　弥兵衛

新町村
岡　村
三矢村
泥町村
牧方村
走谷(井)村
田中村
対馬江村
仁和寺村
右村々御庄屋中様

以廻状得御意候、残暑甚敷御座候処各々様
方愈々御安全ノ由珍重奉存候、然ハ茨田郡
中割来廿六日川藤方ニて仕度候間、乍御苦
労早朝ゟ御出勤可被下候
右御案内如此　早々以上

六月廿二日　守口町
新町村　下嶋頭村

（対馬江村
仁和寺村）
　右両村ニて御壱人御出勤
右ハ当村人足ノもの守口ゟ帰りニ持帰り申
候事
一　六月廿四日　晴天
一日休日ノ事
五ツ半時守口諸口ゟノ廻文并ニ守口下嶋頭
ゟノ廻文ニ相添廻文致し文面左ノ通り
　添書を以得御意候、残暑甚敷御座候所弥
御安全御勤役可被成改賀奉存候、然ハ昨
夜中ニ守口、諸口両名ニて右様ノ廻文到
来、則早々相廻し候間御覧御承知可被成
候、且又守口、嶋頭ゟ郡中わり勘定ノ儀
ニ付別紙ノ通り申参り、是又相廻候間、
御覧ノ上乍御苦労日限ニ御出勤可被成下
候、若御差支ニ御座候へハ当村ゟ罷出候
哉、御村々答ノ段、否御村下へ御越出可

村

被下候
先ハ右申上度如斯御座候　早々以上
六月廿四日　岡新町村
　岡村　儀助
三矢村
泥町村
牧方村　当村ゟ参り候と申来り
走谷村　申候
田井村
右村々
　御役人中様
尚々右廻文延引ノ事故、早々御順達可被
下候、且又郡中わり勘定席ハ御講一条咄
合も御座候へハ、いづれ御出勤可被下候、
尤御出勤被下候へハ立会わり帳御扣帰り
被下度御頼可申上候以上
右ノ通り相認相添候而岡村へ遣し、外廻文
遣し受取取置申候事

〃 同夜四ッ時牧方村ゟ書面ニ而大坂郡中わり
出勤ハ同人被致候よし被申遣候故、此方ゟ
御苦労ノ儀申遣し、尚又昨冬勘定帳相渡候、
尤川筋方利銀差加り有之義、得と御引合ノ
上当勘定ニハ為御引被下候様頼遣し、且又
立会帳面一、二扣被帰候様申遣し返書仕候
事

　但し御上ニて此帳面御持参被下候而、相
　済次第此方へ御戻し可被下候様申候事

内用 大工磯嶋与三兵衛親子弐人、尤息子昼迄ニ
而与三兵衛壱人相働、且はしり元みせ仕候
事

内用山ノ上一件 同夜浄行寺ニて常称寺一条尻勘定ノ相談有
之、此義内実ニて半兵衛殿ゟ此方共不参候
方よろしく様一寸承知仕候、表通りハ触来
り候へ共不参、半兵衛殿も同様御座候事

〃 明廿五日酒煮仕候事、拵七ッ過時ゟ仕置候
事

禁野村ゟ送りもの参り候ニ付岡村へ継申候
所、延引候故と宿賃三矢村ノ模様ニ組合く
れ候様申参候事

一　六月廿五日　　晴天

内 早朝ゟ酒煮仕候、暮迄桶四本焼申候、手伝
伊兵衛・惣助・喜助・吉助・長蔵・中宮市
杢・義助〆七人

（貼紙）
中宮村市松一日相働申候而暮過ゟ帰り申候事

村 四ッ時いづゝ屋伝左衛門門ニて行倒病人出
来候而、尤其所迄下ゟ参り打こけ其儘無言
□、答一切無之候よし伝左衛門申参り候ニ
付、直様佐兵衛呼ニ遣、今堀頼ニ遣し直様
義助其所へ参り得と身受候所へ今堀被参候
而、全自病ニ有之くわくらんニ而ハ無之よ
し薬壱貼遣し候故、取ニ遣し候様被申候而
被帰、追而佐兵衛ニ取ニ遣し、且年寄中弐

軒へ其段申遣し又助へ同様申遣し候所、双方共不参候内、病人弐本松下へ連行候而だら介為呑候所、腹差開キ候様子ニて追々言有之安心仕候、然ル所何斯聞糺候所、芸州ノものニて委細所ハ別紙ニ記置候へとも伊勢参宮いたし連五、六人ニて勢州わづらひ候所つれ皆々帰り壱人ニ成候よし、尤大和ゟ京都へ参り六条前米屋喜兵衛方知べニて其方へ便り少々相頼而、夫ゟ大坂へ出舟ニて帰村仕度よし申居候、夫ゟ引取候所へ、尚又年寄中被参候而其義相咄し候へハ其儘ニ而場所へ不被参候、尤下へ廻文ノ義相談仕候へ共夫ニも不及よし被申居候、尚又助参り其段委細ニ申聞介抱仕候様申聞候事

　但し薬為呑候而其上くう腹成ハめし為食候様　申聞置候事

（貼紙）

城下柳町

村

村

芸州沼田郡　江葉村

　源蔵　悴

　　長蔵

右ノよし申居聞取候事

同時過時又助参り、只今御使ニ而早速罷出候筈ニ候へとも、三矢村ゟ御使ニ而其方へ参り居候よし相断居候、則病人方へ身受来り候所、追々よろしく候而立候よし申居候、且薬為呑候而其上くう腹故めし為食四ぜん長浜屋ニ而取し候、且又茶わん壱ツ桶屋ニ而取し遣し、尤代拾六文ニ御座候よし申居候事

　但、又助当月渡し方せんノ儀、晦日ニ出候筈ニ候へ共相渡しくれ候様相頼居候故、後程取ニ参り候様申聞置候事

下佐参り候故、年寄中弐軒へ病人為立候よし申入候様申聞候事

村　又助ゟ月渡しノ銭取参り父ゟ被相渡候、尤
　　壱〆五百文受取取被置候事
〃　昨朝廻文今暮方ニ返り申候、尤岡村ゟ長兵
　　衛持参仕候事
内用　大工与三兵衛親子両人一日相働、尤向のは
　　しり先仕候事
　　　但平五郎方ノ仕事ニ御座候事
一　六月廿六日　　晴天
村　柏原講勘定元ゟ廻文八ッ時ニ到来、書面左
　　ノ通り
　　　尚々右遠方ノ義、別而暑時分ニ御座候へ
　　ハ御銘々様能々御出京も御苦労至極、御
　　気ノ毒ニ奉存候間被仰入候御惣代ニて御
　　出京可被下候、且御惣代ハ人数御書しる
　　し可被下候以上
　　御廻状得貴意候、残□御座候所各様弥御
　　安康ニ被成御座候珍重儀奉存候、然ハ年
　　賦調達銀来月三日於京都三本木、須木(杉カ)
　　村ゟ互ニ壱月相勤候間、乍御苦労同日正
　　八ッ時御掛銀御持参御出席可被下候、右
　　為御案内如斯ニ御座候以上
　　　　寅六月　　　　　　柏原勘定元

南寺方　甚七様　　　　守口　弥兵衛様
新田村惣代ニて頼置候　　下拙壱人上京いたし候
壱番　利兵衛様　　　　二番　木平様
　　　　　　　　　　　門真庄ハ四番村参り申候
三番　五兵衛様　　　　四番　弥左衛門様
新田村惣代ニ頼置候
対馬江　市左衛門様　　仁和寺村　吉兵衛様
走谷　瀧五郎様　　　　田井　米蔵様

当村ノ儀ハ何れ組合申合、惣代ニて上京可仕候、何分人数ノ義ハ跡ゟ可申上候　　壱人参り申候　　村

泥町
喜右衛門様　　三矢
仁兵衛様

牧方
吉右衛門様　　岡
太右衛門様

当村ノ儀ハ組合申合、惣代ニ而出京仕候　　当村ノ義ハ組合申合、惣代ニ而出京仕候　　内用

岡新町
九右衛門様　　村

当村ノ義右同様惣代ニて出京仕候

次第不同御免御取寄候御順達可被下
候

右ノ通り書記遣し候事

村

一　六月廿七日　晴天
早朝明後廿九日月集掛切候様為申触候、且
又まつ利・まつ喜・宗兵衛三軒相済残り為
触候事

同まつ喜被参候而、中宮村弥左衛門・岡、
桶捨・三矢、小利右三人相手取候御印書昨
廿六日早朝ニ出候よし、先日廿一日ノ訴訟
ニ付候而昨夜舟ニて帰村仕候、且御印訴状
拝見致候而中宮村へ同人持参り、尤中宮村
ゟ年寄四郎兵衛仮受取書取置候事
四ッ時岡の角野氏時節見舞被呉候而、世間
咄し有之九ッ前ニ帰られ候事
八ッ過時三矢村ゟ柏原様御講ノ儀ニ付、廻
文到来左ノ通り
以廻章得御意候、残暑甚敷御座候所弥御
勇健御勤役可被成珍重奉存候、然ハ柏原
様御講此度ハ京都ニ而来月三日相勤り候
ニ付、残暑ノ節御座候故組合惣代ニ而出
京いたし呉候様廻状到来いたし候ニ付、
乍御苦労御出勤可被成下候、若御差支も
御座候へハ来月三日ニ当村ゟ御用席御座
候ニ付、惣代ニて罷出候哉、御村々御答

ノ段否哉、御村下へ御越書可被下候、先
ハ右申上度如斯ニ御座候已上

寅六月廿七日　　三矢村
　　　　　　　　　八郎兵衛

岡村　当村ノ儀、何れ様成共御上京ノ御方
　　　御頼申積りニ御座候間可然奉頼上候

岡新町村　当村ノ儀、右同様ニ而貴村御出勤
　　　　　ニ被成候へハ可然頼申上候以上

牧方村
泥町村
走谷村
右村々
　　御役人中

右廻文直様牧方村へ持し遣し候事
村
牧方村ゟ御講一件廻文、尤大坂ゟ帰村被致
候故、其趣廻文左ノ通り
　廻状を以得貴意候、残暑甚敷御座候所
　弥々御安康ニ御勤役被成御座珍重ニ奉存
　候、夫ニ付御講一件ノ儀、来月三日京都
村
ニて相勤り、則廻状も到来、且又三矢村
ゟも御廻状ニ御座候へ共、大坂郡中ニて
相談も有之候へハ何角と一応御談申上度
奉存候ニ付、今夕馬借所御勤役可被下候
其節委細申上候以上

六月廿七日　　牧方村
　　　　　　　　吉右衛門

新町村
岡村
泥町村
三矢村
　　御役人中

一啓申上候、下拙も只今帰村致候所へ三
矢村ゟノ廻文到来拝見仕候是又岡新町村
共申上度義有之候故、何卒〳〵中嶌儀助
様今夕御出席被下、此段御願申上候
暮方右到来岡村へ遣し申候事
同夜馬借所へ出勤仕候所、牧方村郡中席ニ

て咄合御講ノ儀、右様三本木ニて相勤候様
廻文到来候へ共、則大坂へハ湯口様御出役
ニて夫へ郡中席上ゟ段々申上候而、御講ハ
不相勤様ニ相成申候、尤掛銀ハ大坂夫々掛
置候掛〻り（マヽ）、京都掛置候掛候哉、則京都
へ掛候様、尤三矢村其頃ニハいづれ出勤被
致候間、銀掛出勤相頼候様五ヶ村分相決、
其趣田井・走谷村へも牧方村ゟ同席ニて廻
文相認翌日遣し候様相頼、尤野子相認、尤
大坂多田篤へも右京都へ仕候義書面同様取
計、尤是ハ同夜差遣し被申候事
郡中わり帳摂河当年ハ無之よし、茨田斗り
写被帰候ニ付、野子かり帰り申候事
村
江戸御廻米一条当組合五ヶ村分不足ノ義、
年寄中へ咄合候義同断席ニて咄有之よしニ
而相頼被居候事
村
（貼紙）
組合勘定ノ儀、七月一日ニ仕候様相決申候、

尤田井・走谷村の方へも書面ニ申遣し候事

右ニ而四ッ半時引取、下佐岡村河六辺迄迎
ニ参り同道ニて帰り申候事
内用
同夜夜中半時留田村西田氏ゟ人足弐人参り、
病人出来甚々あしくよし申参り、直様義
助・吉助召連候而参り、渡し場ニて又々同
断人足弐人参り相果候よし申参り夫ゟ先方
へ夜明ケニ参り、跡ゟ母・うば・おかうつ
れかごニ而被参、是ハ直様被引取、尚又当
村日金・八平・日善供源七四人参られ、明
廿九日ハ卯ノ日ノよしいかゞ仕候哉相談候
上委細先方へ□仕候而、外衆中同道
ニて明廿八日四ッ時引取候事
内用
一　六月廿八日　晴天
留田村ゟ母外ノもの五ッ過時ニ引取申候、
義助何歟今晩仏引取手筈仕、尚又外日金・
八平・日善右三人ハ内ニて父心配被致候故

参り候由、且又明廿九日ハ卯ノ日故いづれ
明七ッ時ニ仕候内ニハ積り仕居候、尤明八ッ時触親類へハ申遣し置候よし被咄、夫ゟ夫々衆々と同道ニて引取申候、四ッ過時ニ帰宅仕候事

但し留主中ゟ村中外夫々一統ニ罷寄られ候て、夫々手工面親類夫々へも廻文致被呉候而、相片付有之候故今晩引取候積り、且明日ノ積りニ相成り申候事

〃　岡村角野氏悔ニ参り被呉候故、其上明廿九日皆月故一日休ハいかゞ被相咄、尤ノ旨ニて両村同様仕候様談申候、尤当村年寄中も聞被居候故年寄中ゟ為触呉られ候事

〃　同日七ッ時ゟ仏迎ノ人仕立候而、浅井氏・半兵衛殿両人ニ人足ハ長兵衛・浅七・与八・惣八都合六人遣し、尤外ニ町並同軒入交ニて弐拾四、五人計りも迎ニ参り被呉候而、初夜半時ニ此方へ引取申候、尤先方ゟ母さん・喜兵衛さん・庄兵衛・おやじのばさんニ下女外ニ人足おやじ外ニ弐人都合八人被送、尤母さんかごニて人足ハ其方ニて参り、尤同夜喜兵衛さん外夫々ハ被帰、母さん下女にばさんハ残られ候事

但し同夜仏番ハ布やおそよどん・おもんさん・とん田母さん・とん田ばさん・迎のおばさん五人へ相頼置候事明引続同断

早朝五ッ時山ノ上常称寺御院主留主中故、隠居さん悔ニ被出葬式例咄合有之候事

村

（貼紙）

> 四ッ時芦田氏被参候而、今朝牧方村ゟ又助一義ニ付廻文到来、則今晩馬借ニて寄合よし申参り候趣、乍去取込居候故、相咄ハ不申両人ノ内参り候積りと相咄被申相頼居候所へ、岡中嶌氏悔ニ被参候而、今晩又助一条参会ノ儀被申、尚又明後朔日ニハ組合勘定ニ候へハ、是等相談ノ上相延し候哉被相

尋呉、可相成事ニ候へハ可然と相頼、且今
晩又助一件咄合も当村ハ不参候間、外同様
と奉存候間、是又可然様相頼置候事

一　六月廿九日　晴天

村　早朝ゟ一日休ニ御座候事

内用　早朝山ノ上常称寺御院主悔ニ被参、御かみ
そりいたし被下候、其上とん田ゟ諷経ニ本
照寺代人被立候よし申上置候、尤同勢拾壱
人ノ旨咄置候、且葬式都而隠居御頼置候通
申上候、直様被引取候事
早朝ゟ葬式ニ相掛り居候而、則とん田本照
寺ノ諷経宿坊引合彼是差縺、いろ〳〵掛合
不行届とん田本照寺代人被申候通、先例と
相成当日相済申候、乍去宿坊被申候ニハ
甚々先方強引合ノ様被申候へとも全左様ニ
も不被存、宿坊ノ方不相分様存居候、尤宿
坊承知ニハ無之候へとも、とん田ゟ不(カ)聞(カ)諷
経上席ニて、尤諷経計りノ儀ニて直様被引
取候、且葬式刻限ニ相成引合不積内葬式仕
候所如斯仕義ニ御座候、尤葬式七ッ時ニ仕
候事
　但し葬式諸扣へ別帳ニ記有之候事

内用　四ッ時山ノ上又助弟子参り候ニ付、父ゟ
甚々不相済不埒ノ段大ニ被叱、全体早々手
伝ニ参り申候所、ヶ様延引得と被申聞立腹
被致候、左様心底成ハ已来其方義ハ不構様
被申候事
　但し右様候へとも延引丈ヶ被叱、夫ゟ一
日手伝申候、尚又助外中宮村藤七ノ息子
両人ニて葬式ノ先払仕候事

村　岡村中嶌氏御出ニて、先夜参会ノ模様ハ又
助一条同人当節ハ小頭成候而甚々手元六ッ
ヶ敷故、何分飯代引当ニて村々ニて拝借申
出候、尤村々割方当村弐歩弐朱かし渡呉候
様被申居候、右席上ニて相決申候よし、且

又明日組合勘定ノ儀延し候義難出来五ヶ村
被申候よし、尤延し候而も私出勤成ハ格別
延し候而も不参成ハ、延しかだく候様席上
ニて申居候よし承知仕候、何分御苦労ノ至
りと礼申居候事

村　同夜四ッ時御役所御停止ノ御触岡村ゟ到来、
則年寄中被受取候而、尤受取書被遣候、夫
ゟ拝見仕候刻付ニ候へ共其よ留置候事
但し組合勘定ノ儀いよ〳〵明日ニ候間、
御両所ノ内と年寄中へ相頼置候事

一　七月朔日　晴天

村　早朝佐吉東大寺村へ御停止御触持し遣し、
九ツ時ニ帰村仕候、尤受取書取置候事

村　早朝ゟ組合勘定故年寄中付出無之哉、尚又
歩行佐兵衛へも相尋其上此方書出候而、夫
ゟ年寄中両所相頼置候、九ッ時ゟ浅井氏参
り被呉候事

内用　四ッ時過ニ留田ゟ母さん迎ニ参り候へとも
骨ひらひ故為待置候、暮方ゟ被引取且下女
共如斯御座候事

〃　早朝ゟ半兵衛殿・喜右衛門殿・義助・親父
さん立会御布施其外夫々へ諸勘定仕候事

〃　其夜村中一体ニ礼ニ参り候儀、組頭ノ分幷
ニ近隣者義助直々参り、其余ハ伊兵衛・吉
助両人差遣し申候事

村　四ッ時早朝東大寺村へ差遣し候御触戌中刻
岡村ゟ到来、当村ハ亥上刻拝見仕候趣受印
仕置候、夫ニて遣し候所組合立会席ゟ当村

村　村

出勤人呼ニ参り、御触牧方村ハ不参候よし
申被越、甚々夫ゟ心配仕候、乍去此方ノ不
調法成共組合一体ノ義故と申居候、且郡中
勘定帳并ニ走谷組合帳共三矢村歩行へ相渡
遣し浅井氏ニ相頼置候、尤夫々帳面持帰り
被呉候様、尤付出書付ハ同人へ相頼渡候事
早朝ゟ停止、普請三日鳴物ハ七日、尤七日
ノ間決而不相成旨村中へ為触置候事

一　七月二日　晴天

牧方村ゟ右御触到来不申段咄合ニ成候ニ付、
則到来仕候よし、廻文被致左ノ通り

急廻状を以得御意候、寔ニ昨日ハ御苦労
ニ奉存候、夫ニ付御停上(止)候触口状ノ義、
夜前丑上刻迄ニ摂州東成郡別所村ゟ到来
致候故、直様谷川へ尋人足差迎ニ遣し候
故、此段御承知可被下候何れも御村々様
御安心可被下候以上

七月二日　　牧方村
吉右衛門

泥町村
三矢村
岡　村
新町村
御役人中

村　村

右ノ通り廻文到来披見仕候故安心仕候
芦田氏御出ニて又助ハ出坂仕候へ共、弟子
并ニ山ノ上番人付添候而此方へノ所段々相
済仕候、夫ニ付右割合ノ銀子御渡し被下候
様、偏ニ頼居候旨被相咄、夫ニ付割方ノ銀
子当村分弐歩弐朱芦田氏相渡候、同人ゟ相
渡し被下候様、尤受取取被置候様頼置候、
尤又助不埒ノ儀ハ帰村早々参り申聞度候段
有之、其旨被仰候様頼居候事
但し銀子ハ不相分候間右様仕候、
帰村ノ上罷出候へハ已来ノ心得申聞置候

積り存し居、其節立会被呉候様相頼申候
事

（貼紙）金弐歩弐朱父九右衛門よりかり申候、尚又其夜金四両半兵衛ゟかり入、御講かけ金ニて其ノ上へ弐歩三朱まし、都て四両弐歩三朱ニいたし浅井氏へ相渡し候事

村

九ツ半時楠葉村ゟ弐人被参候而、全村方ゟニ而も無之候へ共六才（斎）念仏講ゟノ事ニて、当村も六才念仏打申度候よし頼ニ参り候へ共取込居候事ニて年寄中へ相頼置候故、其方へ被参候様芦田氏方へ振り申候事

村

日金八ッ時ニ被参候而、兵市方へ同人連印ニて村銀借用仕居候所、兵市右ノ仕合故日金丸かずきニも相成候故、何卒村方ゟ願くれ候様頼居候、何分手前不相心得候故、得と清略いたし跡ゟ咄合候様申聞置候事

（貼紙）七ッ時床弥兵衛参り同人弟恒吉義、年弐拾八才ニ相成候もの摂州鳥養下ノ村いち方へ養子遣し、尤村送り取ニ参り候ニ付相認遣し、尤先方ゟ下書参り其通、乍去寺受様ノ事入有之故、此義除其余ハ先方ゟ書来り候通相認遣し、且当村弥兵衛名前ニ候へ共藤兵衛悴といたしくれ候様相頼候、其通り尤先方庄屋弐人ノ宛ニて遣し候事、但し下書き共相渡し返し

内用

七ッ時大じしん有之、手水鉢ノ水半分出候、且又酒蔵桶めくれ少し溢出、尤桶かわつたいニ分ニて下へ出候程ニも無之、乍去近年ノ中無之、先卯年ノ六月ノ度とハ少しなやすく被存候、且隣ハ日善石燈こけ候事

村

暮方岡村ゟ送り病人参り、余り延く候故直様禁野村へ遣し候所、同村ニ上村ゟ送り病人来り有之、当村へ受取候へハ其御村へ遣

し候哉ノ引合故、尤至極左候へハ当村ゟ遣
し候分当村ニ留候義成共、其御村壱人被成
候も弐人も同様故、当村分遣し候事成ハ、
其村御留被下宿賃又ハ病人ハ引受居候故と
申遣し候へ共不聞、当村ゟ遣し候分ハ受取
被申、先方ゟ病人被送候、尤先方人足ハ奥
庄・弥助両人ニて、弥助申候義甚々強盛成
申方段々引合候へ共、勝手計り申之候故不
得止事、左様薄情ノ申方成ハ当村ゟ遣し候
病人被戻、夫ハ受取不申段申聞、跡ゟ人足
を以引取又助方へ遣し一宿為致候、尤岡村
へも受取遣し候へとも宿賃ノ儀組合候積り
記遣し置候、禁野村ゟハ受取取置候へとも
当村ニ止宿為致候事

村 但し禁野村へ遣し候人足ハ角屋定万・平
房、尚又禁野村ゟ引取人足ハ房吉ニ塩屋
為吉都合日役四枚ニ御座候事、但明早朝
迎ニ参り禁野村へ遣し候様申聞置候事

内用 七ッ時ゟ葬式一件小払持し遣し受取取置候、
則お留を以夫々へ相渡し候事

〃 八ッ時三矢小間佐被相果候故葬式同夜父悔
ニ被参候事

村 同夜芦田氏御出ニて、今日楠葉村ゟ六才（斎）ノ
儀尋ニ参り相頼候故、則席不被申故先ツ下
村々へも被参帰りニ被寄候様申聞候所、帰
りニ寄候而、外村々ハ差而差構不被申段申
候ニ付当村も同様申遣し候、且又助弟子参
り右割合銀ノ儀如何ニ御座候哉、又々願ニ
参り候故相渡し、尤受取りハ又助受取書認
置ヲ持参ニて、則受取書所ノ金弐歩弐朱相
渡被申候よし受取被相渡候故、逐一承知仕
候而受取書此方へ受取申候事

内用 早朝ゟ喜助大坂へ遣し暮過ニ帰村仕候事

村 同夜浅井氏御出ニて七ヶ村勘定ノ儀、昨夜
四ッ時相片付、尤走谷分勘定帳幷ニ当立会
長（帳）・郡中帳三冊共牧方村持被帰、夫ゟ岡

村かしくれ候様申候
夫ゟ此方へ参り候様被申居候
村　且又御触書刻付ニ候所延引候故、此儀別段
ニも上京為致候積りノ所、浅井氏坂伝一件
ニ付上京仕候而もよろしく様被申候ニ付相
頼申候
〃　且御講掛銀掛ノ儀相頼候而、尚又夜中時ニ
被参候故則金四両弐歩三朱相渡し候事
村　右相頼置候所、同人三矢村へ夫ゟ被参候、
尚又夜中時ニ掛銀相渡し相頼申候、且又糀
屋吉兵衛兄吉杢儀年三拾弐才ニ罷成、去八
月頃ニ家出仕候へ共当六月頃ノ願ニ被致候
様相頼申候、尚又御触刻付岡村ゟ戌中刻、
当村亥上刻拝見仕候、右三品共書付ニ相認
相渡候而頼置候、且外ニ御焼香弐百文ノ所
買調被呉候様相頼置候、夫ゟ無程夜中奥田
氏同道ニて登り候様被申居候事
但し御代官所御用帳かし遣し候事

御通弐冊共相渡し候事
村　且又浅井氏・芦田氏両所共送りもの一件咄
合仕置候、尤天弥助強盛ノよし申遣候事
内用　同夜昼ゆり候地震ゟハ少しなやすく候へと
も昼夜ニハ五七度もゆり申候事
一　七月三日　晴天
村　当村ニ止メ候送りもの又助方ゟ禁野村へ遣
し申候事
〃　禁野村ゟ送りもの岡村へ継申候事
〃　綿屋五兵衛参り同人母娘村送り取ニ参り、
尤下書持参ニて相認置候事
内用　同夜一七日故浄行寺招待仕候而、外同行中
被参候而初夜半時ニ仕舞、尤夕飯逮夜ニ候
事
村　七ッ時牧方村ゟ七ヶ村わりノ差被持遣受取
候事
内用　粗承りニハ京都ハ昨日よりゆり通し候様風
聞御座候事

村

一　七月四日　曇天　昨夜中雨降り有之
九ッ半時泥町村ゟ廻文到来則文面左ノ通り
尚々(火)過急候儀ニ御座候間、早々御集会可
被下候以急廻状得其意候、然ハ京都一昨
日申刻ゟ昨三日午刻迄大地震ニて、路中
大変ノ趣只今飛脚到来仕候ニ付御役所へ
御見舞ノ儀ニ付、急参会仕度候間、巳刻
馬借所へ御参会可被成候
右案内申上度早々以上
　寅七月四日　　泥町村
　　　　　　　　　喜右衛門
　三矢村
岡村
岡新町村
牧方村
御役人中様
右与吉持参り候ニ付、芦田氏へ相見せ候而
出勤相頼遣申候事

村　村　村　村

早朝岡村へ尋合、雨悦ノ儀半日休日ノ儀、
岡村同様ニて年寄中申遣し候上村中一統へ
申触候事
磯嶌村九兵衛被参候ニ付、咄合ノ上当村九
右衛門ゟ引合書、同村吉兵衛・四郎兵衛・
藤兵衛・由兵衛・市右衛門右五人へ相掛り
元り三〆九百壱匁九分六厘、内へ八百四十
匁受取、差引三〆六拾壱匁九分六厘相滞り
候旨、引合相認候而相渡相頼候、尤日限ハ
先月廿日ニ認遣し候事
　但し相認候ハ半兵衛被認候事
四ッ過時禁野村ゟ送りもの参り岡村へ継申
候事
七ッ時芦田氏御出ニて馬借へ出勤仕候所五
ヶ村寄合、尚又下弐ヶ村へも泥町村ゟ別段
書面参り候趣、走谷ハ不被参候へとも田井
ハ代人出勤ニて、則京都へ三矢当村ニハ浅
井氏被参居候へハ先其方へ遣し相尋候而、

可相成事成ハ両人ニて惣代ニ勤呉候様相頼、若左様不相成候へ者其趣人足申帰り候へハ其上取計候様相決し、夫ゟ七ッ時泥町植木清人足ニて七ヶ村ゟ奥田・浅井両人へ向ケ書面遣し申候、尤走谷村へハ其趣書面遣し候よし承知仕候事

同夜八ッ時浅井氏・奥田氏も同道ニて帰村被致候、尤舟ニてノ由下佐申参り、尚委細ハ明早朝参り申候様被申居

同日参会ノ儀芦田氏浅井方へ被参候而、御咄有之趣ニて夫ゟ浅井氏ゟ掛違ノよし書面被相認候而、明早朝参り候様右書面相渡被申聞置候事

村

一　七月五日　晴天

五ッ時牧方村ゟ廻文到来、則御役所地震見舞ノ義ニ付而ノ事ニ而、岡村ゟ持参り浅井氏ニ参られ候様頼参り、則浅井氏・芦田氏両所共此方ニて御出合故立合見受申候、文

村

面左ノ通り

急廻状を以得御意候、残暑甚敷御座候所弥々御安康ニ御勤役ニ成珍重ニ奉存候、夫ニ付三矢村・新町村御両村御上京ニ付昨四日別段飛脚遣し候所、掛違ニ成候故、則御役所見舞ノ義ニ付、急談申上度存候ニ付、何卒〳〵只今馬借所へ御出会可被下候以上

七月五日　　牧方村
　　　　　　吉右衛門

岡　村
新町村
三矢村
泥町村
御役人中

右三矢村へ遣し候事

浅井氏早朝ゟ御出ニ而、京都ノ始末御咄ニ御座候、御廻状延引断ノ義書付相認差上候所御聞済ニ相成、尚又坂伝一件日延ノ儀、

同様御聞済被成候、且矢人糀屋吉兵衛・吉厺義御願書付差上候所、元〆林田様御掛ニて先六月二日家出候趣意、尤七月且日相認差上候所延日ノ義御掛りゟ御呵り有之、何分遠方ニ親類も有之故其方相尋候故延日ニ成候様相答候へ共全体不埒ノ段、且願御聞済被成候へ共御呵置と御申ニ而御座候、右一々扣書留置候、且又受書三十か切被仰付尋候旨是迄同様ニ御座候、尚又御講掛金ノ儀相掛ケ、尤近甚へ掛候而金ハ三分六厘ニ而則受取御通ニ為致、御通ハ三矢村持被帰候事被申居候承り記置候、外ニ

村

（貼紙）

同時浅井氏ゟ七ヶ村勘定長（帳）壱冬分留主中へ参り有之よしニて持参被致受取候事但し七ヶ村勘定ノ節付出し書付一緒ニ持参受取候事

但し御御焼香□弐百文ノ所調被呉候

・村

持参受取候

京都ハ殊ノ外大地震ニ而、則御役所も大ニ損し所有之、且元〆御手代衆夫々御家宅多分損し有之候よし、尤御城抔角屋ぐら相崩、石垣崩候所も有之、塀弐、三ヶ所も崩こけ候よし、尚外々ハ町家者右ニ准し候事と被申候事

其所へ芦田氏も御出ニ而、何斯咄合候所へ右牧方村ゟ廻文岡村ゟ持参り、尤浅井氏出勤いたし被呉候様、牧方吉右衛門殿岡村角野氏へ参り被居候而同人申被遣候故、芦田氏・浅井氏三人立合ノ上ニて浅井氏へ相頼候故夫ゟ浅井氏被参候事

四ッ時糀屋後家呼ニ遣し、吉厺矢人願ノ儀先月二日家出候趣意ニて、当月三日願出候所御聞済ニ相成、尤是ゟ常例三十日切尋被仰付候よし逐一申聞候而、尤浅井氏へ一寸

挨拶ニ参り候様申聞候、尚其内吉兵衛参り
候へハ印形ハ直々相渡し候様申聞候事
村　同夜牧方村ゟ高槻座頭渡し祝儀受取被持遣
廻文左ノ通り
廻状を以得御意候、高槻座頭祝儀打切料
相渡し申候間、御村々受取書御引取ノ上
順々御廻し可被下候以上
七月五日　ひら方
吉右衛門
泥町村
三矢村
岡　村
新町村
御役人中
右岡村ゟ持参り、尤受取書共受取候事
村　同夜岡久被参候而、同人明日付添ノ儀、浅井
氏出勤上京いたし被呉候よし被申参、□□□
参会ノ義、御役所地震見舞ノ儀、三矢村奥田
氏壱人ニて惣代ニて相勤候様被申居候よし、
浅井氏ゟノ事伝岡久より承知仕候事
〃　同夜八ッ時浅井氏・岡久付添ニ付上京出勤
被致呉、尤参り候へハ地震見舞も奥田氏両
人ニて参り候様仕候と被申居、何も外用無
之相頼上京被致候事
一　七月六日　晴天
村　七月先集ノ切出幷ニ帳面相調候事
内用　九ッ時とん田西田氏ゟ使参り書面ニて返事
いたし遣し候事
村　同夜岡村ゟ長兵衛下佐迄参り、明七日休日
ノ義尋、随分可然様申、同様仕候而直様当
村明一日休ノよし為触候事
一　七月七日　晴天
村　村一日休ニ御座候事
内用　早朝ゟ例年ノ通井戸替水仕候、手伝人足伝
兵衛・中宮新兵衛・茂三郎・兵右衛門殿同
苗半兵衛殿・伊兵衛・吉助・喜助・長蔵都
合九人ニて仕、九ツ時ニ相片付申候事

村　但し忌中故精進ものニて酒有之
四ッ時七月先集ノ儀切出持遣し、明後九日
切ニて取計候事　但月集ハ明日いたし御講
かけ銀も明日ノよし申触候事

〃　宗兵衛へ矢人願入用書付遣し、糀吉へ去冬
分月集残りくら(カ)ミ掛りノ残り書付ニ認遣し
候、且月集寄切ノ義、明日ニ仕候様申遣し、
是ハ過急ニ候へ共先月晦日ニ可取筈ニ候へ
共、取込居候而不集夫故明日と申遣し候事

村　岡村ゟ長兵衛参り、余日も無之事故立会勘
定何日ニ仕候哉、此方勝手ニて申遣し候様
申参り、跡ゟ返事仕候と申遣し候事

〃　暮早々岡久被参候而、同人対決ノ義も一旦
対決いたし候上、三十日切日延仕帰り候、
且浅井氏も被参候筈成共用事多く候故、未

村　参候よし同人ゟ断被申、尤京都御役所夫々
地震見舞ハ三矢奥田同道ニて被参候よし、
且又今昼舟ニて帰村仕候趣被申居候事

内用　同夜前しま保次郎殿大坂ニ住居被居候故と
而悔罷参、尤呉服荷物候而其夜平五郎方ニ
被宿候而翌日被引取候事

村　一　七月八日　　晴天　早朝少々雨降る夫ゟ天気成
早朝ゟ六月分月集〆寄候事ニて、尤御講か
け金并ニ先集入交ニて金弐匁三歩、ぜに拾
四〆九百廿八文其夜迄寄申候事

村
内用　四ッ時又助参り候ニ付先日ノ事一寸礼申、
尚又芦田氏御出ニて立会候而、先日不埒ノ
趣意呵り段々申聞其上相済申候事
　但し已来相心得候様申聞候而如斯御座候
事

内用　芦田氏被申候ニハ岡久方足銭并ニ高くらノ
先集ノ掛、都合百拾匁弐分弐厘丈証文ニい
たし八月晦日迄かし呉候様被頼候故、兎も
角もと申居候事
　但し一寸勘定書相渡し申候事

村　早朝浅井氏・芦田氏へ廻状いたし、両村勘定ノ儀何日ニ仕候哉ノ義尋ニ遣し候所、十日ニ仕候よし申参り候ニ付、直様岡村へ十日ノよし申遣し、席ノ義ハいづれ成共其□、乍去八平方ニ被成、五ッ半哉と申遣し候所、先方も同様八平方へと被頼居候故、夫ゟ八平へ其趣申聞候所、差支無之よしニて夫ニて取極置候事

内用　四ッ半時ニ今福村西田屋手代悔ニ被参候而、虎屋印紙拾枚持参ニて、尤中飯出し候而ゟ被引取候事

村　九ッ前時浪人もの男女弐人参り弐人中へぜに拾文取計候事

村内用　八ッ時岡村中嶌氏先集御講掛ノ内へ、金三歩ニぜに弐百文被持遣、其儘受取書遣し、尚又月掛り外夫々書付いたし遣し、尚又両村立会ハいよ〳〵十日ニて八平方ノよし申遣し置候事

村　四ッ時三矢村ゟ北国屋書出し持し被遣候、入手仕候事

村　米源月掛持参仕候ニ付、坂伝一件早々埒明候様申聞候事

村　長次郎同断ニ付、去冬残り分申候所、三矢勝太郎ノ方未受取よし被申候故、当年丈勘定仕候事

内用　八ッ半時うば茄子作村ゟ参り、岡、弥七外ニ先方親類同道ニて被送候参り候事

〃　山ノ上源兵衛ゟ割木出し仕候所、暮方ニ拾八太《(駄)》六束参り候事

村　禁野村ゟ送りもの付添共参り岡村へ継申候事

村宿　同夜暮方ニ年番三矢村ゟ与吉参り、宿助義割勘定引訳ケいたし、尤帳面持参ニて金子当村分三両壱歩三朱壱匁七分弐厘五も受取、尚又義助調印いたし遣し候、且又此ぜに百八十壱文与吉へ、今日長次郎ノ義、竹藤承

村

知ノ事故、勝太郎ゟ右ぜにハ早々相渡し候様被致候様ノ義、同人へ相頼候事

同夜浅井氏被参候而京都岡久一件ノ義被相咄候、先日岡久ニ聞候も同様ニて、地震見舞ノ義奥田氏同人同道ニて被参候よし、尤取計左ノ通別紙仕置候、是ハ奥田氏被扣候よし被申居候、尚又都而書付ハ明後早々罷出候節持参仕候様被申居候、且又先日兵太一件日金申居られ候義相咄し一向不相分よし被申居、且願くれ候様候へハ随分願遣し候而も可然様被申候事

（貼紙）

組合ニて取計

京都御役所地震見舞取計

一弐朱ツ、　元〆四軒

林田様　一柳様　佐藤様　湯口様

一壱朱ツ、　地方三軒

中原様　布施様　好川様

一同　公事方

井上様　曽我様　好川なし

一弐朱　宿久下屋

三朱弐朱壱朱ニ御座候よし承り候事

村

同夜牧方村願生坊ゟ役僧被参候而、向又兵衛方寺送り母娘弐人共取ニ参り、如何候村方へ尋ニ被参候故、御坊御了簡通り御出し被成而も御門徒消しニハ無御座候へ共、御坊御答ニ被成候様申遣し、村方ニハ早々寄候へ者遣し候積り申遣し候事

内用

同夜七ッ時地震、夫ゟ引続弐度已上三度御座候事

八ッ時半兵衛被参候ニ付、金子四両かり候分直々相返し申候事

一　七月九日　晴天

村

先集寄月集残り分寄候事ニて金四両三分、銭拾三〆八百八文寄申候事

〃　又助飯布施・麦給米父ゟ相調被呉候事ニて切出し認被置候事

村　半兵衛被参候而、役ノ事岡村ぬし長金子かし呉候様申し、役持多分より候而相談ノ上、兎も角も仕度評義難決旨被申、何分可然頼置候事

内用　山ノ上御院主ゟ中陰見舞ニ書中ニて役僧被参、尤品もの持参有之候事

内用　同夜夜中時地震一度有之候事

一　七月十日　晴天

早朝八平へ今日ハいよ〳〵中飯前ゟ岡村三人ニ、新町三人ニ両村歩行弐人参り候積り申遣し置候事

但夫ゟ両村立会もの書出し清略いたし候事、尤今日寄高壱歩弐朱、銀廿三匁九分、ぜに五〆六百廿弐文候事

早朝ゟ月集先集、集残清略為致、尤夫ゟ又助飯布施・麦給米銭寄ノ切書し、十二日切ニ而書付夫々切遣書し候事

交野屋呼ニ遣し品申合口尻勘定仕候様申聞、早々可仕候よしニて被引取候事

四ッ時山崎松田氏被参候而、尤悔旁々見舞被呉候七ッ前ニ被引取候事

九ッ時岡村役中并両村年寄被出掛候ニ付、同道ニて八平方へ参り候、尤中飯酒、夕酒飯初夜半時勘定相済候而引取候事

但し出勤人岡中嶌・角野・今西・芦田・浅井・義助・長兵衛・お留都合八人ノ事

同夜弐七日ニ而野子引取候へハ同行中被引取候後ニて御座候事

七ヶ村組合わり帳岡中嶌氏持参ニて同夜かり帰り候事

留主中橋中間ゟ木綿一反内へ参り有之、母ゟ立会勘定ニて留主中故、預り置候様申候而其侭預り被置候、翌日入物ハ被返候、但し預り置候事ニて何故参り候哉、

最一段不相分候事
一　七月十一日　晴天
七ッ半時馬借所ゟ問屋八郎兵衛殿ゟ廻文到
来則文面左ノ通り
以廻章得御意、然ハ御助成利銀多分再渡
し候ニ付、□□談申上度候間、即刻馬借
所へ御参会可被成候、右御案内申上度
早々以上
寅七月十一日　　問屋八郎兵衛
中嶌儀助様
同太右衛門様
右廻文到来候ニ付芦田氏成共出勤貰候積り
ノ所、与吉問屋衆ニ出勤被下候様、且御
内々御相談有之候よし、無拠岡中嶌氏御出
勤成者当方ノ所も相頼呉候而、其上是非参
り不申ニ半日ハ不叶候へハ暮ゟ出勤仕候哉、
何分可相成事ニ候へハ中嶌氏御壱人御仕舞
被下候様頼遣し置申候事
尚又お留を以中嶌氏へ別段ニも同様頼遣し(候脱カ)
事
同夜中嶌氏御出ニて訴(カ)ニ馬借所ゟ引取候、
尤談合ハ宿助義再渡り六拾両程有之、夫ニ
付御上ニも殊ノ外御骨折ニて別礼ノ義、尤
奥田氏木南氏へ相談被致候所三両程いたし、
御掛り壱軒へ壱両弐歩ツ、仕候積りニ仕候
も可然様被申、尤上両村へも相談いたし置
候様被申、依之如斯と被申候ニ付、随分可
然様ニも被存候旨被申帰候趣被申、尤野子
故障ニ候哉被尋候、最一段ニも被存候へと
も又々故障申候へハ義悪も付候事ニて、畢
竟宿一体成ハ夫ニも不及候哉ニ存候而、当
村も同様咄申候而、且又守口ハ弐拾両ノよ
し当宿ハ別而御骨折ニて多分御渡し御座候
事
但し咄合都合宜敷様いたし申候而、初夜
時ニ被引取(候脱カ)事

三矢奥田氏へ組合帳面持し遣し、牧方村へ切紙口上書ニて郡中わり長かりニ遣し、泥町村へ髪結人足銀持し遣し、則牧方村ゟ帳面帰り泥町村ゟ受取書持帰り候事

　但し郡中帳面直様扣置候事

尚又牧方村ゟ書面持帰り、則先日参会ニも被申居候、浅井氏右御廻米一件村々より掛り銀、浜庄屋渡し未ダ先方へ同人ゟ不渡様子、尤先日郡中席にて催促申居候事故、早々相渡候而埒明候様被頼遣申候事

岡中嶌氏八ッ時両村勘定不足銀被持遣、尤金弐両壱歩弐朱ニ月掛ケ三〆九十五文共受取候、尤今朝早々両村長かし遣し候故是も一緒ニ被返候故受取候事

八ッ半時大塚村ゟ銭買ニ参り候故銀五百匁ノ所売申候事

早朝ゟ酒代書出し書いたし、尤中宮兵右衛門殿手伝被呉候、両人ニて仕候事

但し暮方過ニ被引取候事

糀屋後家へ矢人願入用銀切出し、早々持参いたし候様申聞遣し置候事

月集先集等清略いたし寄高弐歩五〆四百三拾八文寄申候事

四ッ時岡（久）村被参候而芦田氏被相咄居候月掛ケ銭、先集銀都合証文ニいたし八月晦日相待候様ノ証文持参被致候事

一　七月十二日　前晩ゟ雨天

宿方三矢村ゟ御助成再渡り、金拾三両三朱ニぜに弐百廿八文受取申候事

　但し同日村中わり方一統へ渡し申候事

浅井氏ゟ先日栢原様御講膳料壱歩弐朱、尤御通共受取申候事

宿方ゟ宿入用銀弐拾匁掛ケ候差持参仕候、尤此方ゟ御助成未ダ不相渡候ニ付、割方聞ニ遣し候節、使持帰り申候事

浅井氏・中宮村兵右衛門殿両人一日手伝被呉候事同夜天気上り候事
村方先集月集残り清略仕候、尤寄御座候事
北国屋佐助方飯代書出し小前ノ分村方へ参り候、清略いたし切出し書付夫々へ遣し候事
尤大坂北国屋方ゟ当村書出し表銀子取ニ参り候ニ付、得と相調候所渡し方無之故渡し不申事

一　七月十三日　晴天

早朝当春火用ニ付夜廻り組中へ蠟燭代相渡候筈申置候ニ付、拾九組へ百五拾文ツヽ、相渡し受取書取置候事
四ッ時宿入用銀九百弐拾匁ニ内手明引、尚又行（倒）捌病人入用引残銀、銀五百匁金六両壱歩弐朱ぜに添持し遣し、尤受取書取置、尤右ノ内ニ淀行手明壱人少く候故、勘定書外ニぜにニて七拾三文取帰り申候、尤勘定ハ勘定差引帳ニ扣置候事
但し村中手明夫々へ持し遣し受取させ申候事
八ッ時行捌病人ノ薬料銀封今堀へ持し遣し受取書取置候事
綿屋又兵衛参り同人母・女房共大塚村へ遣し候ニ付、村送り取ニ参り、尤先日頼ニ来り候ニ付認置候へ共、元来家因縁ノものハ皆々余所へ参り他人相続候事故不都合、後日親類ゟ彼是申出候而も如何敷存候而、浅井氏相談ノ上親類なべ治へ組内惣右衛門を以引合為致候所、承知ノ上ノ義ニて同様相頼候故、夫ゟ親類惣代として治兵衛并ニ組内ニて宗右衛門・又兵衛者不及申、三判ニて村方へ請合一札為致取置候而、村送り遣し候、尤願生坊ハ寺送り持参り候故、一緒ニ宗右衛門ゟ同人へ相渡し候事
又助参り候ニ付、父勘定手尻申聞候而弐〆

文参り不足、然ル所同人三〆文計り借用申度頼出候故、五〆文ノ証文為致取候而、右不足銭差引残り弐〆九百余り相渡し、尤岡村ニて頼候趣意も書付見せ申候故如斯

但し行倒病人介抱料弐度分四百四十八文差引勘定ニて相渡候、尤立行候節礼書付取置候事、都而父勘定ニて証文同人被取置候、表ハ私ゟ申聞候へとも如斯候事

浅井氏ゟ昨夜帰宅仕候所、橋中間衆中参り候而、当年も同様引続請負頼出候、尤昨年ハ右様ニ成候故礼申候而、尤当年所同人ゟ野子へも頼合呉候様被相咄、尚又昨夜此方へも参り候よし父ゟ承り申候、右ニ付浅井氏相談ノ上、昨年ノ所右ノ事故、一寸八平方へ為念外ニ請負候ものハ無之哉相尋候所、無之よしニて其上同様右ノものへ渡し候様いたし、左候へハ新顔も出来候事故、已来引続因縁不付様、尤旅人へ対し不作法無之様ノ一札此方ニて浅井氏被相認、同夜呼ニ遣し宗兵衛・了助両人参り候ニ付、同様相渡候よし申聞、尚又書付趣意申聞き承知ノ上書付両人へ相渡候、後刻仁左衛門・善兵衛両人調印ニて持参仕候、尤先掛ハ是迄通り申聞承知申居候事

禁野村四平ゟ掛取ニ参り候ニ付、先達而壱〆弐百文渡し候故受取書内ニ取置候事

早朝又助盆ノ飯代貰ニ来り候ニ付□相渡、尤五合ノ事、但し米ニ而五合遣し候事

同夜地下《堤》町善右衛門参り金子壱両かしくれ候様頼出候、尤当方の与兵衛同道ニて参り候故、左候へハ八平方へ参り惣代衆印形いたし被呉候哉、此義相頼候而、其上此方へ罷出候様申聞候所、直様参り候故、八平殿承知ノ上村方へ頼出候様被申候故、又々其よしニて頼参り候事ニて、兎も角もいたし候趣意申聞候事

同日一日浅井氏・中宮兵右衛門殿両人手伝貰申候事
同日馬早使給寄候而、弐〆七百七拾六文寄候事、尤切手書ノ銭ハ父手元ニて寄被呉候事
一　七月十四日　　晴天　同夜夜中頃ゟ雨降る夫ゟ明方へ掛て
早朝ゟ村方分夫々払候事
堤丁善右衛門参り候ニ付書付ハ浅井氏ニ認貰候而、金壱両代銭ニ而父ゟかし被渡候、尤父名前ニて取置候事
　但し調印ハ善右衛門・佐兵衛・八平三人也
又助ゟ山番むしろ、銭ニ而貰候様頼出候へとも左様ノ儀無之、盆・正月ニハ節季ニむしろ弐枚ツヽ遣し候義故、常例ノ通りむしろ昼頃成所弐枚遣し候事
おんぼ弐人参り候積りニて弐拾文ツヽ弐人ニて、尤盆ノ礼ニ参り候事故、右銭遣し候様存候処、六兵衛ハ参り不申、与兵衛壱人へ右包銭壱ツ遣し候事
橋中間ゟ亀定参り掛銭ノ儀、今暫相待呉候様頼出候へ共左様ノ儀難出来、元来心得方申聞候所左様成ハ明早朝迄ノ所相待呉候様頼居候、左候へハ早朝無間違無之様持参被致候様申聞候事
同日早朝ゟ中宮村兵右衛門殿・浅井氏手伝被呉候、尤浅井氏ハ八ッ時ゟ被帰候而初夜過ニ一寸被参候、尤兵右衛門殿ハ終日ニて初夜前ニ被引取候、尤中宮村新兵衛・大垣内伊兵衛・茂八等手伝呉候事
交野村呼ニ遣し品申合一件早々埒明候様申聞候所、いづれ成共可致義ニ候へとも、最少し難相分り候事故、盆後迄相延しくれ候様被相頼候事
　但し右品申合口ニて米源弐歩三朱ぜに六

拾文添持参仕置候故受取申候事
岡村惣代京庄ゟノ使ニて長兵衛参り馬足銭当村不寄候よし、早々持参仕候様頼ニ参り申候、則浅井氏も被居候而全体不相分、左様ノ事成ハ誰々不足成候哉、得と相調候而書付も被遣候而当村寄番へ引合、是非不相掛候へハ其上此方へ御引合成ハ早々相掛ケ候様申聞候へとも、誰々不足成哉ノ所も不被申候而ハ不相分候段申聞遣し候事

一　七月十五日　早朝五ツ時前少し雨降、夫ゟ空晴　晴天

四ツ時橋中間ゟ夫々参り銭拾弐〆五百文金三歩三朱、是ハ替銭ニいたしくれ候様頼居候而父ゟ受取被置候、尤六貫弐百五拾文不足成故、廿日迄延引待呉候様頼居候よし承り全体不都合ノ事
但し右三歩三朱代銭六〆三百六拾弐文勘定仕置候、是ハ手元小向銭売事

八ッ時三矢村ゟ七ヶ村勘定過銀参り、壱両弐歩弐朱ぜに五拾壱文参り受取候事
但し一昨日遣し候五百匁ノ内ニ板兵(塀)少々焼有之候而可成事ハ皆金子ニ替くれ候様、尤壱丁ニ而もと被申遣、五百匁丈被持遣、一向焼無之不相分候故、どの銀ニ而哉と其儘遣し候所、尚又七ッ時持し被遣候而三拾匁弐分有之、板兵ノ金子壱歩三朱ニ銭弐百拾文ニ勘定いたし相渡し候事
同日夫々御礼者御座候事
佐兵衛礼ニ参り候ニ付銭弐百文祝義ニ包遣し、尚又佐吉へ百文同断、尤内ゟ被遣候へとも庄屋ゟノ心付ニ御座候事

一　七月十六日　弐百十日　四ッ時ゟ雨降る　雨天　中雨

七ッ時橋の宗兵衛呼ニ遣し、昨日遣し候金子銭替相渡し申候、然ル内ニて六〆弐百五拾文受取申候、尤橋運上銭都合六〆弐百五

拾文、壱人分善兵衛不足ノよしニ候へ共此ハ全四人ノ中ニて不足故、此方ハ廿五〆文ノ内ニて不足候故、四人ノ内へかし候間、来ル廿日ニハ無間違可相納様野子了簡ニて夫迄かし置候間、証文可取筈成共不及、夫々も含置候故、急度無間違四人中ゟ可相納候様申聞置候、且四人へ此段可申達様申聞候事

但し此間ゟ預り置候到来物、木綿ハ可返様ニも存居候へとも全昨年ノ礼ニ而有之故と被申候故、先此度ハ納置申候、一同へよろしく礼被申返候様申聞、尚又已来ノ儀ハ決而相断可申候旨委細ニ申聞置候事

お留参り候故ぜに百文包祝儀ニ遣し候事

茄子作村七郎兵衛妹乳母ニ召抱申候、尤今日先方ゟ兄并請人岡村弥七両人参り候故、証文為致、尤此方ニて相認調印取申候、其上銀子百五拾五匁勘定いたし相渡し申候事

七ツ時父、半兵衛同道ニて磯嶋村へ被参候而、入□被致候而引合書九右衛門分証文ニて弐通、半兵衛分一通、右六月廿日入ノ引合ニて奥書頼被申置候而九右衛門分持帰候、半兵衛夫ゟ相認同夜半兵衛持参候而、奥書為致被帰候事

同夜四ツ半時ニ地震中ノ所弐度ゆり申候事

一　七月十七日　　雨天　九ツ時ゟ曇天

大坂行

父出坂ノ儀、則前晩浅井氏御出候節被相頼候故、此義よろしくよし四ツ時ニ申遣し候事

義助・半兵衛両人同道ニて出坂仕候間、留主中ノ儀お留を以年寄弐軒へ相頼遣し候事

九ツ時同断罷出候節弐軒へより万端相頼候而、則芦田氏へハ印形かし被渡候様相頼候而受取、夫ゟ鍵太へ参り舟ニのり出坂仕候、

且暮過ニ釣鐘町北国屋佐助方へ着仕候事
同夜夜通しニ訴状相認候事
　但し夫ゟ七ッ時ゟ御番所へ罷出候へとも八ッ半時訴訟切候よし訴状付不申相はづれ申候、無拠夫ゟ旅宿へすご〳〵と帰り申候事、尤同夜雨つよく候故、人壱人雇候而傘下駄為持候事ニて此賃百文佐助方へ廿三日ニ相払申候事
同夜内ニハ三七日仕候積りいたし被居候事
一　七月十八日　　雨天　終日強雨　　出坂中
九ッ時迄両人共寝候而夫ゟ半兵衛殿ハ内へ用事有之候而被引取、夫ゟ壱人居申候事
　但し雨つよくいたし方無之写本読居候事、尤佐助手元飯代払、則此方取替割方六ッわり分受取勘定立合候、差引此方へ可取所損いたし遣し候故、金一歩過ぜに三拾五文受取候事
東町ばし定杭ニて水高サ一丈一尺と承り

候事

（貼紙）
> 芦田氏印形かり来り候へ共、庄屋儀助ニて調印いたし不相用候故、半兵衛被帰候節同人へ持し帰り相渡し候事

一　七月十九日　　雨天　強雨　　在坂中
早朝ゟ頭痛いたし困り入、且八ッ時ゟ別而つよく成候、一日寝居候事
　但し合薬為調候而呑申候事
尤水余程引薄弐尺余り引候よしニ候事

（貼紙）
> 四ッ時泥町村二階新兵衛宿方ニ而参り所相場書調印ニ来り候ニ付調印仕遣し、夫ゟ奥田氏京都ニ被居候よしニて其方へ書面相認遣し、尤同人相頼候故、如斯定役ゟノ書面ニいたし相認遣し候事

一　同廿日　　雨天　九ッ時ゟ雨止曇天　　在坂中

早朝ゟ同断頭痛ニて寝居、九ッ時ゟ羽山屋へ参り申候而七ッ時ニ出、夫ゟ岡武へ参り拵候而暮過ニ引取候所、北国屋方へ半兵衛殿被参居候而、則今日七ッ時過ニ松屋同道ニて参り、同人親類へ参り尚又後刻参り候様申居候よしニ候事

岡村新町其外交野ハ不残殊ノ外ノ荒所ニて、尤天ノ川表ハ前代未聞ノ洪水ニて両村弐、三ヶ所も切所出来、村方ニも弐ケ所出来、井伝門先ニて関（マヽ）入候故同人内へ水入候よし、且又淀川表ハ格別ノ事も無之よし、八尺七、八寸ノ様被申居候、荒々承知仕候事

同夜十八日ニ認置候訴状日書明廿一日ニ認替、都て手積り仕居候所、まつ喜参り同人願付一件内ニて浅井氏・父九右衛門殿・中宮村乾氏・岡中嶌氏両三人ニて夫々段々掛合、其上金弐匁と浅井氏被申、拾弐〆文迄先方ニ出来候様子故、最少し候故大体対談付候旨申之、且明日ハいづれニ人参り候間、夫次第と申候よし承知仕候事

同夜八ッ時両人共夜食くひ候而出訴訟ニ付申候、且両人共惣代願度候差出し置候て相待居申候所、まつ喜参り如何候哉見舞被呉候事ニて程なく被引取候、追而呼遣《出》し候故罷出候所、此方ゟ上ケ（マヽ）候訴状ニ書付相添此方へ相渡し、尤証文養置候様申聞居候故、其通りいたし夫ゟ目あき御役所へ罷出申候、尤六番目ニ而但し一番ハ拾弐人ツヽと承り候、且目あき御役所ニて御調ノ上証文ニ家号有之、願文ニ家号無之ハ村ニ而ハ家号無之哉相尋ニ付、無之よし申上御前へ相廻り候様被仰、夫ゟ相廻り候所直しもの有之分名前呼出し、此方も直しもの有之候而御前相済候とも泊りニて待居候様、御前御出迄拵置候節、惣代小使のものゟ申候、御前相済候節明五ッ半時ニ御座候、夫ゟ泊りニて

相待居申候事

一　七月廿一日　　中天　　在坂中

泊りニて相待居宿へハ不帰候、少々ノ直しもの故直ニ御呼出相済候様存候而待居候、然ル所まつ喜参り候而、四ッ時只今内ゟ吉枩参り候而、則浅井氏ゟノ書面訴状持参いたし、尤浅井氏ノ書面一覧仕候所拾三〆文ゟハ難出来様子夫ニて相片付候様、尤銭ハ此方ニ預り有之よしニ候へとも、余りノ事最一段ニも申居候とも無拠義ニて、且ハ此方も相進候而是非済口仕候様申聞候而、夫ゟ同人いつれニ而書付相認貰候哉、書付持参ニて御役所へ罷出相済申候、尤訴状差上申候よし承知仕候、且夫ニ付用達方へハ其よし一寸申入候様申聞置候事ニて相分レ申候

（貼紙）尚又吉松被参候節、浅井氏ゟ別段野子ノ書面持参ニて、是ハ北国屋へ渡し有之、北国屋へ渡し有之、北国屋へ引取候所佐助ゟ受取見申候、同断まつ喜一件済口ノ義頼候趣、且又多田屋ゟ水見舞ニ人参り候礼ニ一寸参り候様、且又当七月用達継ノ儀催促ニて三矢村へ不申、其上相渡り候哉不存候故、此等相尋候様ノ義申参り候事

然ル所御呼出し無之、ヶ様ノ事成ハ支度いたし早々いたし候ニ以ノ外ノ事、無拠支度ニ松屋町迄義助参り申候、尤入替りニて罷出迚も北国屋迄出候間無之故、如斯五ッ時半兵衛御呼出ニて証文ニハ家号有之候所、願文ニ無之よし御作度ニて候所、義助参り断書出入候而同人被出候所次たし書入候様被仰候故、迚も溜りニ而ハ難出来候故、支度場ニていたし候積り、尚又九右衛門分相待居候而、追而九右衛門御呼出し故罷出候

所、同断家号并ニ判人壱人落候故、両様共御作度故持帰り同道ニて松屋町支度仕候所へ参り同人支度被致、義助書入はり替候而都合よろしき様仕候、尤判人不足ノ分書入、家号ノ儀村方ニ而ハ相名乗居不申段書入いたし、両人共罷出候所御聞済ニて御印遣し候様被仰渡候、夫ゟ旅宿へ引取候、暫相休八ッ時ニ罷出候而証文写、惣代部屋ニて差出証文受取引替相済申候而七ッ時ニ引取申候、夫ゟ支度被致半兵衛殿帰村被致候、尤義助も一緒ニ支度いたし書面相認候而半兵衛殿へ相頼内へ遣し候事

溜りニて浅井殿ニ出合い、同人も対決有之よしニて御座候事、尤お元さん病気ノよし承り候事

七ッ時ゟ草臥申候故寝申候事

一　七月廿二日　清天　在坂中

四ッ時御番所へ罷出、惣代部屋へ御印下り無之哉と相尋罷出候所、未ダ下り無之様被申、尤今日ハいづれニ出不申様奉存候故、昼ゟハ八ッ時ニ最一度相尋候而溜りニハ不相待申候事

夫ゟ唐物町へ罷出さゝら一〆匁・ほうき一〆匁・らうそく入壱ッ三品買調候而、尚又革文庫・証文入・証文箱都合三品相調候、尤文庫ハ唐物町海□方ニて、且又さゝらハよし喜方ニて代勘定仕候而帰り候事、但し暮方ニいつれも持参仕候事

八ッ時ゟお払筋へ鉄甚方ニて中門戸弐枚挑(誂)置候而、尤代勘定いたし出来次第浜新へ被出候様頼置候、且又夫ゟ博労町銭平殿方へ罷出申候、尤支払筋延引ニ相成、七ッ時ゟせん場へ参り候義ニ御座候、いろ〳〵世間咄等いたし初夜過ニ引取候、尤参り居候中、東堀ノ娘人被参候故一寸挨拶仕候、且夕飯ニ酒候而より引取候事

一七月廿三日　　清天　　在坂中
四ッ時ゟ御番所へ罷出候、暫相待候所九ッ過時御印下り候よし惣代ニて被申候故、罷出候而九右衛門調印いたし受取候、其上半兵衛分代人ニて相頼候へとも代人ハ不相成候段被申、無拠羽山屋へ参り同人方藤吉を以半兵衛ニ而御印受申候、彼是不都合ニ候へとも同人惣代部屋ニ知り候人有之、其手掛りニて受取帰り被呉候、夫ゟ羽山屋ニて中飯被呼尤買物都而相頼、然ル所嶋ノ内塚源息子被参候而一寸挨拶仕候、又々ばくろ町銭平殿被参候而合、昨日ノ礼申候而夫より羽山屋暇乞いたし出北国屋へ引取候事、
但し余程延刻ニ御座候事
早朝多田徳北国屋へ被参候故、先日ハ内へ御尋ニ預り深切ノ旨礼申、用達給ノ儀相尋候所未ダ不相渡、尤三矢村へ帰り掛相尋候所留主中ニて不渡候よし被申、夫ニ付相渡しくれ候様被相頼居候、如何様共と申居候事
　其夜佐助を以用達給多田屋へ相渡し候、尤当組合分ニ三流作合而、金壱両弐歩過ぜに百十四文持帰り、尤受取書新町村名ニ而取置候、且牢前江戸屋ノ書出し多田屋ゟ受取、全ハとん市《まつ喜》と承り候、牢屋敷へ出候節席入用ニて百五拾文、是ハ佐助方へ相渡し置候事
　但し十八日出候節、雇賃百文と一緒ニ佐助直々ニ相渡し、且又受取書ハ不取置候事
一　七月廿四日　　清天　　大坂ゟ帰り
未明ゟ出立、尤御印証文ノ向持参《証文入ニ携》ニて無休ニて四ッ時ニ帰宅仕候事
但し帰り掛ケ太間堤ニて岡、木津治殿ニ合候、荊捨書付ノ義ヶ様ノ事成ハ持参仕候へハよろしく様被申居候事

岡村役中中嶌・角野両人、磯嶋利助・弥兵衛両人、尚又浅井氏被参候而一寸合候而ゟ直様切所場へ被参候、尚又中宮村与兵衛被参候故、同人へ挨拶いたし夫ゟ半兵衛殿方へ只今帰り候よし申遣し、無程与兵衛只見舞被申候義ニて被帰、半兵衛被参候而外ニ用事も有之磯嶋村へ参り候故、御印持参仕候哉ニ被申候故、同人へ相渡し持し遣し、尤両方共受取書取置申候事

四ッ時ゟ義助岡村役中外夫々へも挨拶不仕候故其方へ参り、天ノ川橋東詰ニて見分被致居、直様天火嶋へ被参候故夫へ参り夫々挨拶いたし、且又天ノ川田中殿・丈右衛門殿両人被居四ヶ村立合切所水低堤切長等さし扣候而、夫ゟ四ヶ村立合天ノ川弥助方へ参りいろ〳〵相談仕候所、四ヶ村ニて岡村・新町両村歩行弐人都合八人同人方ニて酒飯仕候、其上談合ハ此方ノ両村ハ余分ニ而禁野村ハ少しノ事、磯しまハ堤ニ掛り少しノ事成共砂入候ハ大目ニて、尚又不致候へハ同村大差支故取急キ候ハ同村ニて割合ハ禁野ハ取ニ不足、磯しまゟハ此方へ余内ノ趣意、此方ハ両村ニ可致筈成共、いよ〳〵両村ニいたし候事成ハ間々ニいたし度、取急キ候へハ磯嶋ニ大目為掛候積り咄折合不申、左候へハ得と勘弁仕候様被申、咄合夫切ニて、且又受取人村々に有之ハ何程哉、夫々思入札いたし禁野村田中氏へ遣し候様申聞相分レ候事

但し天ノ川ハシ詰ハ禁野村へ相頼置候而、差掛り候丈ケハいたし貰候、尤大目ハ右同様村々いたし候もの、思入札ニ致候村々ノ内下直ニ為致候様申分レ候事、則土坪左ノ通り

天火嶋天ノ川家裏切所

長拾四間半　前四間、馬踏弐間、高サ六

尺六寸
此土坪　四拾七坪八合五夕（勺）
同水下拾一間　前五間　深サ四尺八寸
此土坪　四十四坪　岡・新町・禁野
合九拾壱坪八合五夕　磯嶋四ヶ村立会
大積り仕立置候
事

往還通橋東詰
長拾七間　前馬踏平場三間　厚平弐尺一
寸
此土坪拾七坪八合五夕
又六坪　岡・新町・禁野・渚・磯嶋五ヶ村前四ヶ村立会ニ而大積り仕候事
右ハ三ヶ村立会場ニ候へ共往還銭徳方へ築出し候故、五ヶ村ニ成候事
ハッ時禁野村ゟ引取、岡・新町両村歩行ニ人ニて都合六人新田墓ノ前堤切所見分いたし遣し申候、且日金先日野子事留主中ニて両村役中ニ相尋候所、同人不都合ノ義申し為念今一応相尋置候様存候而、父ゟ被相尋候所同人直々場所へ参り、尤切所へ車井路ノ方杭八尺位ノ所廿本計り打申度被頼申し候ニ付、咄合ニ相成候事ニて土坪左ノ通り

墓ノ前堤
切所長拾四間　前馬踏平場弐間　前三間
高壱間
水上高サ四尺八寸
此土坪　弐拾弐坪四合　岡村・新町村立
合　大積り仕候事
右両村ノ中ニていたし候もの呼ニ遣し相聞候様申し候而夫ゟ相分候事
七ッ時岡村ゟ苅捨ノ書付ニ印形取ニ参り候ニ付押遣し候事
同夜四七日ニ而夕飯同行中へ出、尚又外四、

五人相招申候、逮（マヽ）相勤申候事ニて暮方ゟ初
夜過ニ片付候事
但し芦田氏被参候故留主中ノ礼申候事

（貼紙）
前日ゟ触させ一日休日ノ事
土山切所ニ而地掛り人足へ喜助一日罷出候、
尤村方休日ニ候へとも明日ニいたし差遣し
被申候事

一　七月廿五日　　清天　八ツ時ニ小雨有之 同夜四ツ時同断

早朝馬借所ゟ与吉参り番代ノ差、尤馬壱疋
ニ付五百文ノ差持参、且又宿方等入用ニ昨
年ハ布へ勘七ノ香義ハ遣し有之哉、無之哉
相尋居よし承知仕候、尤父受被置候事
九ツ時上下集番へ切紙遣し廿八日切ニ而壱
疋ニ付五百文集候よし認遣し候、且又三矢
奥田氏用達給候儀、此方ゟ扣置渡候ニ付同
人ゟ受取候様ノ書面遣し候所、当組合分九
拾四匁六分、此金一両壱歩三朱、ぜに弐百
十七文受取申候、左候へハ全先日大坂ニて
扣置候分ニ而ハ三流作丈ケ全義助扣ニ相成
候事
但し七ツ時同人ゟ昨年八朔礼包銀扣長か
しくれ候様頼被遣、尚又上京いつ頃ニ出
候哉、柴尋ニ参り長面かし渡し上京ハ未
タ不知候よし申遣し候事
先達而日金相頼候ニ付兵市呼ニ遣し候所留
主中、尤昨日ゟ大坂へ参り居候よし承知仕
候事
八ツ時中宮村拾四郎被参候而まつ喜一件、
則三矢ゟ銭参り候哉被相尋候ニ付、父へ相
尋候所未タさつはりトハ不参候よしニて其
段申聞候所、直様三矢村へ被参候而早々持
参仕候様、尚又帰り掛ケ被寄候而被申居候
事
留主中用事聞書尤父ゟ承り候分

廿日分
　橋中間ノものゟ掛せん六〆八百五拾文持
　参受取被置候事
廿弐日分
　一日酒煮仕候事
廿三日分
　半日昼酒煮仕候事
廿一日分
　岡村ゟ送りもの到来禁野村へ継申候事
同夜浅井氏被参候而右切所場夫々当村ニて
受取候、思(カ)ノもの扇藤当り相尋候所、同人
義申居候ニハ天火じま切所ハ大体此方とも
積り候も同様ニて、尤此方とも参り候前ニ
岡村夫々同道ニて見ニ参り候よしニて、右
ノ儘ニて受負仕候へ者三百四拾匁土坪成ハ
三匁五分と申居候、且又天ノ川橋詰ノ方此
も三百五拾文ゟハ下ニ而ハ決得不仕候、右
成ハ此方共へ為致呉候様申居候、且又入札
ニも相成候へハ為御知被下候様、直々参り
入札仕候様と申居候、且又墓ノ前堤は余程
積り違候よしニて全此方立会積り候ハ水下
勘定なしニて其違故、明朝最一応見分いた
しくれ候様申居候よし、明朝罷出候間野子
も同道仕候様被申居候
尚又芦田氏御出ニ而両所立会ノ上留主中用
事承り候左ノ通り
十八日
　天ノ川橋番ノものゟ参り、大水ニ而橋板
くゝり候なわ凡三、四〆程取寄、尤九右
衛門方ニ而相調、人足ハ橋番計りニて御
座候事
十九日
七ツ半時堤方様出口村迄御越ニて、夫ゟ
出候御廻文常例ニ而写無之、尤同村ゟ楠
葉村迄ノ文面ニて直様禁野村へ継申候、
且又其夜三矢村へ御越ニ相成、浅井氏被

出候所最早被休候故、旅宿迄不被参候而
引取、明朝罷出積りニ候へ共間違不被出
候、乍去当村ハ岡村ゟ出被呉候故、よろ
しく都合ニ成在之、上村ニ而少々御呵り
有之よし一体ニ不出候、全体余程早く候
故不都合、尚又人足ハ宿方ゟ出候様被仰
聞候故宿方ゟ出候事

廿日

朝五ツ時御触なしニて大坂川方同心様御
越ノよし、且又三矢村ゟ口継申来り直様
浅井氏罷出被呉候所、直大塚村へ御越ニ
相成御通り無之候事、但し右ニ付浅井氏
被参候へ共先ニ大塚へ御越御挨拶不申候
而同人被引取候事

廿一日

大坂湊橋ゟ八幡屋平右衛門相手取候引合
書持参り候ニ付浅井氏受取置候事

（貼紙）
廿一日
小堀様御手代小田彦兵衛様下ゟ御帰りニて
立宿へ申付候所、何歟不都合ノよし大ニ御
立腹、村々役中罷出候様被仰候へ共、全宿
方不調法ノ事と被存候事、くり弥段々ニ相
詫被申候ニ付、天ノ川ニて相済候よし承知
仕候事

同

墓ノ前切所水留仕候、両村出合高役人足
ニて、且なわ・俵・杭、九右衛門方ニて
相調候事
但し天ノ川橋板流れ行在之候ヲ人足手仕
舞ニ天ノ川へ出し置候事、但し嶋の迄流
行在之

廿二日

内野切所へ仮橋掛ケ、夫ゟ天ノ川橋板橋
詰へ持帰り、尤はしハ立会候へ共すき手

有之故如斯候事

同

橋天ノ川西詰損所出来候へ共、是ハ橋番ノもの夫々へ申付為致、尤なわ・俵、九右衛門方へ取ニ参り候事

廿三日

両村役中立会切所夫々見分いたし候積りニ寄候所、磯嶋弥兵衛尚又禁野村田中四ヶ村ニ相成、其上磯嶌より急々いたしくれ候様被相頼、何分咄而已ニ而見分一通りいたし、且天ノ川東詰ハ禁野・磯嶋両村共被相頼候故、銭徳ノ方へ築堤形いたし候積り、左候へハ水難少く渚村へも田中引合被申、然ル所同村ニハ承知ニて立会可申筈成共、御支配御出役ノ方へ掛り居候間不出、何分咄合ニハもれ不申旨被申候よし田中氏ゟ引取候而、尚又追而立会さし候様談決し相分レ候事

（貼紙）

> 廿三日
> 楠葉村ゟ六斎念仏五拾人余り参り候而、軒別ニ打候ニ付、左様ノ儀如何候哉と申引合候所、右様いたし志無之方ハ一通り、少々ニ而も志止り候方ハ相応ニ念仏打候様仕候儀ト申候故、全体打流しハ往還上ゟ下へ通り候ヲ打流しと相心得、尤其儀承知仕居候義ニ而左様ノ事ハ差支ノよし引合為相止候事
> 夫ゟ下佐ノ門ニて少々打候と聞及候、且又三矢・泥町ハあちこちニて有之よし承り候事

早朝ゟ一日休日仕候、尤昨日村方ハ休ニ候へ共不休候故、其方分丈ケニ而為休候事

うば早朝ゟ茄子作村へ参り暮方ニ帰り申候

同夜四ッ時橋宗兵衛ばゝ参り、只今三矢村越後屋市兵衛参り、下ニ一枚はし板講（構）ひ在

之、尚又一枚ハ仁和寺ニひらひ有之故、則下へ席(序)も有之間右村方ニ而取寄候哉、尋ニ参り候旨同人ゟ申参り、則年寄中弐人共此方ニて御座候故、相談仕候所此義嶋の橋ニて岡村長兵衛引受居候へハ岡村ノ方へ申遣し候様被申、則両人ノ節下佐へ申付被申候様相頼置候事

一　七月廿六日　弐百廿日 中天　同夜初夜過ゟ雨降る

早朝八平殿被参候而右墓ノ前切所ノ儀、則扇藤ゟ只今見て参り候所、土坪三拾ニ壱坪三百五拾文ニて持候様いたし、且浅井氏被申候も同様ニ御座候よし申居候旨八平被申、夫ハ浅井氏被申候ハ如何候哉、前夜被申候ハ大違ニて候よし申候へハ、是ゟ同人浅井氏へ被合帰りニ被寄候、則事伝左ノ通り

夜前右様申候へ共、見ニ参り候ニも不及此方申とも少ハ違候へとも格別ノ事ニも無之、右ニて為致候様仕度、全体是ハ此方ゟ延々ニいたし置候へハ岡ゟとん着不仕候よしニて、右ニて為致候も可然様被申候旨承知仕候、且又扇藤ゟ岡村働中間へハ引合有之、念行届候よし承知仕候事、尚又両村入札ニ成候よしニて、尤役中被立合、且当村浅井氏被参呉候事

五ッ半時馬借所ゟ与吉参り、則昨年宿方ニて大南勘七死去ニ付香義如何候哉相尋候ニ付、仕無之よし申候所、大南へ参り候故百疋位ノ取計ニて仕置度よし申居候、且又着馬不揃故此義引合旁々ニて此間小南馬持ゟ取置候書付見せ申候、則半切ニ写置如此大南も取置候様仕度候よし随分可然と申候、勘七香百文ノ儀もいづれ宿方役人同様成ハ随分可然と申候、何分下御年番成ハ御取計よろしく様頼入候様申遣し候事

四ッ時とん田へ義助・喜助召連罷出候様出

掛候所、先ゟ喜兵衛被参候而相止、喜助計
ふとん并ニまんじゆ為持遣、則七ッ時ニ帰
り喜兵衛さん九ッ半時ニ被引取候事
同夜月忌相勤、暮方ゟ初夜過時迄ニて一統
被引取候事
　但浅井氏被参、尚又磯しま弥兵衛被参、
　右立合一条咄合も一寸出申候、取〆リノ
　咄しも無之、尚追而咄合仕候と申居候事
浅井氏へ相尋候所被申候ニハ、右前夜三矢
市兵衛ゟ申参り候一条ハ遣し被呉候哉と申
候所、是ハ岡村ニ申され候ハ浜ニ有之候違
無之候へとも、全先方ニ切手ニもいたしした
く候て追かけ申候義ニて、岡村ゟ可然様仕
候よし、尚今日ニ嶋のはし板取寄、嶋のへ
ノはし掛候事
大工磯しま与三兵衛親子一日相働向平五郎
方はしり仕候事

（貼紙）
同夜禁野田中氏へ喜助を以明日いよ〳〵普請ニ相掛り候様成候哉、相尋遣し候所是非明日ノよし被申居候事

一　七月廿七日　晴《曇》天　八ッ時ゟ雨降る
早朝未明ニ摂州ノ方出火有之、古曽部ノ醤
油屋焼申候よし承知仕候事
早朝ゟ禁野村大久保堤普請ニ付、無拠仕義
ニて人足遣し候様相成、則今日ゟ始り候而
中宮村伊三郎・市松、内喜助・吉助〆四人
参り候尤暮過ニ引取候事
五ッ半時ゟとん田西田氏へ見舞旁々参り申
候且暮方ニ引取候事
　但し年寄中弐軒へ留主中礼遣し候事
同夜禁野村ゟ天ノ川橋詰入札遣し候様申参
り候ニ付、則浅井氏ハ扇藤当りより直々被
聞候故、間違無之様同人入札認被呉候様頼
遣し候所、同人浄行寺御講帰り逗（途カ）中故、此

方ゟ申遣し候様、尤三匁五分ノよし違ひ無之旨、且また前夜岡村ニて当村拵ノもの両村役中立合、并ニ小前拵ノもの入札仕候所、当村三匁五分九貫文ニて当村へ成候よし被申居候事

但し右ノよし使ゟ聢と承知仕候ニ付、先天ノ川田中ノ方へ入札壱坪ニ付三匁五分新町村と申認遣し候、且又両村立合入札ハ墓ノ前ノ堤切所ニて落札当村ニ御座候よし承知仕候事

尚又禁野村へ遣し今晩開札被成候哉尋遣し候所、未磯しま村ハ不参候故、明日ニ開札仕候間其節模様申遣し候事

大工与三兵衛親子一日相働申候、尤向平五郎方はしり仕候事

早朝ゟ鉄之助・半兵衛殿同道ニて尊延寺治五平殿方へ悔ニ参り七ツ時ニ帰り申候事

一　七月廿八日　曇天　四ッ時ゟ小雨降る

早朝ゟ山ノ上寺へ三十五日非時ノ儀相談ニ参り、尤御院主病気故見舞旁々参り候所、同人病気六ッヶ敷候へ共、八月朔日ハ五ッ時ニいたし候へ者参詣仕候と被申、右様相決帰り候、四ッ半時且帰り掛ケ源兵衛方ニ用事有之寄申候事、尤帰り浄行寺へ朔日ニハ正五ッ時御着被下候よしと一応下夫々御寺方へ御達し奉頼候と申置候事

但し参り掛天ノ川堤ニて禁野田中氏出合、前夜入札ノ儀咄候而委細頼置、且普請出役御苦労ノよし挨拶仕候事

留主中

三矢村ゟ廻文到来有之、且又牧方村ゟ添書面、岡村中嶌氏・野子両人へ心得ノ義被申越候、則三矢村ゟ土砂余時御見分、廻文文面左ノ通り

以村継申達候、然ハ余時見分所有之候ニ付、家等（マヽ）来ル晦日ゟ罷越候様被申付候

間、其村々領儘く人足十一人差出置、出
迎役人ノ内印形持参可有之候、無遅滞
早々順達可申候已上
七月廿七日　　高木雄右衛門
元田喜兵衛
三矢村
泥町村
岡村
岡新町村
右村々
御役人中
右岡村ゟ到来ニ付、尚又牧方町ゟノ書面ニ付
年寄中両人頼遣し芦田氏御出ニ御座候、相
談ノ上決着不仕候故、同人岡村へ被参候而
相談仕参り候様被申被引取、尚又浅井氏も
同様同人ゟ咄合ニ被呉候積り被申居候事

（貼紙）後刻

芦田氏岡村へ参り候所、岡中嶌氏後刻参り
候様被申居候よし被申遣候事

七ッ時岡村ゟ御役所様ゟ御免状御渡しニ付
御廻文到来仕候、直様当村申下刻ニ受取い
たし點野村へ遣し候、尤人足へ津の嘉の房
吉遣し候事
但し別帳ニ写置且初夜時ニ帰村受取持帰
り候事
右ニ付三矢村ゟ添書到来左ノ通り
口上
去丑年御免状村々受取候儀、牧方村ゟ八
朔礼ノ節、惣代ニて受取被下候様申参り
候間、両村ニて御答し程跡ゟ御返事可被
下候早々以上
寅七月廿八日　　三矢村
岡村
岡新町村　右同様奉存候

右村々
御役人中

七ツ半時岡村中嶌氏被参候而高槻土砂方御見分ニ付、又ハ当両村切所ノ義届如何候哉ノ段相談仕候所、一向決不申候へとも届ケ置も可然哉ニ相成、左候へハ岡村ゟ御出勤ニ左様頼置候、且両村惣代届ノ様被申居候、且又右三矢村ゟ添書到来ニ付如何候、此義両村ハいづれ近々上京ニて川方天ノ川一件罷出候様仕度、左候へハ日限来八月三日と申申（マヽ）置候、尤三矢村惣代頼候義ハ夫々も不及候よし申談候而、右三矢添書ニ岡村ゟ当村近々御用席有候間、其席受申度積り認（序）被呉候趣ニて当村同様と相認、尤岡村ゟ三矢村へ右添書返却相頼置申候而岡村へ相渡し申候、夫ゟ磯嶌村弥兵衛被参候間、右立会堤普請ノ義相談候所、何分同村磯兵衛様ノ儀ハ同村手元ニ被致高銀何程と相定候而、何程余内候哉此義被相聞候様引合申置候、夫ゟ両人共被引取候事、同夜浅井氏被参候而、高槻行土砂方へ届ケ候義相止メ候も可然様被申、随分此方も同様成共外々思召も有之、無拠義ニて右様ニ相成、左候へハ相止メ候様相決し申候、且岡村へハ同人ゟ被申遣候様頼置候事

同日早朝ゟ禁野堤普請ニ人足中宮村茂三郎・新兵衛・内ノ喜助都合三人遣し昼時ニ帰り、尚又昼後出候所雨降り候而仕事不仕休候而直様帰り申候、尤人足此方ニて七ツ時半迄居候而夕飯食引取候事、大工与三兵衛早朝ゟ親子暮迄働申候事

墓ノ前堤渡し普請今日ゟ相掛り申候よし承知仕候事

浅井氏ゟ則岡久一件願ノ儀、相手方ゟ日延仕置候義ニて其後一応も掛合不申如何候哉、一応外村ニてハ無之引合ニ而も可然様被申

居候事
伊兵衛星田村平右衛門方へ参り、柿拺(渋カ)ニ而も遣し呉候様頼置候所明日持し遣し候様、申ノ柿成ハ一駄拺成ハ六斗と申置頼帰り候事

一　七月廿九日　雨天　暁六ッ時ニ雷鳴有之　早朝五ッ時迄大雨

早朝御役所様ゟ御停止御触岡村ゟ到来、則当村巳中刻ニ受取いたし摂州東成郡東大寺村へ人足喜助遣し候事

但し盆七日志持し遣し候而山崎へ寄らせ且書面添遣し候、尚又七ッ過時ニ帰り申候事、受取取置申候事

右御停止鳴物七日、普請ハ不苦候よしニ而当村中へ七日鳴物停止申触させと廿九日ゟ来ル五日迄ノよし申聞候事

早朝栗弥去二月十日大坂北国屋ニて酒飯有之哉尋ニ遣し、清略いたし跡ゟ参り候様申来り、且又橋の中間ノものへ晩ニ而も宜敷候間、岡村へ銭持参候様申聞、同夜亀定・善兵衛両人参り岡中嶌氏ノ方へ廿五〆文半分拾弐〆五百文持し遣し受取取置候事

早朝まつ喜三月四日大坂牢ノ前江戸屋ニて席料有之哉、尋ニ遣し候所有之覚居候よし申来り候事

四ッ時禁野村ゟ田中屋ゟ被参候而、則村家ゟ橋詰土坪受取入札いたし候様被申候故、入札仕候、然ル所当村三匁五分ノ札ニて此銀八拾三匁四分七厘、禁野村銭ニて八貫五百文と有之候故、其方へ札落申候よし被申候故、今昼ゟ相掛り候様ニ申居候、委細相頼置候事

明晦日土砂方御出ニ付村役人案内ノ義ハ両所ノ内出勤被下候様相頼遣し、且浅井氏へ岡久訴訟一条書付御かし被下候様頼遣し候所、今早朝ゟ墓ノ前堤普請出被居候ニ付跡

ゟと申来り候事
岡久呼ニ遣し願付一条右様右様（マヽ）日延いたし置先方ゟ一応ノ掛合も無之様子如何候哉相尋候所、其侭ニ而打捨有之よし、左候ヘハ同夜佐兵衛三矢村奥田氏方へ参り引合相頼候様一応為念参候様申聞置候事
馬借所ゟ常例番衆ノ廻文出、岡村ゟ到来左ノ通り

以廻章得御意候、残暑不退候所各々様御勇健ニ御勤役可被成候珍重奉賀候、当八月御番衆様被為遊御交代候間、掃除万端御申附可被下候以上

七月廿八日　　馬借所印

宿四ヶ村

御役人中様

八ッ時浅井氏被参候而、右磯嶋・禁野両村立合ノ堤普請、人足より相頼いよ〳〵仕候ヘハ其積りも有之候事故、御渡し被下候哉と相尋候ニ付、実ハ余り高直故不渡被申、四百匁成ハ受取而も見候様申し、何分磯嶋村へも引合候上と申居候、夫故野子へ如何候哉被相談致候ニ付、兎も角も一応ハ此方ゟ引合候而も実意ニ候哉、先方ゟ計り参り候も不実意、御出被下候ヘハ御苦労奉存候、委細頼置候事ニて夫ゟ磯しま弥兵衛方へ被参候事
後刻帰り掛ケ被寄候而被申候ニハ咄合候所同村手元ノ所最一段不都合、村方ゟ被申候義難出来よし被申居候事
伊加賀村喜助被参候而、同人此方立合持ノ井戸今年ハ水多く候故、外ノ差支ニ成、村中ゟつぶし候様申出村方ゟ被申候ニ付、此方ゟも頼出居候故、当方ゟも頼出候様被申参候、夫ニ付浅井氏へ父ゟ明日ニ而も土砂ニ御出ニ候ヘハ、伊かゝノ方へ御席ニよろしく取計御頼入被下候様相頼居被呉候事、

星田村平右衛門ゟ拱三斗荷ニて弐荷六斗参り候事
但し同人跡ゟ被参候、尤直段ハ不渡候へともとん田屋へ節前参り居候もの迚義、仭(刃)をふところニ入村中徘徊いたし、尚とん田屋門ニて立留除(覗)居候様ノ事ニて、夫ゟ又助用事有之候故参り候ニ付、浦ノ廻り尤日金ノ浦へ参り倍入候故、又助弟子・禁野一助両人ニて召捕連帰り候事、
但し騒ヶ敷故相尋候所粗承知仕候事
早朝喜助を以禁野村へ今日ハ普請如何候哉相尋候上、中宮村へ参り人足拵候様申聞禁野村相尋候所、難出来よしニて直様中宮村へ参り人足断ニ出候所、途中ノ間違ニて四郎左衛門参り候故、墓ノ前ノ堤普請ニ四郎左衛門・源蔵両人参り候事
但し喜助も遣し置候へ共引上ケ東大寺へ遣し候故無之候事

大工与三兵衛親子一日相働申候、且会所場下屋直し仕候事
岡村ゟ差入有之引合書、尤同村願人きく殿ゟニて当二月ニ差入有之候分ニて差戻し入替候様被申居候事

一　七月晦日　曇天

早朝八ッ半時ゟ半兵衛殿、吉助同道ニて大坂へ買物ニ被出候、且初夜時ニ被引取候事、
但し暮方ゟ源蔵迎ニ遣し松ヶ鼻迄参り候事
早朝ゟ明八月朔日三十五日法事相勤申候拵仕候事
早朝五ッ時山ノ上寺ゟ村の浄光寺被参候而、先日御約束仕候三十五日参詣ノ義、御院主さん廿八日ゟ大ニ出来悪敷よしニて迚も参詣難出来、いづれ御隠居無間違御出故何時ニ参り候哉ノ儀被相尋候ニ付、則先日右様御約束仕候故、外法中方ハ正五ッ時此方へ御着被下候様浄光寺殿より案内いたし貰置

候間、左様乍去最ニて御出候者五ッ時ゟ四ッ時迄ニ御参詣被下候様申聞置候事
五ッ時浅井氏ゟ土砂方ノ御案内ニ参り候故印形相渡し候様申参り、則お留を以相渡し相頼遣し候而、同夜礼申遣し印形受取候事
七ッ時岡村ゟ明八朔休日ノ儀如何候哉尋ニ参り、よろしくよし申遣し年寄中弐軒申遣し相談ノ上村中へ為触候事、但し明日一日ノ事
八ッ時大坂本町亀武、水鉢ノ花器持参り弐分弐朱と申預り置候事
禁野村両株堤普請ハ相休候〔先ヅ相止メ〕而、明後日ゟ又々土山取掛り候よし承知仕候事
大工与三兵衛親子弐人一日相働申候事

一　八月朔日　曇天
一日休日ノ事
七ッ時起候て法事三十五日相勤申候、尤村中配り膳五ッ時迄仕舞四ッ前時法中方請待仕、尤山ノ上御院主ハ御病気故不参、御隠居さん御出席ニて五ッ時ゟ御入来、御勤御膳相済候上外法中方ハ御引取、暫小座敷ニて御休、夫ゟ御引取、且御院主御病中心急ノよし、尚又日金呼ニ被遣、夫々買もの病人食物等ニて若日金ゟ調参り候へハ此方ゟ遣し呉候様被頼置候、且御出ハ御寺人足ニて、是ハ膳出し候上直様帰し、則送りハ此方ゟ人足弐人ニてかごニいたし、送り八ッ半時ニ人足引取候事
とん田母さん四ッ時ニ御出有之候
四ッ半時禁野村ゟ送りもの参り岡村へ継送り申候事
五ッ時浅井氏被参、法事法中方夫々膳拵等

手伝被呉候、其節昨日ハ土砂御越ニ付、御出勤御苦労ノよし一礼申上被申候ニハ、右土砂方へ天ノ川夫々切所届ケノ儀、則牧方村ゟ心添色々心配仕候へ共土砂役人中御越ノ節、甚々都合よろしくよし、一切当宿内当りハ御咄無之、且御帰りハ出口村三嶋江ノ方へ引取、佐原木村見分ノ上御帰家ノよし御申ニ御座候被相咄案(安)心仕候事、同夜逮夜相勤候而、同行中参詣被致、夜食差出し初夜半時ニ一統被引取候事

但浅井氏参詣候而帰り掛ケ咄合、先日岡中嶌氏と明後三日ゟ右天ノ川石橋一件ニ付上京仕候様治定申置候間、此旨申候所、同人被申候ニハ夫ニ付咄合有之よし、昨日土砂ニ出候而其咄出候ニ付、左候へハ四日ニ被成下□□哉、尤当村御用向六日ニ有之候間、其御積りと申置候而、間違候ハヽ又々申遣し候旨申聞置、且同断土砂ニ出候上、一統ニ四ヶ村役中被出候上、三矢村被申候ニハ先日御免状受ニ付廻文仕候所、両村ハ御席有之よし被仰遣、当方も七ヶ村名前書記置候而、いよ〳〵両村ハよろしく成候へハ、田中、走谷へ印形取替ニ遣し候仕義故、何卒出勤料抔と申義ニ而ハ無之候間、印形持参ノ事成ハ押呉候様被申、且同人・野子印形被押候事被申聞承知仕候事

同日ゟ昼寝内丈ケ為止候、例ニ而御座候事

一　八月二日　　晴天　早朝曇天四ッ時ゟ晴る

早朝浅井氏へ昨日ハ御苦労ノよし申遣し、尤前夜御咄ノ三矢村へ惣代免状受之、書付印形いたし被呉候書ハ御心得ニ御座候へハ一寸御認御遣し頼遣し候所、矩と覚不申追而奥田氏へ頼写候様被申越候事

岡村中嶌氏へ先日上京ノ儀、三日ノよし御談申置候所、何歟昨日被申候ニハ四日ニ延引いたし置候よし、四日ノ上京ニ咄いたし

置候よし被申居候事ニて、左候へハ其御積りと申遣し候所、承知ノ旨被申越候事、中宮村ゟ西兵衛手伝ニ参り候故、禁野村ノ普請ハ休、土山ハ未タ不掛候よしニて、墓ノ前ノ切所砂入ノ渕うずめニ源蔵・西兵衛・内、吉助・喜介遣し候事

　但し渕うずめ候ニハ土無数候故、八平分もほしくよし候而一応八平殿へ掛合頼候而可然と申、吉助同夜参り候事

四ッ時禁野村橋詰普請大体出来候故詰いたし居故一応立合くれ候様申参り、義助罷出候而、尤往還見通し、紀伊様抔御通行仮橋ノ節、差支不申哉ノ義被相尋候ニ付、見候上差支不申様申聞置候事

五ッ時夜前四ッ半時宿方ゟ与吉参り、浅井氏方起し候へ共明キ不申、則八郎兵衛殿大坂ゟ飛脚ニ而御番衆舟積り儀掛合候所、昨年通りニいたし置候様申之候故、昨年ハ如何振り入候哉、帳面等持参ニて明日ニ而も馬借へ浅井氏成共御出勤被下候様、被頼遣候様申参り候よし、母ゟ承り知候事、右禁野村立合普請所へ罷出候所へ又々与吉参り、夜前参り御頼申置候一件、浅井氏成共相下り被下候様頼ニ参り、則岡村ハ次郎兵衛殿頼置候間くれ〳〵頼居候、左候へハ同人浅井氏へ参り頼置候様申聞帰し候、跡ゟお留を以右様馬借所ゟ申来り候間、如何被成下候哉よろしく頼入候様申遣し候所、同人帳面かしくれ候様被申、参り来候様被申居候事ニて、昼飯ゟ被参候と承知仕候事

　但し与吉ゟ弥明三日ゟ御番衆ニ候哉相尋候所三日ノよし申居候事

とん田母さん八ッ時ニ被引取候事

九ッ時前しま、おかるさん、おすへ同道ニて被参七ッ時被引取候事

一　八月三日　　晴天

五ッ時三矢村ゟ御免状壱通、皆済目録壱通、都合弐通持参受取、尤受取書遣し候事

浅井氏ゟ、昨日相渡し候昨年御番衆舟積一件帳面被持遣受取候、且淀宿へ引合不被申候而ハ、何分不相分よしニ申居候、尤昨日被罷出咄合いたし被呉候事

八平殿呼ニ遣し、明日ハ上京仕候而、則当春夫々天ノ川石橋一件、万人講世話ノ儀相頼候、此も節々御役所ゟ御催促ニ而、無余義事ニて其義断候様、且て成事成ハ願下ケニいたし度、御入魂仕内々相頼出候様仕度ニ付、上京仕候故一寸同人迄咄合仕置候旨、尤外々へハ咄合有之候とも極内々ニいたし被呉候様、畢竟同人迄為念ニ而申聞置候事

早朝ゟ中宮村ゟ与助手伝ニ参り候故、墓ノ前切所へ遣し、人足同人・喜助・吉助三人参り、且四ッ時ゟ八ッ時迄酒代□ニ渋かひ申候、渋かひハ惣助・宗吉手伝申候、尤中宮村与助暮過ゟ引取候事

　但し源蔵ハ早朝ゟ下嶌へ参り候事ニて則暮方ニ帰宅仕候事

芦田氏御出ニて明日上京仕候旨咄合、尚留主中万端相頼置候、且万人講世話人へ上京ノ儀咄合、如何候相談いたし一同咄合仕候も不都合、八平・半兵衛両人へ申聞置候而も可然存談合候事

岡村へ明日ハ弥上京成ハ供ハ相合候て者如何候哉尋遣し候所、同様被申遣、其上長兵衛へ供岡村ニていたし候様頼置候よしお留申居候事

尚又岡村ゟ長兵衛参り、明日ハ大体通例ニ候哉尋ニ参り、同様申遣され候、尤父ゟ答被置候事

御番衆御国番御通行、今日ゟ相始り候事、

　但し八ッ時ニ御通行有之候事

大工与三兵衛親子一日相働、尤会所場下屋

直し仕候事
早朝天ノ川仮橋はづし有之分為相掛候、尤人足五ッ時ゟ岡村弐人・私市屋卯兵衛・新町扇藤・打《(内カ)》与兵衛四人ニて橋番為出候、尤四ッ時ニ相片付引取候、尤針皆折此方ゟ拾弐本遣し為打、且不足ハなべ治ニて取候様申聞置候へ共、同人方ニて皆折有之候故、此方ゟ遣し候分ニてよろしく打置候様承知仕候事
四ッ時磯嶋弥兵衛被参候而、外ニ内々咄合有之上切所普請余内ノ儀、大儀ゟ八拾匁出、村方ゟ百匁都合百八拾匁出銀仕候間、可然様被申候故、先ツ外々へも咄合置候様申居候所、外用ニて浅井氏方へ被参候よし、左候へハ直々右ノ趣咄合被呉候様申合夫ゟ被参候、尚又八ッ時又々被参候而、同村此方所持ノ荒所、渕成場仕候故、人足賃渡しくれ候様被頼居候、尤父引合ニて委細不存、其節今朝浅井氏へ参り候へ共留主中ニて咄合無之よし被申居候事
同夜浅井氏被参候而、右弥兵衛同人方へ被参候よし被尋、則此方ニて咄ノ趣意咄いたし候所、同人大体左様成ハ取片付候而も可然被申居、且又岡久一件ノ儀、弥明日上京ニ付留主中頼置候故、六日迄ノ日延成共六日ニ出候哉、七日ニ出候哉最一段難相分候へ共、五日中ニいづれ岡久遣し候故、若間違候而も六日中ハ待合候様手筈被申置候、且又
同人昨日節《(マヽ)》ニ右馬借方ゟ呼ニ参り候故、昼飯早々参り候所、万庄出坂被致候ニ付而ノ事、大体昨年趣意咄合候而淀宿引合被致候様申、且淀宿上ケが伏見成者、浜迄ニ而引合被致候様申置帰り候、尚又今日三矢村へ用事有之参り候所、奥田氏被申候□□、先日岡久一件ニ而御使被下甚々不相済候へ共、

何分右ノもの故致方無之段断被居候、且
近々上京ハ同人不被参候旨、被申居候よし
承知仕候事
　但し岡久一件、一昨日当り相手方ゟ岡村
川堀屋相頼遣し引合いたし候へ共、取る
も付かぬ様咄合よし承知仕候事　但し同
人ゟ聞取候事
岡本屋久右衛門ゟ文次郎被参候而、明後日
ハ付添相勤被下候よし御苦労ノ寄り（マヽ）挨拶被
致候ニ付、委細ハ浅井氏へ咄合いたし置候
様申聞候事
尚又浅井氏ゟ墓ノ前仕候人足ゟ賃銭ノ義相
頼候ハ、次ニ天火しまも仕候へハ、墓ノ前
ニ不拘拾五〆文、当時買物等有之故取替く
れ候様、利足等ハ付候而も不苦候旨申居候
間、此段相頼よし被申居いづれ相渡し候事
故、兎も角も申居候、若留主中入用成ハ父
へ相頼置候間、何時ニ而もと申居候事

但し直様相頼置候事、尤証文取被置候様
　此ハ浅井氏ニ申置候事
吉助、八平殿へ参り咄合、土取ノ儀同人も
取貰候方勝手ニ被存候よし、左候へハ咄都
合仕候よし承知仕候事
一　八月四日　晴天　五ッ時ゟ上京
早朝ゟとん田、其外庄所・前しま・柱本
夫々へ五七日志持し遣し喜助遣し候事
兵市参り候ニ付日金ゟ頼参り候儀咄合、同
人ゟ仲人とも相頼入、都合よく成候様取計
申聞置候事
五ッ半時ゟ義助、岡村中嶌氏同道ニて上京
仕候、尤供ハ同村大利屋連参り候事
早朝ゟ大工与三兵衛親子参り申候事
墓ノ前渕うずめニハ源蔵・中宮村ゟ四郎左
衛門・内ノ吉助参り候事
お留を以御年寄両人へ留主相頼入候様申遣、
且同人も留主中ハ両家へ参り候様申聞置候

事
五ッ時ゟ三人同道ニて上京、尤天ノ川一件ニ付罷出候、橋本餅屋ニて休、夫ゟ横大路ニて休支度仕候、夫ゟ本願寺へ参詣いたし久下屋へ着仕候、同夜岡中嶌・義助同道ニて相沢様へ罷出候而内々咄合候所、大ニ六ツヶ敷様子、是非〳〵左様ノ義成ハ手元ニ而も困り入候旨御推察ニて、御講ニ而も取繕取計候而ハ如何候哉、何分勘弁仕置候様被仰下、尤是ハ最初ゟ一柳様ニ御掛候故、先ツ一応ハ彼方へ罷出候而、頼入候も可然様被仰、夫ゟ何れニ御賢慮ノ程と相頼罷出、夫ゟ一柳様へ罷出同様難渋ノ次第相頼而、御賢慮ニ縋り候様相頼入置候所、何分六ッヶ敷故先方へ引合而早々被掛候寄外無之、乍去延引ノ所ハ少々ハ又々江戸表へ可申上様も有之、外仕様無之よし被仰聞候、達而相頼置候事
同夜夫ゟ引取候、久下屋へ四ッ時ニ御座候事
　但し相沢様へ菓子料持参、尚又穂積様行ノ菓子料ニ而直様一柳様方へ罷出候事

一　八月五日　晴天　在京中
早朝一柳様へ両人同道ニて参り、何分の勘弁置被下候様相頼入候所、先々勘弁仕候様被仰聞候事ニて、夫ゟ両人引取色々勘弁仕居候、四ッ半時ゟ三人同道ニて大谷へ参り、四条支度いたし、中嶌抜（カ）ニ成候而、夫ゟ七ッ時迄夫々見物いたし引取候事
七ッ半時岡久上京被致、尤同人ゟ三矢村利右衛門願付一件日切ニ成候故被参候事
同夜暮早々ゟ両人同道ニ而穂積様へ菓子料持参ニて参り、天ノ川一件難渋ノ次第逐一申上而、何分御賢慮預り度旨相頼申上候所、何分右様成来り候事ニて六ッヶ敷、全体役人共不都合不相済段、御叩り有之何とも申

方無之奉畏候、然ル所致方も無之迚、先ツ是迄ハ御役所へ願文差上候事も無之、書付ニて御役所へ歎キ申上御願候而も可然様被仰聞、其方ハ心得違抔も御役所へ申出候へとも御役所ゟ江戸表へハ左様ノ儀不被申上候而、甚々困り入候旨被仰聞、御尤至極ニて幾へにも御勘弁と願置候事、尚又外ニ其方儀ハ如何ニ被仰候故、両人共庄屋役人ノ義申上候所、御□□（序）留ニて其上被仰候ニハ此方へ両人被参候故乍席申入候、且別段ニハ御触御役所へ御呼出しも有之候へとも、其節心得申上候様ノ答ニ而、此度勢田川浚ニ付御勘定、大竹庄九郎様并ニ御普請役様御越候而、願主有之候とハ乍申、御公儀ゟ被成候も同様ニて差障り不被申由、其村々ハ如何取計候哉、御尋故両村ハ小高ノ事ニて入用等いとひ無、村達而差障り申立候□無之何分多くニまかれ、則渚村六左衛門へ惣代相頼置候と答候所、尤夫々惣代ノ分御聞ニ付申上御書留ニて左様ノ事成ハ御役所表ハ差支無之よし答置候様被仰候、最一段とハ存候へ共承知仕帰り、乍去御内々ノ事故又々申上候積りと存候事ニて、其夜四ッ時ニ相成候故久下屋へ直様引取候事

（貼紙）
穂積様被仰候ニハ、則勢田川浚御勘定様ニハ相沢様ニ穂積様御両人都而御掛りよし、いづれ左候へハ天ノ川表も見分有之候へは何と成共答不申候半而ハ難成困り入候事と被仰、尤右ニ付其方心得ニて申入候とて右咄合御座候事

　但し明日ゟ其方へ御遣し咄し有之候事

同夜暮前ニ義助壱人時候見舞ニ曽我様方へ参り、尤壱封菓子料持参仕候、乍席私村方久右衛門義願付候一条、対談ニも不相成候様子、大体付不申候へハ今晩ニハ当地参り

候様手代置候事ニて、付不申候て若参り候へハ又々明日罷出候間、御苦労の段御挨拶仕置候事

一　八月六日　　晴天　　　在京中

早朝相沢様へ岡中嶌同道ニて罷出、則前夜一柳様へ罷出咄合御頼申上候趣意、且穂積様方へ罷出相頼置候義逐一申上、尤穂積様ニ而ハ是迄書付ニ而ハ差上不申事成ハ、又々書付ニて欲出候而も可然哉ノ旨被仰よし申上候所、随分夫も可然と被仰、何分勘弁仕置候様被仰、乍去只今ハ是ゟ出役心急キニてと有之故、其侭相頼置候而引取候事

五ッ時三矢村かせ甚被参候而、夫ゟ利左衛門参り候ヲ相待居候事

五ッ半時岡中嶌被出候而、親類ノ方其外方々へ被参候而、勝手用ニ致居暮前ニ被引取候事

三矢村利右衛門九ッ前時参り夫ゟ仕度いたし、三矢村弐人咄合被致候へ共対談付不申、双方申入ハ八ッ時ゟ茶場へ出候而、甚兵衛ニ差出為書候而、御役所へ罷出候、則御其買（マヽ）へ差出候所、掛りハと御尋ニ付曽我様と承り候よし申答茶場ニて扣居候所、又々御呼出しニて元〆方御役所へ罷出候而、則御掛り曽我様御出有之、右利右衛門へ御利解有之、いづれニ対談仕候様、もし対談不仕候へハ御定法受候哉、別而御利解御憐愍

（貼紙）
且又利右衛門、通願書等差出候へ共、ヶ様ノ儀ハ御取上ヶ無之候て御下ヶ有之候夫ゟ

ニて、御定法義ハ右願ノ通りゟハ少しも不引候へ共、対談いたし候へハ相対を以引合為まけ候方、利方と迄被仰候、夫ゟ付添甚左衛門ゟ願上茶場迄御下ヶ有之候而、腚と対談ノ引合ニて弐拾〆文ノ内当時拾〆文差入、残り証文ニいたしくれ候様被申、夫ハ

難出来旨岡久ゟ答候故、弐拾〆文差入候よし二而、日延ニいたしくれ候様被申、左候へハ日延候而も又々罷出御互ニ入用も掛り候事ニて、是非弐拾〆文急度出候へ者随分対談為致候旨野子ゟ引合、尤利右衛門受候而ハ難出来、甚左衛門殿引受ニて候へハ今日ニ下済いたし帰り候旨申候所、同人本人最一応掛合いたし度、随分念ノ上ニも念被入候而と申入、大体対談付候様子、然ル所御役所ゟ曽我様野子御呼出しニて罷出候へハ御貸付御役所ニ罷居候故、一寸沙汰仕候様被仰、尤大体ニも落合付候よし、御貸付御役所へ暫仕候而ゟ、甚左衛門・義助両人罷出候而、何分明日迄御延引奉願候、久下屋へ引取候、夫ゟ双方段々引合、当月廿五日切ニて弐拾〆文甚左衛門殿ゟ証文差入取替せ為相済候事、尤差出書付書料も三矢村ゟいたし申候、且又久右衛門へ同夜甚兵衛殿方へ参り右ノ始末ノ願下ケニ書付頼置候様申聞候、夫ゟ同人頼ニ被参候事

同夜初夜過時ニ地震中ノ所有之候事

一　八月七日　　晴天　　在京中

早朝岡久、甚兵衛方へ書付取ニ遣し持帰り、尤書料同人ゟ為払、五ツ半ゟ御役所へ罷出候而、義助御貸付御役所へ罷出候所、曽我様御出ニて対談仕候よし申上候所、願下ケ済口書付銀子受取候趣ニて、是ハ不都合不受取候哉、左候へハ其趣書付候も可然よし、乍去岡久へ取置候書付ハ甚左衛門ノ証文ニ分り候事故、承知ノ義ニて有之旨申上候所、左候へハ可然旨被仰、夫ゟ扣居候様御申、暫仕候所御呼出しニて一同揃元〆方御役所へ罷出候所、元〆林田様御掛りニて久右衛門ゟ利右衛門相手取滞出入百八拾七匁受取、百匁用捨いたし、済口願上仕相違無之哉御糺、左様ノ旨御答申上候而、御代番今日御

用ニ而御他行、留置候而申上候様被仰渡受印も無之相済候事
　但し曽我様ゟ一寸御内宅へ参り候様被仰候ニ付、御用済次第罷出候所、御内々用事ニて御同人御役所ゟ御帰り咄合仕候事
四ッ時久下屋飯仕払勘定ノ内へ金壱両弐歩相渡し置候、夫ゟ身拵いたし四人同道ニて同家出候、尤三矢村弐人ハ御用済次第出候よし承りて夫ゟふしミへ出、綿長ニて四人仕度いたし舟四人中へ六人前取之、尤舟飯代共岡中じまへ付置、且ふとん壱丁代弐拾四文ハ岡久ゟ出し置候て、且綿長へ八ツ前ニ着、夫ゟ急キ候而中飯いたし舟ニのり候所、非水ニて日間入、然ル所三矢村弐人も同舟ニて、乍去右弐人ハ乗合ノ場ニ被居暮方過ニ鶴屋浜へ着いたし三矢両人へ相分帰村仕候事
　但し岡相分レ、且久右衛門殿相分候節、今晩ハ得出不申よし被申居相分候而引取候、尤荷物岡村ゟ直様供持参仕候事
同夜お留呼ニ遣し年寄中弐軒へ只今帰り候よし申遣し、尤留主中御苦労ノ段挨拶申遣し候事

一　八月八日　雨天

早朝又助ゟ月渡し銭ノ儀お留を以頼出候ニ付、後刻弟子参り候故、父ゟ三〆五百文相渡被申、尤書付取被置候事
早朝ゟ同夜逮夜六七日ニて拵仕居候事
大工与三兵衛親子一日働申候事
中宮村四郎左衛門ゟ土山《市辺》普請ニ参り、尤早朝ゟ暮迄手伝候、且源蔵も同様ノ事
早朝ゟ昼過迄酒煮いたし桶弐本煮申候事
　但し手伝、惣助・伊兵衛・喜助・吉助・長蔵ニて外ニ鉄之助手伝申候事
同夜逮夜ニて夫々同行中参詣被致、初夜過ニ被引取候事

芦田氏参詣ニて跡へ被残候而咄合、京都ノ始末仕居候中へ浅井氏下ゟ被帰候故被参候而、則供養ニて呼、夫ゟ同断咄合仕候事ニて留主中御苦労ノよし挨拶仕置候、且岡久一件済口仕候よし申聞候事

同夜中宮村市杢下女連候而参り候事

（貼紙）

留主中用事母ゟ承り而書記候分
四日岡村藤田菊屋ゟ引合書五〔四〕通持参被致受取置候事
但　元七百九十四匁六分弐厘　一通
　　　弥右衛門外壱人
元り四百十六匁　一通
　　　平右衛門、房吉外壱人
　　　但八月三日日付
元り三百六十六匁　一通
　　　茂吉、弥右衛門
元り百六十弐匁　一通
　　　まつり、善助
同　父ゟ承り記置候分
浅井氏ゟ書付参候故、墓前堤普請人足賃九貫文、尚又酒代三百文ハ岡村ニて半分、当村ニて都合九〆百五拾文扣被置候よし承知仕候、金九貫文両村扣へ、百五拾文村方扣候事

一　八月九日　晴天

早朝ゟ中宮村ゟ西兵衛手伝ニ参り、源蔵・吉助三人市辺普請ニ遣し、杭廿四本遣し候所不足、昼ゟ又々壱本持参いたし暮迄働申候事

大工与三兵衛親子一日働申候事
　但凡半人、村方郷蔵戸直しいたし候事、
　且又外ハいろ〳〵小仕事いたし候事

八ッ時禁野村ゟ送りもの弐人参り岡村へ継

送り申候事
一　八月十日　雨天
大工与三兵衛親子早朝ゟ参り、尤息子八ッ半時ゟ少々病気被帰、与三兵衛一日被働尤きね直し、はしり仕候事
岡村ゟ八ッ時手引無之座頭送り戻し参り候ニ付、禁野村へ遣し、且人足惣助参り候事
七ッ時禁野村ゟ手引無之座頭送り来り候付、無何心岡村へ遣し候所、手引無之ハ送り不申よしニてつき戻しニ相成、尤人足ハ京惣参り候故、岡村行夫ゟ禁野村へ遣し、日数弐枚付させ候積りノ事
但し取計五文遣し候事
伊加賀村喜助被参候而、則井戸ふたいたし候而、今日仕舞ニ成候故、人足弐人半も掛り候へ共、人足ハ同人方ニいたし候而、酒壱升くれ候様申参り壱升同人へ相渡候、尤同人ども中間ノ井戸故こわ入候而ふたいたし候よし、席も有之ハ見呉候様被申、是ハ追而勘定いたし候よし申居られ候事
御番代御通行御休日ノ事
留主中用事、浅井氏ニ聞記置候
五日勢田川浚一件ノ儀ニ付、禁野村彦平殿ゟ廻文到来、尤岡村ゟニて磯嶋村へ遣し候事但し六日早朝寄天弥宅
六日
浅井氏早朝ゟ天ノ川弥助方へ参会ニ被参候所、勢田川浚一件ニ而牧方但拾一ヶ村寄申候而、先日大坂御番所へ摂河四人惣代夫々被呼候而被仰候ハ、右勢田川浚先達而ハ右様故障申立候事ニて、此度も大竹庄五郎様、外普請役弐人御越、いよ〳〵差支候事成ハ故障申立不候哉御尋、且先達而ハ多分惣代故雑費も多分入候事故、人数越し候而、罷出候様被仰候事ニて、何分私共四人ニ而ハ難申上、当八日迄御日延被下候様奉願候而、

夫ゟ四人ノ内ゟ廻文を以四日寄候義、且大坂浜卯方へ先達而ノ惣代、此方ハ渚村六左衛門方へ申参り、同人此頃ノ事故天ノ川相談ニ相成候而、天ノ川より左様ノ事成ハ先ヅ木屋村□□三郎へ向ケ頼遣し候も可然と、夫ゟ同人六左衛門代ニて木屋村へ頼被遣候故、木屋村四日ノ参会相勤帰り候而、席上ノ様子市川田中へ向申参り、且書中ハ先日参り候所、弥先達而ノ通ニ故障申立候積り、左候へハ先達而ノ通り調印同様ニ御座候哉得と相調候様、委細ノ儀ハ追々ニ御咄申上候間、尤其席ゟ惣代ノ内ゟ川筋見分ニ弐人参り候よしニて、此組合も如何候哉ノ義咄合ニて、磯嶋村・楠葉村両村ハ小前へ咄しいたし候所、左様ノ義難渋ノ村方一村不申立候、半日も出来候時節成ハ出来候事故、一村除キくれ候様被申、右様ノ事ハ役人ノ申方ニハ無之哉、いづれ迚も難（マヽ）村違無之、夫々左様ノ事小前へ咄合候も不都合、弥左様ニ成候へハ、若哉御勘定御泊りニ成候而もこちらゟハ一切構くれ不申、得と御勘弁と田中ゟ被申候故、先ツ左様ノ通りニ相成候而七ッ時ニ引取候よし、尤田中ゟ木屋へ返事ハ当組ニも一、弐人彼是申村方も有之候へとも何分追々申上よろしく相頼候様申遣、尤追々相紀申聞置候様申遣し候よし申被咄候事

（貼紙）

尚又田中ゟ被申候ハ、先達而勢田川浚一件願文留帳、則新町へ渡し受取取置候間、清略かしくれ様被申候故、得と清略いたし候様被申帰候よしノ事尚又廻文出し候へハ、間違なく早々参り候様呉々頼押而居候よし承知仕候事

一　八月十一日　晴天

早朝ゟ中宮村新兵衛手伝ニ参り候ニ付、内

吉助・喜助・源蔵三人新田砂入、畑普請ニ
参り候事
同大工与三兵衛親子一日働尤傘置為致候事
四ツ時岡、角野氏被参候而只見舞、且此間
中上京ノ挨拶被致九ツ前被引取候事
四ツ半時芦田氏被参候而先□ノ礼被参候事
八ツ過時ゟ泥町村木南氏へ参り老人ノ悔申
候、尤とら屋印紙三枚包持参仏前供申候、
且色々咄合七ツ時ニ出申候事
但し同人被申居候ハ同村ニ水死人有之、
其趣御役所へ御届ケニ鯛六被参候よし承
知仕候事
帰り掛ケ馬借所へ寄候而、奥田氏幷ニ片山
二階屋日垣面会世間咄し居候所へ天ノ川田
中氏大坂ゟ被帰候而被通、然ル所浅井被居
候哉被尋候ニ付、如何候と尋合候所、御役
所ゟ同人当ノ書面、則曽我様ゟノ書面ニて
野子受取候所、又々其場へ浅井氏被参候而
相見せ候所、開封ノ上野子へ参り候書面ニ
て受取候事
但し片山申被居候ニハ当年ハ大南馬も能
出候而、尤小南も出よろしくよし且御
内々ニ而岡惣代被申居候、新町足銭ハ如
何相成候哉被相尋候ニ付、全体惣代不相
分よし申居候事
同夜藤田屋・蔵ノ谷仙助弐人参り候而、金
三歩かし渡し呉候様相頼候ニ付、先ツ惣代
ノ方へ参り相頼置候様申聞、八平方へふり
遣し、尚又参り候而参り候所、留主故明朝
参り候よし申居候事
同夜牧方村田中氏被参候而、岡村角野一件
同村光照寺ゟ咄合有之、夫ニ付野子も一月
ニ相談ニ加り御席ニ中嶌・今西両所へノ咄
合仕候様被申談、可然如何様共可仕よし申
居候、且又又助一件已来ノ舟方書付取候一
条咄いたし申候、尤泥町水死（カ）一条咄も出候

間、いづれ明日御出会候事故、其節ノ模様と申分レ且少々酒出し候而夜中時ニ被引取候事

一　八月十二日　晴天

早朝ゟ中宮村太助手伝ニ参り候ニ付、墓ノ前砂入荒場普請ニ吉助・喜助三人共参り候事

八平殿被参候而、藤田屋・仙助両人参り、仙助ノかし渡し三歩と申候へとも弐歩くらひニいたし度よし被申参候事

八ッ時馬借所ゟ与吉参り明日ハ御番代大番故、出勤頼ニ参り候事

但し同夜お留を以両所へ今日馬借所ゟ頼ニ参り(候脱カ)よし申遣し候事

七ッ半時お留を以泥町村へ今日も見舞可申義ニ候へとも取紛無其儀、京都如何成候哉尋ニ遣し、且手入用ニ候へハ被申越候様申遣し候所、先ツ京都ハ大坂へ御ふりニ成候よし、大坂ハ未タ不相分よし、且早々寄候へハ頼候趣申帰り候事

同夜兵市勝手ニ被参候様申遣し候事

大工ハ休日ノ事

大坂平野橋長平ゟノ内用并ニ少々聞合ノ儀、頼越しノ書中当月八日ニ参り候故、返書相認置候事

同夜藤田屋・仙助両人参り八平殿へ頼候所承知候事故、明日参り候而調印仕候間、証文此方ニて認貰候様被申居候よし申候、夫ハ不都合いづれ同人ニ為出候而、明日ニ而も証文調印ノ上持参仕候様申聞候事

一　八月十三日　晴天

早朝岡村京庄被参候而、足銭口ノ儀不足ノ所ハ如何候哉、急々勘定仕立相渡し呉候様被申居候ニ付、父ゟいづれくりや立合ニ而勘定ノ上相渡候様被申居候事

（貼紙）
早朝藤田屋参り、仙助ノ金子かしくれ候様申し候ニ付、則証文持参、八平調印も有之故かし遣し、尤父ゟ弐歩弐朱かし被渡候事

五ッ時芦田氏ゟお留を以御番代御通行、大番ニ付出勤ノ儀、少々病気引籠居候故得参り不申よし断被申越候事

五ッ半時ゟ袴持遣し義助出勤仕候、尤岡村中嶌氏相誘、且角野氏も同様、今西氏も相誘候へとも是ハ跡ゟ参り候よしニて三人同道出勤仕候、尤浅井氏ハ坂伝方へ参り被居候ニ付同時、尤仮会所ハこまり候て夫へ被参候、夫ゟ今西も被参、定役下年中壱人も不被参候へとも相勤、且定役変りハ国治壱人参り、尤中飯弁当取ニ遣し候積りノ所、膳多く余り候故、取ニ遣し不申膳食申候、暫いたし候而跡改御出是も相勤、夫ゟ木津治殿・角野氏・浅井氏相分レ、中嶌氏・手前両人泥町村へ見舞い申候所、木南被申候ニハ同人も忌中故難出故両人居候様被頼候而、暮迄居酒飯いたし引取、且八ッ半時ニ御出役、御検使御越、尤御同心弐頭ニ小もの用達手代壱人参り同夜泊り候よし被申候趣、承知仕候事ニて暮過中嶌氏同道ニて引取候、馬借前ニてお留迎に参り候故合申候事

且又木南氏ニも勢田川浚ノ儀相談いたし、尤京都ニて御内真（カ）も有之よし申談候所、御届ケ三矢村も惣代被致候へハ何歟承知ノ上、得と申聞候積りニて、且相談当四ヶ村ハ少村故、迚も一村達而故障申達候程ノ力無之、多分ニ准し居、無左候てハ又々但（カ）合ニ差支、無拠義ニてと答被置候様委細ニ申聞置候事

五ツ半時参り候節へ牧方村ゟ書面到来、則使ハ直様被引取候故、尤出勤仕候へハ浅井氏も出合候事故、書中持参ニて下り浅井氏

ニ咄合候て、是ゟ同人牧方村へいよ〳〵先方へ掛合、尤左候へハ当方へ向ケ御入来ノよし被申遣候様相頼置候、同夜帰り掛ケ岡中嶌同道ニて帰り候節、乾ノ門ニて牧方村ニ合、夫ゟ中嶌ニ相分レ、且同人へ後刻罷出候よし申聞置候而相分申候、夫ゟお留内へ帰し、今晩岡村へ談合有之候故延引成候よし申遣し、尤浅井氏内々被居候へハ岡中嶌氏ノ方へ向ケ御入来申遣し、牧方村同道ニて中嶌氏へ参り申候所へ右様ノよし咄合候へハ、同人も三矢村ノ方ニ無拠用事有之よしニて其方へ被参候、夫ゟ角野一件咄合、其上今西氏も呼ニ遣し貰申候所、甚々六ッヶ敷故何分銘々共も勘弁いたし、亦々罷出候よし申帰り尤夜中過時ニ候事

　但し牧方村被申候ハ又々野子方へ迎ニ参り候よし被申居候事

留主中

岡村ゟ七ッ時、御役所様ゟ出候銀納初納六拾匁、炭彦掛ケ来ル九月五日切ノ御廻文到来、則岡村へ受取書遣し当村留メニて御座候事

一　八月十四日　晴天

（貼紙）

暁八ッ過時ゟノ事ニて、七ッ時ニ見付寄集り候へ共、最早峯薄ノ様ニ成有之、いたし方無之、尤磯嶋ハ壱番□被付候事ニて、御役所方夫々ハ今暁寅上刻ニ出火、同中刻ニ鎮り候よし相認書付仕候、且又初納御触書浅井氏上京ニ一緒ニ持し遣し候事、但し受印ハ浅井氏被致置候事

暁七ッ時当村水車小屋出火候而同半時ニ相鎮り申候、尤寄候村方大塚村町共、禁野村・天ノ川・磯嶌村・伊加賀村・牧方村・三矢村・泥町村・岡村都合十ヶ村ニて纏参り、且其中ニも牧方田中氏・岡中嶌氏・今

西氏・かせ六・角野氏子息并ニ年寄中弐人共七ッ過時ゟ此方へ引取候上、水車ノ事故いろ〳〵相談いたし、尚又日金呼ニ遣し右様ノ儀、已来ハ建直し候哉ノ義も咄入候所、已来相止メ候様、尤日金・庄兵衛代り弥兵衛両人被申居、夫ゟ京都御役所行届文、大坂御奉行所届文、高槻届文三通共相認、尤両人ゟノ申口已来止メ候義ハ畢竟手前共心得ニいたし、只一通りニ届ケ申上御尋も有之ハ追而申上候よしニ談決、夫ゟ出勤人清略いたし、然ル所夜明ヶ方日金ゟにぎりめし・にしめ共参り夫々へ出し申候、かせ六・角の子息被引取、夫ゟ浅井氏上京出勤相頼候て、則先方身寄壱人、人足壱人都合三人参り候よし申談し、日金へ咄合候所同人とんと遣し候人無之ニ付、与兵衛ニ長兵衛弐人遣し候よしニて五ッ時浅井外ニ弐人同道上京被致、尤御役所ゟ御出役有之候へハ其沙汰人足戻し候手筈致置候、且大坂行まつ喜へ頼遣し候所同人承知仕候、五ッ半時ゟ書付相渡候、則大坂多田屋へ参り、尤北国屋へ向ケ参り、夫ゟ多田屋咄合ニて都合よく取計候よし申聞置候事　岡中嶌氏・今西氏共五ッ半時被引取候事

朝飯早々ゟ角野氏被参候而、何歟談合九ッ時迄被居申候、且高槻土砂方行岡久へ相頼候所承知仕候、四ッ時ゟ被参候、尤書付相渡し何歟申聞置候事ニて七ッ時ニ被引取、都合能御聞届ケ、乍去先ツ御同役高木様留主中ニて咄合置、若跡普請も仕候へハ申出候様被仰聞候よし承知仕候事

但し日金夫々へ出勤方へ挨拶ニ遣し候事

五ッ半時日金ゟめし参り、角野氏ハ給不被申残り、夫々へ出し申候て、夫ゟ日金隣組、亀庄隣組ニて壱人ツヽ焼跡番申付、尤日中分ニて有之よし申聞候、且朝ゟ柴半・上竹

弐人出申候、昼ゟ井庄・岡久両人出申候事
　但し纏出し置灯燈ニ岡新町両村共出し置
　候事
四ッ時亀屋万助・日野屋善次郎両人、右今
暁纏遣し被呉候村々へ参り有之候もの清略
いたし礼ニ遣し尤右拾ヶ村へ遣し候事
　但書付ニいたし相渡候、尤是ハ間違候而
　右様ニ成、全体ハ両人組内ニて四人程遣
　し候積り、間違如斯御座候事
八平殿呼ニ遣し、右御役所へ御届ケ参り候
故、若御出役も有之せつハ定而ニ成候故、
同人宅出来候哉、仕出しハ同様出来候哉、
未夕水呑置候へとも尋置候、畢竟心得ニて
相尋候所、平蔵殿ニて引取相談いたし候上、
出来候よし被申参候事
尚又日金呼ニ遣し、御出役有之節、宿一件
八平も如何敷被存候事ニて同人宅ニ被致候
哉、外ニ而も又々倹(マヽ)尺も入候事故、相尋候
所不苦候へハいたし候よし被申居候事
　但し前同断水呑置咄し
牧方村被引取候ニ付岡村一件咄合有之、且
又ヶ様ノ事故、いづれ京ノ次第ニて相済候
後此方へ被参候節咄合候積り申聞、いろ
〳〵申談し居候事ニて夫ゟ被引取候事
早朝ゟ五ッ時ゟ酒煮いたし昼迄掛り桶一本
焼申候事
暮方ニ岡村へ右水車場所立会場ニ御座候故、
同村ゟ番人足出しくれ候様被申遣、尤父ゟ
被申遣し候故同夜岡村ゟ弐人出申候
同夜当村番なべ治・塩武両人宵番仕、且夜
中後扇藤・亀万両人申遣し候事
　但し
同夜四ッ半時まつ喜大坂ゟ帰り候ニ付其沙
汰承知いたし、且御出役無之よし承り候事
ニて委細明日参り候而咄合可仕よしノ事
七ッ時三矢村ゟ所相場弐枚、印形取ニ参り

調印遣し候事

一　八月十五日　　晴天　暮半ゟ雨降る

四ッ時岡村ゟ勢田川浚一件ニ付、惣代ゟノ

書面到来文面左ノ通り

尚々先達而急廻状ノ節も相滞候御村方も

御座候間、此度無間違様、刻付ニ而御廻

し可被成候ハ、

急廻状を以得御意候、秋冷相催候所愈御

勇壮ニ可被成御座候奉賀候、然ハ此間御

相談申上候勢田川浚一件ノ儀ニ付、大坂

御番所川方御役所御召出ノ上被仰渡候義

ニ付、急々御相談申上度義御座候間、明

十六日朝飯後早々天ノ川善兵衛へ御出会

可被成候、尤込入御熟談申上度義御座候

間、無間違朝飯後早々御出席可被成候、

此段申上度廻状を以如斯ニ御座候　已上

八月十五日　　　　　渚村

六右衛門

岡村　巳中刻拝見仕候　禁野村

彦平

岡新町村　巳下刻拝見仕候

磯嶋村

渚村

坂村

下嶋村

宇山村

養父村

上嶋村

楠葉村

右村々御役人中

尚々御不参無御座候様早々御出席可被成

候

右直様磯しまへ持し遣し受取取置候事

早朝まつ喜参り大坂ノ様子承り、且金平・

庄兵衛両人持ノ義、金平一人持ニいたし、

書付少し書替候よし逐一咄合承知仕候事

早朝浅井氏京都ゟ被引取、長兵衛・与兵衛
両人共夜中ニ戻し候所未ダ戻り不申よし、
則同人ハ一緒ニ出八幡宮ニ参詣いたし、夫
ゟ被引取候よし、是も御出役御出ハ無之、
尤京都へ八ッ時ニ被参暮方ニ御役所届ケ相
済候趣、且書付ハ少々書替候而相済候、委
細後刻出候而咄合ノよし申被引取候事
日金呼ニ遣し京都始末申聞、御役所御出役
無之よし、左候へハ今日ニ灰かきいたし度
段申居候ニ付、夫ゟ村方ゟ日役ニて人足弐
人、浅七・惣助昼迄為手伝申候、尤日役札
六枚為付候事
日金組内、亀庄組内不残手伝候様、尤夜番
ハ不当尚又諸方ノ礼ニハ不遣候事故一日手
伝候様、且男ノ分河与・嘉し吉忝両人ニて、
残り女人故内々手伝為致候事但し直様参り
候よし
岡村ゟ人足ノ儀、尋ニ遣被呉候ニ付、人足
弐人遣し被申候様父ゟ被申遣候、夫ゟ弐人
参り候事
日金ゟ岡村尚又牧方村へ右事軽く相済候よ
し申遣、尤外ニ席も有之よしニて申参り候
様申聞置候事
但し人足夫々手伝共昼迄ニて、夫ゟ内ゟ
相断候様、尤一同人足引候よし承知仕候
事
且八平方へ一寸野子事心得ニて聞候事も
有之故、御出役無之よし被申遣候と申聞
候事
同夜牧方村へ書面遣し候積り相認置候、尤
右事軽相済候よし申遣し一礼、尚又咄合有
之候、岡村一件ノ儀、何時ニ而も御咄合可
申よし申遣し候、聞ハ同夜不参よしニて十
六日ニ持参仕候よし承り候事
早朝ゟ盆七日逮夜相勤候ニ付拵仕居候、尤
同夜同行中夫々被参候而、夕飯差出し初夜

半時ニ被引取候事
尚又浅井氏逮（夜脱カ）御参り被下候へハ、七ッ時ゟ御出被下少々御咄し申上度候間と頼遣し候所、七ッ過ニ被参候而咄合、尤勢田川浚一件先日京都ニて御内意ノ義如何敷不都合、明日参り候へハ是非共調印仕候様相成候義ニて、心配仕居候よし咄合、何分岡村了簡も聞申度被申居談決し不申、夫ゟ逮へ座敷へ被参候而被引取候事
　但し芦田氏被参候故同様咄いたし置候事

一　八月十六日　　雨天　九ッ時ゟ空晴曇天ニ成
早朝岡村ゟ今日堤方様御越ニて、則今昼牧方中飯ニて人足ハ七人故当村・岡村ユヒニいたし、当村三人岡村四人出し候様申居候、尤先触無之ニて三矢村ゟ口継ニて申参り、且雨天成ハ上へ御越無之日より成ハ御越有之よし承知仕候、夫ゟ人足四人手当致為置候事

（貼紙）
年寄中弐人ニ中へ相頼置候而、堤方様御越ニ付御案内相遣し置候事
且又天ノ川へも右ノ趣早々通達申候、遣し置候事

且又岡村へ佐兵衛遣し、今日天ノ川参会ニハいづれ様御越ニ候哉、右御内意も有之如何被思召候哉、甚々六ッヶ敷故、一応御相談申上度候間、此方へ御越被下候哉参り候哉申遣し候事ニて、則岡村ゟ当方へ向ケ後刻参り候よし被申居候而、後刻被参候而熟談いたし、夫ゟ天ノ川弥介方へ参り尤同道ニて、然ル所外拾ケ村も無程被参候而、天ノ川田中・渚六右衛門ゟ咄合ニ成候而、則当両村ノ趣意ハ先日御役所御内意も有之候事ニて差障り不被申段被仰渡候故同領一体ニ承知いたし、差障り不申候へハ無拠調印

ハ得不在、同領速々ニ相成候哉、何分気分ニ相任せ居候故、其儀咄合候所、尤成義ニて随分一同承知被致候、乍去先ツ今日ハ何分木屋村相頼入候而、則渚村六右衛門殿ゟ相頼入被呉候も可然左様仕置候而、追々ノ事ハ其節ニ模様替り候へハ咄合仕候よし、且又先日木屋村五左衛門へ書面ニて田中被申遣候所、最一段当組合不都合ノ事と存候而、田中・六右衛門両人御差紙成、尤木屋今福当り築込候哉ニ奉存候而、則九日出候所大ニ御呵有之、尚又十壱日ニ出候様被仰候ニ付、跡ハ渚壱人残し田中被帰候よし、尚又十日ハ用達□被召候よし、いづれも同様被仰渡候義ノよし被相咄夫ニ付右十一日ニ出候、咄合逐一ニて右様木屋村へ頼候様相決し、夫ゟ酒飯いたし七ツ時ニ引取候事
尚又岡村同道ニて引取、其席ニ天ノ川一件も舟談申度候間、明後日当り参会付呉候様被相頼居候義ニ御座候事
下佐牧方村へ今朝書面持参ニて参り候所御丁寧と有之、且岡一件ハ今晩参り候よし被申遣候事
堤方様御越無之候事
　但し参会席ニて禁野村へ申遣し候段被相咄、且同村ハ御先触有之よしニて、三矢村ゟ直様禁野村へ継申候様被存候事
四ツ前時浅井氏被参候而、則勢田川浚ノ儀、岡中嶌三人舟談仕候事ニて、夫ゟ同道天ノ川へ罷出候事
同夜牧方村被参候而、岡村一件咄合、いろ〳〵舟談ニて、尤両人計りいろ〳〵舟談ニて其上同人壱人ニて御舟談、仲人被下度候半(カ)哉頼入候、左様ノ義難出来、何分両人と被申候故其折ニハ参り候へ共、繁用ニて一向難出候間、其間ニハ同人へ頼置候所、大体承知ノよし被申夜中時ニ被引取候事

四ッ前時山ノ上役僧出火ノ見舞ニ被参候而、先達而かし置候唐土名所図会返済、尚又播州名所図会五冊かし申候事

一　八月十七日　曇天

早朝八平へ明十八日両村参会仕候間、尤中飯酒丈ケ、其余ハ其節ニ咄合候積り差支如何候哉尋遣し候所、可仕よし被申遣候故、夫ゟ廻文いたし、尤両村役中夫々名前書入遣、一両人留主故持廻りニいたし候へとも留主中故残し置候よし承知仕候、且十八日早朝ゟ御出勤被下候よし認遣し候事

堤方様御越故年寄中へ頼遣し、且人足手当三人いたし、且岡村ゟ四人被致都合七人いたし置候事

但し年寄中弐人出被呉候事

四ッ時又助参り飯米かしくれ候様頼参り、尤弐、三斗位かしくれ候様頼入候ニ付、壱斗かし遣し候よし申入、則父ゟ銭ニてかし被遣候事

八ッ時藤田屋与兵衛、義八ノ前へ両人参り候而、則与兵衛女房弟、京都ノものニて四国順拝いたし夫より同人方ニ滞留いたし居相果候処、寺送りニて村々関所相頼入ノ往来手形有之、且又浄土宗故一乗寺へ相頼候而取置いたし貰候様申聞置候、則寺受ハ此方へ取置申候事

津の国屋房吉呼ニ遣し、岡村きくゟ引合書入候ニ付、尤八平連判ニて急々取片付候様申聞候、且又同人ゟ引合書ニて日の善呼ニ遣し、尚又河内屋茂吉呼ニ遣し、いつれ同様急々先方へ参り相頼何と成共引合、早々引合書取ニ参り候様申候よし、且取片付候様申聞置候事

八ッ時岡村一乗寺ノ世話人、紅庄ゟノ使ニて同村藤兵衛参り候而、同寺小僧改名書候義難出来候ニ付、台鏡寺・浄蓮寺等留主中

ニて無拠渚村へ頼参り候事故、寺送り遣しくれ候様申之、乍去京住ノもの故町送り無之寺ゟ往来一札故、村役人宛故相渡し不申、乍併書付も有之候へハ慥成ものニて取計被遣候よし申述候而、書付ハ此方ニ取置候、夫ゟ渚村へ参り白雲寺ニて為書、一乗寺葬式ニ立申候事

但し、与兵衛呼ニ遣し、先ツ他村ノものニてと夕ニ入候而ゟ葬式仕候よし候ニ付暮過ニ仕候、且又別紙書付無之候哉、町送り清略為致候へとも京住故無之と有之候事

一 八月十八日 曇天 暮過ゟ雨降る

早朝ゟ参会申触置候ニ付、相待居申候へとも夫々いづれも不被参候故、最早四ッ過ニ相成御出無之、下佐岡村ゟ遣し、夫ゟ角野・中嶌両人義芦田都合三人御出同道ニて九ッ時八平方へ参り候事

五ッ時まつ喜参り候ニ付まつ利岡村きく殿ゟ引合ノ義咄合、早々同人呼ニ遣し候様、尚又埒明キ候様取計いたし候様申聞置候事

五ッ時大坂御番所様ゟ御達書到来、尤岡村ゟ受取、且御奉行御乗船ニて御登り、縄引人足五、六人受出し候様有之、岡村長兵衛へ申聞、人足両村ニて三人ツヽ、都合六人出候様咄合、尤受取いたし人足ちんわり岡村へ拾九文相渡し、禁野村ニて十八文取之同村へ遣し受取書取置候事

但し人足ハ三人ツヽ出候よしニて三人出候様お留へ申聞出申候事

大工与三兵衛一日相働申候而中庭ニ置候傘置仕候事ニて成就仕候事

八平方へ参り候所、木津治殿左間(官)手伝ニて八ッ時ニ被参、尚又浅井氏摂州へ被参候よしニて八ッ過ニ被参候而酒飯出、尤跡弐人ハ支度内ニて被致候故、膳弐ッ内へ送り申

候、且夫ゟ舟談天ノ川一件ニ掛り申候、然ル所勧化人有之同所ニて取計調印被致拾文遣し、尚又岡村も一緒ニ浅井取計ニて是も同様拾文ニて内へ取ニ遣し、都合弐拾文いつれも九右衛門方ニてかり申候、夫ゟ岡村日数役兼候而三矢村へ遣し、岡村へ日役一枚かし申候事ニて

右天ノ川一件いろ〳〵談合候所、別段咄合も無之、先ツ心得違難渋ニ而御役所様へ縋り候より外無哉、其上御上ゟ何と成共御咄有之半哉と談候所、尤成様被申談決着いたし、其上野子いたし置候麁案出候所、尤成よしニて此通り本紙手ニ携認書くれ候様被申、何分御一同廻取御点作と申候へとも夫も無之、無拠其儘ニて引取、尚又先日大垣内ノもの共ゟ築廻し堤ノ儀、浅井氏ゟ咄し被出候而、岡村夫々聞被置候よしニて野子一切不存申よし申候所、内へ咄合ハ有之趣ニて土橋ノ上ニて築廻しノ堤いたしくれ候様ノよしと有之、左候へハ御一同廻取ハ如何候哉、談決相尋候所、聢と不被申候へとも大体ハ格別ノ故障も無之よし被申居、且夫ゟ又々追而別段天ノ川ゟ咄合有之哉ニ而相仕舞、且天ノ川一件上京来月ニ差入ニ咄合いたし、願文ノ調印ハ両村役人不残と申談候事ニて引取候事

　但し同夜夕飯有之、尤酒共有之候事、且又来ル廿一日ハ野子共対決故、御両所ノ内御出頼置候事

同夜引取候而席上咄合、父へ申候而、則先日大垣内ゟ築廻しノ事咄し有之候哉父へ相尋候処、別段咄合と申候而も無之候へとも宗八壱人遊ニ参り居候故築廻しいたし度、尤外夫々ハ浅井方外役人中へ出、頼候様申し候よし申居候、尤今晩夫々ノもの出候よし申咄居候事

但し別段咄し候も無之候へとも随分可然と候へとも、是ハ私ゟ取持ハ一向得不仕候よし申居候様被申聞候事
尚又野子ゟ出候廻文浅井氏ゟ返却受取候事
一 八月十九日　曇天　八ッ時雨降七ッ前ニ空晴申候
早朝八平殿被参候而、同人岡村菊屋ゟ合付ノ引合書ノ趣意咄合候而、さだノ方へ引合候よし被申居、尚又いづれ成とも埒明ケ候様申聞候、又々天ノ川石橋一条昨日同人方ニて相談仕候趣意荒々咄合、乍去外夫々へハ咄合ニも不及候よし申聞置候事
五ッ半時大塚灰平参り酒売相対仕候、直段者両三日ノ内下り相対仕参り候様申居られ候事
九ッ時ゟ山ノ上寺へ参り御院主病気見舞に参り、尤砂糖壱袋持参ニて隠居へ参り居、夫ゟ院主合候様被申候ニ付入候所、大坂出坂ノ義申候故買物、車木つぶれ三升ノ入ニてさし渡し車木壱尺弐寸、右弐品買調置被下候様被頼候承知仕候、且又日金へ金子八両渡候所、今金五両渡し度候間、持帰り候様被頼候、受取候而帰り、尤材木ノ儀急入用木も御座候故、日金相談ノ上着仕候様取計頼被居候、七ッ前時ニ引取候事、尚又七ッ時ニ帰候而金子五両日金へ相渡受取書取置候
同夜日金呼ニ遣し、材木委細ノ儀聞候所今晩津嘉遣し候よし、何分先方ハ頼置候而近々着仕候よしニて同人へ頼取計被呉候様申談、着仕候へハ山ノ上寺へ沙汰いたし被呉候様頼置候事
同夜天ノ川橋中間ゟ善兵衛・万助両人運上銭廿五〆文持参故、拾弐〆五百文岡村へ直様持参候様申聞、拾弐〆五百文此方へ受取置候而、岡村ゟ受取書取帰り候様申聞置候

事
同夜浅井氏頼呼遣し候へ共、三矢へ被参候而不被参、明朝参り候様頼遣し候事
但しお留へ明日出坂仕候間、留守中年寄中へ頼置候よし申参り、且同人も都而用事両家へ申参り候様申聞置候事
同夜綿吉・卯兵衛両人参り候而、綿吉浦ノ堤切所尤畑荒所ノ儀、其節浅井氏へ頼置き候所、村方ゟ仕遣し候様被仰、且又今日渚村ゟ人足又ハ役人代舟三、四艘持候而参り井路へ入有之候、土外へ運居候よし、尤今日七ッ時ゟ取掛り居候故、わた吉相尋候所、外普請場有之故夫へ入候よし、左候へハ土余り候へハ此方へ被左様申置候よし、何分跡ニ成候而ハ申分有之故、今一寸申上置候よし申居候ニ付、得と同役相談いたし取計候様申聞置候事
同夜芦田氏被参候而、今日暮方ニ此方へ綿吉参り、右同断ノ儀申参り候よしニ而如何仕候被申候故、如何仕候哉一通り相談仕居、且其節浅井手掛りノ事故明日ハいづれ同人へ合候事故咄合置候様、何分先方へ談入候而も可然哉ニも申置候、且留主中彼是相頼置、尤外ニ用事も都而頼置候事、
七ッ過時磯嶋弥兵衛被参候而、明日出坂ノ儀同人出坂ニ付点合いたし、且同村・禁野村両村立合堤切所普請所ノ儀如何仕候哉咄合被致候故、何分委細ノ訳、先日ノ趣不存候故、浅井氏へ参り咄合被呉候様申聞置候事
尚又七ッ半時半兵衛殿方へ参り出坂ノ儀咄合、且磯しま平右衛門被参候故、下坂ノ儀点合いたし申候、いづれニ同村皆々明日中ニ大坂へ参り居候様仕候よし被申居、是ハ半兵衛殿方掛りノ事
大工磯しま与三兵衛親子一日働申候、尤屋

根雨除ケいたし夫ゟ机ノ引出し仕候事
同日七ツ時半兵衛殿方ニ居候所へおかう勢
州ゟ参り候事
山ノ上村ゟ牛道今日同村領分繕ニ付、当村
分繕御勝手ニいたしくれ候様申参り候事
尚又山方縄はり仕候故、猥りニ這入不申様
御申付被下候様頼ニ参り候事
一　八月廿日　曇天
五ツ半時灰平参り、藤坂行ノ酒壱駄結申候、
尤六斗八升七合入藤田屋へ申遣し候、跡ハ
内へ頼置候事
同時万助参り夜前ノ橋運上せん岡村へ遣し、
受取持参り受取取置候事
早朝浅井氏被参候而、出坂ノ儀同人付添相
頼置申候、且四ツ時磯嶋弥兵衛如何候尋ニ
遣し候所早々被参、則浅井氏へ申遣し候所
同人下へ参り被居候故、馬借ニて出合候手
筈ニ而、弥兵衛・半兵衛・儀助尚又馬借ゟ
浅井氏三人、馬借所浜ゟ乗舟出坂仕候而、
七ツ時ニ舟着北佐へ参り候事
(貼紙)
早朝禁野村ゟ春日道ノ橋板ニ用申候ニ付、
天ノ川橋板余り分相分くれ候様、大垣内伊
兵衛申参り、父ゟ如何様共可仕よし被申遣
候事
四ツ時芦田氏今日只今ゟ両人、尚又浅井氏
三人出坂仕候故、万事留主中相頼置、且渚
村土ノ儀ハ右様多分取候而ノ事、無致方よ
し申遣し候事
勢州おかう暇乞ニ参り、尚又此方へハ不参
候へとも半兵衛殿方ニてたん子取ニ遣し持
帰り、且飯米銭等受取帰り候事
大坂へ参り七ツ時ゟ外天神宮へ被参候故同
道いたし候、暮方ニ引取候事
一　八月廿一日　晴天　八ツ過時小雨降る　暫時ノ中空晴申候

早朝磯嶋村弥兵衛外弐人、北国屋へ向ケ被参候而、同方小紙・返答書・御印三品持参ニて此方浅井氏付添ニて小紙相認夫ゟ罷出申候、お払筋ニて買物等いたし五ッ時ニ御番所へ参り夫ゟ相待、乍去磯しまへ相頼差出書ハ早朝ニ差上置候而、中飯ニ成候故本町橋詰へ参り三人、代弐百九文支度仕候而参り候所、御呼出有之罷出、御前ニて六拾日切済方被仰付候、尤故障無之故正面ニて入交りニ居、九（八）ッ半時ニ相済出、日切判仕候て浅井氏・半兵衛殿ハ北国屋へ被引取、義助羽山屋へ参り咄合候上岩城ノ通りかり、夫ゟ岩城へ参り買物清略仕候へともとんと無之、天鵝絨ゑ（カ）り壱ツ取之通ニ被付候而引取、通ハ羽山へ直々持参、尤外買物清略いたし右方へ持参仕置候様申遣候、尚又川嘉ニて錠前弐ッ机の引手金もの五ッ錠浦引掛ケ弐ッ取之暮方ニ引取候事

同夜三人同道ニて神明さんへ参詣仕候、初夜半時ニ引取酒肴一寸為致三人酒呑申候事

御払筋買物釣瓶壱組、代弐朱ニぜに五拾文ニて相求、尤山ノ上ニて被頼候故調置北国屋ニ預ケ置候事

一　八月廿二日　晴天　八ッ時ゟ曇天ニ成

早朝儀助しんさいばし幸助方へ参り候所、留主中ニて直様引取、且外弐人も炭彦へ初納銀相掛候儀相頼候而、金三歩三朱三拾弐文相渡申候、都合六拾匁相渡差上書受取通共ニて持帰り、夫ゟ三人同道ニて昼飯ゟ北国屋出、お払筋釣鐘町角ニて車木相求、尤出来合無之故誂置候而、金子壱歩遣し五拾文取之都合壱〆六百五拾文ニ而頼置、廿五日中ニ出来有之よし申居候、尤書付取置書付を以取ニ遣し候事

但し掃おろしニてわらし三人買、其隣ニ立石ノ所ニ香（高）札則八月壱ヶ月出候よし、

江戸訴ノ義御目付様へ差出候願文趣意ニて扣置候、夫ゟ守口ニて休、村の屋源七役ニ参り候故同人へ頼候而荷物風呂敷包三人共為持、尚又木屋箱万ニて休、尚又松鼻ノかり新ニて休、酒弐合呑申候て昼過ニ帰村仕候事
但し酒手五拾文遣し候積り半兵衛殿へ頼置候

（貼紙）

帰り掛ケ道々浅井氏へ岡村一件咄合出候故、則牧方村へ都而頼置候而、其折々ハ出候よし咄合、尚又同人岡村小前格別受不宜、尤其所ニ不拘私共と而も気が気で掛合候ハヽ、筋立候事無之、早々寄候へハ言過し候事も有之、左候へハ受不宜様相成、先ツ引ノ方勝ニも被存牧方村へ頼置候義ニ有之よし申咄候事

（貼紙）

渚村土取ノ儀、則十九日此方ゟ帰り候而、浦へ出候所同様土取居候事ニて引合残し置候様申し候所、夫ハ困り入候よし昨日ニ被仰候へハ又々勘弁手積りも有之、今ニなり左様被申候而ハ甚々困り候よし、尤急時々いたし候事成ハ達而とも申候へとも中々左様ニも無之、無是非其儘ニて仕舞候事 　右ノよし被咄候故承知仕候事

（貼紙）

同夜 父ゟお留へ明日ニ而も村中一統へ山行決而致間敷旨申触候様被申聞候事

同夜浅井氏へ御苦し（労レ）御苦労ノよし礼ニお留を以申遣し、且又芦田氏へ留守中御苦労ノよし申遣し候事
同夜芦田氏御出ニ而礼申、尚又両人願六十日切済受帰り申候而取計候よし咄合、且世

間咄いたし初夜半時ニ被引取候事

一　八月廿三日　　雨天　　九ッ時ゟ空晴申候

早朝岡村ゟ長兵衛参り、中嶌ゟ同村ハ小前ゟ新田当りむし付候而甚々困り入候故、涼ノ油求遣し候義ニも被存、且御役所へも早々寄候へハ御届申上置候哉、何分当代ノ所如何候哉尋ニ参り跡ゟ返事申遣し候様父より被申返候事

直様浅井氏・芦田氏両所岡村ゟ虫田ノ儀申参り、右ニ付相談申上度候間、乍御苦労只今ゟ御出被下候様申遣し候所、芦田氏岡へ被参候よしニて浅井氏計り御出ニて、則岡村ゟ右様申参り候よし談合、其上新田地掛りノもの呼ニ遣し、扇藤・なべ治・八平三人へ相尋候所格別ニも無之、尤先日八幡さん香水も打候事故、先ツ両三日見合候よし申居候事故、夫ゟ岡村へ今朝御使ニて田虫ノ義被仰越、当村談合小前夫々相調候所両三日見合候よし申居候故、先見合よし貴村可然御取計被下度、尤御役所届ニも不及よし申遣し、尚追而申談し候様申遣し、且浅井氏も四ツ前時ニ被引取候事

留主中用事父ゟ聞之記申候事　左ニ廿日分、禁野村ゟ春日道ニ掛ケ候はし板無之故、当天ノ川へ掛ケ候はし板余り分有之ハ相分くれ候様、尤先日早朝ニ頼参り父ゟ如何共可致よし被申置候而、今日大垣内伊兵衛・仁兵衛・権左衛門・吉右衛門四人取ニ参り杉ノ五間ノ板弐枚被相渡候事

同夜大垣内宗八参り、則先日ニ咄合御親父へ申置、未ダ間違御咄合不仕、右岡村・岡新町村立合、下ノはし内ニて築廻し樋伏、尤樋ハ永々ニいたし先ツ四間明候而堤築申度よし、毎々外夫々も咄入、尤善兵衛も参り咄合仕度候へとも私ゟいたし置くれ候様

相頼居候ニ付、御聞置被下候よし申居候事

留主中

八幡宮ニて香水たばり来り、尤田方甚々

むしつよく候故無拠吉助参り候事

但し明廿二日打申候事なり

八月廿一日分

一 八月廿四日　晴天

五ッ時八平殿被参候而、則井伊家屋敷質流布甚方へ切替ノ証文持参ニて被相頼居、且来廿八日当り貰度候間、可成事成ハ夫迄ニと被頼居候事

五ッ半時馬借所ゟ馬足銭三百文集ノ差参り、直様切出しいたし上下集番へ持し遣し、尤来廿五日切ノ趣ニ御座候事

四ッ時前しま挟間氏被参候而、向平五郎方ノ養子ノ義、則先方へ頼置候而、其後咄合も無之故、取仕切仕候分等咄合いたし度、尤先方へ咄合申度よし被申、尤成義咄合相頼置候、且中飯出酒出尚又夕飯出候而七ッ時ニ被引取候事

四ッ半時庄所村郡次郎殿被参候而、無沙汰見舞ニて中飯出、八ッ半時ニ被引取候事

同夜、昨夜京都川方御役所へ差上候天ノ川石橋一件願文相認置候ニ付、添廻章いたし調印取ニ遣し候所岡村弐軒留主、尚又浅井氏無拠人相手ニ成居候故、明日ニ而も調印、岡村も取候而持参いたし候よし被申遣候事ニて同人へ預ケ置候事

兵市くり弥両人呼ニ遣し候事

一 八月廿五日　晴天

四ッ時兵市被参候故、則日金ノ方一件如何致候哉相尋候所、其後仲人彼是相頼候へとも無之無拠其儘、乍去彼是取計ニて心丈ニ見舞い等いたし居候よし、左候故御村方へも急キ而も申不出候様申居候事ニて、右様浅井氏へも咄合有之事成ハ、同人へ相頼而いつれ成とも取計又々合候へハ咄合よし申

居、尤一応ハ誰成とも遣し候方よろしくよし申聞置候事
九ッ時浄行寺へ参り候所、住持是ゟ山ノ上寺へ参り候よし被申候故、被参候へハ先日承り候車木つぶれ両品相求置候よし一寸伝言相頼申候事
九ッ過時中地震有之候事
同夜浅井氏御出ニて、則川方へ差上候書付調印ニて、尤添廻章共持参被致受取候、且又兵市ノ方ノ儀咄合被致候故、先ツいづれ成共一応仲人入候而、押置候方可然様申談候所、尤成よし被申、尤左様ノ事成ハ仲人も有之候へとも事六ツヶ敷候故、仲人も無之、一通り心底届かせ候而相済候義故、其儀同人へ相頼、兵市へ申聞早々右様取計ノよし頼置候、且又同人手元ノ儀咄合、昨日八平ゟ定而家屋敷質流証文持参いたし候様、左候へハ宜敷相頼候趣、尤委細ノ訳咄合被致居候而、相呑呉候様被相頼居候、尚又奥印ハ廿九日ニハ是非布甚帰り候へハ定而催促仕候故、如何仕候哉相尋候所、随分いたし遣し被呉候様と被申居候、且又同人ゟ天日嶋堤普請ノ儀、扇藤ゟ書付四百匁ニて受取候趣、且又土坪等ノ義ニ付書付遣し候故、同人持参ニて受取置候、尤先日ゟ掛り居候よし承知仕候事、尚又夫ゟ同人立会、人足役勤ノ刻割勘定仕候、尤書付ニいたし扣置候、且同人へ先日馬借ニて申し候故、左様ノ事ハ其方ゟ申候共取上ケ不申、左候へハ下役人中ゟ咄合可有ノすしニて、其上成ハ取沙汰ニもおよび候よし申居候旨被申居候ニ付、夫ゟ心得ニて勘定仕見申候事

一　八月廿六日　曇天　暮過時ゟ雨天

九ッ時ゟ岡村ゟ禁野田中代筆ニてと被察候書面ニて、惣代六左衛門殿ゟ出候勢田川浚一件廻文到来、則岡村へ受取書遣し廻文左

ノ通り
尚々過急ノ儀、早々無御捨置御廻し可被
成候已上
急廻状を以得御意候、秋冷相募候処愈御
勇健壮可被成御座奉寿候、然ハ勢田川浚
一件当十九日今福村ニて一同参会御座候
而出勤仕候所、淀川筋東口縁ニて村数百
六拾ヶ村ニ而組合有之、夫々惣代ニ而引
請申候儀故、右故障村々不残承知ノ趣調
印いたし候様一同決談仕候、尤其組合ゟ
相頼候惣代へ取置候様相談相決候間、今
明日ノ内帳面相廻し候間、其村々御調印
可被成、尤此義参会ノ上御披露可仕候処、
毎々儀失却等も相掛り候故、此段廻状を
以得其意候間、御村々前文ノ趣、篤と御
承知置可被成候　早々已上
八月廿六日
仮惣代
六左衛門印

岡　村
岡新町村
磯嶋村
渚　村
坂　村
下嶋村
宇山村
養父村
上嶋村
楠葉村
右村々御役人中
右披見いたし直様磯しまへ持遣し候事、但
受取書取置候事
同夜初夜前時禁野村彦平殿ゟ勢田川一件ニ
付廻文出、岡村ゟ到来文面左ノ通り
頼一札箱共添
急廻状を以得其意候、然ハ先刻廻状差出

置候一件、只今下郷ゟ参り候ニ付相廻し申候、尤明廿七日大坂へ持被下候義、何分帳面ニ御村々庄屋・年寄・頭百姓御書入御調印可被成候、尤右書付前書ノ儀写取置候間、追而写し御廻し申候間、過急ノ儀ニ候へ者御名前書入早々御調印今晩中ニ当村へ御戻し可被下候此段御承知可被下候、取急キ早々以上

彦　平

八月廿六日

岡　村

岡新町村

尚々上九ヶ村明日持廻りニて調印為致候積り候間、何分ニも今晩中此方へ御戻し可被下候、

直様年寄中両所呼ニ遣し候而、右様頼一札調印ノ儀如何候哉相談候上、尤岡村ハ三判調印も有之候故、不都合ノ次第得と談合ノ上浅井氏と三人名前書記し、尤庄屋義助・年寄伊三郎・百姓代半兵衛ニて外両人調印被致、庄屋ハ他出ニ付明暮迄延引申遣し置候様取計候様談決し、四ッ時キンヤ田中氏方へ頼一札ニ弐人調印ニて、尤書面相添、是ハ浅井氏ゟ被認候而遣し文面左ノ通り

添書を以得其意候、愈々御安全奉珍重候、然ハ勢田川浚一件ニ付毎度御苦労ニ奉存候、夫ニ付御惣代へ村々頼一札調印ノ義御申越被下承知仕候所、当村庄屋無拠他出義ニ付他出仕居候間、此段御断り申上候、明廿七日暮方ニて帰村被致候間調印可申候、依之鳥度(渡)御断申入置候以上

八月廿六日　岡新町村

田中彦平様

右ニて田中氏へ断書添遣し、尤頼一札写取申候、且右様仕置候而、明早朝岡村へ浅井氏へ岡村へ参り候而、中嶌氏心服如何候哉

尋被呉候様頼置候事ニて、御年寄両人共四ッ半時被引取候事
　但しキンやへ遣し受取置候事
同日七ッ半時ゟ岡村きく殿被参候而、引合書一件夫々如何候哉被尋候ニ付、夫々右ノよし申聞置候所、未タ不参候哉と申候所、参り不申よし、尚又早々申聞置候旨申置候、且同人くりや全体不都合言過し候旨甚々立腹いたし被居候事
暮過ニ被引取候事
同夜浅井氏ゟ昨廿五日、八平大坂緑橋ゟ差入置候引合書相対いたし置候而、昨日迄日延切ニ成候よしニて昨日奥書いたし、同人ゟ八平へ被渡候趣承知仕候、且文面ハ写置候よし被申居、跡ゟ被遣候様申置候事
尚又糀屋吉兵衛印形同夜同人持参被致、受取候事
尚又嶋野堤普請所磯嶋村受取置候土余程余り候よし、尚又堤余程雑ニ成候よしニて直々いたし候而ハ如何候哉尋居候而、明日ニ而も見分いたしくれ候様頼居候よし承知候事

一　八月廿七日　曇天

早朝引合書一義ニ付河も・日善・津嘉・栗弥四人呼ニ遣し置候事　但しくりや病気と有之故、お留を以委細申聞置候事
早朝浅井氏岡村へ参り被呉候而、咄合被致候所、同人も尤成よし被申候故、下両村へ咄合置候而も可然、左候へハ岡村ゟ廻状いたし被呉候よしニ成候趣、浅井氏ゟ被申越候事
五ッ時磯しま弥兵衛被参候故、嶋の普請所も当村人足掛り居候よし申聞置候事
岡久被参候而、先達而証文ニいたし置候銀子、金壱両三歩持参ニて勘定いたし差引壱

分九厘過上ニて拾九文遣し候事ニて、勘定諸用扣長（帳）ニて仕置候事但し証文戻し候事

尚又浅井氏岡村ノ返事と同時ニ大坂緑橋へ奥書遣し候、扣書持し遣し被申引合長へ記置候事

四ッ時ゟ岡村へ出掛ケ候而、中嶋氏同道ニて馬借所へ参り、三矢村呼ニ遣し調印一条相談ノ上、先日京都ノ方ハ如何候哉相尋候所、井上様掛りニて故障願出候義届候故、御聞届被成候よし被仰候趣被申居候、且夫ゟ泥町ハ病中、年寄中ハ留主ニていづれも不被参候而、奥田氏頼置候而一件相尋候所、夫々外調印いたし越候故、無拠調印仕候よし、尤三矢村も直様泥町村へ相談いたし候所、先日京御役所も御聞届ニ成候へハ、調印仕候而も可然よし被申居候故調印仕候よしニて、若哉後日御役所ゟ御沙汰有之候へハ組合一体同様御答被申候様談決、夫ゟ引取候、尤九ッ過ニ御座候事

但し奥田氏へ先日届被呉候書付ハ如何候哉尋候而、書付此方へかし被遣候様申候所、跡ゟ持し遣しよし被申居候、且又佐兵衛馬借所へ用事有之よしニて、帰り掛ケ只今失念、奥田氏へ得不申故、八朔礼包銀帳御返し被下候よう申、受取帰り候様申聞候事

同夜お留呼ニ遣し、今日三矢村帳面如何候哉相尋候所、跡ゟ遣し候よし被申居候趣承知仕候

品申合一件京惣・上弥・米源三人参り候様申聞置候、尚又栗弥へ右ノよし委細申聞候所、承知仕候故早々参り候よし被申居候事、外ニも参り候様申聞置候事被申居候事

同夜渚村ゟ今晩出坂仕候故、右勢田川浚一件頼一札ノ調印取ニ参り調印仕遣し、且又上村々調印ノ名前共写取置候事

同夜河茂参り候故、右藤田ゟ入有之引合書一件未タ先方へ参り不申様子、不相済早々先方へ参り引合埒明ケ候様申聞置候事
同夜夜中半時ゟ磯嶋村出火ニて、夜番ノものゟ呼立柏子打候故一同起申候、尤纏灯燈遣し、尚又義助・佐兵衛・吉助連候而罷出候、且場所ニて浅井氏ニも合、夫ゟ当村龍吐水取ニ人足遣し相防候所、全夫ゟ□十兵衛家残り申候、尤纏人足ハ塩武、定吉・万平両人ニて、一同壱しきり相拵（マヽ）かせ八ッ時ニ役人へ申聞談、めし・酒いたし、又々夫ゟ相防、明六ッ時前ニ当村一同尚又キンや被引取候、尤九兵衛・弥兵衛殿当り被相頼候而相残り、無左候共残り候積り、引取掛ケ夫々へ見舞ニ参り、尤吉助遣し候事
一　八月廿八日　晴天
早朝磯嶋村ゟ壱両人礼ニ参り候事
八ッ時同村ゟ当村龍吐水持参り挨拶仕居候事
早朝栗弥外品申合掛り三人共参り候へとも野子草臥居候事故、被引取昼から参り候よし被申居候事
同夜品申合掛り三人呼ニ遣し、宗右衛門・弥兵衛両人参り咄合候而、早々取片付候様申聞候所承知仕候よし、乍去源兵衛へ申聞銀子調達いたし候故四、五日延引頼居候事
岡村引合書一件日善呼ニ遣し、まつ利一件咄合候所、相待呉候様申居、左候へハ先方へ参り其咄いたし頼候様申聞置候事
津嘉参り候ニ付、未ダ先方へ不参よし不相済候間、早々先方へ参り頼置候様、且八平方へも頼候様申聞置候事
早朝八平被参候而布甚奥書ノ儀、相認呉候様頼被居候よし承知仕候事
但し同夜呼ニ遣し候へとも三矢村へ被参

候而明日参りよし承知仕候事
八ッ半時柱本おとみさん被参候而同夜一宿
被致候、尤とん田ノ方相頼居候事

（貼紙）
同夜表り呼ニ遣し候所て、則掛もの箱いつ
出来候哉、急々取寄候様申聞候事
尚又同人頼居候義ハ佐七ノ家住入魂ニて表
丈ケかしくれ候様相頼候故、此方ハ如何様
とも仕候へとも佐七と得と相対仕候様申聞
候所、其儀よろしきよし申居候故、此方ハ
随分と申聞居候事

早朝、明後晦日月掛ケ寄候よし申触置候事

一　八月廿九日　晴天　殊ノ外寒く

早朝おとみ殿とん田へ被参候而、八ッ時ニ
又々此方へ被帰、尚又咄合いたし七ッ前時
ニ被引取候事、五ッ時八平殿被参候故、藤
田引合書一件委細ニ申聞、何分先方へ一応
被参候様申聞、且同人ゟ先方ノ証文一応見
呉候様申居候事ニて、尚又布甚奥書ノ所認
置候へとも浅井氏ゟノ咄合も有之、且又同
人ゟノ咄合ノ事成ハいよ〳〵右様ニ成、後
日ニ切替ノ義ハ此方帳面仕替ハ甚々困り候
事故、証文ニハ調印仕置候へハ何時ニ而も
可相渡筈成共、右ノ次第ニ而よし申候所、
同人左候へハ布甚へも申聞、此後ノ廻りノ
節ニも致候様得と申聞、先ツ今日ハ相延し
候よし被申引取候、且又父ゟ毎々向側ゟ被
申出候有之火用井路ノ儀、則右様磯しまノ
様成事有之故、此当りニて言出し候而も可
然哉、何分咄合被致入候様心添被致候事
八ッ半時岡村ゟ中嶌氏病気ニ候間朔日当り
上京手筈申置候へとも迚難出来候間、相延
し呉候様申来、如何共可仕候間、御全快次
第御申越し被下候様申遣し候事

（貼紙）
尚又八平殿大坂緑橋ノ方引合書一件、久々

お世話ニ成候、一礼有之候而、則先日大坂へ出候節参り埒明候間、左様ノ旨安心いたしくれ候様被申居候事且又昼から父九右衛門・日善外夫々向浦井路すじ見分被致候所、尚又八平殿も被出、夫ゟ評義上り、今晩寄合候様相成候而、参会被申触候事

八ツ半時父ゟ同夜浄行寺ニて向側夫々寄合被申触候、且浄行寺も被申遣候事
右ノ次第相尋候所、同夜寄合被申触候故、野子参り候様被申候へとも野子参り候へハ最一段不都合、左候へハ年寄中も沙汰可仕候所其儀無之故、幕方半兵衛殿・平右衛門殿両人呼ニ遣し、半兵衛被参候而尚又平右衛門殿ハ藤田参り被居候故とて日金代ニ被参候而、両人へ今晩寄合ハ父ゟ被触候へ共、畢竟小野氏と入魂づくニて表ハ惣代弐人ゟ被触候趣意ニいたし、同夜評義決着仕候上、村方へ申出候様被致候様申聞置候、何分内々ノ義ハいづれも此方向家等も有之候へハよろしく頼置候様申聞置候事
同夜藤田おきく殿被参候而、則まつりノ方今以返済仕兼候間、今暫相待呉候様被申居候間、如何候哉と相尋候所、難出来よし被申居候、是非共銀子入用ノよし被申居候、且又利解申聞候所、くり弥ノ方証文仕替も野子ゟ得と申聞、後日間違無之様申聞候上成ハ兎も角も仕候よし被申居候、且八平掛りノ方証文明日ニ而も一応見せ被呉候様申置候所、明日持参仕候よし被申居候事
同夜作次郎女房参り、同人義井伝ノ方借宅明晦日切ニいたし置候所、変宅米源ノ浦這入候様頼入置候所、今日ニ至り難出来よし返事ニて参り候方無之故、甚々困り候間、井伝ノ方最七、八日ノ所相待呉候様相頼ニ参り候ニ付、左候へハ今晩呼ニ遣し申聞遣

し候へ共、此方ゟ申候迠も承知不仕候へハ無致方よし申聞置候而、井伝呼ニ遣し候所、同夜いかゞへ参り候よし明日早朝参り候よし申居候事

同夜暮方ニ磯嶋村弥兵衛被参候而、今晩屎舟ニて出坂仕候よし被申候ニ付、則先日大坂ニて相求置候釣瓶壱組ニ車木壱ッ、右弐品共持帰り被呉候様相頼申候、尤同人舟有之故直様積帰り候よし被申居候、且北国屋佐助へ書付遣し、釣瓶壱組共被渡候よし申遣し、尚又釣鐘町大工清兵衛方ハ同人ノ受取書遣し、夫々へ相見せ候而受取帰り被呉候様頼入候、尤跡同人書付ハ此方へ御戻し可被下候様と御持帰り被呉候様、是又頼置候而、明後晩帰り候よし被申居候事　但し弐品共常称寺ノ買もの也

早朝五ッ時星田ゟ参り居候下女帰り親元へ引取候事

尚又弥兵衛被申居候ニハ、嶋野堤切普請ノ所、縄はりゟ堤築立ハ内バニ相成候故、義兵衛土残り有之候ニ、左様仕置候而ハ義兵衛ノ方銀子も難取、勿論堤新普請成ハ外よりハ四、五寸ハ高く成候様いたしくれ候様、外十分ニいたし候上、土余り候へハいたし方も無之よし被申、尤成義急度相談いたし申聞候様申居候事

八ッ時大塚村灰平被参候而、酒先日大坂ニて百五匁ニて百駄売帰り候よし申居候事、但し百駄多く候故五十駄仕候よし申聞置候事

髪結弥兵衛親父参り候而、内々承り候へハ弁蔵義変宅仕候故、若左様成候へハ右家かしくれ候様頼居候中々ニ付、先方ゟ左様ノ義決而此方へハ不申参候、何とも不被申何分聞込置候様申聞置候事

一　八月晦日　　中天　　寒く不順

早朝ゟ月集寄申候、尤同夜迄都合一朱ニ拾〆三百五拾五文寄り申候事

（貼紙）
月寄相場
金六拾四匁三分
銭　九匁五分弐朱ニ付、代八百四拾四文

五ッ時井伝参り候ニ付、作次郎ゟ頼置候義委細ニ申聞、爰五、七日ノ所、猶余いたし遣し候様申聞候所、一日も難出来よし申候ニ付、左様ノ事成ハ余り木で鼻をくゝり候様成申方、此方ノ申手前も有之義ノ段申聞候所、甚々困入候へ共、左候へハ此上村のやニても又々御村方へ頼出候へハ其仕義ニ可仕よし申之、尚又作次郎呼ニ遣し候所、右様夜前御頼出候へ共村のや承知ニ成候故、同人方へ引取候様成候故、其方へ引取貰候様申之候ニ付、左候へハ可然ニ義（マヽ）と申居候事、夫ゟ伝右衛門呼ニ遣し作次郎ヶ様申居候故、右様前刻申入候へ共夫ニも不及、全同人宜敷様取計候積り成共先刻ノ申方ニ而も無拠不申候而ハ不叶候、委細割くどき申聞、先ツ左候へハ家明出候而も可然よし申居候事

五ッ時八平殿被参候而、昨日ハ御苦労ノよし被申、則夜前一同寄候所、いづれニ仕度候ニ付、最初堀ノ手間ハ向側家別ニていたし、池廻年々ノ浚等ハ一体ニていたし貰度、乍去此義ハ手前ノ心得ニて持、年寄中へ評義いたしくれ候様頼出られ候、尤御□伴被下候へハ早々取掛り申度よし被頼居候事且又塩屋嘉兵衛義馬持申度よし、尤善右衛門一手ニ成有之、三右衛門分ノ株譲り貰候様善右衛門相対付有之よし、此段頼出候様申居、且又左候へハ下し銀先々御渡被下候所、可相成候ハヽ、御渡し被下候様ノ旨、夫々馬買求申度判合いづれ成共加候故、此等も頼

出候、何分宜敷と被頼居候事
但し得と勘弁いたし候様申聞置候、且又
同人へ夜前ふじた被参候故、証文被相見
せ候様頼置候よし申聞候事

（貼紙）
風聞承り候
当村若キもの共寄、当神事ニ灯燈いたし氏
神へ上ヶ度よし、尤銀子難出来候故、中分（カ）
相頼候而金子弐両迄者手ニ工面いたし、残
り三両ハ世話人へ頼候よし、然ル所世話人
ハ跡ニて勘弁いたし、且ハ金子工面難出来
よしニて、村方へなぞらへ断り候よし粗承
り候事

日善呼ニ遣し夜前ふじ田被参候故、延引い
たし候様申聞候所、難出来よし被申居候趣
申聞候所、甚々困り入候故、今晩ニ而も先
方へ直々参り候様申居候事
芦田氏・浅井氏両所呼ニ遣し、且又くり弥

三人共呼ニ遣し候所、浅井・くり弥ハ不被
参候而同夜芦田氏被参候而、則向浦井路ノ
儀申出候ニ付咄合申度候、且又嘉兵衛馬持
度よし咄合候へとも浅井氏不被参候故、
又々同人浅井誘合参り候よし被申居、世間
咄しニて四ツ前ニ被引取候事

一　九月朔日　晴天
早朝御役所井上様ゟ勢田川浚一件御廻文出候ニ付、守口弥兵衛殿ゟノ廻文、尚又三矢村ゟノ廻文、三矢村ゟ右三通共到来左ノ通り

御廻状ノ通り井上様御□ニ遊、各々様も御申談御用向御座候ニ付、明朔日晩多々徳へ罷出候様御廻状ニ御座候、右ニ付川藤方ニて御出合申上、其上御一同罷出致候間、何卒川藤方へ御出勤可被下候先ハ此段申上候以上
八月晦日
守口町
弥兵衛
南嶋
新右衛門様　拝見
下嶋村
四郎兵衛様　拝見
三矢
八郎兵衛様　拝見

以廻章得御意候、各々様弥御勇健可被成御勤役奉改寿候、然ハ勢田川浚ニ付、井上様ゟ御廻状并菊田氏ゟ添書弐通共御覧入申候、右ニ付何れ様成共御惣代ニて御出勤可被下候、御差支等御座候へハ当村ゟ出勤致候、此段以廻状御尋申上候早々以上
寅九月朔日
奥田八郎兵衛
中嶋太右衛門様
当村ノ儀ハ差支有之候故
宜敷奉願上候以上
中嶌九右衛門様
岡村同様ニて
宜敷奉願候
木南喜右衛門様
外ニ御役所井上様ゟノ御廻文ハ別紙ニ御触留ニ記置候而、右ノ廻文弐通共三矢村へ相廻候ニ而、尤出坂ノ義相頼越書認遣し候事浅井氏御出ニ而、則嶋の堤普請ノ儀今昼迄ニ出来候よし被申、尤昼からニ而も見分仕

呉候様人足ゟ申居候、尤出来上り候へハ直々頼出候様被存候様申居候、且又昨日八平殿被参候而頼出られ候儀、向浦火用井路仕度趣意頼出候旨相談いたし、随分尤成義ニて萬氏義ハ兼而岡村趣心ニて先ツ岡村へ掛合候様被申、左候へハ昼からニ而も右堤見分ニも被出候へハ其節咄合仕候よし被申居候事ニて且又

塩武嘉兵衛馬持方儀相談いたし、尤三右衛門馬ハ三矢村役馬ニて御座候よし、左候へハ役銀おろし相頼義ハ同村へ頼出候、半日ハ難出来旨談合ニ成候事

但し芦田氏早朝同道ノ儀、手違ニて不被参候事ニて、則両所相招相談仕候様存候へとも同人鬧ヶ敷様子ニて被引取候事

（貼紙）

浅井氏ゟ則綿吉浦崩所いたしくれ候様頼参り候ニ付、如何仕候哉ノ儀被談候故、先人足へ引合いづれ仕候義成ハ相対いたし何程ニて仕候哉聞候上、此方ゟ仕遣し候へハ砂ニて埋申積り、左候へハ難渋故土ニて埋メ候へハ綿吉半分村方半分ニ成共仕候而ハ可然哉談入候、何分人足ノ所聞被下候様と頼居候事

栗屋呼ニ遣し候所、同人おこりニて前刻ゟ寝居引込候故、右見候ハ今晩延く成候故、明朝ニいたしくれ候様と芦田氏を以相断被申立候、前々承り候ハくり屋八幡参りノよし内々承り候義ニて、右ノよし被申候へ共一向不相済義ニて立腹仕候、左候へハ今晩無間違被出候様申聞、芦田氏承知ニて若延く成候へハ明日早々参り候様取計候と被申居候

但し承り内々ノ義ニて強而不申候事

尚又浅井氏此方ニ被居候内、天ノ川弥助同

人呼ニ参り被出候所、天田(天の川)中氏用事ニて、則勢田川浚一件先日出坂仕候節御番所ニて大ニ六ッヶ敷、当組合もいづれ惣代不出候てハ村別々御呼出有之よし、尤五左衛門ハ惣代大体承知も仕候へとも右仕合、無拠渚村六右衛門代ニて当キンヤ村柏屋息子源右衛門出し置候よし、且又当料分も井上様御越ニて内々承り候ニハ甚々六ヶ敷様子、下組諸口三郎平・南嶋村新右衛門抔決、御惣代難出来候間引退候様井上様ゟ御利解ニて、則御同人様右件付御普請役様へ段々申入候へとも一向取付ケ不申、無拠義と被仰、御料ノ外ハ甚々六ッヶ敷、且牧方組も御寄呼出し有之候へとも御心得ニて申入置候よし浅井氏迄被申咄、野子へ申入候旨ニて同人ゟ承知仕候、且岡村へも此方ゟ申聞候よし被申居候事

九ッ時牧方村ゟ書面到来、則岡村一件ニ付相談、且ハ岡村へ相談参上仕候積りニて今晩ニ而も野子方へ参り候よし被申遣候へとも、拙者義ハ少々用事有之、且又浄行寺ニ居候故、返事書面ハ不遣口上ニて承知仕候へとも今晩用事差支候故、乍御苦労此方へ御入来と申遣し候置候事

但し浄行寺ニ居候中、扇藤参り候て堤普請出来上り候よしニて、昼飯早々見分仕呉候様頼居候、且岡村ハ利介参り候而、当村外弐人へも申参りよし申居候事

八ッ時役人中嶋・今西御両人浦ゟ被参候よしニて参りくれ候様利助寄候、直様普請場へ参り、浅井氏野ニて出会、夫ゟ場所へ参り、尚又芦田氏も被参候而見分いたし候所、最一段ニて堤低候而痩仕上り、尚又磯儀兵衛土も残り有之、磯しまゟ故障申候哉と案し居候、其儀人足も扇藤・浅七・利助・下佐居候故夫々へ申聞置候、且又夫ゟ浅井氏

ゟ酒少々取参り候様被申、下佐酒弐升此方ニて取来り、尚又肴三ッ四ッ弥助方ニて取来り、尚又めし取来り場所ニて酒飯いたし暮方迄居申候

芦田氏ハ見分済候と直様被引取、岡中嶌ハ酒ハ一同ニ被居、めしニ成候へハ少々寒く成候よしニて被引取、残り候分暮方ニ引取候事

但し今西氏ニ向浦井路此節頼出候ニハ浚申度候よしニて、若左様成候へハ人足等申合置候へハ同様仕度よしニ申居候事

同夜芦田氏使ニてお留参り、くり屋未夕おこり覚不申間、明早々参り候よし被申遣候事

同夜藤田屋呼ニ遣し、先日同人方ニて相果候同人女房弟、実弟ニ候哉何か相尋候所、実弟ニて年三十六才女房ハ親元へ預ケ子供ハ親ニ付候而預ケ候様、内ハ無之よし同人方ニて六十日余り居候よし申居候事

同夜弥兵衛被参候而、先日頼置候常称寺ノ買物釣瓶壱組持帰り被呉、尚又車木同様ニて受取候、尚又磯嶋野堤出来上り候て昼から岡村立合見分いたし候所、右ノ次第逐一咄合置候而、明日ニ而も一応見分いたし呉られ候様申置候事

普請所見分仕候上、同所ニて扇藤・利助両人ゟ頼候而、磯しま道ノかせ吉地ノ畔上切所手序ニ相渡しくれ候様頼入候、此分四〆文申之候ニ付、余り高直ニて三〆五百文ニ仕候様申聞、尚又堤普請棟上ケニて酒買呉候様相頼、少々増銀頼出候義成共不申故と有之、岡村中嶌、当村ハ芦田氏両人被引取候跡ニて、今西・浅井・儀助三人ニて無拠酒壱斗遣し候積り申聞、左候へハ都合百五拾匁ニ而御渡し被下候様段々相頼候故、三人請合ノ上其通り仕遣し候様申聞候事

但し普請出来候へハ銭借用申度候間頼置候、承知仕候旨申聞置候事
尚又同席咄し出候、則磯嶌先日ノ出火ノ節、当村人足相残り候様申聞置候所皆々引取、漸纏持のとび持計ニて外引取候旨、如何敷申聞候所、扇藤ノ方ハ人足残り候様被仰候故、助ニ参り候故、如此と有之故、一通りハ尤成共出火ニ参り候節人足ハ無之、其時声ヲ掛候而相残り候分則人足ニ而ハ無之哉、夫故一体ヲ差而人足と申候よし申候所承伏いたし、乍去どちらも間違と申居候、且又已来ハ承知仕候よし申居候事
尚又浅七ゟ申候ハ右様ノ節ニ塩武ノ定・房吉抔ハ切間ニ合不申、纏持とび持ハ拵中間ノものゟ為持候様、左候へハ一番ニ掛付候よし申居候事
尚又岡中嶌氏ゟ上京、川方御役所へ出候義、十日頃ニいたしくれ候様被頼居候事

一　九月二日　曇天

四ッ時くり屋被参候故、岡村ゟ引合一件咄合候所、三両ハ借用仕候へとも弐百文ハ一切不存、尚又河もノ方連印ハ仕候よし申居候而、且何卒弐百文ノ証文ハ三両ノ借りニ差入置候よし、右様弐口ノかりハ無之よし清略頼置居候、尚又同人ゟ手ヲ入先方へ頼参り□拾月切ニ而延引候様申聞、清略ハ此方ゟ仕遣し候旨申居候事
八ッ時大坂京橋六丁目呉田屋吉松ゟ、佐度屋長兵衛相手取候砂糖売掛出入滞高、三百五拾五匁四分八厘引合書持参仕候而受取置候事
　但し受取置候へともいづれ対談者為致候積り、乍去困窮故、其場ニ成候へハいづれ用捨被遣候様相頼置候事
八ッ半時、摂州次(吹カ)田村彦右衛門弟一人、外

ニ彦右衛門妹聟市郎左衛門外一人都合三人被参候而、内々相頼申度義有之よし、則舟方ノ儀ニて同村ニ野通ひ舟壱ッ有之所、焼印紛失仕候ニ付今又一ッ致し度候、然ル所如何仕候方よろしく候哉被相尋候ニ付、此方舟方ノ儀ハ一切不存、乍去ヶ成候咄合仕居候而、先ノ方御捨置新規ニ一艘願候様仕度よし被申、其方可然よし申居候、夫ゟ旅宿大新方へ被引取、又々早々寄候へハ相頼出申度様被頼居候事

七ッ時前嶋狭間氏被参候而、一ッ屋村馬場氏子息ノ儀被申咄、父母共咄合勘弁仕候よし被申居候、暮方ニ酒飯出、夫ゟ被引取候事

同夜与兵衛・義八印形持参ニて参り候様申聞置候所同夜逮夜ノよし、左候へハ明日ニ而もと申遣し候事

同夜佐長兵衛呼ニ遣し候所、同様逮夜参りニて後刻参上仕候よしノ事

同夜牧方村ゟ可参様申上置候へ共、差支有之候間得不参よし被申遣候事

暮方ニ碇屋要蔵小児葬式有之、一切不存跡ニて聞候所、六才ニて今九ッ時ニ相果候よし承知仕候事

但し浅井氏ニ勝手ニ被参候様と申参り候よし申聞ヶ置候事

初夜過ニ佐長参り、則大坂引合書一件ノ儀申聞、尚又早々埒明候様先方へ引合候而、引合書取ニ参り候様仕候旨申聞置候事

一　九月三日　曇天

早朝河内屋幸次郎参り候ニ付、則岡村藤田ゟノ引合書一件、先日ゟ茂吉ニ合候へ共、是ハ畢竟内分ニて先方も奥書いたしくれ候様被申候へハ最致候、遣し不申とてハ難済義故、本人直々合度よし申遣し候義ニて、早々埒明候様申聞候所、当節句迄ニハいづ

れニ対談仕度候間、急々先方へ引合候よし
申居候事ニて何分頼居候事
早朝喜助山ノ上寺へ釣瓶壱組車木壱ッ持し
遣し候事
早朝ゟ中宮村四郎左衛門一日手伝い拵呉候
事
四ッ時大坂天満市ノ側、河市ゟ当村津嘉
早々寄候へハ引合出入候様被申、右津嘉ハ
甚々以外ニも引合入有之候事ニて、尚又工
面難出来、右不仕合故と一通申聞置候事
四ッ半時浄行寺ニ居候所へ扇藤参り、綿吉
浦見分いたしくれ候様、其上御渡し被下候
様頼居候、且土坪ハ七坪ノよし申居候事
九ッ時堤方御通りニて差掛而、岡村ゟ笠・
間竿ヲ持し候而、先触ノ分□ニて只今御越
ノよし直様□□人足ニて右弐品持し遣し、
禁野ニて人足者弐人ニて右弐品持共都合三
人ニて、堤方御越ノよし参申候、尚又岡村
ユヒニて、吉蔵直ぐ岡近伝門迄遣し義助案
内ニ罷出候而、天ノ川へ岡村中嶌氏同道ニ
て見送り引取候、且人足ハ右弐品持、壱人
ハ村々ニて近伝ゟ天ノ川迄ハ両村壱人ツ、
ニて有之事
七ッ半時岡村堤方御触書刻付ニて、尚又先
触へ通共、先触ハ宿方ニて受印いたし、御
触書ハ岡、申中刻受印ニて、当村申下刻受
印いたし、且禁野村より酉上刻取置候而同
村へ渡し候事
　但し御触留ニ記置候事
八ッ時綿吉浦見分いたし候所七坪ハ無之様、
且又浅井氏相尋候所、留主中ニ御座候而直
様引取候事
岡村長兵衛参り、牧方田中氏ゟ今晩岡光照
寺へ向ケ御出被下候様御座候且暮方ノ事
暮方ニ馬借所ゟ廻文到来左ノ通り、尤備後
御表御止宿ニ付如斯

御廻状得御意候、秋冷弥増御座候所愈御
勇健ニ御勤役被成珍重奉賀候、然ハ明四
日
御献上備後□御通（カ）ニ表御止宿ニ候間、乍
御苦労御本陣御出勤可被下候已上
寅九月三日　馬借所　印
泥町村
三矢村
岡　村
岡新町村
右村々御役人中

右ニ付直様年寄中へも廻文遣し頼遣し候事
七ツ時八平殿被参候而、先日御出坂仕居候よしニて今日被帰候、則先日頼置候義如何候哉と被申、嘉兵衛馬持ノ儀清略仕候所、随分当村ニ而ハ可然候へとも三右衛門馬ハ三矢村分ニ而ノよし、同村ニておろし銀等取計候よし申聞候、且藤田証文ハ未見ノよし申聞候、尚又向浦井路浚ハ荒（粗）々咄合置候へとも得と不申候故、追而可申談様申聞置候事

岡村一件
同夜岡村ゟ御出被下候へハ光照寺へ御越被下候様申参り、然ル所牧方村被参候故、得と舟談いたし其上同道ニて光照寺へ参り候、夫ゟ中嶌・今西御両人へ咄合、甚々小前六ツヶ敷様子ニて色々と申入候へとも無詮、両人被申候通り承知いたし其上牧方村と談合、角野氏へ参り此通咄合よし申極、尚又角野氏へ参り候ハ明後晩と定置候而、夜中時ニ四人共引取候事
但し咄し中ニ牧方村被申候ニ、同日山ノ上へ大久保山行ニ付、牧方村ヲ山ゟ引取候ノ節一応ノ答も無之、山ノ上ノ番人全棒引通りよしニて直く又助清略いたし候所、一切不存不相済候よしニて早々清略

仕候よし申居候、全体大久保村ノ役中ニも禁野外夫々も被居候而、甚々不都合ノ体取計ノよし被申咄居候事
同夜光照寺へ参り掛ケ三矢村弥兵衛参り、則三矢村奥田、今日同村御検使御越ニて同道ニて帰村被致候、夫ニ付勢田川ノ義廻文被致左ノ通り
御廻章得御意候、然ハ勢田川浚ニ付、段々井上曽平様ゟ御利解被遊候へとも、何分村々一統相談ノ上御答申上候与御断申上置候ニ付、乍御苦労様御出勤可被成候、且又田井・走谷右両村別紙ニ廻状出し置候間此段御承知可被下候、直又泥町村・三矢村ノ儀ハ不参御座候ニ付、可然様奉頼上候早々以上
寅九月十三日　奥田八郎兵衛
中嶌太右衛門様
中　嶌　儀　助　様

右初夜到来披見仕候ニ付、則岡村両人出合候故咄合、明日両村共罷出候様相談いたし、且又供ノ義ハ当村ゟ連候様申居、両村相合ニて常朝ゟ出候積り申決し置候而引取、帰り掛ケ下佐へ供ノ儀申聞置候事、尚又浅井氏明早朝被参候様申遣し置候事
一　九月四日　晴天
早朝浅井氏被参候而、今日ハ古橋へ勢田川一件参会有之出勤仕候趣留主中相頼、且又綿吉浦ノ儀見分仕候へ共、扇藤ゟ申候義ハ大ニ間違有之、何分同人へ相頼入候様申聞置候事、尚又向浦ノ儀如何仕候哉相談仕候所、井路御両村ニていたし、池ハ向ノ分寄り仕候様談決し候事
且又同人へ御廻米一件勘定じりハ如何候哉相尋候所、くり弥ゟ相頼而相渡候よし被申居候事
且又備後御止宿出勤ノ儀、芦田氏御相談ノ

上よろしく相頼置候事
　但し芦田氏へも佐兵衛遣し、今日俄ニ古
　橋へ参り候よし申遣し候事
五ッ半時ゟ佐兵衛召連候而、岡村今西氏同道ニて罷出、三矢村奥田氏相尋候所、堤町油徳ニ被居候故、同人方へ参り合候而先日ノ様子相尋候而、泥町・三矢村も両村も都合四ヶ村も同様ノ事ニて、右両村もいづれも不被参候故、此方へ引受夫ゟ罷出候、尤供ハ岡村・新町相合ニて夫ゟ走谷へ寄同村久兵衛殿、夫ゟ田井へ寄り長左衛門殿同道ニて罷出候、古橋村喜八宅ニて小堀様御支配ノ分而已ニて弐拾三ヶ村寄、則嶋頭四郎兵衛・諸口三郎平・一番利兵衛三人ゟ□話し此度右一件ニ付御役所井上様大坂表へ御出役ニて、御勘定ゟ御支配村々承伏仕候様御頼入候て、外御支配夫々且辻様抔ハ一体承引仕候義ニ付、当御支配も一体ニ承引仕呉候様被仰、難出来候へハ極難、薄難ノ所村別ニ申出候様被仰、夫故延引いたし御一同へ相談仕候義と有之、極難薄相分ケ候へハ手元不都合ニ成、村別ニ御糺ニ成、左候へハ承引仕候ゟ外無様相成候事故、譬家居ニハ厚薄有之候へとも地所ニハ厚薄無之事ニて一同極難ニ談決し、尤諸口当りハ如何体被仰候而も故障申立候よし被仰申居候、且左候へハ追而村別ニて調印いたし書付差上候よし、左候へハ追而調印帳廻し候哉、調印ニ被参候様廻文遣し候哉、其節ノ仕義ニて当組奥田へ申遣し候よし同席ニて被申居候事
尚又同席ニて一番へ御廻米一件尻如何成候哉相尋候所、同人未受取候よし被申、今日も手元相尋候所遣し置候よし被申居候故、御手元清略ノ上拙者へ向ケ書面被遣候様と申置候、且同人へ一件当両村へハ内々有之

よしも逐一申咄し、若井上様ゟ御沙汰有之候へハ可申上旨頼置候而都而頼置候、且一件書面も相済候上かしくれられ候様相頼候事

尚又酒飯有之、但酒□渡有之事

尚又下佐、蔀屋村三郎殿・四兵衛殿両軒へ盆七日ノ茶の子切手役人遣し、野子ノ事も申遣し得不参よし申断置候事ニて

参会七ッ半時ニ相片付夫ゟ引取候、初夜時ニ帰宿仕候、尤本陣へ寄候所、奥田・浅井・中嶌・木南夫々被居候故、右一件相咄し、達而故障申立一同極難候相決し、勿論書付ハ村ノ調印ニて可差上よし、左候へハ当組惣代ハ奥田氏へ向ケ可遣よし同席ニて申居られ候間、左様承知被致候様咄入置候、且又浅井氏へ今晩詰合ハ如何候尋入候所、夜中ゟ芦田御出勤ニて宜敷よし被申居候事

但し帰り掛ケ走久兵衛殿へ中尾へ事伝相頼候、同人ゟ帳面かり置候故早々返却ノ所、今日も失念仕候ニ付延引ノ義相断居候よし事伝仕候事、

尚又参り掛ケ走谷中伊加賀ノ間ニて田井粂蔵殿ニ合候故、御廻米北国屋払相尋候所、若払過候而も勘定ニ不出候へハ困り入候よし被申、左様ノ義決而無之、払過ニ成候而も追而被出候様、此度ハ同人ゟ払置相頼置候事ニて承知被申居候事

同夜芦田氏へ初夜時ニ帰村ノよし申遣し候事

同夜藤田屋与兵衛・義八両人参り候故、先日同人方ニて相果候喜助一件、村方へ一札取候ニ付調印為致置候事

留主中

馬借所ゟ与吉参り、足銭惣代ゟ持参早々仕候様頼参り候事

尚又父前しま狭間氏へ被参候事

一　九月五日　　晴天
五ッ時山ノ井殿薬弘勧化被参候故、薬不受候而拾弐文取り記帳いたし禁野村へ遣し候事
五ッ半時岡村ゟ送り病人参り禁野村へ遣し候事
同時表りゟ掛ケもの箱五ッ持参仕候事
七ッ時牧方田中氏ゟ岡村一件、今晩ノ治定申置候へ共、差支ノよし明晩参り候よし被申遣候事
一　九月六日　　曇天　　暮過ゟ雨降る
同夜初夜前時、三矢村ゟノ廻文ニて勢田川一件、尤一番村ゟノ書付共到来一覧仕候、文面左ノ通り
以廻章得御意候、然ハ勢田川浚一件ニ付、一番村利兵衛殿ゟ右様ノ書状参り候へとも、下拙義ハ無拠差支御座候間、乍御苦労御両村ノ内ニて此度ノ義ハ御出勤可被下奉願上候早々以上
寅九月六日　　奥田八郎兵衛
中嶌太右衛門様
野子義不快ニ御座候故宜敷奉願上候
野子義も同様不快御座候間いつれ様なりとも可然取計奉願上候
中嶌儀助様

口上
先達而勢田川一件ニ付、井上様ゟ□□仰付候義ニ付、一昨四日村々相談仕候へとも未ダ御歎キ奉上不申候間、乍御苦労明七日石工町樋屋林兵衛方へ御出坂可被下候、右為御案内如斯御座候
已上
九月六日　　一番村
庄屋
利兵衛
三矢村
庄屋八郎兵衛様

口上

弥々御安全珍重奉存候、然ハ三矢村ゟ右様ニ申参り候へとも下拙義今ニ不快ニ御座候間、乍御苦労貴台様御出勤被下度奉願上候、若貴台様御差支御座候ハヽ三矢村当名ノ事故、出勤いたし被下候様、乍御免(面)倒様貴台様ゟ可然御報御遣し被下候様奉願上候、先ハ右ノ段御頼旁々御返書早々以上

九月六日　　太右衛門

中嶌儀助様

右岡村ゟ到来ニ付直様三矢村へ、当村差支ノよし岡村同様候へハ、いづれニ同村御取計ニて可然奉頼候旨頼遣し候事

但し廻文弐通持し遣し候事

早朝禁野村ゟ送りもの参り岡村へ継申候事

同今日ゟ相始糀米五斗むしむろへ入候、尤外夫々半切・元おろし桶等しめし置候事

早朝ゟ扇藤会所場下屋屋根葺仕候而、一日相雇候事

但し昼迄手伝ニ半兵衛殿いたし被呉候

夫ゟおやじ蔵相片付候故手伝候事

尚又同夜同人帰り掛ケ、右堤普請受取銀四百五十匁相渡くれ候様申居候ニ付承知申聞居候事

同日九ッ時浅井氏ニ出会候て浄行寺ニて、則同人御寸閑ニ候へハ名寄帳清略いたし度候よし申聞相頼候所、明日ゟ参り候よし被申居候事

馬借所ゟ今日御目付様御越ノよし申参り、尤掃除ノ儀申来り候、直様お留へ申聞町中一同へ掃除申触候事

但し暮方ニ御通行有之、尤弐御方様ニて弐度露払有之候事

暮方ニ牧方村田中氏ゟ使ニて、岡村一件今晩ノよし申遣置候へとも、無拠差支故いづ

れ節句後ニいたしくれ候様申参り候事

一　九月七日

七ッ時勢田川一件ニ付惣代ゟノ廻文岡村ゟ相廻り候ニ付、文面左ノ通り

急廻状を以得御意候、愈々御清気被成御座候奉寿候、然ハ勢田川浚一件、此節惣代一同先日ゟ出役いたし居、段々御紀甚々六ッヶ敷場合ニ相成候間、急々申上度義御座候間、明八日朝飯早々御出会可被下候、尤明八日昼迄ニ相談決申度候、無間違天ノ川善兵衛方へ御出席可被成候先ハ右ノ段申上度早々以上

九月七日未下刻出　　惣　代

岡村　　申上刻拝見仕候

岡新町村　申中刻拝見仕候

磯しま村

渚　村

坂　村

下嶋村

宇山村

養父村

上嶋村

楠葉村

右村々御役人中

添　書

此度勢田川浚御紀ニ付、川添村々歎奉願上候折柄ノ儀ニ付、万事遠慮いたし候様大坂出役惣代ゟ申来り候、別而神事太鼓たゝき申候義不致候様、村々差留メ申候様申来り候間、此段左様御心得可被成候以上

九月七日

右到来ニ付磯しまへ遣し受取取置候事

八ッ時堤普請受負銀取ニ卯兵衛参り、尤惣代ニて扇藤書付遣し同人代ニ卯兵衛参り候故、金子弐両壱歩一朱ぜに百十三文合、此

分百五十匁、尚又銭三拾一〆七百四拾四文、此分三百匁都合四百五十匁相渡、尤受取取置候、且右弐手ニ而相渡候義ハ扇藤ゟ頼候故如斯仕候事、尤義助手元ニ而ハ弐両ニ銭廿一〆文父九右衛門殿ゟかり入、残り拾〆八百五十七文壱歩壱朱右端金残共分義助手元ゟ差出、都合相渡義助扣置候事

早朝ゟ名寄帳清略仕候ニ付浅井氏被参候、且義助・浅井氏両人一日相掛り居候、尤中飯弐人、夕弐人合四飯、尤酒三度有之、但し同夜義助手元用いたし貰候故、酒三度ニ成、朝五ッ半時ゟ同夜四ッ半時ニ被引取候事

但し同人ゟ内々聞取候、先日備後表御止宿ノ節同人芦田氏御両人出勤ニて有之候所、当村人足卯兵衛・浅七外共申出候ニハ今晩外ニ触有之候へとも番ニ不参候故、銭取集候よし申出候ニ付、得と夫々取調候所、不都合且夫々申出候中ニも不都合有之、尤浅七・卯兵衛両人挙而申出候よし全体当村中ノ事、右様立合ノ中へ申出候而已不成、剰甚々過言ノよし一向不相済、乍去跡ニて段々両人ゟ相詫、野子へハ沙汰なしニいたし呉候様追而申出候よし、尚又右ニ付下佐も過言有之よし、是も同様相詫申出居候よし逐一承知仕候、何分内分ノ義故其儘聞捨ニ仕置候、乍去不心得成段已来心得居候事

早朝元米壱石むしニて元弐ツ立、半切ハ拾枚ツ、ニて都合弐拾枚ニ御座候事

一　九月八日　中曇天

四ッ時岡村中嶋氏へ参り同村きく殿ゟ参り引合書一件、同人ゟ中嶌氏へ証文預ケ置候よしニて候間、此節きく殿病気ノよしニ付、右証文被見せ候様申聞置候へとも、無拠此方ゟ参り見受候積りノ所、同家ニてくり屋

証文弐通ハ見受相違も無之、八平分ハ同人持帰り居候よしニて見不申、尤河幸并ニまつ利夫々証文見受帰り候、夫ゟ中嶋氏同道ニて引取、直様天ノ川弥助方へ参会ニ罷出申候、且又近々上京いよ〳〵十一日ニ仕候よし同人被申居候、尤夫ニ付地方凶作悪米ノ義書付差出候哉、粗案仕置候故、参り掛ケ此方ニて見せ申候事

四ッ半時天ノ川弥助へ罷出候所、宇山計り被居候而外いづれも不被参、尤勢田川一件写参、早朝寄候よし此方延刻ノ様存候所、外ハ大ニ延引九ッ過時ニ一同揃申候、其上田中ゟ浜吉ニて先日ゟ惣代六右衛門、代ニ禁野源右衛門被参居、則昨日六右衛門被参候故、源右衛門被引取候、夫ニ付惣代下り、尤手替り、尤六右衛門も惣代ハ被困り居候而、小口廻りニも可仕哉、且色々談有之、乍去御料ハ甚々六ッヶ敷趣意有之、御代官所様御勘定へ相聞候而ハ、夫々御代官へ差支御料ノ分ハ難出候、夫故御私料ノ分ニて相定候様相成、磯しま利助ニて同人へ頼候へとも難出来候故、楠葉千右衛門へ頼入候所、同人承知被致明九日早朝出坂仕候様天ノ川田中被頼置候、夫ニて談決申候、尤一件六ヶ敷様子、手続ノ咄合ニて且右下坂人ノ義ニ付而ノ参会ニ御座候、然ル所へ野子内ゟ呼ニ参り中席ニて用事ハ相決候ニ付、一同へ暇乞いたし引取候、尤七ッ時ニ御座候事

但し中飯ニ酒有之、尚又七ッ時ニ酒有之候事

七ッ時引取候所、前しま狭間氏被参居候而、一ッ屋村子息ノ義、向平五郎方養子相談ノ義、尤先方へ申咄候所出来候よしニて、然ル所親父此節病気六ッヶ敷故、取急キ印遣し候よし被申咄、尤成義相咄合大体同人最

ニて書取記置候而、来ル十五日ニ先方へ遣
し候積り、若先方ニ差支有之哉、いづれ十
一日ニ前しまゟ便り有之故相尋、有無申参
り候よし被申咄、しかし此方ハいづれニ十
五日ノ積りニ居候様申談候事
明九日神事ニ付八ッ時餅搗申候事
　但し同夜大垣内外夫々へ持し遣し候事
暮方ニ下佐参り、尤神事ニ付宮道取之□、
先常例ノ通り拾五はり出し候よしニて出候
様申聞、尤らうそく日善ニて取之、尤三十
丁ニて代三匁御座候よし申居候事
早朝当神事ノ儀、太鼓并ニ其外大行成儀ハ
都而不相成よし申触置候事
一　九月九日　曇晴天
神事ニ付一日休日ニ御座候、尤客来ハ此方
ニ壱人も無之候事
　但し宗八・宗助・おば・伊兵衛右等ハ参
り候事

八ッ過時勢田川一件ニ付、禁野村ゟ廻文到
来左ノ通り
　無御捨置早々御廻し可被成下候以上
急廻状を以得其意候、弥御清福可被成御
座候奉寿候儀候、昨日ハ一件ニ付御苦労
奉存候、然ル所惣代渚村六右衛門殿、只
今罷出帰り被申候ニ付急処、右一件模様
相替り申候ニ付、急相談申上度候間、今
夕方無間違善兵衛方へ御出席可被成下候、
尤上郷村々ハ廻状持廻りニいたし候間此
段申上候、何分此廻状御披見早々御出席
可被成下候、先ハ右ノ段得貴意以廻状如
斯ニ御座候早々以上
　九月九日当賀　　　　禁野村
　　岡町村
　　岡新町村
　　磯しま村
　右村々御役所

直様礒しま村へ持し遣し受取書取置候事
七ツ過半時岡村中嶌氏被参候故、夫ゟ同道いたし天ノ川弥助方へ参り候所、外一人も不被参候而、田中氏呼ニ遣し様子相尋候所、外村々ハ余程延引ノ事故、又々出直し候様ニも奉存候へとも、世間咄合相募り候故其儘ニ而、然ル所へ壱、両ヶ村被参候而、楠葉村初夜半時ニ被参候故、夫ゟ渚村六右衛門ゟ咄出候而、則先日中出坂罷居近江町御勘定様ノ御在所へ日々罷出居候所、御勘定様御奉行所へ御出被成候事も在之ニ而、翌日御奉行所ゟ御呼出有之、則御勘定様ハ御立合ニて御奉行ノ御利解、右様達而相募りニおいてハ御上へ選ひ候ニ相当り候よし、是非共承伏仕らすと而ハ不済よし、厳敷御利解ニて左候へハ又々替文出候様左候へハ又々御取上ケも被成方も有之、御取持被下候よし大ニ六ツヶ敷故、惣代ハ左候へハ私共ハ無備承状仕候へとも、村々小前ハ如何御座候哉と一応引取相談仕候よしニて、引取ニ相成候趣被談候事
　但十二日迄御猶予十二日出候筈
夫々談合仕候へとも別段ノ勘弁も不出申、左候へハ外惣代衆并ニ村々ノ勘弁も有之、外評義ノ模様場合ニ取計候も可然哉ニ一同談し相決し、夫ゟ渚村六右衛門殿ハ勿論外ニ而弐ヶ村、則礒しま利助殿・楠葉村庄左衛門殿三人明十日夜舟ニて出坂いたし、明後十一日ノ寄合一同咄合も有之事故、其席へ連り候様相成候而、右三人外夫々ゟ相頼而如斯御座候事
但し楠葉村ゟ兵右衛門と弐人出坂被致、渚六右衛門殿相尋被参候よし掛違ニ成候而、定而右様六右衛門ハ被帰候へハ直様被引取候様申居候事
尚又岡村中嶌氏、同村ニ若もの共太鼓出候

故義申出候へとも厳敷相止候様申聞候ニ付、無拠三矢村へ参りたゝき持歩行ノよしニ而、三矢村所ノもの一向不相済よし、其上岡村へも其引合ニて今西氏ゟ被呼遣候ニ付、一件決談ニ成候ゟ直様被引取候事ニて、尚又同夜酒飯有之夜中半時ニ引取候事

一　九月十日　晴天

五ッ時うば親元打越村へ引取候、尤喜助送り申候而同人初夜前ニ引取候事

八ッ時浅井氏・芦田氏両人共呼ニ遣し候所、早速被参候ニ付則勢田川浚一件、前々日前夜共参会有之罷出候所、惣代ゟ口述一件も甚々六ッヶ敷故、村々存意替文仕候よしニて当組合ハ一切注文ハ無之、替文と申候へハ淀川浚ゟ外無之、乍去外惣代身勝成言方ニて、下方さへ宜敷候義ニ談決候へハ当組合ハ先つ承知ニも可及、何分一同十一日寄合評義場合ニ仕候様談決仕候よし逐一咄合候所、勿論一件右様ノ切羽ニも成有之事故、外村々村も同様ニて村中組頭迄成共咄合置候様相談候所、尤成よし被申居候事

八ッ時下佐を以、下両村岡村へ苅捨印形取ニ遣し候所、三矢村奥田・泥町木南両人留主中ニて不調印ニて引取候事

同夜岡村中嶌氏へ参り明日上京ノ儀如何候相尋候所、右雨天故決談不成、何分明日ノ空次第と申被居候、尤同人ゟ被申遣候手筈ノ事

直様藤田氏へ見舞候所、きく殿殊ノ外大病ニて寝所へ参り見舞候而、則弐、三軒ノ銀談一件被相頼居候承知申居候事

(貼紙)

八ッ時柱本お留さん被参候而、則荷物留田へ戻し候分仕分被申何歟咄合有之暮方ニ被引取候事

一　九月十一日　雨天

早朝壱番・守口町両所ゟ出候廻文岡村ゟ到来ニて文面左ノ通り

以廻状得御意候、弥御安全ノ由珍重奉存候、然ハ勢田川一件御支配ゟ御調〻ノ上ノ分、当時日延致置候ニ付、若哉他御支配村々ゟ御聞合御座候ハヽ、当時申上候義、御日延願置候段御申可被成候右ノ段如斯早々以上

九月十日　壱番村
守口町

牧方四ヶ村
走谷村
田井村
対馬江村
仁和寺村
御庄屋中様

右岡村ゟ到来ニ付、直様当村ニて迄掛候而、走谷村へ大豆屋長兵衛を以遣し候事、尤四ツ過時ニ引取候事、但し当村へ受取書取置候事

四ッ半時くり屋呼ニ遣し候所被参候ニ付、当年番三矢村ゟ守口へ被渡候銀子有之よし、左候へハ此方へ守口ゟ取候参会わり未渡候間、其旨同人へ相頼置候、且又同人岡村藤田菊殿ゟ引合書一件、先日岡村へ参り清略仕候書違無之趣申聞候所、同人左候へハ先証文此方へ受取不申候ニ有之よし被申居候、何分直々岡村中嶌氏方へ参られ候様、直々相頼入候様申聞置候、且同人病人見舞ニも罷出候よし被申居候事

但し八平殿同席ニて勢田川咄被聞居候事

同時八平殿被参候故、勢田川一件年寄中へ咄合候通、何分切羽ニ相成有之、品寄候へハ場合ニ者承知ニ相成候事故、一応為念組頭迄成とも咄合置被呉候様相頼候、尤半兵衛殿へも咄置呉候様被申両人ゟ咄合候様、尤明晩ニ而も可仕よし被申居候、且くりや

も被居候故、三人ゟ咄合よし被申居候事、
尚又向浦井路ノ儀、咄合早々岡村へ談候而、井路丈ヶ両村ゟいたしくれ候様被申頼居候事、但し右両様ハくりやも聞被居候事
尚又岡村藤田一件証文ハ此頃病人ノ事故、見受旁々参り候へ共見不申、乍去同人一件被頼居、且先日中嶌ニ而聞候ニハ間違無之よし被申居候よし申聞候所、先日同人八平殿も被参候よしニて、今西へ咄合仕くれ候様成在之よし被申居候事
尚又布甚方証文奥印ノ儀催促被申候故、随分仕遣し候へとも一応先方へ為念申聞候よし、其上仕遣し候趣申聞置候事
早朝岡村ゟ今日雨天ニも有之、尤病気不宜候故、上京ノ儀相延しくれ候様被申遣候事
早朝ゟ父前しまへ被参候而八ッ時被引取候、然ル所先方いづれニ返事可仕候所、一ッ屋方舟ニて迎ニ参り人足直様此方へ帰り候よし、不遣よし一向不相済、乍去先方病人六ツヶ敷成候故、折買(マヽ)調候而も延し候様相成候哉も難計候へとも、其積りニて調呉候様被申居、先々十五日ノ積りノよし承知仕候事
四ッ時承知仕候ニハ
　昨暮方ニ三矢村小倉屋利八ゟ不仕合ニ付、浄瑠理(璃)仕候よし頼ニ参り、尤番付持参仕候よし承知仕候事
八ッ時浄行寺へ参り候所へ浅井氏被参候而、則三矢小利浄瑠理ノ儀如何候被尋候故、此方手元とも存候よし申候所、同人三軒へ参り候よし、左候へハ役前ニ哉と被申候而則取計ノ儀咄合、尤三人名前ニて遣しくれ候様被頼居候事
　但し浄行寺酒一献上ケ度被申暮方迄居候事
同夜壱朱壱ツ封し三人名前ニてお留を以持

し遣し候事
同夜暮方過ニ勢田川一件、惣代方へ頼一札
所書并ニ添書共到来、披見仕候文面左ノ通
り

添廻状を以得貴意候、弥御清栄可被成御
座候条奉寿候、誠ニ此間ハ御出会御苦労
奉存候、然者達而惣代頼一札御調印被下
候節、過急ノ儀ニ付前書御写取無御座与
奉存候、則右前書ノ写し相廻し申候間、
御村々御写し取ハ村順御廻し可被成下候、
尤留ノ村ゟ此方へ御戻し可被成下候以上

九月十日　禁野村

岡村
岡新町村
磯しま村
渚村
坂村
下嶋村
宇山村
養父村
上嶋村
楠葉村
右村々
御役人中

右岡村ゟ到来、尤岡村迄掛り無之候へ共、
此方ニて迄掛候而此方へ受取置候、尤受取
書岡村へ遣し候事
同夜佐長呼ニ遣し引合書一件咄合如何被致
候哉相尋候所、先日日善頼遣し、何分先日
留主中故、相尋候而返事いたし候よし被申
居候事
浄行寺ニて浅井氏ニ明日差支無之哉相尋候
所、何も差支無之よし被申候ニ付、明日ゟ
参り被呉候様相頼候事ニて参り候よし被申
居候事

一　九月十二日　雨天

早朝禁野村ゟ添廻状、惣代頼一札前書写書
共禁野村へ遣し候事
尚又苅捨ノ書付、三矢・泥町弐軒へ調印ニ
遣し九ッ前時ニ調印仕候而帰り申候事
五ッ半過時三矢村□被存候而、諸口三
郎平殿ゟノ廻文岡村ゟ到来披見仕候左ノ通
り

尚々外村々ハ切廻状ニて申上候間御承知
可被下候
急廻状を以路(マヽ)上仕候、然者勢田川浚ノ儀
ニ付、御奉行様并ニ御出役井上様ゟも厳
敷御解承伏可致様被仰聞候ニ付、急々御
相談申上度義御座候間、谷町川藤方へ御
出勤可被下候、外地頭々ゟも夫々厳敷御
利解ニ御座候、何れ此度承知可致様、押
而被仰聞候ニ付、夜中ニ御座候へ共此状
御披見次第無間違御出勤可被下候右申上
度早々以上

九月十一日　　諸口村
　　　　　　　三郎平

南嶋村　荒生村　中村
江野村　守口町　仁和寺村
対馬江村　牧方村々　走谷村
田井村
　右村々
　　御庄屋中様

直様三矢村取遣し、尤佐平を以三矢村出勤
いたし被呉候様相頼遣し承知被申候事
但し走谷村ゟも使参り候へとも、同人も
三矢村へ遣し頼させ申候、且押而相頼入
候ニ付承知被致候、且三矢村ゟ上京仕候
へハ同村・泥町弐ケ村小手形上ヶくれ候
旨被相越候事
九ッ時牧方村ゟ書面ニて又助一件今晩参会
申度よし書面ニて尋ニ被遣、且又廻文共同
人ゟ認被遣候文面左ノ通り

急廻状を以得其意候、不正ノ天気ニて扨々御互ニ困り入申候、夫ニ付又助一件ノ儀ニ付御相談申上度儀有之、余り急々ニ候へとも今暮前ゟ尼四郎方へ御出会可被下候、尤可相成候ハハ無御代人御出席被下度候、且又夕飯も申附置候故、右ノ段御案内申上候、委細長面可申上候以上

九月十二日　　儀助
吉右衛門

岡村
三矢村
泥町村
御役人中

不正ノ天気ニて扨々御互ニ困り入申候、夫ニ付先達而鳥渡御内々御咄申候又助書附一件ノ儀、今日俄ニ候へ共一応参会致度存候ニ付、此段御尋申上候、右書付一件も有、又外ニ御相談申上度義も御座候故、可相成候ハハ七ッ時比ゟ尼四郎方へ御出会被下度候、尤夕飯も相拵させ度存候、右ノ段否御聞せ可被下候、御承知ニ候ハハ右廻状早々御廻し可被下候

九月十二日　田中吉右衛門

中嶌儀助様

右ニて廻文被致遣候故、其旨承知申遣し、尚又其使岡村へ寄候而岡村ノ廻文相廻し申候、且三矢村留主ノよし心添、乍去壱人差支(マヽ)故致候哉ノ義、乍去牧方村御勘弁ニて可然御取計頼遣し候事

四ッ前時ゟ父、鉄之助連候而出坂被致候、尤少々買物有之、且明後十四日帰村仕候よし被申居候事

但し鉄之助へ羽山屋へ書面遣し、買寄候積り取計候事、且又出坂ハ舟ニて被致候事

五ッ半時ゟ浅井氏参り被呉候而、名寄帳清略仕候、尤七ッ時迄被居候へとも、夫ゟ義

助牧方村被申遣候参会ノ方へ参り候故如斯、尤中飯出候而昼ゟ半兵衛殿被参候故、勢田川一件咄合ニ付、其外雑談ニ成候而昼ゟハ仕事不仕候事

乍去彼是仕候而暮方ゟ参会ニ参り候事

暮方ゟ尼四郎向ケ、尤岡村誘候而同道ニて参り、且又牧方村被居候而夫ゟ六左衛門殿被参、三矢村ハ病気と有之不参候而、則牧方村ゟ又助一件頼出候すし者此度小頭ニ成候故、月々御渡し候外ニ弐朱壱歩と申程ノ折々入用有之、夫ヲいづれ様成とも御定かし被くれ候様、尤是ハ御上ゟ御下ケも有之、夫ニて勘定仕候よし、もし左様無之候ハハ月渡し尻勘定ニて差引仕候趣ニて牧方村へ相頼置候、尚又又助ゟ小頭ニ成候故、已来猥りニ不相成様五ヶ村へ書付取置候ニ付、下書相認候事ニて牧方村へ相渡、同人ゟ又助ニ為書調印仕候様相成候事

一

弐

尚又泥町ニて借用仕候三百匁ノ銀子咄合出候へとも、是ハ木南方ハ返済仕候方よろしく候へとも利足入り候事故、又助方へ遣り候事ハいつニ而もと相成候而其儀止ニ成候事

但し夕飯出候而酒在之、尚又夜中半時ニ酒在之、其上めし・茶漬有之候而八ッ前時ニ引取候事

早朝ゟ吉助・喜助・長蔵共米踏為致候事

但し勘定帳面記置、九斗八升上りニて余り壱斗九升在之

尚又三矢村一人も不被参候故、是ハ牧方村ゟ被咄候様相成候事ニて、尚北国屋佐助一件しり片付候様頼候所、早々取計候様被申居候事

但し岡村一件内々牧方村ゟ明晩ニ而も先方へ参り候義被申、兎も角も申居、此方へ向ケ被参候よし被申居候事

尤参会引取候ハお留迎ニ参り候故弐人引
　取候事
留主中　同夜初夜前時、跡ニて母ゟ承り候
事
黙雷子讃岐ゟ被参候而、則今晩ハ常称寺
代ニて三矢村かせ迄報忠講へ参候よしニ
て、手土産名物しよせんはこ入ニて、き
びノよ右弐品持参ニて被参候事
早朝お留泥町へかり捨書付ニ調印ニ遣し候
所、昨夜浄瑠理席ニて木南へ向ケ過言甚々
不都合ノよし如何候哉、平右衛門ノ心底被
相尋候、お留ゟ一通り申居候へとも一応野
子へ咄いたし置くれ候様被申居候よし承知
仕候事
　但し七ツ時お留ゟ承知仕候事　尤内々ノ
　事
一　九月十三日　清天
四ツ時お留参り、又助ゟ頼出候とて同人ノ
書付持参ニて月渡し銭ノ内五百文かしくれ
候様有之、承知申遣し直々参り候様申聞参
り候故五百文相渡し候事
　但し父手元ニて相渡し候事
朝ゟ浅井氏被参呉候故、一日名寄帳清略仕
候、尤中飯・酒共出し夕同様夫ゟ被引取候
事
八ツ時大垣内前道造仕候ニ付、横路左兵衛
弟ニ与次兵衛両人参り、常例ニ候故銭百文
くれ候様有之、一切此方不存候へともぜに
百文両人へ相渡し候事
同夜暮方ニ岡村ゟ到来、則土砂御触、尤外
ニ御達書弐通共箱入ニて写取牧方村へ遣し
受取取置候、且十六日御出ニて伊かゞ中食、
尤十九日御帰り、是ハ牧方村休ノよし有之、
委細留帳ニ記置候事
　但し直様芦田氏へ十六日土砂ノよし出勤
　頼遣し置候事

中宮村四郎左衛門一日米踏仕、尤吉助・喜助・長蔵四人米踏仕候而四俵明候而上り米壱石七斗六升余り四斗五升御座候事ニて勘定帳ニ仕置候事
　但し中宮四郎左衛門、明昼ゟ参り候様申置候事
尤吉助明早朝大坂迎ニ遣し候よし申聞置候事
同夜牧方村被参候而、則岡村一件咄合、角野氏へ今晩参り候手筈ニ候所、何分小前中と両人共被参候趣意ハ一向六ツヶ敷、角野へノ返事甚々困り入色々談合候而、夫ゟ浅井氏頼遣し被参候故、咄合何分右仕合故、同人先方へ被参呉候様相頼候様相成、承知被申聞候ニ付明日ニ而も先方へ参り候よし被申居候事
　但し四ツ半時ニ引取(候脱カ)被申事
同夜京都木作利助参り候而、尤十六日ゟ参り仕事仕候よし手筈いたし候事
同夜表り参り小竹ノ書壱枚此方へ取置候、且環中道人此節参居候よし承知仕候事
一　九月十四日　曇天　暮方八ツ時ゟ雨降る
五ツ時又助参り昨日ノ銭かり度よし、則五百文直々相渡し候事
五ツ半時三矢村ゟ勢田川一件ニ付急談申度よしニて廻文到来、文面左ノ通り
以廻章得御意候、冷気相催候所弥御勇健ニ可被成御勤役奉改寿候、然ハ勢田川浚一件ニ付尼四郎方へ御出席可被成候、且又可相成義候へハ無御代人奉頼上候、先ハ以廻状得御意如斯御座候早々以上
九月十四日　三矢村
岡村
岡新町村
泥町村

右村々
　　御役人中
追啓申上候、走谷村・田井村右御両村ハ
別段廻状遣し候間此段御承知可被下候以
上
右到来ニ付泥町村へ遣し候事
尚々岡村ゟ右廻文相廻り到来、則同村ゟ参
り掛寄くれ候趣意書付添参り承知申遣し候
事
九ッ時三矢村萬年寺ゟ廻文到来左ノ通り
　　口演
時分柄涼冷気御座候処、各様愈御安康ノ
由珍重ノ到リ奉賀候、然ハ来ル十六日此
ニ粗末栗進上致度候間、乍御苦労正四ツ
時御光来奉待候、先ハ御案内迄如斯御座
候已上　　　　萬年寺
　九月十四日

次第不同　御招ニ預り辱奉存候尚誘合参
　　　　　上仕度候以上
中嶌儀助様　浅井伊三郎様
芦田藤七様　中嶌太右衛門様
角野利三郎様　今西庄兵衛様
木南喜右衛門様　同苗(木南)利兵衛様
同苗(木南)六左衛門様　奥田八郎兵衛様
今西甚左衛門様　池尻善兵衛様
畑中仁兵衛様　乾伝右衛門様
小沢庄次郎様　田中吉右衛門様
木南彦左衛門様　田中仁左衛門様
田中善左衛門様
右到来参上仕候よし申遣し候事、但三矢村
歩行弥兵衛持参候事
早朝八平殿被参候而大坂布甚方、尤浅井氏
方ノ質流し証文奥印ノ儀被相頼候而、相渡
しくれ候様、則調印ニて、尚又芦田氏方へ
被参候様申聞相渡し候事

早朝大坂へ吉助迎ニ遣し、尚又四ッ時喜助迎ノ助ニ遣し、尚又中宮村四郎左衛門・伊兵衛両人かごニて迎ニ遣し候而四ッ前時ニ被引取候事

　但し大坂銭屋多三郎殿被参、父・鉄之助
　　都合三人被帰候事

早朝表り参り、則唐崎紙三枚切遣し、環中ニ為書ノ義頼相渡遣し候事

四ッ半時芦田氏御出ニて泥町へ浅井一件（マヽ）一件咄合被致候、尤今朝佐兵衛遣し候節、鳥渡事伝申遣し候よし申聞候而、尚又早朝八兵衛殿へ相渡候証文ノ儀被相咄候ニ付、随分是も夫々咄合承候而遣し候よし申聞候、尤同人ハ調印いたし遣し候へとも相尋候よし被申居候事ニて被引取候事

九ッ過時ゟ岡村角野氏被参候而少々内談有之、乍去野子参会ニ出候故無程被引取候、且今朝浅井氏被参候よし被申居候事

　但し又々後日参り候よし被申居候事

八ッ時ゟ参会ニ出掛ケ岡村中嶌相誘候而同道ニ而尼四郎方へ参り、夫ゟ三矢・泥町・田井外々かせ甚都合六人寄合、尤田井ハ早く被参居候よし外ニハ延刻此方参候よし寄合、其上咄合三矢村ゟ被致候、且又当月七日□□□下りの出勤ハ同人不被致候よし被申、尤下よりよろしくよし、一件日延候旨申参りよしニて相止り様相成候と被申居候

且又

当月十二日出候下りノ出勤ハかせ甚ニて、何分六ッケ敷趣此度ハいづれ承伏可仕様、尤厚薄申出候様多分村々相成候様厳敷御利解ニて、いよ／＼村方ニ小前承引不仕候へ者、村方へ出勤仕候哉迄井上様被仰候よし、乍去下夫ハ旅宿へ引取候上、牧方も承引ハ決而いたしくれ不申様被申居候、且村方へ御出勤ノ御申も御座候へハ、小前迄一応申

聞置候而も可然よし咄合有之趣、右等ニて
いろ〳〵相談仕候上、当村々ハ無致方先多
分付ニ成、何分押而御利解も御座候へハ、
何分外皆承引仕候へハ夫へ付候よし決談、
乍去此義ハ大坂へ参り守口・諸口外夫々両
三人へ咄合ノ上御掛りへ申上候而、已来御
調へ無之様仕度、何分席上場合次第と申談
決し、其上出役人三矢村奥田相頼候而、田
井村栄蔵殿・岡村木津治殿三人と談合相決
候而同夜四ッ時ニ引取候事
　但し酒飯有之、且下佐兵衛迎ニ参り同道
　ニて引取申候、夫ゟ浅井氏へ今晩様子当
　両村ニて一人出役決談いたし帰り、岡村
　今西と頼置候へとも若間違候へハ相頼候
　よし申遣し置候事
同夜夜中時岡村長兵衛参り、木津治殿葬式
親類中ニ有之よしニて被相断、人無之よし
申参り、左様ノ義大ニ困入候へとも浅井氏
へ振り頼遣し置候而、如何仕られ候哉直々
参り相尋候様申聞候事
留主中
七ッ時禁野村ゟ送りもの参り岡村へ継遣申
候よし承知仕候事
一　九月十五日　雨天
早朝浅井氏呼ニ遣し出坂ノ儀相頼候而、一
件模様咄合、夫ゟ岡村へ被参四ッ時ニ出坂
被致、且御役所弐納御触書多田徳へ相渡候、
尚又今朝到来候、且一件井上様ゟノ廻文御
同人へ差上候様相頼渡候事　但し御触留ニ
記置候事
五ッ時岡村ゟ御役所ゟ弐納御触、井上様ゟ
勢田川一件急御廻し御差紙弐通共到来、則
弐通共調印いたし、井上様ノ方ハ刻付ニて
岡村卯ノ上刻ニ有之故、卯下刻ニ仕置候、
尤差上ハ浅井氏へ相渡し候事
一　六拾匁　　　当村弐納銀

四ッ時泥町村ゟ御役所へ差上候初納小手形
八拾匁ノ炭彦ノ書付被持遣、慥ニ受取置候、
尤受取書遣し候事、但し先方ゟ頼ノ書面添
来り
早朝ゟ一ッ屋馬場氏へ遣し候印、都而取拵
居、尤書付等いたし居候所、四ッ時狭間氏
被参候而相談ノ上取計候、上同人へ相頼候
而夫ゟ先方へ、此方ゟ伊兵衛・宗助両
人狭（挟カ）箱入候而遣し、都合三人ニて、尤前し
まゟ供有之候へと此義此方ゟ被帰候、且同
九ッ時ニ此方被出候而、此方両人ハ壱人供
兼而参り、同夜初夜過ニ帰村仕候、但し弐
人共前しまハ壱人被引取候事
　但し一ッ屋ゟ受取書参り候事
　但し此方ニて酒飯出候而、尤供も同様ノ
　事ニて其上被引取候事
八ッ時芦田氏・小野両人呼ニ遣し、則小野
へ勢田川一件先日寄合いたし被呉候哉相尋
候所、同人未仕候よしニて今晩仕候趣被申
候故、尚又昨日参会有之席上咄合、且今日
浅井氏出坂申貫候、都而咄合仕置候事
芦田氏御出ニて右一件同席ニて咄合、尚又
萬年寺一件如何被致候哉相尋候所、同人相
断居候趣断り被申居、左候へハ此方も同様
岡村へ尋ニ遣し、此義岡村ハ跡ゟ返事仕候
よし、且浅井氏一義咄合置候事
　追而相咄候趣ニて同人少々不快故被断被
　引取候事
　且土砂ノ儀ハ御苦労なからと相頼置候事
同夜半兵衛殿参り候而勢田川一件咄合、今
晩八平殿へ相頼置候様子申入置申候事
然ル所へ岡村ゟ長兵衛参り、萬年寺方不参
候も如何敷被申遣、如何様ニも可仕よし申
参り此方も跡ゟ申答候様申遣し置候事
一　九月十六日　晴天
早朝岡村へ遣し、当村ハ野子事風邪ニて引

込居、芦田氏も不快故被申断候故得不参よし申遣し、御村方ハ如何哉と相尋候所、相談いたし跡ゟ返事仕候よし被申居候事、直様萬年寺へ今日ハ当村ハ無拠義ニて得参り不申よし断申遣候事

但し芦田氏も相談掛候上如斯御座候事

岡村ハ長兵衛参り、先方へ不参候も牧方村ノ手前も有之不都合ノよしニて参り候よし申参り、左候へハ当村ハ得参らす候間よろしく御事伝頼入置候事

四ッ前時私部村重次郎ゟ当村さく平・くり屋・津嘉三人へ引合書、銭弐拾三〆五百四拾五文相滞り候よし持参仕候故、受取置候、尤三人ノ内弐人ハ引合書入有之よし申聞置候事

四ッ前時ゟ芦田氏土砂ノ方ニ被参候而、九ッ時相片付被引取、尤少々御見分御座候へとも牧方・岡被残外皆々被引取候よし、夫ニ付牧方村被申候ニハ萬年寺方へ是非共参りくれ候様芦田氏を以被進、尤芦田氏同道仕呉候様ノ旨、則芦田氏其儀被咄候へとも是非御断、又々同人岡村へ被参候て咄合被置候事

但し尚又八ッ時ニ同人夫ゟ世間咄しニて遊居候、尤同人内々被申候ハ同人義外ゟ銀談申来り候もの無之哉被相尋候ニ付、一切無之よし申居候尤銀方まつ喜ニ候事

四ッ時大坂北久太郎町川崎屋○申もの、当村伏見屋吉兵衛先源七ノ折柄取引ニて、九拾匁と申もの残り有之、則度々催促仕候へとも埒明不申候故、御村方へ何と成共御分被下候様と申参り、病中と申候故当御支配何レ候哉、小堀様ノよし母ゟ被答夫ゟ引取候事、尚又八ッ時太兵衛参り、右ノ義御村方へ申出候哉と尋参り候ニ付、早参り候故如何候哉相調候上、早々大坂ノ方へ誰成共

遣し候様仕候由申聞、尤又々此方へ参り候
へハ得と利解申聞候様申聞置候事
早朝ゟ父・半兵衛・鉄之助・宗八・惣助都
合五人川原検見ニ被参候而、暮方ニ被引取
候事
早朝ゟ木作利助暮方迄一日相拵申候、尚又
表り敷紙仕ニて一日相拵申候事
同暮方ニ萬年寺ゟ野子不参仕候故膳参り、
尤小鉢るいニ入持参被致候故受置候事
同夜半兵衛殿ゟ昨夜寄合仕候而、右勢田川
一件一統へ咄合候所一同も別段思立も無之、
いづれニ御村方ニ可然御取計被下候よし頼
居候趣、尤八平被参候はづニ候へとも断り
ニて同人ゟ聞取候事
同夜四ッ半時大坂ニて浅井氏ゟ書面、尤三
矢村へ参り夫ゟ持参受取、然ル所甚々一件
六ッケ敷被困居候、下惣代も当組合承知ハ
難為致段押而申入、無拠夫故困り候よし、
且又明十七日四ッ時ニ書付ニて村々ノ趣意
認差上候様相成、夫ニ付村々庄屋印形、則
岡村・泥町・当村三判早々遣し候よしニて
直様芦田氏頼遣し、岡村へ書面持参ニて為
参咄合いたし貰、木津治殿被参呉候様仕候
積り、同人暮方ゟ四番ノ方へ被参候而留主、
夫ゟ中岡中嶌・芦田同道ニて此方へ被参候、
夫ゟ泥町村へ奥田ゟノ沙汰有之候哉相尋候
上ケ様〳〵ノよし申聞、夫ゟ印形被遣候様
申遣し置候而、中嶌・野子弐人印形相封し
書面相認、且今明日ノ内ニハ岡今西相頼為
下候積り申遣し候様いたし、夫ゟ卯兵衛人
足仕立七ッ時ゟ差遣し、尤泥町も参り掛ケ
為寄候て印形持参仕候様卯兵衛へ申聞、暁
七ツ時ゟ遣し取計候事
但し弐人共夫ゟ被引取候事、尤浅井氏へ
ノ書面、藤七・義助両名ニて遣し候事
一　九月十七日　曇天

早朝浅井内へ先夜大坂ゟ書面到来、村方ゟハ卯兵衛遣し、御引取ハいづれ今明日ノ中ニ今西氏下り貰候へハ其上と申聞遣候事
くり屋・津嘉・きくの嘉七代いかりや右三人呼ニ遣し候所、つの嘉病気ニて外弐人参り候ニ付、私部村重次郎より引合書一件咄合早々何と成共取計埒明候様申聞置候事
幸次郎参り磯しまへ先日浅井氏ゟ引合致し貰候所、引合所奥書取候而持参仕候通、出訴仕度よし申出候故、大坂ニハ浅井氏被居候故、其方へ書面遣し加印頼候様申聞、尚又引合書写取夫ゟ大坂浅井氏へ書面添引合書遣し候而、相頼遣し取計相頼遣し候事
早朝ゟ木作利助暮迄一日相拵、尚又表り早朝ゟ昼迄相拵申候而半人ニ御座候事
早朝四ッ時迄酒煮仕候事
四ッ前時迄ゟ吉助楠葉村祭りニ付参り候事
四ッ半時ゟ半兵衛殿、大坂多三郎殿并ニ鉄之助□連候而舟行被致七ッ時ニ被引取候事
九ッ時ゟ父山ノ上常称寺へ被参候而、則報恩講相談被致候而廿二日ニ取極被帰候事
同夜初夜時ニ卯兵衛大坂ゟ□帰候て、則大坂浅井ゟも書面も無之、尚又一件模様可相成事成ハ様子申返し度と存候故、其儘ニて引取候よし申居候、且同人申居候泥町村ニて参り掛ケ印形持参、且大坂ニて奥田ゟ受取候而木南へ相渡候よし、尚又今朝飯過ニ先方へ差仕候よしニて七ッ時迄待居候夫ゟ帰り申候よし、いづれ手替りハ遣しくれ候様申帰り、尤今九ツ時早朝下佐佐吉大坂ニて浅井氏ニ合九ッ時ニ帰村仕候よし承知仕候、道ニて承り候事
直様岡村へ明日ハ今西氏御出坂被下候哉、頼入被下候哉尋遣し候所、未同人不被帰候故被帰候へハ早々合頼入候よし申帰り、且井路浚人足両村最合ニて出候よし申遣し候

所、随分宜敷よし勝手ニ定而被成、前晩ニ申遣しくれ候様被申遣候事

一　九月十八日　晴天

早朝八平殿被参候而、塩嘉兵衛馬持ノ儀馬壱疋相求候よし、尤善右衛門ゟ引取候よしニて新町分ニ成候哉三矢村分ニ成候哉不相分、行先勘定仕候よし其節相分り候様被申入、相呑置候様申聞候事

尚又勢田川一件咄合、且先日寄合ノ模様半兵衛殿ゟ聞取候よし申聞、尚同人藤田一件木津治方へ成とも一応被参候様申聞置候事

早朝ゟ拵、父・半兵衛殿・宗八・惣助、中宮村市大迎ニ参り、四ッ時ゟ同村検見ニ被参候而暮過ニ被引取候事

早朝ゟ木作利助一日相拵申候、且表り早朝ゟ七ッ時迄敷襖いたし七ッ時ゟ引取候、凡壱人ニ御座候事

八ッ時芦田氏被参候而、今八ッ過時ゟ岡今西氏出坂いたし候様被申居候よし咄入ニ御座候、且浅井氏一件咄合も御座候而、七ッ前ニ被引取候事

同夜夜中過時浅井氏舟ニて被引取候而直様此方へ被参候、一件大ニ六ッヶ敷成、御利解厳敷候而困り入、下夫々重立候方へ引合候而、此方随分不出候様仕候、然ル所昨十七日差出候書付等被扣帰、尚又御年貢年内納ノ義ニ付御触大坂ニて拝見調印仕候、尤義助印ニて押候よし、右いづれ書付持帰り被申受取候、且又三矢扣無之故跡ニてかし候様被申居候事

但し幸次郎参り義利解申聞候而、相延し候様取計候よし被申居候

尚又一件甚々六ッヶ敷故、一応咄合ニ而も可然様被申居同様申居候事

尤印形受取、尚又岡中嶌印形受取置候事

暮方中宮拾四郎被参候而、松喜一件三矢小

倉屋口弐朱□□□六分五厘右弐品受取置候
而、勘定仕置候よし申聞候事

一　九月十九日　晴天

早朝馬借所ゟ五百文集之差到来ニ付切出し
認候而、上下番へ廿三日切ノよしニて遣し
候事
早朝芦田氏へ土砂ノ方御出勤被下候様頼遣
し候所、同人差支ニて浅井氏へ相頼置候よ
し被申遣候、尚又岡村今西氏ハいよ〳〵明
日出坂被仕候哉相尋候所、出坂被致候よし
被申遣候事
尚又浅井氏御出勤御苦労ノよし申聞、今日
土砂ノ上ニて勢田川一件咄合被下候様申遣
し、承知被申居候よし候事
　但し岡中嶌へ同人印形相封し候而、昨夜
　浅井氏被帰候よし申聞印形返却仕候事
木作利助早朝ゟ昼迄相拵申候、昼ゟ小間弥
へ参り候事、尚又表り五ッ半時ゟ参り働申
候暮方迄居候事
四ッ前時ゟ家内不残山行、尤大坂多三郎
殿・鉄之助下女弐人、半兵衛方下女三人お
とも、下女共四人、はし・お中・宗助お
ば・宗吉・庄吉右夫々山ノ上山ニて源兵衛
迎ニ参り暮前ニ引取候事

一　九月廿日　晴天

早朝浅井氏へ昨日ハ土砂御出勤御苦労ノよ
し申聞、則昨日御頼入候勢田川一件咄合有
之候哉、如何相成候哉尋ニ遣し候所、留主
中ニ御座候よしニ候事
五ッ半時牧方村書面持参尤通共持参ニて又
助参り、則余時入用金ニて壱匁壱歩相渡候、
尤通ニ付置通ハ牧方村へ相渡候様又助へ相
渡し候事
早朝ゟ父・半兵衛殿・宗八三人中宮村検見
残り見ニ被参候、尤四ッ時市左衛門弁当取
ニ参り候節ゟ義助同道いたし、則検見いた

し南谷へ下り暮前ニ引取候事

四ッ前時岡久ゟ小鯛壱枚ニたこ壱ッ持参いたし受置候事、但し先日上京付添礼と被存候事

四ッ半時大坂多三郎殿為送吉助同道ニて陸路遣し候事

　但し羽山彦兵衛様へ書面添、先日相頼入候買もの未ダ着不仕候故、清略此ものへ被渡候様申遣し候事

同夜浅井氏被参候而、今日岡今西氏帰村被致候よし被申居候、則大坂ノ方ハ一件大ニ六ツヶ敷候へとも御検見ニ付林田様御越しニて、左様ニも不申と而も可然よし御申候哉、当御支配一同惣代ニて可然よしニ相成、則書付先日ノ通りニ添書いたし此添書写被帰受取候、且又明日尼四郎方ニて土砂延く相成候故、夫々銘々共支度いたし其上咄合いたし候所、いづれも同様成共下々甚々六ツヶ敷様子、早々寄候へハ人気上り家こぼち等も出来候而ハ如何敷、先ツ下々左様ニ申候へハ譬ひ百匁入候而も畢竟少高ノ組合先ツ下ニ準し候様相成候よし承知仕候、且今西氏被申候ニハ昨夜田井被参候故引取候、乍去替り下り候様手筈申置候よし被申居候趣、則今日ノ義いづれも今日ノ儀三矢村へ申談候所出坂難出来よし、同人も被申居候よしニて承知仕候事

尚又牧方村今晩被参候よし被申居候趣、咄被申候故相待居候へとも不被参候事

留主中

　八ッ時山ノ上平右衛門ゟ使参り、表り日雇代幷ニ車木其外買もの等勘定いたしくれ候とて金子壱匁弐朱持参受取置候事、且又黙雷子ノ墨入用故相渡し候様被申居候よし候事

同夜表り呼ニ遣し、同人手間夫々勘定いた

し明日持参仕候様申聞置候事
一　九月廿一日　　雨天
早朝三矢村へ先達而八朔礼包銀扣帳かし置候ニ付取ニ遣し候所、直し所不知候迚跡ゟ返却仕候よし申参り、且先達而同人御役所へ差上候書付取ニ遣し受取帰り、尚又書付先日大坂ニて浅井氏被認候書付共、跡ニてかしくれ候様被申遣候事
四ッ時表りゟ同人手間勘定書、常称寺書付認遣し受取置候事
内々八ッ時上村の□方ニて重蔵騒ヶ敷様子承知仕候事
同時、書物箪笥ノ小鍵壱ッまつ喜ニて取寄候事
尚又同夜浅井氏参り被呉候様申聞置候事
同夜半兵衛方報恩講ニて同席へ暮方ゟ参詣いたし、尤黙雷子参詣ニて御談有之初夜半時ニ御引取候事

但し浅井氏同席へ参詣ニて臺所ニて咄合、中宮村拾四郎ゟまつ喜一件対談銭持参故、最少し岡村分不足如何候哉相尋候所、中々左様ノ義無之よし、先方ゟ皆々持参仕候様引合ニ相成有之、九右衛門引取ニ成有之よし承知仕候事
尚又見直し明後廿三日ノ日ニ仕候よし申談置候事
尚又黙雷子へ墨其外小道具同人此方ニ残し被置候分相渡し候事
同夜暮方ニ大坂ゟ吉助帰村仕候、尤羽彦ゟ書面到来、則羽子ゟきせる壱本添有之受取候事
但し川嘉ゟ先日遣し候書付、同人方扣無之よしニて席（序）ニかしくれ候様、羽山屋方へ申参り有之よし羽山屋ゟ申参り候事
同夜四ッ半時中地震有之候事
一　九月廿二日　　雨天

早朝浅井氏へ見ならしノ儀明日ノよし御約定申居候へとも、差支有之候間明後廿四日ニ仕候よし申遣し、且一同立会中へ申遣し置候事

（貼紙）
四ッ前時
大坂京橋丁目ゟ入在之候当村佐長参、引合書対談付候故取ニ参り相戻し候事

八ッ時泥町野沢勝次郎浄瑠理仕候ニ付番付持参ニて頼参り候事
同夜報恩講相勤、常称寺代黙雷子参詣被致、且初夜過ニ被引取候、尤院主不宜故唐崎和田氏招度よし都合被相尋候ニ付咄合置候、且なしほしくよし被申居候よし承知仕置候、尚又黙雷子へ大筆弐本かし申候事
初夜時前しま狭間氏ゟ書面到来、則一ッ屋村馬場氏老人被相果候ニ付、葬式明廿三日九ッ時候よし申参り、尤参りくれ候様ニて使ハ直様被引取候事
同夜報恩講席ニて浅井氏参られ候ニ付、帰り掛ケ則今日野勝ノ浄瑠理番付如何候哉相尋、相談ノ上岡村尋候よし同人被申、何分明日者野子事一日留主中ニ候間相頼入置候よし申置候、且向浦井路浚人足ハ渡しニ仕候哉、高役ニ仕候哉相談仕候所最一段不相分、其分ニて被引取候事
留田西田氏へ明日使遣し候故書面相認置候、且納骨来廿六日ニ持参り候故御同道仕度よし、誘遣し候積り書面認置候事

一　九月廿三日　　晴天

早朝五ッ半時走谷村ゟ廻文到来左ノ通り
以廻状得御意候、寒冷ニ御座候所各様弥御平安可被成御勤役奉改賀候、然者急急ニ御相談仕度義御座候間、今中飯後早々尼四郎方へ御参会可被下候、尤短日ニ御座候へハ無御遅参御出席可被下候、右為

御案内□一札如斯ニ御座候已上
九月廿三日　　　　谷　川
泥町村
三矢村
岡　村
新町村
田井村
右村々庄屋中様

牧方村ゟ角力有之よしニて廻文到来左ノ通り

廻文を以得其意候、追々寒冷ニ相成候所弥々御安康ニ御勤役被成御座候、珍重奉存候、今廿三日当村氏神ニて弐本松角力稽古仕候ニ付、各々様乍御苦労御見物ニ御来駕可被下候、右御案内申上候以上
九月廿三日　　　　牧方
吉右衛門
泥町村
三矢村
岡　村
新町村
御役人中

追而申上候、何卒御村々御年寄中様へも御案内可被下候

右弐通廻文浅井氏へ振り頼遣し候事
前夜浅井氏へ相頼置候泥町人形浄瑠理一件、番付ハ岡村相談仕候所、同様相戻し候様相成候よしニて、則左兵衛申参りニ付直様一同小前迄取集メ、当村ハ近年困窮柄と相断候而、同断世話人へ相戻し候事
五ッ半時御年寄中へ摂州一ッ屋村へ参り候よし留主中相頼遣し候事
四ッ前時ゟ半兵衛殿同道ニて葬式ニ罷出候、尤供吉助ニて先方ニて白むく着申候て、八ッ過時ニ相片付七ッ時より引取初夜前ニ帰宅仕候、尤小倉様も同道引取候事

留守中牧方ノ角力相延候よし角力取とも断
ニ参り候よし承知仕候事
岡村ゟ書面相添候而、中嶌氏ゟ枩喜願一件
対談儀ノ内へ壱〆五百文持参有之候事
　但し同夜受取書認遣し候事
同夜逮夜相勤初夜過相済候、且浄行寺参詣
有之、外々参詣有之候事
早朝留田西田氏へ書面ニて上京ノ儀申遣し、
同返事書面到来、得不参候よし申参り候事
同夜お留を以浅井氏へ明日田地場へ出候迄
ニ御相談申度義有之故、御出被下候様頼遣
し候事

一　九月廿四日　　晴天

早朝寝屋村ゟ泉州大鳥明神勧化御触到来ニ
付、人足ちん七拾文父九右衛門ゟ前かり人
足へ相渡し受取書遣し候事
　但し当村写取、庄屋・年寄・浄行寺三人
　　調印いたし岡村へ遣し受取書取置候事

早朝角力取弐人参り、今日角力有之よし申
参り候事
同浅井氏御出ニて昨日参会ニ参り候席ノ咄
合、先日田井右勢田川一件ニ出坂いたし被
居候所へ呼出ニ相成、直さま引取被申候故、
善川久兵衛殿参り被居候、然ル所当組合よ
り一向不参故、誰成共替りニ参り候様ノ事
ニて同人引取られ、則同人ゟ廻文ニて、則
願文ハ一体同様ノ趣意ニて是迄ノ様成少し
ノ事ハ如何敷故、大成事申上候而右御趣意
ハ承知可致旨ニ相成、願書いろ〳〵案し惣
代被居候よし、尤御私料ハ書付差出し候よ
し御聞留ニ相成、此願文浅井写被帰候、受
取置同趣意ニて御分（マヽ）も相認候様決し候よし
被申居候、尤此度ハ村ノ庄屋印形入用ノよ
し被申居、夫ニ付咄合ノ上三矢村・泥町両
村ゟ下り候様相成、三矢村へ向ケ印形遣し
候様申置候て、浅井氏同人へ印形渡しくれ

候様被申居候事
五ッ半時ゟ浅井・半兵衛・八平・くり弥・芦田・九右衛門・義助・下佐都合八人田場へ出、見ならしいたし候て中飯八人酒とも出し候、又々昼ゟ向浦見申候て八ッ時ニ相片付候事
八ッ過時浅井・芦田両所被参候て角力ニ参候哉進候ニ付、いろ〳〵思案仕候へとも泥町村人形浄瑠理断戻し候事成ハ不都合被存候故、得不参候よし申断申候事
　但し両人ハ下佐連候而被参候よし承知仕候、尤九右衛門分花被遣候事
同夜浅井氏呼ニ遣し候所不被参候故、三矢村へ印形渡候義ハ如何候哉相尋候所、渡しくれ候様、不渡候而ハ不都合被申、則義助印形封し下佐を以持し遣し候事
　但し三矢村ゟ弥兵衛参り、印形取ニ候へとも不渡跡ゟ持し遣し候事
尚又浅井氏へ明日出坂頼遣し候事ニて承知被申居候事
一　九月廿五日　曇天
早朝浅井氏へ今日出坂ハ宜敷候間、野子是ゟ出坂仕候故留主中頼置候よし申遣し候事
尚芦田氏留主中同様頼遣し候事
早朝八平殿布甚口歩一銀持参被致候故父預り被置候事
四ッ時ゟ鉄之助連候而出坂仕候、尤鍵屋ゟ乗候て七ッ時ニ八軒家へ着、夫ゟ羽山屋へ寄直様銭平殿へ参り、鉄之助難波行ノ儀相頼候処、直、多三郎殿子供と三人同道ニてなんば年梅佐左衛門方へ参り見申候よし、且初夜前時ニ引取候而様子承知いたし、同夜銭平方ニて夕仕度いたし、夫ゟ同家へ相頼置候而羽山屋へ参り同夜義介ト泊り、明御奉行所へ苅捨書付四ッ時ニ差上、尤御役人出勤延く故、無詮方且早朝岩城へ参り買

物いたし、炭彦ニて弐納銀六拾匁此金三歩
三朱、銭拾六文添候而書付取候而昼飯羽山
屋ニていたし、夫ゟ大坂出申候、點野ニて
休候而暮方ニ帰宅仕候事
但し岩城買もの黒繻子半縁(襟カ)ハ持帰り残りハ
残し置、羽山屋へ遣し候よう申置、尤通ハ
持帰り彦兵衛様へ相渡し頼置候事
尚又彦兵衛殿ニ蔵角(象牙)ノはし壱対貰受候事

一　九月廿六日　曇天
委細前日ノ所へ記置候事
暮方ニ帰村仕候而、直様年寄中弐軒へ申遣
し一礼申入候事
留主中
今五ッ過時ゟ母・父・お仲・おやじ供ニ
て都合四人上京、納骨ニ罷出被申、留主
番半兵衛殿・婦気・向おばさん・お捨都
合四人被居候事
同夜芦田氏御出ニて留主中見舞ニ被出四ッ
時迄世間咄合ニて被居候事
但し留主中御苦労ノよし一礼申入候事

一　九月廿七日　晴天
早朝未明ニ牧方村極楽寺病死被致候ニ付、
其旨申参り候ニ付直様日金ノ仙之助参り、
右被相果候故寄呉候よし頼参り、朝飯ゟ罷
出悔申候而都合可然様咄合、尤牧方ニて浅
井・綿伊ゟ葬式役ノもの三、五人参り候様
頼被遣夫ゟ取計、尤色上下すや太吉へかし
遣し九ッ時ニ引取候、且葬式八ッ時ニて浄
行寺門徒ゟ百疋香義、山ノ上へ□より南鐐
壱斤遣し候事
尚又八ッ時ニ葬式ニ夫々被参候而、則同苗
半兵衛殿被参候故、喜助代人ニて遣し断申
述取計、尤留主中且無拠差支用事有之旨断
遣し暮前ニ引取候事
八ッ時表り参り、則山ノ上ノ方、同人手間
賃都而勘定尻渡しニ弐歩一朱、ぜに弐百廿

六文遣し受取取置候事
同時中宮与兵衛被参候而、見舞ニて世間咄し被致七ツ前ニ被引取候事
暮方ニ喜助中宮村へ遣し、尤四郎左衛門明朝ゟ参り候様、もし間違候ハヽ、誰成とも壱人拵ニ遣し候而同夜泊り申候事

一　九月廿八日　晴天　初夜前時時雨有之暫時仕候而空晴申候

早朝ゟ中宮村四郎左衛門参り、麦蒔ニ遣し、四ツ時より吉助両人かごニて父上京帰り迎ニ遣し暮方過ニ引取候、尤父・母・お中四人共被帰候事
八ツ時三矢奥田氏ゟ野子印形被持（カ）遣、今日帰村ノよしニて、勢田川一件差上書付写共被遣預り置候、尤写取次第可戻候よし申参り候ニ付御苦労ノ旨申聞、尤早々差戻し候様申聞候而受取候事
八ツ半時大塚灰平参り、先日出坂いたし、詰方ノ儀ハいづ（マヽ）成とも□参り候へハ詰下し仕くれ候様、申被居候よし承知仕候事
同時岡村中嶌氏へ下佐おじ川（マヽ）を以上京ノ儀ハ、尤川方出候儀此節ハ如何候哉、御勝手尋遣し候所、同人上京ニて留主中よし帰村次第返事仕候よし内ゟ被申遣承知仕候事
四ツ時同夜いづ（マヽ）伊月并御講ニ付、米銭集ニ参り、尤相渡候而同夜差支得不参候事
同夜浅井氏被参呉候ニ付て見舞旁々、且明晩ハ牧方村・岡村一件ニ付参り度被申居候よし事伝承知仕候事

一　九月晦日　晴天　暮方ゟ時雨有之四ツ時ゟ空晴

（貼紙）
十月（九カ）廿九日まつ又ゟ飛脚ちん四百八拾文持参受取

（貼紙）
同日四ツ時ゟうば・おかう連候而、尤庄吉連候在所へ帰り翌十月一日暮方ニ引取候事

四ッ時御番所ゟ御差紙ニて、来月二日五ッ時牢屋敷へ可罷出旨ニて当村又兵衛并ニ所もの御差当、尤飛多田徳ゟノ写ニて到来拝見、且裏書いたし調印ニて飛脚へ相渡候、尤飛脚ちん四百二拾文相渡候事
尚又又兵衛呼ニ遣し右ノよし申聞、明晩ハ是非共出坂仕候様、尤飛脚ちん相渡候間持参仕候様申聞置候事
但し年寄中弐軒呼ニ遣し置候事
同夜暮方ニ岡村ゟ廻文到来、尤勢田川一件下惣代ゟ出候ニて出坂連仕候様申参り、尤文面左の通り
尚々川藤取向て御越可被下候
急廻章を以得御意候、然者右一件願書漸々昨廿八日相納り申候、依之御奉行様へ御振出ニ相成候ニ付、一統調印ニて可申上様被為仰付候間、御村々明朝ゟ四ッ時迄印形御持参被下度、若御差支ニ候御村方ハ庄屋名前書御印形共乍併御惣代ニ而も不苦候間、右ノ刻限無遅滞御越可被下候、此廻章急々御廻し被下度御頼申上候以上

九月晦日　　　　　　　　　惣代
守口町
三矢村
岡村　岡新町村
走谷村
田井村
右村々
御惣代衆中様
谷町川藤ニて
惣代

上ハ書
廻章急々御順達可被下候
同夜外用ニて浅井氏被参候故、勢田川一件出勤相頼候処差支ノよし被申、無拠右廻文

泥町村へ遣し候、行掛ケ岡村へ寄候所、得不参候よし夫故泥町村へ頼参り候故、岡村も被参候様□申候所、同様長兵衛同道ニて泥町へ参り、則廻文泥町村へ相渡、尤鯛六方ニて出坂相頼候所得不参候よし被申、無拠廻文受取御取候而夫ゟ三矢村へ、尤行掛ケ三矢村へ先日出坂ノ節写被帰候而借置候書付返し遣し、其節相頼置候所、先泥町へ参り其上と被申候故、右ノ事故三矢村へ泥町村ノ様子咄合頼入候所、誰成とも参り候様被申、尤印形遣し候様申被為帰候事

　但し三矢村へ最初御役所へ届ケ出ノ日限相尋候所、八月十六日ノよし被申遣、且書付弐通共返却仕候

　尚又八朔礼ノ節かし置候長面、返され候様申遣し候所失念仕居候故、明日清略相渡候よし被申居候事

直様印形封し奥田氏へ持し遣し、尤岡村同様ニて

　且奥田・かせ甚被参候よし被申遣候事

　但し岡村へ先達而浅井氏出坂、尚又木津治殿出坂ノ節書付弐通共持し遣し置候事

四ッ前時豆腐屋与兵衛参り候而、同人方留吉大坂へ遣し置候、尤下駄屋へ遣し置候所、当月十二日四ッ時親方ノ金子壱両弐分持候而使ニ参り途中ゟ出ぽんいたし、其旨先日呼ニ参り罷出候所被相咄入候ニ付、是迄ハ伊勢又ハ金比(毘)羅当りへ参り候哉ニも存、待暮候へとも未帰候故、夫ニも無之、左候へハ御届ケ申上候様ノ旨被申候よし申参り、尤大坂ハいつニ御届ケ仕候哉、日限不存候故早々相尋被取候様申聞置候事

八ッ時磯嶋村弥兵衛被参候而、同村御検見ニ日野様御内吉田様御越ニて九右衛門息子ニ合度よし被申候故野子も少々不快且ハ差

支故同人ゟ断貫候而不参候、尚又同人へ右先達而出来候立会堤普請銀、則人足ノ方へ相渡候故、早々同村掛りノ分百八拾匁被相渡候様申入置候、尚又同断樋入用銀百匁ノ三ッ壱分両村へ決くれ候哉被咄候ニ付、最一段ニ候へとも先ツ咄合候様ニと申置候事
同夜浅井氏御出ニて、尚又芦田氏同断ニて、則まつ喜又方ハ如何候哉尋候所、まつ喜成とも遣し候様被申、同様仕候よし談決置候、且勢田川一件ハ三矢村へ頼遣し候様談決し置候、且三矢ノ返事ハ不咄候而被引取候事
五ッ半時まつ喜ゟ鯛壱枚遣イ物参り、尤先達而ハ御世話候よしニて礼ニ参り受置候事

一　十月朔日　　晴天　　一日風荒吹く
早朝松喜呼ニ遣し、則昨日まつ又一件、明日ハ牢屋敷出候故同人参られ候様申聞候所、承知申候故差（出カ）書書相認遣し、明日五ッ時ニ出候様申聞置候、且先達而同人一件事相済候上ハ礼ニ出候様被仰聞候故、此義咄合一切不相分、若相済候へハ礼仕候へハ用達方ニて相談仕候様申聞置候事
但し昼舟ニて下り候よし又兵衛申参り候事
尤一件帰村仕候へハ委細早々此方へ被申参候様申聞置候事
九ッ時ゟ萬年寺へ先日被招候ニ付、此義壱封包候而挨拶ニ参り、尤壱封遣し候而同寺出候、夫ゟ牧方村田中氏へ参り、同人留主中ニて野行遠方故不合内方へ頼候而、前晩御越候哉と待居候へとも無其義候間、今晩御越被下候様頼置候、夫ゟ山ノ上寺へ参り

隠居様と世間咄合、且尤見舞申候、且帰り掛ヶ院主様ニ合見舞申候而世間咄いたし、尤其中ニ銀談被頼居候故、親共へ咄合候よし申居候、且又黙雷子より受取置候とて金子被相渡候へとも受取候上、同人へ預ケ置候よしニて同人へ相渡し、尤黙雷子天ノ川行ニて留主中、七ッ半時ニ出、暮方ニ引取候事

但し親共へ銀談ノ儀帰り早々咄合置候、且又同夜牧方村待居候へとも不被参候事

一　拾月二日　　晴天

早朝ゟ留田ノ方へ荷物戻し候積りニて夫々清略いたし七ッ時ゟ持遣し、尤人足大垣内宗八・茂八・宗助・浅七・卯兵衛・佐吉・伊兵衛・吉助・長蔵・喜助都合拾人ニて遣し、尤付添半兵衛殿内々参り被呉候而四ッ(マヽ)過時ニ引取候而、酒飯為致候而引取候事

同暮方ニ万年寺ゟ昨日御出被下其礼ニ参り、尤三日同寺ニおゐて狂言有之よし番付持参有之見物ニ参り候よしニ御座候、尤父受被置候事

同夜初夜過時牧方村田中氏被参候而、則岡村一件咄合ニて且六ッヶ敷色々咄合、尤浅井氏呼ニ遣し候所、折節三矢村へ被参留主ニ候へとも被帰候故、無程被参候而夫ゟ隠居へ引篭候而色々申談、決着明朝ゟ此方へ向寄候而、角野氏呼ニ遣し是へも委細申談候様相成候而、一寸酒出候而夜中時ニ被引取候、尤明早朝ニ浅井岡角方へ参り被参候様申入候よし、若同人差支成ハ牧方村夫々沙汰可仕ノ手筈ニ御座候事

尚又牧方村へ又助一件同人ゟ取置候書付下書相認置候故、相渡し調書印形ノ上、先日同人へ相渡置候書付共弐通ハ此方へ被戻候様頼入置候事

一　十月三日　　雨天

早朝牧方村田中被参、尚又角野・浅井三人被参候而、岡一件咄合候上、尤角野氏了簡聞候而、則同人一通り申聞置候而先ツ対談付申候故、銘々共ハ断り候候(マヽ)よし、尤其席ニて下案いたし書面留ニ記置候而、則牧方村ゟ明日認被遣よし頼置候、且田中氏・義助両名ニて被遣候様咄合置候、昼飯一寸酒出候而九ツ半時ニ夫々被引取候、同席ニて評義上り萬年寺へ狂言見ニ参り候よし義定申置候、後刻罷出候積りニ御座候、夫ゟ芦田氏へ誘遣し同人差支ノよしニて留主中頼置候事

五ツ時父、宗吉連候而出坂陸被参候事、但し明日ニ帰村仕候よし被申居候事

八ツ時ゟ浅井氏、玉田同道ニて、尤岡角野・中嶌両人誘候而同道ニて萬年寺へ罷出候、尤狂言拾ヲ計り舞八ツ程見、同夜四ツ過時ニ引取候、尤間違弁当も無之夕飯なしニて、且留田連中被参是ハ向ノ間ニて、坂田万兵衛殿被参候而顔見合肴遣し候積りニ居候所無程被引取、夫故挨拶も不仕候て不都合ノ体、相果候而四ツ過時ニ引取候事

但し世話人ゟ菓子同席へ出候而、片山外夫々も挨拶御座候而帰りノ節ハ雨大降ニ成候而困り入候事

留主中芦田氏へ寝屋村ゟ御奉行所御触到来有之、此方へ同夜持参仕候而受取拝見仕候所、割まし御触ニ御座候

一　十月四日　曇天

早朝御番所触写取、尤義助印形大坂へ遣し置候故、同人代頭百姓半兵衛ニ為致候而、年寄藤七浄行寺三(カ)判ニて調印、岡村へ遣し受取書取置候事

同幸治郎参り則磯天満屋口引合一件出願申度よしニて願文頼参り、尤浅井氏へ頼出候様申聞、尤野子印形無之故同人へ振り同人

ニ認貰候而持参、見候上写置候事
　但し出坂願ノ上持参仕候様申聞置候事
四ッ時八平殿被参候而、善右衛門馬当村ノ
かし何程ニ候哉被尋候へとも不相分、清略
仕候様申聞置候事
七ッ時又助参り、山番給貰ニ参り候故明日
参り候様申聞置候事
同時岡中嶌氏被参候而、今朝牧方村ゟ同村
一件返事有之候故、此ハ先方へ当り被下候
哉被尋候故、度々咄合候上ノ義、尤御双方
差多不申何分一件六ツヶ敷故無詮と申居候、
且川方出ノ(マヽ)上京、大坂ゟ印形返り候へハ
早々出候様申居候事
昨日萬年寺狂言一件ハ何程取計候哉咄合候
所一切難付不申、何分跡ゟ浅井ニも談し候
上申遣し候よし申居候事、且同人立会勘定
前々いたし度申合居候事
暮方ニ杢喜被参候而今日帰村仕候よし、尤
大坂ニて右差出書ハ右ノ侭出候而、則牢屋
敷ニて被仰候ハ盗人ハ行衛知不申候故、先
達而村方へ御預ケノ六品ハ本人へ被下候よ
し被仰渡候而受印御取被成候、尚又御奉行
所御当番所へ礼書付差出候故、写被持帰候
故写取置候事、且又先達而被仰候礼ノ義ハ
用達へ相談候所夫ニも不及よし被申、夫故
いたし不申帰り候様被申居候事
早朝ゟ中宮村四郎左衛門一日手伝申候、尤
麦蒔仕候事
同夜米蔵へ米六石直し候事
八ッ時御勘定大竹庄九郎様大坂ゟ京都へ御
通行、尤勢田川一件御掛りニて当宿ゟ淀宿
へ継申候事
一　十月五日　中天
四ッ時三矢村大坂ゟ被帰候よしニて印形被
戻、尤封し有之候而受取、且壱番下村利兵
衛殿ゟ御廻米一条、当組合分掛り不渡候よ

しノ書中到来、是又三矢村事伝ニて受取候事
四ッ半時交野屋被参候而、品申合一件外弐軒へ遣しくれ候様被申居候、且又金釣燈篭持参ニて代三拾弐匁五分内へ古金燈篭遣し、此代五匁五分、尚又金くさり三尺程ノもの壱ッ求之代銀不聞候事
同時岡村中嶌氏へ上京ノ儀、明後七日ニ仕候よし申遣し候所、差支ノよしニて八日ニ仕くれ候様申参り候事、尚又浅井氏へ今晩参り被呉候様咄合有之候よし申遣し候事
八ッ過時浄行寺へ罷出候所、同席ニて牧方村使ニ合此方へ参り候よしニて書面有之、岡中嶌氏へ昨日ニ返事ノ書面遣し候よし、尚又小手形六拾匁壱通、七百匁壱通牧方・走谷両村分ニて受取、尤同寺ニて印かり受取仕遣し候事
七ッ時伏見ゟ臼屋たんご源吉・越前忠兵衛両人参り候事
但し和助十日頃ニ参り候よし書面越し受取候事
同夜暮方ニ父・惣吉両人共被引取候、尤部屋村八上氏へ被寄候よし承知仕候事
同浅井氏被参候故、萬年寺狂言一件咄合挨拶ノ儀如何候尋候所、壱ヶ村ニ壱朱ツヽとりいたし候よし、尤両村ニて弐朱ニ而可然よし決候、其よし岡村へ申遣し且右ノ事故、御村方御同様成ハ弐朱御包ニて御遣し被下候よし頼遣し候事、且壱番村ゟノ書面相見せ咄合候所、田川如何いたし被呉候哉何分書面かしくれ候様被申、同人へ書面相渡し早々取計埒明候様申聞候、且杢喜又一件、杢喜昨日帰村いたし候ニ付、其義咄合候所同人直々被聞候よし落着ニて礼ノ義如何敷よし被申居、同様此方も咄合居候事
但し上京も八日ニ仕候よし申居候、尤岡

村へいよ〳〵御村方御差支無之候へハ八日仕候よし申遣し候事
同夜上伊報恩講ニ付参詣仕候事
同夜暮過ニ八平殿被参候故、馬善右衛門方かし方ノ義被尋候ニ付帳面見候上、三百五十匁壱〆文六十四匁四分かしニ有之よし咄合申居候事
但しお留岡村へ遣し候返事ハ八日上京ノ儀承知ノよし、且萬年寺方一件ハ思案いたし跡ゟ返事ノよし申帰り候事
一　十月六日　　晴天
早朝ゟ百ヶ日ニ付逮夜ノ儀仕候、尤同夜暮早々ゟ同行中被参候而初夜時ニ被引取候、且浄行寺殿御参詣ニ御座候事
但し同席ニて浄行寺弟待徒殿死去被致候節、牧方村へ遣し常称寺門徒分弐朱ノ割方、下七兵衛不同付くれ候様申居候よし承知いたし候ニ付、此義余り同人不都合、矢張顔割ニて四拾文位寄候様申居候事
父大坂ゟ肉入持帰り被呉候故受取候、尤代弐匁三分五厘ニ御座候事
まつ喜三月ノ節御奉行所ゟ御村方へ御預ケ被成候六品ノ代呂物、書付持参受取置候事
早朝又助山番給八百文取ニ参り、父ゟ被相渡候事
同夜岡村ゟ長兵衛参り、明後八日上京ノ儀いよ〳〵仕候よし、且供ハ井徳参り候旨ニて、萬年寺ノ方ハ右様被成候へハ当村も同様奉存候間、其御村ニて御包御遣し被下候様と頼参り承知申聞置候、且上京ハ拙者少々歯痛候故聢と難申候故、何分明晩返事しかと治定申遣し候旨申聞遣し置候事
但しお留ニ明日早々参り候様申聞置候事
一　十月七日　　晴天
早朝弐朱包候而岡村・新町両村ニて萬年寺へ持し遣し、尤岡中嶌氏へ相見せ申候而同

寺へ持参為致候所、住持門ヲ〆外ニ被出候
所ニて途中ニて相渡し候よし承知仕候事
早朝ゟ大工与三兵衛一日相働、尤とうし直
し金綱（網カ）はり申候事
七ツ半時ニ岡村へ明八日ハいよ〳〵上京仕
候間左様心得致され候様申聞遣し候事
　但し浅井氏・芦田氏両家へも明日ゟ上京
　留主中相頼候よし申遣し置候事
七ツ前時大坂南久太郎町一丁目河内屋惣兵
衛ゟ、当村伏見屋相手取候引合書持参仕候
事
同時今堀氏頼遣し候故見舞被呉候而、歯痛
ノねつけ無御座候哉見て貰候而明上京ノ義
相尋候所、不苦よし被申居候事
　但し粉薬少々ノ包壱包貰受候事
同村三矢村へ明日上京仕候故御用事ハ無之
哉尋遣し、留主中ニて跡ゟ持し遣し候よし
ニ候事

一　十月八日　中天　四ッ時少々時雨有之
　　　　　　　　　　上京
五ッ過時ゟ上京、尤天ノ川一件石橋ニて岡
中嶌・儀助同道、供岡の井徳三人ニて罷出
橋本餅屋ニて休、尚又よど山伝ニて支度い
たし弐百八拾文義切払置候而、暮過ニ久下
屋へ着仕候事
　但し菓子料包、尤義助扣ニて持参仕候事
一　十月九日　晴天　在京中
早朝岡中嶌同道ニて相沢様へ石橋ノ儀ニ付
参り、難渋ノよし申入願書相見せ候所、御
同人不都合ノ趣、尤延引とか相止メ候□ト
か、何成共極り無之候半而ハ難相成候よし
被仰候へとも何分延引いたし候而も出来候
事、無覚束候故聢と難申上候よし申居候、
勘弁仕候様被申居候而引取候而、尚又穂積
様へ罷出候而いろ〳〵始末申上候而願文相
見せ候所、一通り御覧被成候上不宜候所も

有之故、直し遣し置候間急而せかぬ形、
重々被仰願書御預り置被成候事、且菓子料
包候而義助扣ニて持参仕候事、尚又岡村一
柳様へ罷出候而、尤菓子料義助扣ニて包持
参ノ上差上候而、御同人ハ病気故御合無之、
天ノ川石橋一件ニて罷出候故、何分委細ハ
川方ノ御両所へ御頼申入置候よし申置相頼
入候而引取候事
尚又五ッ時ゟ御役所金方へ罷出候而、泥町
初納、牧方初納、走谷同断当村初弐共都合
四ヶ村分受取貫、小手形受取候而、夫ゟ直
く一柳様へハ罷出久下屋へ引取候事
　但し岡中嶌ハ矢人願被致、且小手形被引
　替候事
五ッ前時ニ井徳錦の竹中嶌氏へ薬料持し遣
し受取書取置候、尚又もやし弐袋油小路ニ
て取寄候事
九ッ時ゟ御室へ罷出候而大師さん八拾八ヶ
所順拝いたし廻り仕舞、下ノ茶屋ニて休支
度酒共いたし候而、代五百四拾文岡中嶌扣
ニて引取、暮過ニ久下屋へ帰り候事
初夜過時中嶌・義助・井徳三人同道ニて相
沢様へ罷出候而、今日穂積様へ罷出候所右
願書ハ御預り置被成候而、私共義ハ一先引
取候よし申上候、尤相沢様ハ御休ニて下女
へ申置引取候事
　但し同夜夜食三人共いたし候事
　尤前夜早朝御役所へ参り掛ケそうり
　弐速（束）杉原六枚中嶌・井徳両人分杉原六枚
　久下屋ニて頼之、義助ハ外ニて買候
一　十月十日　晴天　在京中
早朝布施様へ中嶌同道ニて菓子料中嶌扣ニ
て持参、御納米一件江戸か大坂ニ被成下候
様頼入、且宿渡し米両村へ被下候様、且淀
宿渡しも同様と御頼置候而承知被仰、乍去
御廻米等ハ定りかたくよし御申入置候□成

候、夫ゟ何分相頼入候而談□引取候、且曽我様へ同道ニて菓子料義助扣へニて持参いたし見舞申候事
　但し先日内々状着仕候よし申上候事
朝飯ゟ久下屋出三人同道ニて六角表四郎へ寄候、且六角菓子屋へより壱朱ノ所買候而、寺町へ出硯石見候而、夫ゟ東福寺へ参りもみち一覧いたし候上飯酒代壱朱義助扣ニて、茶代弐拾文中嶌扣ニて、夫ゟふしみへ出候、同所ニて少々買ものいたし寺田屋ゟ舟ニのり舟五人前取之、尚ふとん弐丁取之、支度なしニて且舟ちん三百七拾弐文義助扣候、ふとん代四拾八文中嶌扣ニテ、七ッ前時ゟ舟乗初夜前ニ帰村仕候事
同夜お留呼ニ遣し、浅井氏・芦田氏弐軒へ只今帰村仕候よし申遣し置候事
　留主中
同夜暮方ニ蔵弐番重助外ニ一人連候而参
り候事
同日八ツ時鉄之助九日ノ夜伊兵衛迎ニ参り候而、同道ニて帰村仕候事
同夜酒上ケ初メ仕候事
　但し暮方ニ仕候よし
同日九ッ時私部村重次郎ゟ当村糀吉・兵庫屋太兵衛連印ニて相手取候而引合書持参仕候而、尤元銀百拾五匁六分弐厘滞高ニて、且又先日遣し置候引合書奥書仕呉候よし申居候へとも留主中故不渡よし承知仕候事
九日
留田西田氏被参候よし承知仕候事
同日
伏太呼ニ遣し大坂河宗方引合一件咄合候所、廿四、五日頃には同人直々参り対談仕候よしニて急々書面遣し候よし書面遣し候へハ、其旨申遣し候様申聞有之よし

承知仕候事

十日

父私部村引合書一件ニて兵太・糀吉呼ニ遣し、咄合置候積りニて呼ニ遣し候所、糀吉参り尤後家少しツヽニても崩し返済仕度よし申居候事ニて、兵太不参候事

但し芦田氏・浅井氏両所共留主中見舞被呉候事

一　十月十一日　　中天　夜四ツ半時ゟ雨降る

早朝兵太参り候ニ付、父私部村引合一件咄合被致候所、同人少々ニても月々成共返済くずしニいたし貰度、もし願人参り利解頼居候事ノよし、父聞被置候而跡ニて承知仕候事

八ッ時浄行寺へ罷出候所、住持被申候ニハ同人事も牧方村兼帯仕候よし、牧方村咄合成候故、此義呑くれ候様被頼居候故承知仕候而、外ニも咄合置れ候様申聞置候事

但し父へハ早朝咄し置候よし被申居候事

同夜八平・津嘉・いかりや・くりや四人へ呼ニ遣し候所、いかりやハ参り候所、嘉七遣し候よしニて直さま嘉七参り、津嘉参り候故両人へ引合書一件申聞候而急々先方へ引合候様、且くりやも呼ニ遣し候へとも病気ニて不被参候故、咄合候而埒明候様申聞置候事

八平明日参り候よし被申居候事

一　十月十二日　　雨天

早朝八平被参候故、小間重ゟ津の国引合書ノ義咄合、尤同人ノ方心添仕候所、今月中ニ岡村へ参り咄合仕候よし被申居候事

尚又塩嘉兵衛方馬一件いよ〳〵善右衛門へ当村分取候引合仕居候而、則同人御用銀弐ツわりニて壱疋分此方へ取候而、是ハ来年先ノ冬ニ勘定仕候、且改而八平・塩武・日金三判いたし候よし、尚此度弐百匁かしく

れ候様被頼居候、尤是ハ判合同様ニて先ノ冬迄利足添勘定仕候、又其節借用仕度よし被頼居候故、勘弁仕候よし申聞置候事

尚向浦井路ノ儀、来春早々ニ仕候よし申聞置候へハ同人も同様被申居候事

牧方村へ同村走谷共小手形弐通、泥町村一通都合三通持し遣し受取書取置候、尤両村一礼被申牧方村近々拙宅へ罷出候様被申遣候事

　但し弐軒へ近々出坂又ハ上京も仕候よし申遣し候事

四ッ時たば清左衛門参り候而、同人持山日金等入組候而□□ニ成候よし細目改頼出候而、帳面・絵図有之、同人ノ所持帳ニて此方へかり預り置候而、追而清略仕置候よし申聞置候事

同時浅井氏被参候而、浄行寺・極楽寺兼帯ノ義咄合被致候ニて上京ノ義挨拶被申居候、且たば清山細目ノ儀咄合候所急々改出候様咄合仕候事、且又勝手よく存候もの連候よし被申居候事

且同人へ江戸御廻米掛ケ銀催促仕候事

且先日五日ノ日ニ幸次郎大坂ゟ帰村仕候而、則先日ノ願付訟訴ニ付候所御印出不申、尤引合書不念有之、先方前書ノ通承知仕候ハ、と有之、答いたし置候故再引合仕候様御利解ニて御取上ケ無之、其儘ニて帰り候よしニて、尚再引合同人認被遣候よし被申居候事

同夜岡村角野氏被参候而、先日上京一件挨拶被致、且同人身分ノ義咄合被致候而四ッ時ニ被引取候事

同芦田氏被参候而上京ノ儀咄合挨拶被致咄合仕候事

一　十月十三日　中天

九ッ時南嶋・諸口両人ゟノ廻文書付、尤勢

田川一件ニて到来披見、書付ハ別紙ニ扣置
候而廻文左ノ通り、岡村ゟ廻り到来仕候事
廻状を以得其意候、然ハ勢田川一件昨三日
漸々相済申候、然ル所相納り候書付ノ写相
添可申間、御披見ノ上御写被取可被成次第、
次村へ急々御廻し可被下候、尚委細ノ義ハ
右一件入用割ノ席ニて万々御咄可申上候、
先ツ右申上度以廻状御通達可申上候以上

一月四日　諸口村
三郎兵衛
南嶋村
新左衛門

中村　荒生村
別所村　江野村
守口村町　仁和寺村
対馬江村　田井村
走谷村　泥町村
三矢村　岡村
岡新町村
右村々御役人中様

九ッ過時山ノ上へ浄行寺被参候故、黙雷子
へ書面添候而詩作認遣し候事
八ッ時天ノ川中谷氏へ参り歯じゝ腫候故針
入貫候事

一　十月十四日　晴中天　九ツ時ゟ曇天ニ成
四ッ時泥町村へ勢田川一件書付并ニ南嶋・
諸口両人ゟノ廻文共持し遣し受取置候事
同過時岡中嶌へ参り、当村まつ喜先達而岡
村卯八ゟ買物一件村預りニ成在之故、渡し
くれ候様且売申度よし頼候旨咄合候所、同
人咄合候而跡ゟ返事仕候よし被申居候事、
且同村藤田ゟ引合一件咄合ニ而如何仕候哉
咄合候所、先ツ引合書裏書遣し候よし申置
候而、取ニ被越候様而申居候事但し内々
但し八平被参候哉尋合候所、未参候よし
被申居候事
早朝まつ喜参り同人岡村卯八ゟ買受候代呂
もの一件売申度よし頼出候事、但し後刻岡
村ニ合候故咄候よし申聞置候事

七ッ時天ノ川中谷内方隣(カ)日善へ参られ候而

針入貫候事

暮方ニ馬借所ゟ与吉所相場持参いたし調印

仕遣し候事

暮方ニ御役所ゟ出候岡村ゟ三納御触到来、

然ル所当村書落ニ相成在之候へとも受取置

尤東大寺村留ニて候事

初夜前ニ岡村ゟ御奉行所ゟ出候御触、尤上

宿割増碓水川川越賃ノ割増ノ義ニて、庄屋

義助・年寄藤七・浄行寺三判ニて十四日日

付相認調仕候事

同夜くり屋・猿屋・幸次郎三人呼ニ遣し候

所、幸次郎被参候事ニて

くりや被参候而、同人岡村藤田ゟ引合一件

清略いたし証文仕替候て取計候様申聞、且

引合書ハ奥書遣し候よし申聞、尤間違三両

分ハ承知候よし被申居候事

且茶屋平兵衛私部村小間重掛り咄合、是も

引合奥書遣し候よし申聞候事

但し先日ゟ浅井氏へ咄合居候御廻米掛り

銀くり屋被知候様被申居候よし申聞候所、

同人一切浅井氏ゟ銀子受取守口へ継候義

無之よし被申居候事

猿屋参り候而、先日留吉家出仕候よし申出

候一件、則大坂ハ如何相成候哉尋候所、先

日大坂ノ方届出候様申居候へとも、いまた

御届不申候よしニて昨日承知仕候よし申居

候而、当村ハ呑くれ候様ニ頼居候事

同夜夜中半時小倉村出火ニ付夜番申参り候

而、直さま房吉・定吉両人纒持ニて遣し、

則義助供浅七連候而参り、尤下佐病気故引

込居、代りニ浅七参り、尤天ノ川ゟ岡角野

同道いたし小倉村へ参り、火場四郎兵衛と

申方ニて一軒焼失いたし、彦左衛門・利兵

衛・長安寺・小倉山、武右衛門・林右衛門

此丈見舞候而、則角ハ武右衛門へ被寄候而

同断休候而并酒よばれ、且浅七ハ酒出候而
八ッ時ニ又々同道いたし引取候事
一　十月十五日　　晴天　風荒吹
早朝喜助東大寺村へ三納御触持し遣し、尤
当村書落故刻付不仕、尤同村ゟ受取書取置
七八ッ過時ニ引取候事
四ッ時私部村小間重参り、十六日ニ入有之
候分ノ引合書如何候尋候ニ付、早々参り候
様申聞置候よし、同人いかりやニ合候而、
今明日延引いたしくれ候様相頼被居候様申
し、其通り取計被呉候様申聞置、且兵太・
糀吉分も少々成共差入候而用捨頼遣し置候
事
同村御触書御番所ノ分三矢村へ遣し受取書
別紙ニ取置候事
　但し芦田氏調印為致候而遣し候事
八ッ時馬借所ゟ長崎ニ付馬一疋ニ付五百文
集ノ足銭ノ差到来、同夜切書いたし上下共
弐枚遣し候事
九ッ時前しま狭間氏被参候而七ッ時ニ被引
取候事
一　十月十六日　　晴天
八ッ時禁野村ゟ送り病人参り岡村へ継送り
申候事
同前時中宮村ゟ下女むめ・市左衛門ばゝ送
り来り候事
九ツ時かめ万頼母子ニて鉄之助参り候事
一　十月十七日　　晴天
九ッ過時禁野村ゟ送り病人参り岡村へ継送
り、尤人足長蔵・長仁左衛門両人参り候事
蔵ノ谷大彦頼母子ニて半兵衛殿行て貰候事
七ッ時芦田氏被参候而、岡久代ニて岡久方
定吉事善左衛門かしやへ這入、尤久右衛門
掛持ニて参り候よし呑居候様被申居候、承
知仕候且善左衛門ハ先日九月廿五日届ケ参
り候よし、父承知被居候而始而父ゟ承知仕

候、印形ハ大利八方ニ預り有之、地下町金
五方へ働ニ参り居候よし承知仕候事
尚又芦田氏へ浅井一件内々咄合申居候事、
且内々岡村角野一件咄合聞合頼置候事
一　十月十八日　　晴天
七ッ時四天王寺五条ノ宮勧化弐人参り一宿
と候へとも宿方へ振り、且村方取計ハ相呑
候而家別、尤案内不付候而明日相廻り候よ
し被申居候而取計村方ニ而ハ不仕候事
大工磯与三兵衛相働申候、尤父机ノ引出し
仕候て一日相働申候事
一　十月十九日　　晴天
五ッ時昨日ノ勧化人禁野村行、長蔵案内手
引ニ遣し候事
五ッ半時磯しま弥兵衛被参候而、此方幷ニ
半兵衛方ノ願付一件咄合明後昼下り申談、
同人付添ニ被参候よし被申居候事
同夜日金呼ニ遣し、車一件当暮年限ニ成候
よし事ニて又々年延しハ如何候哉咄合、矢
張延年尤運上上り候よし申聞候而決置候事
　但し同人矢張延年被頼居候事
九ッ時浄行寺被参候而同人姉みさ離縁ニ成
候故、人別送り一札参り受取一札取ニ参り
候故と有之、尤書面添参り候而、直様受取
一札認遣し別帳ニ記置候事
　但し大坂上本町一丁目わら屋庄次郎方へ
　送り受取一札遣し候事
同夜浅井氏呼ニ遣し被出候而、今日浄行寺
ノ礼被申居候、則御廻米一件掛り銀咄合、
早々埒明候様申聞候事、且岡角野氏一件
荒々咄合候事、且明後日此方半兵衛弐軒願
付一件、廿二日出候義付添出坂頼置候事
同人当年宿方長崎一件舟積ニ成候よし、尤
片山引合おなしく様子助郷へノ引合、先ツ
大坂へ助ゟも参り被申候而、惣入用弐ッわ
りニて半分〳〵助宿へ取候様成候よし被申

咄聞および候事

一　十月廿日　　晴天

早朝河内屋茂吉参り候、則先日浅井氏へ相頼候而磯しまへ再引合入候義如何候哉相尋候所、天満屋事留主中ニて村方へ引合書入置候計りよし申居候、且岡藤田一件奥書仕遣し候よし申聞候所、帳面持参ニて月崩ニいたし貰候間、不足ニ成有之分丈差入候積り帳面見せ申候ニ而、今日是ゟ岡村藤田病気故かせ太へ参り候よし申居候事

五ッ時馬借所ゟかご借りニ参り候故如何候尋候所、御支配取候よしいづれ様と尋合候所、追而書付ニて田川ゟ被申越候ニハ川方穂積様・相沢様御両人ニて直様岡村へ沙汰いたし、夫ゟ拵候而義助岡中嶌へ向ケ出候て馬借所ニて待、膳分上下弐拾匁ノよし、是ハ宿方ニて宥候故、両村ゟ白雪糖弐匁弐ツツ、ニて都合四ッ代八匁かせ□仁方ニて取之、尤岡此方名前書し且かせ仁へ両人名前申遣し、且かごも引戸ニ為替候而、九ッ時過ニ御越候故膳出候而、則宿方ゟ田川・二階新・かせ甚・鯛六此方両人挨拶いたし、右菓子出候而摂州ゟ大坂ゟ橋本へ、夫ゟ木津川筋所々当年ノ荒見分ノよし、尤はし本ニ用事有之よし被仰候、且石橋一件も一寸咄出候而困りものノよし、仮板ばしニ成ともいたし候半哉と被仰候、是も難出来よし申述居候而八ッ前時ニ御引取、天ノ川見送り橋石見分被成候、且かごの中ゟ御見被成候事

但し帰り掛ケ岡中嶌ゟ咄入、今朝□も参り候而藤田一件崩入候よし故、一通ふじたニ咄候上と被申居候、且まつ喜一件早々埒明候様申聞置候而、則先日木津治へ咄合、同人掛りニて早々茂八・紅半両人ゟまつ喜へ遣し候成とも被申居候よし

承知仕候事、且明日出坂仕候よし申入置候而、若御用事有之候へハ被申遣候様申聞置候事

一　十月廿一日　　晴中天　九ツ時ゟ出坂同夜暮前ゟ雨降る夜中合雨ニなる

早朝牧方村・岡村両村へ今日出坂仕候故、三納申遣し候所、牧方ハ上京ノよし岡近々便り有之よし候事、且芦田氏へ出坂仕候故留主頼遣し候事

浅井氏も四ッ時ゟ出坂舟へ出候積り頼遣し候事

四ッ時ニ山ノ上役僧参候而、則京竹中氏医師ノ儀被尋入候ニ付、最一段ノよし申談、福井・高品両方ノ様申聞候而、左様ニも可仕候よし被申居被引取候事

九ッ時ゟ浅井氏・半兵衛殿・義助三人同道ニて浦ゟ罷出、幸ひ宜舟有之河市浜ゟ乗り、舟ちん三百文半兵衛殿被出候而毛間ニて茶舟ニ而酒肴取候、義助出し大坂へ七ッ過ニ着舟いたし北国屋へ参り候而泊り、尤暮時ゟ雨降り候故、いづれも不参候而同夜初夜時酒肴取之、尚又菓子取之候事

但し磯嶋願付一件ニて御座候事、且同夜外宿方下年番ゟ三、四人も長崎ニて同宿いたし、且助郷へ三人淀も弐人被居候事、尤八ッ時迄雨つよく夫ゟ雨止空晴申候

一　十月廿二日　　晴天　　在坂中

早朝ゟ磯しま待居候所不参候故尋ニ遣し、且長崎一件ニて夫々咄合いたし居、外大坂伝馬所人足も被居候而彼是申居候所へ、磯しま弥兵衛かごニて被参候よしニて、村のや（マヽ）　両人北国屋へ寄候故両人へ助郷事伝浅井ゟ被申遣、尚又内へ只今磯しま被参候故、先日ハ得不帰候よし申遣し候事ニて、磯弥兵衛被参候而咄合、尚又茶わん惣吉兵衛被参候而咄合手筈いたし、且内ゟ父書面

被遣、急早済仕候様有之、尤弥兵衛も同様被申候故急早済書付佐助ニ為認候而九ッ時ニ成候故飯早々罷出候、尤磯しま夫々も被引取候而飯いたし候而、□（カ）被参候而双方罷出候所、明日罷出候様目あきニて被仰、全長崎ニて御差支と被存候、無拠引取相分レ候て三人同道ニて長崎御奉行ノ旅宿へ荷物成とも見候積りニて参り候所、外何人参り居候所不相分、無拠夫ゟ伏見町買物見歩行暮方ニ且御領（マヽ）さんへ参り暮方ニ引取候而、同夜羽山屋へ半兵衛殿・義助同道ニて参り彦兵衛殿留主中ニて只見舞候而引取候、且川嘉へ寄候而けさん弐丁納置候事

但し夕飯ニ酒壱丁子取之候事

且長崎荷見ニ参り候節、炭彦へ寄候而金弐両参歩掛候而、過五匁四分六厘取之三納銀納尤差上書取之候事

一　十月廿三日　晴天　在坂中　帰村仕候

早朝磯しまへ申遣し置候而四ッ過時ゟ溜りへ罷出候、夫ゟ揃候而御奉行所へ罷出候所押込ニて、用達、病気見分被仰付候而書付御下ケ有之、且此方分公事場へ相廻り候よし被仰付、すぐ外へ出候而此方分三人弥兵衛樋屋手代四五人亀金ニて中飯いたし、尤磯の弥兵衛殿へ為付置候、夫ゟ罷出候而御前御申渡済、切日方へ書付差上六拾日切被仰付候、且半兵衛方用達立合病気見分、来廿八日ノ旨迄合仕候、夫ゟ夫々相分レ引取候而七ッ時ニ下駄壱束下駄五ニて相求、夫ゟ引取候而北国屋ニて酒飯申付三人支度いたし罷出申候、且わらし三速（束）同人方ニて取之、尚又磯しま旅宿へ相尋候所、弥兵衛舟ニて被帰候よし守口新屋ニて休、夫ゟ木屋箱万ニて休、酒壱合取之夫ゟ同夜四ッ前ニ帰宅仕候事

一　十月廿四日　晴天

早朝芦田氏へ夜前帰村仕候尤留主中御世話ノよし申遣し候事、
但し浅井氏へ御草臥ノよし礼申遣し候事
留主中
廿三日酒詰大塚灰平計り参り四拾駄詰方
被致候よし承知仕候事
五ッ半時浅井氏へ参候而昨日ノ礼申述、夫ゟ同人手元ノ儀被咄候ニ付、隠居へ引込咄合、中飯出候而八ッ時迄咄合いたし被居候而、先勘弁仕置候様申聞、尚同人も得と勘弁被致候様聞置候事
五ッ半時大坂長半ニ被居候人碗類持参ニて沢山ニ遣し、わん弐拾人前父直段出来誂被置候事
同夜芦田氏被参候而先日頼置候聞合ノ儀聞取、尚又浅井氏一義咄合、尤あら〳〵ニて且初夜半時ニ被引取候事
大和田原谷ゟ日辺方々ゟ花美ノ衣体ニて御蔭踊とて参り、尤今日ハ中宮村へ参り候よし、凡人数三百人程ニて男女十八、九頭ノよし芦田氏被咄承知仕候事
一　十月廿五日　晴天
早朝姫路ノ人ニ良雄石ずり、信長公石摺共弐枚代百拾文ニて相求、尤たんざくやニ候へどもおもわしく品無之如斯候事
九ッ過時ゟ今堀氏へ参り見て貰候而、薬貰尚温薬共申受帰り候事
八ッ半時岡中嶌氏被参候而、今朝三矢村奥田ゟヶ様ノ書面、助郷田宮源右衛門ゟ参り候申候事、尤当年長崎御奉行御継立ニ田宮被参候而、大坂ニて昨年長崎立会帳面写帰り候よしニて不筋ノ金子取候様被存候故、得と相調へ候上書印遣し候様申参り候書表（カ）ニて中嶌談合ノ上浅井氏呼ニ遣し、夫ゟ馬借所へ岡今西氏・中嶌氏両人と当村浅井氏・義助両人ニて馬借へ参り、下弐軒と万

屋申遣し候所、万屋病気ニて且奥田出坂、片山私用ニて引居、森田被居候へとも不相分、夫ゟ談ノ上泥町木南氏へ義助・今西・泥町鯛六三人罷出談合、且三矢・泥町年寄弐人被出候、右泥町談合候所、同人被申候ニハ非番、当番相分り有之候へども助郷へノ談合ハ決而左様ノ義無之、何分ニも大坂ニて助郷へ昨年帳面相見せ候義、大坂役人不相分、且此方片山甚々不取計候旨被申、其上片山呼ニ被遣候而直々振り合、昨年ハ御荷物も多く且御金御通行も有之、大坂計りニも無之、当駅ニて舟積ニいたし候故入用ハ多分有之候よし申遣し候旨被談候、夫ゟ引取尼四郎方へ寄候而、岡中嶌・今西・三矢今西・泥町鯛六・義助・浅井酒少々取之其上飯いたし候而、尚又馬借へ帰りいろ〳〵談合ノ上片山へあつらへ置候而、助郷へ呼ニ遣し口上ニて返事いたし、尤泥町ニて被申候通申聞置候、其場へ宿方人足三栗喧嘩いたし候一件事済ニ而、書付片山ゟ三栗村方へ奥書印加へ遣し取計候咄合出候故、牧方村も一寸被参、是ハ同村ニも卯助・仙助両人掛り有之候故如斯候、且浅井牧方ハ宿方ゟ中ノ瀬ニて被立、外四人ニ下弐三人と一緒ニ相分レ引取候且夜中過時ニ候事

但しお留迎ニ参り候故一緒ニ引取候事、尤岡村明上京候よし被申居候事

尚又参り掛岡中嶌髪結ニ被居候故、一寸誘待合候所、不都合故藤田氏へ見舞い候事

一　十月廿六日　晴天

早朝浅井氏呼ニ遣し、昨夜御苦労申述候而、則一件尻片山へあつらへ置候而、助郷掛合候様申置候よし、且全体助郷方ニて同人ハ余り面出被致候而ハ不宜候故不被出候様申聞、且前夜牧方村と一緒ニ被出候故、岡一

件咄合ハ不出候哉尋候所、一寸出候へとも別ニ無之いづれ近々参り候様被申居候よし、且両人に一件咄合居、尚又同人手元ノ義ニ付今晩差支無之哉被尋候故、差支無之よし申候所今晩寄り貰申度被申居候事
九ッ時半兵衛殿ゟ内々津の嘉浄瑠理仕度よし、尤平静ニいたし候趣被申咄随分格別故障ニも無之、何分外いづれなりとも被出候様咄合申置候事
四ッ時茶屋嘉七参り候而、私部小間重引合書一件ノ義、則段々掛合居候よし申居候ニ付咄合申聞、且同人引合中ニ候故奥書取ニ参り候共不渡呉候様頼居候事
一　十月廿七日　　晴天
早朝まつ又方へ先日御差紙ノ節、飛脚ちん持参仕候様申遣し置候事
村勘定帳面括置候、尤拾壱冊ニ罷付共拾弐冊仕置候事
四ッ時半兵衛方へ参居候節、塩武・日金両人被参候而、則津の嘉浄瑠璃仕度よし内々含くれ候様被頼候而荒々含居、知て知らぬ体ニいたし居候様申聞、且同役中へも被参候様申聞置候、尚又津の嘉ノ事難渋故、無詮方右様ノ事ハ決而嫌居候へとも同人の方ニて無余義承知含候事
半兵衛殿磯嶋村一件引合ニ参り候故、相談被致候故咄合候、且田地譲り切ニ被致候済口ニ成候事
八ッ時信州勧化人村方ニて取計弐拾文遣し、且手引庄吉禁野村へ遣し候事
五ッ半時ゟ父、惣吉連候而山崎へ被参候、尤帰り掛ケニ前しまへ被寄候、且延く候故迎ニ遣し暮過ニ帰村被致候事
同夜佐吉を以禁野村文右衛門ニ頼度よし有之候故、勝手ニ参り被呉候様頼遣し候事
但し山ノ事ニて浅井も相談仕候上如斯候

事
尤明朝参り候よし被申居候趣申帰り候事
お留を以明日早朝ニ当月晦日ニ八月集寄候よし申触候様申聞置候事
京惣・上弥・米源三人呼ニ遣し、且米源・上弥不参、京惣参り候ニ付品申合一件勘定尻咄合、明日持参候様被申居候事
同夜半兵衛殿方へ参り候而、半兵衛出坂成ハ付添印形庄屋持参仕度よし被申、野子印形相渡候事
同所へ八平殿被参候而、塩嘉ノ品おろし銀口、尚又百匁口ともかし呉候哉如何候咄合被尋候故、いづれとも仕候よし申聞、何時ニ而もと申居候事
且先日万人講作兵衛ゟ縄車共舟ニて取ニ参り不渡候へ共、又々取ニ参り候へハ如何御座候哉被尋候故、不渡候而も不都合、先日相渡候而引合も可然様申聞置候事、且同人岡村藤田一件先日木津治へ頼置候よし申居られ候事
同夜浅井氏へお留を以右廻米一件急々先方へ返事仕度候故、早々清略被致候而此方へ返事被致候様申遣し候事
同夜片山被参候而、今晩岡村へ参り候へ共中嶌留主、治郎兵衛殿方へ参り候へともこなたへ参り候様被申参候よしニて、先日ノ書面ノ義掛合候積り候所、伝右衛門呼ニ遣し、同人病気候故此方ゟ参り咄合、其上同人ゟ田宮取書面被遣候而、田宮早々被参候上、此方合候筋無之候へ共無余義合候而咄合候所、定役申口相分候故、此上重役申口一応咄しくれ候様被申居候趣被申、是も同人ゟ可然様返事被致候様頼置候事ニて四ッ前時ニ被引取候事
一　十月廿八日　　晴天
八ッ半時嶋頭村ゟ別仕立人足ニて刎米難渋

願書相添書面到来、且願文調印ニ参り候文
面左ノ通り
飛脚ちんと村々三拾弐文ツヽ御渡し可
被下候以上
以廻文得其意候、寒冷ノ節各様弥御堅固
被成御座珍重奉賀候、然ハ昨廿五日上本
町浜屋卯蔵方へ大坂御弐方様惣代中ゟ私
共被相招出勤仕候所、近年京・大坂御蔵
場ニて御刎米多分出、殊ニ当年ハ不熟米
ニて別而御刎米多候哉ニ奉存候間、向々
御支配様江若難渋願出候様ノ参会ニ御座
候、尤昨年岸本様御一分ニて御刎米ノ儀
ニ付、格別御骨折も被遊候へ共、右切立
候儀も無之候故、御七分一統相談ノ上願
出候様ノ御内意も有之趣、旁以急々向々
御役所へ願出候様ノ相談ニ付、乍不及私
共京都江願出候間左様御承知可被下候、
尚委細ノ儀ハ其面御咄可申上候、尤願書
ノ義ハ村々庄屋一統連印ノ積、本紙ハ南
河内へ相廻置候ニ付、願書写相添本紙江
とじ込候積りニ而、則くず紙ハ村名前書
ノ儘相廻候間、御名前御書入御調印ノ上
四郎兵衛江御渡し可被下候、来月朔日上
京ノ積り、日間無之ニ付右ノ通相談ノ上
取計申候、此段可得其意廻状を以如斯ニ
御座候已上
寅十月廿六日
嶋頭村
四郎兵衛
□□村
嘉平次
佐田村
三右衛門
守口町　諸口村　北嶋村
壱番村　弐番村　四番村
仁和寺村　対馬江村
田井村　走谷村

泥町村　三矢村　岡村　岡新町村
大和田村　上馬伏村　下馬伏村
上嶋頭村　下嶋頭村
　右村々
　　御役人中様
尚又次第不同御免早々御順達可被下候以
上
右ニて願文相添参り願書別紙ニ扣置、人足ちん三拾弐文相渡候而、野子印形無之候ニ付芦田氏ニ振り遣し候事
同夜今堀氏へ参り見て貰候事、但し薬明日貰ニ遣し候様申置候事
夫ゟ直く牧方村田中氏へ参り候所、極楽寺報恩講ニて其方ニ被居候故其方へ参り合、荒々岡一件外夫々咄合、委細明晩浄行寺方へ参詣ノ上此方へ被参候而咄合ノ積り申談候事、且野子極楽寺報恩講へ参詣、黙雷師法談聞候而夜中過ニ帰村仕候、尤浄行寺同道ニて引取候事
但し黙雷師ニ詩作ノ上作受候而一応聞受取取候事
留主中
禁野村文右衛門息子参り、父ゟ少々頼度義有之いつ参り被呉候哉、且親父へ頼度よし申之候所、応段難申よしニて明日使呉候様申之候趣承知仕候事

一　十月廿九日　晴天
八ッ時又助参り行捌(倒)病人出来、見付の松ノ本ニ居候而歩行難成旨、尤所書等いたし持参ニて早々同人へ申付、今堀方へ野子被居候とて薬貰候様、且見て貰候様申聞候而遣し候所、今堀氏病気ニて参り候義難出来趣ニて、様子述候而薬三貼申受候よし且介抱又助へ申付置候事、且お留呼ニ遣しむしろノ義又助頼居候よしニてむしろ三枚病人へ為着候故遣し、又助弟子暮方ニ取ニ参り相

渡し候事、長浜屋ばゞ参り、今朝迄山ゟめ
し持参り候へともさめ候故、此方ニて焼遣
し候よし申居承知仕候事
但し又助国所書付別紙ニ記之、且下村々
へ廻文持廻り候よしお留へ申聞置候事

（貼紙）

越後首木郡
馬場村百姓
伝　助
忰　熊　吉
三十七才
但し同人義者当九月下旬頃伊勢参宮仕大
坂へ罷越、当駅へ差掛り持病ニ而歩行相
成難候由

同時芦田氏被参候而、一昨廿七日摂州勝尾
寺ゟ鐘鋳来三月ニ有之、多少ニよらす他力
頼参り候よし、尤帳面持参且印鑑共ニて受
取申候、尤取計ハ無之来貫ニ参り候よし承
知仕候事、且又山細目改ノ儀も一寸咄置候、
尚又同人被申候ニハ昨日嶋頭ゟ取ニ参り候
印形ノ義、名前不書入候よし被申、夫ハ不
都合申聞候而同人よろしく若仕直し参り候
節被頼置候事
津の嘉浄瑠理ノ儀内々一寸申し候事
浄行寺へ御講ニて鉄之助九ッ時参詣仕候、
尚又報恩講ニて八ッ座ニも父参詣被致候、
且法談黙雷師ニ候事
同夜浅井氏呼ニ遣し禁野村文右衛門夜前参
り候よしニて、何日定候而申遣し候様相成
有之、日限相談ノ上朔日・二日両日申遣し
候様相成候而申遣し候積り候事、且御廻米
一件掛り銀ノ儀早々埒明候様先方へ返事仕
度候よし申之候事
浄行寺へ参詣仕候尤
母ゟ参詣被致候而、法談黙雷師ニて参詣人
多く、且相果候而酒出浅井・野子・岡の角

野・牧方田中外ニ黙雷師寄候而雑談、夜中ニ引取候事
但し牧方村咄合ハ延く成候故、明晩参り候よし被申居候事、且同人ゟ又助ゟ取置候書付下書麁書共弐通被帰候故受取帰り、且又助ゟ取候本紙此方へ取之置候ニ被申候へとも断此方へハ受取置不申同人へ預ケ置候事
下佐を以文右衛門方へ遣し候積り、佐兵衛代りニ卯兵衛参り、禁野へ朔日・二日両日勝手見合参りくれ候様頼遣し候事、且卯兵衛帰り二日ニ参り候よし先方申居候趣承知仕候事
手作米籾ニて俵へ入三拾俵仕候事
八ツ半時山ノ上平右衛門報恩講礼ニ参り、尚又中宮村方分も同様遣しくれ候様頼参り候事
同夜暮方過ニ大坂ゟ半兵衛殿帰村被致候事
まつ又ゟ飛脚ちん四百弐拾文持参、父受取被置候故父へ相渡候事
七ツ時ふし太参り候而、同人大坂ゟ引合書参り一件、夜前出坂直々引合埒明対談いたし参り只今引取候よし、尤引合書先方ゟ取ニ参り候よし申居承知仕候事
一　十月晦日　　晴天
行倒病人出来候ニ付、下村々へ廻文いたし文面左ノ通り
以廻状得御意候、追々寒冷ノ節ニ御座候所弥々御安康ニ被成御勤役奉改賀候、然ハ宿内当村ニて行倒病人出来候ニ付早速医師へ掛ケ、尚又又助へ申付養成為致置候間、此段御承知置可被下候、先ハ右御通達迄　如斯ニ御座候以上
十月晦日　　　　　　岡新町村
岡　村
三矢村

泥町村
右村々
御役人中
早朝遣し四ッ時帰り候而村々迄掛り候事
（貼紙）
早朝半兵衛殿被参候而、大坂へ持参被致候野子印形被返受取、且北国屋佐助相頼候とて金子壱両被相渡候よし被申居候承知仕候事
但し済口差上ノ書付写被帰候故受取候

五ッ時又助参り、尤牧方村ゟ書付持参ニて金子弐両余時入用ニて相渡候、且月渡し分も書付持参ニて壱〆五百文、都合父ゟ被相渡候事ニて五ヶ村帳面ニハ義助弐両渡候様書記遣し候事且
病人少々六ッヶ敷薬一向たべ不申、且小家いゝ（マヽ）し立願居、早々今堀氏へ参り其よしニて薬仕替貰候様申聞候而、尤小家長家下屋おろし候而仕候様申聞候、尤又々むしろ三枚并ニなわ拾すじ遣し、竹五、六本長浜屋成共取候様ニお留へ申付候、尚又九ッ過時義助一応見分仕候事
早朝ゟ月集寄候而、都合七貫三百三拾八文寄り候事
八ッ時浄行寺へ参詣いたし、尤尼講御内仏報恩こニて法談ハ同様参詣人一向無之、当村男たるものハ野子・角屋定弐人ニて天ノ川（カ）奥屋おやじ外女中七、八人ニて甚々当村ノ法義赤面仕候、七ッ時ニ引取候事
且暮方ゟ又々参詣仕候、尚母人も被致候法談被聞候而、尤暮方ゟハ義助計りニて夕飯出候事
但し同夜ハ参詣人も下ゟも有之余程多く候、尚又浅井氏へ出合候故、禁野文右衛門返事ハ明後二日と申参り候よし通達承知被致候事

一　十一月朔日　曇天　四ッ時ゟ雨降る

早朝馬借所ゟ奥田被申候とて大相場故印形取ニ参り、尤印形かしくれ候様申参り、おし候而相渡候事

但し昨年此方年番ハ帳面持参ニて印形取ニ遣し、当年ハ印形かし候も不都合候へとも岡村被渡候故相渡候事、且七ッ時ニ

奥田氏おし返却被致候事

五ッ時ゟ浄行寺ゟ黙雷師同道ニて萬年寺之牧方八景之詩見ニ参り、則同寺相頼候而明ケさせ写取、尤黙雷師被写候而夫ゟ山ノ上寺へ同道参り申候、山ノ上取付辺ゟ小雨降る、尤参り掛ケ父ゟ昨日山ノ上寺ゟ書面参り此義返事之よし被申聞、且源兵衛へ事伝有之、尚佐兵衛へ是ゟ山ノ上□へ参り候よし申聞置候事ニて、則寺ニて暮迄遊居且中飯被呼、尤銀談承知之旨外ニ少々咄合、夫ゟ世間咄し而已ニて遊居申候所、七ッ時釈尊寺ゟ御蔭おどり参り候とて寺の門かりニ参り、暫時仕候へハ夫々参り候而おどり凡人数四十人程ニ存候、且同日牧方村へも参り候よし承知仕候、夫ゟ暮方ニ引取候事

但し留主中聞候所新町へハおどり不参よし承知仕候て喜入申候、尤岡村へ参り候よし且引取候節ハなべ治郡津ゟ被帰候故

笹原ゟ同道いたし候事

同夜塩嘉兵衛参り証文下書頼参り認遣し、尤百匁ハ連印ニて尚弐百文（匁カ）ハ馬持かしニて両様共認遣し下書戻し候様申聞相渡候事

同夜芦田氏へ明日ハ山之細目改ニいよ〳〵先日咄居候通罷出申度候故同道頼遣し候所、同人明早々参り候よし被申遣候、且浅井氏も明日いよ〳〵同断ニ付被罷出呉候様頼遣し候事ニて留主中内へ申聞置候事

同夜病人如何候哉相尋候所、お留今日ハよろしくよし申居候、然ル所四ッ時ニ病人全

体ねつニてかわき候とて井路水呑ニ参りはまり大音上ケ候故宗兵衛当り両三人罷出候而上ケはらニて焼申候、為当（マヽ）早々其義下佐へ申参り候よしニてお留申参り承知仕候故又助呼ニ遣し候所、同人茄子作へ宗旨ニ付留主中故弟子参り外両人連来候よしニて、則不埒の儀得と病人へ申聞、且火元大事ニいたしさつはりと慎（憒カ）り候上夫々引取候様申聞候事

但し随分ぬくひ様いたし麁々無之様取計申聞候事

同夜

四ッ半時岡村ゟ御番所川方ゟ先触一通到来、且飛脚十九文同村へ相渡直写取受取いたし禁野村へ持し遣し、尤禁野村ゟ此方十八文取候様申遣し、且明日川方舟ニて御通行故誰成共役人代壱人差候様申聞置候事

一　十一月二日　中天　寒気厳敷

早朝禁野村文右衛門参り候ニ付、夫ゟ芦田氏・浅井氏へ申遣し半兵衛殿・父・義助三人外弐軒文右衛門・佐吉同道ニて山改ニ罷出候、且参り掛ケ内ニて塩の嘉兵衛参り、尤証文持参ニて銀子かしくれ候様頼参りわらじはき候跡故勘定不仕、金子参百匁ノ内へ四両弐分弐朱渡候、尤父手元ゟ出申候事山改候而九ッ過時ニ山ゟ引取中飯此方ニて芦田・浅井・半兵衛殿・父・義助・佐吉・お留都合七人外ニ文右衛門共八人酒飯出候而夫ゟ文右衛門引取候、日中雇申候、尚外夫々山改之儀咄合追々改候様申之、且免割之義申合候所、先免割ハ跡ニいたし年貢計り仕候よし被申、相談之上お留へ五日年貢取候よし申付為触候様仕置候、且八ッ時ニ被引取候事

但し嘉兵衛ゟ下書共証文持参受取置候、尚又山へ参り候節塩為ニ合候故川方出役

之義相尋候所、同人差支故津の嘉勝罷出
候よし被申居、其儀山ニて浅井・芦田当〻
り両人へ最一段之義申談候所夫ニ而も不
苦候様被申居候、其入ニて仕舞置候事
八ッ時ゟ義介頭痛いたし困り入同夜今堀氏
へ参り見て貰薬り受候事
九ッ過時山ゟ引取候節御陰おどり之子供四、
五人外ニおとな共少々見受候而、同日春日
村ゟおどり当村へも参り候よし承知仕候事
但し四ッ時おどり岡久門ニて浄行寺門ニ
てと弐所ニて一寸おどり候よし、且禁野
彦平殿門ニてハしつぼりと有之候趣全体
田中方へ参り候よし、且三わさん氏神ニ
ておどり候よし粗承知仕候事
一　十一月三日　　中天　四ツ時ニ小雨ニ有之夫ゟ空晴申候
早朝下佐参り年貢計り之儀方々相尋候所未
夕米又ハ俵拵揃無之よしニて五日ニいたし
候而も不寄候よし扇藤一軒より出来無之よ
し、尤八平十日比ニ成候へハ皆々寄候趣、
尤其比成ハ丸俵皆済と一緒ニ成候而もよろ
しくよし被申居候旨佐兵衛ゟ承知仕候故夫〻
左候へハ十日ニ仕候様申聞、尤年寄中へも
右のよし十日ニ仕候旨申参り候様申聞置候
事
早朝ゟ新掛樋直し仕舞候ニ付此方吉助・喜
助・重助三人扇藤壱人都合四人四ッ時迄相
掛り居、尤夫ゟ引取候而別段仕事も出来不
申候事
但し高役之事なり
七ッ過時和州佐保村天満宮勧化人禁野村ゟ
参り、尤案内なしニて取計拾弐文仕遣し候
事
同夜明日大坂へ使遣し候積りニて銭平行書
面尤鉄之助参り居候礼書認置候、且北国屋
へ風呂敷包取ニ遣し候書付認置候事

大塚村桶屋弥右衛門一日働申候事
一　十一月四日　　晴天
早朝吉助大坂へ遣し候而初夜時ニ引取候事
　但し北国屋ニてかうり持帰り候事
四ッ過時西ノ宮勧化人参り例之通三拾弐文
取計記帳仕候事
茄子作村ゟ御蔭おどり参り凡人数三、四百
人程ニて当村ニ者いづれニ而もおどり不申
禁野田中焼酎取場ニておどり候よし承知仕
候事
桶屋早朝ゟ参り一日相働申候事
一　十一月五日　　晴天
四ッ時岡村ゟ送りもの参り禁野村へ継申候
事
桶屋早朝ゟ参り一日相働申候事
一　同　六日　　晴
早朝私部小間重参り兵太糀屋口一通も不参、
且栗屋・くりや・津の嘉口一通も不参候よ
しニて引合書呉候様申之候故一通調候上可
遣よし引合明日参り候よし申居候事
早朝津の嘉浄瑠理浄行寺ニて有之よし粗承
知仕候、且日金口上ニて佐吉参り委細浅井
氏へ咄合有之候故長家鍵かしくれ候様有之
直相渡候、尤掛出し候様子ニて橋板持参り
候様子甚々大行成趣ニ候へとも故障も申遣
し不仕候事
五ッ時ゟ郡村南氏へ参り野子見て貰候而委
細ニ申入直察の上薬拾貼貰候、且病症甚々
六ッケ敷様被申候而尤中飯同人方ニて被呼
八ッ過ぎ時ニ引取候、且浄行寺追々拵居候
通りニて通り掛見受候事
七ッ時寝屋村ゟ御番所御触持参ニて人足賃
七拾文相渡候、尤上宿割増弐朱判、弐歩判
古金之義御触弐通□到来拝見仕候事ニて同
夜留置候事
同時表り方屏風・襖張替仕入所之看板書記

候事
同夜浅井氏・芦田氏両人ゟ今晩浄瑠理ニて
浄行寺へ参り候哉誘ニお留参り候ニ付内々
ニて参り候故御口々仕候よし申遣し候事
但しお留昨日早々くり屋・兵太・かうじ
や・津の嘉・嘉七五人参り候様申参り候
様申聞置候
且ハ番所触到来明日岡村へ出し候様申聞
置候事
大塚村樋屋一日相働申候事
七ッ過時臼屋岩吉参り候へ共臼屋手積候故
断真様伏見へ引取候事
同日扇藤向の塀仕ニて一日参り雇申候事
同夜浅井・芦田お留連候而被参候故夫ゟ全
体大行成よし、且浄行寺甚々不行届之よし
両人へ申聞候而、尤今晩参り候へハ村方ゟ
花ハ如何候哉談合候上取計候様決着成、夫
ゟ此方ニてふとん・大鉢持参ニて参り、然
ル所岡村今西・中嶌・角野三人共参り被居
候故正面役座差敷ニて見居、且岡中ハ子息
連被居、尤鉄之助連参り四ッ過時ニ天ノ弥
助へ肴取ニ遣し、たこ・鎌（蒲）鉾弐鉢ニて凡三、
四両位之品ニて酒ハ此方ニて壱升両度ニ取
ニ遣し呑四ツ半夜中時ニ野子中座ニて引取
候、且跡壱ッ有之鉄之助外皆々残り被居候、
夜中八ツ時ニ相果候事
但し表札
同夜四ッ半時浄瑠理席ニて大体（マヽ）之地震有
之候事
一　十一月七日　雨天
早朝岡村へ御番所御触弐通共写取候、其上
年寄藤七・浄行寺・義助三人判仕尤藤七殿
印形取候而岡村へ遣し受取置候事
兵太糀屋呼ニ遣し私部引合口申聞、昨日参
り候而奥書遣し候様相成有之故いつれニ対
談仕候様厳敷申聞、別而糀屋先日ゟ引合ニ

不参由相呵り今日参り候様申聞置候、且兵太も参り候様申入尤先方引合願銀高相違無之哉相調候所無之よし兵太被申居候事

　但し今日糀屋先方へ参り候趣承知仕候事

栗屋・津嘉、茶屋呼ニ遣し候所茶屋不参候而外両人参り候故、先方へ未ダ引合不仕候よし相呵り早々埒明候様可仕旨申聞、尤今日ハいづれ先方ゟ奥書取ニ参り候故遣し可申様申聞候所、くり屋・小間重ニ合度よし被申、若参り候へハ一応同人へ可参旨申入而見遣し候旨申聞、且達而奥書呉被申候へハ無詮其節可遣様申、故障相尋候所少々銀目違之よし、且茶屋之義ハ無之よし可答旨咄合、銀目清略之上此方へ書付ニ認遣し候様申聞置候事

早朝木作利助郡村ゟ引取今日帰京仕度よしニて手間ちん〆内へ弐朱相渡候、且見付松之すかし如何候相尋候間為致呉候様頼居候故、冬分ハ難出来来春早々為致候と申居候事

大塚村桶屋一日相働申候事

扇藤早朝ゟ向の板囲仕ニて屋入昼迄居雨降り候故夫ゟ引取候事

四ッ半時芦田氏呼ニ遣し候所被参候故、則浄瑠理へ遣し候花取計相談仕候上、芦田氏・浅井氏・義助三人ゟ弐朱壱片取計直様お留を以塩武へ持し遣し候事、且野子も病気甚々六ッヶ敷則昨日郡村へ参り候事ニて役向手纏候義も困入随分出情(精カ)出勤相頼候、尤其節同人被申候ニハ十日頃同人子息平次郎殿婚礼のよし差支、年貢取可然様被頼候故最一段不相分左様成ハ此方へもたれ被居候、全体左様之義ハ御咄合之上御互ニ差支ハ繰合候様仕度左様いたし被呉候様申聞候事、但九日成ハ出勤相頼置候事

相調候所未ダ年貢計り十日と触無之よし左

候へハ九日ニ仕候様相触させ置候事
浅井氏呼ニ遣し置候所同夜病気之よしニて
お留を以断被申遣候而不被参候事
同夜八ツ時大体之地震遊り候事
七ツ過時ニ片山被参候而則先日ゟノ助郷田
宮引合一件只今岡村へ寄候所御当家へ参り
くれ候様被申候故、尤岡村も家へ被参候よ
しニて無程中嶌氏一人被参候而木津治臼引
故得不被参候よし夫ゟ片山ゟ咄合、則先日
田宮へ直談仕候所全体是而已不成、已来心
得ニて聞度よし日〆帳等も五、六日前ニ御
目ニ掛度よし得と清略吟味之上調印等もい
たし度様有之、全昨長崎一件ニ不拘よし此
義泥町へ咄合候所一向咄合ニ不成かて付不
申、無拠御咄申入候よしこちら両人了簡と
有之故、右様手ひどく申談候ニも不及大体
ニ引合被呉候様、尤昨長崎ニ不拘義成ハ其
義ハ先ツ食切ニ成候様、且宿方劣身ニ不成
様随分入用帳面御見せ候へとも畢竟昨年ハ
双方引合ニて金子受取候へハ空勘定ニてき
つはりと致候義ハ無之よし申談し、何分食
切ニニ(マヽ)成候様引合相頼置候、夫ゟ両人共被
引取尤初夜時ニ候事
同夜半兵衛被参候而郡つ村半右衛門被参候
而、則摂州とん田ゟ当十七日ニハ郡つ村平
六殿嫁入荷物引取故当村通り候故相頼被居
候よしニて承知仕居候事
一　十一月八日　晴曇天
早朝岡村ゟ御役所様ゟ御割賦御触且多田徳
廻文弐通相添到来受取、尤受取書遣し候事
(貼紙)
岡村中嶌へくり屋へきくやゟ引合一通、外
ニ津の八平口一通右弐通ニ引合書相渡し候
事
四ツ時禁野村ゟ送りもの参り岡村へ継送り
申候事

四ッ半時岡村ゟ座頭手引無之候へ共送り来り候ニ付全体手引無之ハ送り不申様申候へ共、尤案内ハ中途ゟ引取惣助参り座頭も相頼候故、無拠村方取計七文いたし禁野村へ惣助案内ニて遣し候事
扇藤向囲仕候て一日相雇候而相働申候事
九ッ半時浅井氏呼ニ遣し被参候而則御廻米一件清略相頼置候所如何候哉咄合候所、不相分候故此方ゟ扣へ候而相渡候間其引合清略跡ニて被致候様申聞候、尤村々出銀相尋候而扣置候事且、
野子病気之よし申聞随分已来出請被相勤候様相頼候事ニて、其上同人手元之義咄合被致居候事ニて七ッ時ニ被引取候事
同時又助牧方村書面持参ニて余時入用金壱両弐分かりニ参り取込居候故後刻参り候様申聞候所、暮方ニおしげ参り壱両弐分父ゟ被相渡候事
但し又助参り候節病人之義咄尋合候所、甚々六ッヶ敷よし申居候故今堀氏ニも見舞被申候様相頼入、随分入念介抱いたし候様申聞置候事
八ッ時前しま被参候而野子・浅井氏ニ咄合居、前嶋へ咄合不仕父相手ニ成被居候而何か勘定いたし被居七ッ過時ニ被引取候、其節よしのす八枚取調相頼置候事
くり屋へ昨日之引合書壱件銀目清略いたし書付の義又々被遣候様相申遣し候事
浅井氏ゟ内々承り候ニハ右浄瑠理一件勘定も甚々不勘定之よし、凡弐百四拾匁程も入候よし夫ニて寄銀ハ三百匁程凡壱両ハ残り不申よし被申居候事
但し大坂へ引合ニ被参候ハ四、五人も被参候よし、尤入用不少且浄瑠理かたり之礼も壱両壱分之事と承り候事
同夜半兵衛殿方ニ居候所へ初夜過時お留参

り候而、只今又助弟子参り則病人相果候故其義申参り有之よしニてすぐ思立半兵衛相談いたし、此度打改軒別廻りニて人足遣仕候様いたし尤夜ハ八ツ変り日ハ日中変りニ仕候よしニいたし、夫ゟ上ゟ相当始、井宗、善兵衛両人へ申付、且明番井伝・長仁へ申付候様言付候、且お留申候ニハ三矢も半日替り之よし申居候、且又助弟子同席へ参り候故右同様之義申参り候故、すぐ番之義此方ゟも申付置候間、其方ゟも弐人参り候様申付置候而夫ゟいづれ今晩出坂仕候様申聞置候而、夫より浅井氏、芦田氏呼ニ遣し相談候而くり屋頼遣し出坂之義申入候所、差支之よしニて無拠浅井へ相頼出坂被致、且同人へ小遣弐朱一片かし渡候、且願書相認遣し候、尤同夜舟ニて出坂又助同道被致候事

　但し芦田氏・義助両人ニて病人見改候、

一応参り候而未ダ山のもの壱人も参り居不申且弟子参り候へハ早々参り候様申聞候、尚浅井・又助代り弟子参り出坂ニて其跡ニ而芦田両人少々談合有之夜中過時ニ芦田氏被引取候、且浅井・又助出坂お留ハ早々引取候事

(貼紙)
同夜遣イものらうそく日善ニて取之此方ゟ遣し
割木上枯三〆匁弐〆八百匁　此方ゟ遣し
割木なま八〆五百匁　わた伊ゟ遣し

専光寺入院

同夜浅井氏ゟ内々承知仕候則先達而日金出火之節隣組ニて夜番当り、尤塩武ニて当り仕舞成ハ不相分よし塩武被申居候よし、全体不都合得と此方之仕義も不承知不仕左様之義申候旨甚々不相分よし申談居候事、尤

此方改右様軒別廻り仕候へハ尤其節之当り
之分除キ遣し候積り申談し尤成よし被申居
候事

一　十一月九日　　晴天

早朝ゟ年貢取蔵付仕候尤七ッ前時迄相掛り
尤石数拾壱石納り丸俵皆済ニも不相成候、
且米症甚々あしく色々申聞得と吟味仕候へ
共大ニ困り入申候、且中飯芦田・義助・佐
兵衛三人此方ニて中飯出候事

　但し五合刎米壱斗壱升有之、且目ニほれ
　三升程有之候事

且むしろとうみ共升夫々共此方ゟかし遣
し候事

五ッ半時倒もの番ゟ割木申参り日金方ニて
□候様申聞置候事

同断番人足朝ゟ平殿村のや昼ゟ藤八・利助
同夜弥兵衛・与兵衛申付置候事

　但別帳ニ仕置候事

同夜暮方ニ浅井書面大坂ゟ又助弟子帰村仕
候故到来承知仕候ニハ御聞済ニて取片付も
被仰付候よし且同人帰村ハいづれ今日中ニ
て引取候様有之候事、則又助弟子へ申付直
様拵仕候様尤荷竹一本為調、且なわ此方ゟ
相渡尤弐百匁位直様下佐へ申付候へ共、
堀人（マヽ）足日役ニて弐人当浅七・扇藤参り、
則なわ浅七取ニ参り候事ニて夫ゟ芦田氏呼
ニ遣し、且岡村へ下佐を以先達而廻文ニて
沙汰申上置候義倒病人昨初夜時ニ相果候ニ
付、直く御奉行所へ御届之上御聞済今晩大
坂返事模様相分取片付仕候、且右ハ宿方廻
文仕置候へ共、元来両村ニ而掛りノよし
内々委く申入此段答置候よし申遣し御世話
よろしく相頼候よし申参り候事

芦田氏御出ニて相談之上埋所嶋野はしゟ下
ニて穴為堀（マヽ）候様申遣し置候而、且取捨済候
へハ酒呑させ候義且めし為食候義、下佐へ

山の番人共申合候故心得なく故長仁へ申付候よしニて跡ニて聞無程詮、左候へハ酒ニとうふ弐壱丁めし随分麁末ニてよろしくよし申遣し置候而、夫ゟ芦田同道ニて場所へ参り場所ゟ死骸荷させ山の若イものト山番壱人トニて荷ひ連参り相埋其上ニて火ヲたき相済候而初夜前時ニ引取候、且夫ゟ山の若イもの共長仁ニて酒飯致させ芦田氏ハ夫ゟ郷蔵の間ゟ相分レ被引取候、且引取候而下佐を以山ノもの三人居候中へ鳥目三百文遣し全体酒飯者先例ニ無之よし申聞置候事

但し浅井、扇藤両人御役(カ)凡三枚ツ、分全体過候へ共下佐分申居候事

(貼紙)

同夜糀屋参り候而昨日私部へ参り候所一向咄合いたしくれ不申、勘定も見せ不申よし申参り候故大ニ呵り甚々不相済よし、全体先日ニ参り候様申聞候ニ不参殊更昨日参り、早々今晩ニ此方へ右様申参り候事相呵り、左様成ハ致方無之いづれ先方ゟ参り候へ者奥書遣し候よし申聞置候事

且明日早々右一件夫々買もの諸入用取調書付取候様申聞、尚又下村々へも廻文持参仕候様申聞置候事

同夜七ッ時岡村ゟ御役所二条御米御改方様ゟ御触到来、尤丹羽様ニて則岡村へ寅下刻受取遣しすぐ牧方村へ遣し卯上刻受取書取置候事

但し牧方村ゟ明晩ニ而も寄候様廻文いたしくれ候様願被越候事

一　十一月十日　晴天

早朝浅井氏被参候而則前夜舟ニて帰村被致候よしニて、尤大坂様子又助弟子連候而参り候へとも一向用事無之よし多田徳ニて申之、乍去待させ置候而願文ハ此方ニて認参

り写取持参仕候へ共入不申、振合違ひ先年ハ御代官殿右様御奉行所ハ村役人届ケニて宜敷よし、且同人方ニて願文認貰候而用達奥書印仕候而同道罷出候所庄屋ハ如何候御尋ニ付御用ニて代行と相断、左候へハ年寄、頭百姓成ともと印形仕候様被仰、年寄ニ而も庄屋ニ而も壱人ニ而ハ御聞済かたくよし被仰、印形も持参不仕候故段々相断、已来ハ相心得候様申上、左候へハ已来心得候様被仰御聞届、其上庄屋代行之よし書入年寄一人ニて相済、尤右倒病人ハ喧嘩口論之上相果候ニハ無之哉、怪敷義ニ而ハ無之哉得と相尋候上取片付候様、尤受書文御取被成御聞済有之、夫ゟ又助弟子返し候よし被申居、且先日三矢村ニ右様之例有之外村々へも咄合置候様用達ゟ咄し有之、左候へハ三矢村最一段ニ存居候事

但右様之節ハ庄屋ニ而も頭百姓成共印形持参人ハ不参候共印形ハ持参仕候事相心得候事、且書付振り合被写帰扣置候事

且又同人昨日年貢取候所米症あしくよし咄合手本米見せ申候、且昨夜御触到来ニて十三日改手代御越之よし甚々閙ヶ敷義咄合相談之上明後十二日残り之年貢米取候様申談置候、且同人大坂ニて多田徳正助へ遣イ候而又外用ニて佐助方へ参り候故かき壱升取ニ遣し酒呑候よし被申居候事

四ッ前時鳥羽又左衛門ニ居候ものとて坊主一人参り、尤又左衛門口上書持参ニて勧化ニて参り相断り候へとも段々相頼候故、左候へハ一村ニ而も勘弁無之よしいづれ今晩寄候故組合へ咄合候様申、一統村々へ参り置候様申聞置候事

但し口上書当名納庄屋中と有之候事

早朝岡村ゟ年貢米少々余米取置御手代へ見せ候様仕候哉被相尋候ニ付、跡ゟ返事仕候

よし父・浅井両人返事申被置候事
五ッ時馬借方へ今晩参会仕候よし申聞置候、且同村奥田氏へ先日廻文仕置候、当村ニて行倒候病人相果則御届申上取捨仕候而万端前夜ニ相渡よし口上ニて申遣し、尤五ヶ村参会外田井、走谷弐ケ村共七ヶ村参会申触今晩寄候よし廻文左之通り

以廻文得御意候、迎寒之節ニ御座候所弥御安康ニ被成御勤役奉改賀候、然ハ昨夜御米御改方丹羽様ゟ御廻文到来御村々定而御承知ニ奉存候、夫ニ付万端御談申上度義御座候間暮早々御出席御頼申上候、右御案内迄如斯ニ御座候以上

十一月十日　岡新町村

岡　村
三矢村
泥町村
牧方村
右村御役人中

尚又牧方村へ御頼申上候、田井、走谷御両村の儀ハ貴村ゟ御申達被下候而早々御出席御取計可被下候

右者村送りいたし候所へ
四ッ時三矢村ゟ持廻りニて廻文到来則同断之儀昼飯早々ニ馬借方へ寄候よし申参り、父迄掛候而野子不存跡ニて承知仕居、最一段と存居候所へ九ッ時又々三矢村ゟ弥兵衛参り、只今新町村ゟ之廻文到来、乍去田井、走谷へも遣し置候而、且又岡村今西も今晩ハ差支之よしニて何卒昼飯寄候様頼参候事
八ッ時ゟ参会ニ参り岡村中嶌氏留主中故今西誘合同道ニて参り、尤木津九婚礼ニ而其方へ被参居同席ゟ同道いたし馬借へ出候所田井被参、尚又三矢・泥町・走谷・牧方尤走谷足痛ニてかごニて被参咄合仕、其上夕飯尼四郎へ茶わん九ッあつらへめし尤肴弐

品取之酒大八ニて取之大八被引取、尚岡今西、大八ゟ先へ被引取万端野子へ相頼被置候而夫ゟ人数七ヶ村七人ニ田井迎壱人、走かこ弐人、与吉十一人酒飯仕候且今日早々夫々へ相廻りトテ鳥羽坊主相談之上組合ニて三百文位遣し候積り、尤牧方村相頼取計候様決談之事

且田井村ニて中飯ニ成候共一鉢之賄ニて礼金ハ名々弐分ツヽ、先例通り入用も大体是迄之通、尚宿ハたはこ清ニて、たばこ清呼ニ遣し候所宿成ハ断申参り、然ル所田井・走谷共被引取候而委細十三日夜咄合と申分レ、且三矢村奥田呼ニ遣し候所大善被参候而其上たばこ清方之義咄合候所鯛六殿甚々不相分義申立、大ニ高声ニて牧方、野子申之義ヲ彼是被申一円不相分余程立腹之様子、尤牧方とハ少々争有之、乍去跡ニ而ハ気が付断被居、全体鯛六何ニて立服被致候哉不都合之体有之、其上得と舟談ニ成あつらへ凡八拾五匁位、尤酒飯上下ニて且可成事成ハたばこ清いたし候様大善殿へ頼置、且鳥羽村へはたり（マヽ）どみ三矢村ゟ遣し、且陸舟尋其上知レ候上近（カ）どみ遣し候義も与吉へ頼置候而、尤いづれニ成候哉宿之義得と引合之上定候所廻文も三矢村へ頼置候而、お留迎ニ参り四ツ時ニ引取尤大善・鯛六・牧方四人相分レ候事

　但し牧方村へ岡村咄合之義一寸申合、近々咄度よし申居候ニ而相分レ、且お留岡村長兵衛方ニ用事有之夫ゟ野子壱人引取候事

早朝岡村、三矢夫々明後日年貢取之儀申触させ置候事

　但し岡村木津治殿へ昨日参り掛ケ同道、道々ニて当村取候よし返事仕候事

大塚村桶屋一日相働申候事

一　十一月十一日　晴天
七ツ半時三矢村ゟ宿之儀廻文到来左之通り
以廻状得御意候、夜前各々様御苦労ニ奉存候、然ハ御出役様御宿之儀多葉清方取掛合候所、無拠差支有之候ニ付河与方へ申付置候間此段御承知可被下候、且又尼四郎仕出しニて席料之儀ハ百疋相極候へ共、外方ニ而も最御座候へハ宜敷御取計可被下候、先ツ御案内如斯ニ御座候早々以上
寅十一月十一日　三矢村
岡町村　御世話忝奉存候以上
牧方村
岡　村
岡新町村　御世話忝奉存候以上
右村々御役人中
早朝郡章元屋へ御薬貰ニ遣し尤喜助昼時ニ帰り薬拾貼持帰り候事
早朝岡村今西氏へ昨夜参会の模様、先へ被帰候故跡之咄合丈ケ申遣し置候事
岡村ゟ送りもの四ッ時、八ッ時ト両度弐人参り禁野村へ継送り申候事
大塚桶屋一日相働申候事
お留へ渡し場道夫々持作之ものへ申聞、来ル十七日者郡つ平六どの嫁入之節荷物参り候故、其旨心得させ候段頼来り候よし申聞置候事
同夜明日年貢米計り候儀芦田氏へ出勤頼遣し、且又浅井氏へもいよ〳〵明日ニ御出勤被下候様申遣し候而、外年貢計之方へ申遣し置候事ニて間違無之様念入置候事
但し浅井氏ニて壱番利兵衛ゟ書面取寄受取候事
三矢村奥田氏へ八朔礼之節、昨八朔礼包銀扣帳かし置候ニ付取ニ遣し受取候事
同夜初夜時岡村ゟ御役所御手代一柳対助様

ゟ給米之儀廻状壱通受取、尤御触書面ニ写置且嶋頭村四郎兵衛殿ゟ廻文守口町ゟ之廻文共受取、同村へ受取書遣し置候て弐通文面左之通り

以廻状得御意候、向寒之節ニ御座候所各様弥御安全可被成御座改忝く奉存候、然ハ御直段掛ケ札未だ掛り不申候へ共内々及承候ニ付御通達奉申上候、御写取之上早々御順達可被下候、尤表向ニ而者無御座候、此段御含置可被下候、先ハ右之段以書中得御意度如斯御座候以上

十一月七日　嶋頭村

四郎兵衛

摂州

一　銀九拾五匁七分六厘六も　御口米

一　同九拾匁七分六厘六も　三分一

一　同六拾七匁六厘八も　十分一

河州

一　銀八拾七匁四分八厘弐も　御口米

一　同八拾弐匁四分八厘弐も　三分一

一　同五匁七分　六も　十分一

右之通御座候、何卒刻限無遅滞早々御廻可被下候此段奉頼上候

諸口村始　外村数有之候而　牧方組七ヶ村々有而三嶋新田　三組新田

右村々御役人中様　次第不同御免

御廻状得御意候、向寒之砌愈々御安全之由珍重奉存候、然ハ勢田川一件勘定来ル十六日ハ谷町川藤方ニて仕度候間、各々様乍御苦労早朝ゟ御参会可被下候、先ハ御案内如此早々以上

十一月十日

門真四番村始

外村数有之而

牧方村々

七ヶ村当村留メ

右村々

御役人中様

右弐通共披見之事

伊勢太夫さんゟお払さん持参ニてこよみ・はし相添参り候事

八ッ時磯しま弥兵衛方へ参り候所同人留主中ニて無詮引取候事ニて茶わん惣方ニて買物いたし夫ゟ引取候事

一　十一月十二日　晴天

早朝未明す屋ゟ鳥羽ニて事伝ニて二条御米掛り丹羽様ゟ之御用状壱通持参受取、尤す屋へ当村ゟ受取書遣し候事

但し早々岡村へ相廻し尤受取書取置候事、且添廻文左之通り

添書を以得其意候、弥御安全御勤役ニ成奉改寿候、然ハ別紙之通り丹羽様ゟ御用状参り候間早速相廻申候、則御延引日之義先村々へハ田井村ゟ御廻文被成候而早々御達し被下候様御頼申上候、尤御用状ハ当組合へ参り候事故、田井村ニ御留置十四日晩御持参被下度此段宜敷御取計御頼申上候、先ハ右早々為可得其意如斯ニ御座候以上

十一月十二日　岡新町村

岡　村

三矢村

泥町村

牧方村

走谷村

田井村

右村々御役人中

尚々三矢村へ得其意候、右御延々ニ付宿之儀万端御取計よろしく御頼申上候

右ハ浅井代筆ニて被相認候而早々御廻文相添岡村へ遣し候事

早朝五ッ時ゟ年貢取仕候、尤浅井氏立会ニて芦田立会無之且四ッ時ニ一寸被参候而被断早々被引取候、浅井氏・義助両人ニて取候納米九石五斗入候、中飯浅井・義助・下佐三人酒飯仕候尤
九ツ時ゟ七ッ過時迄喜助為手伝佐兵衛両人且浅井氏、義助も手伝候□て郷蔵内外共片付、蔵入口土為持直しいたし、郷蔵前髪結浦莽捨場其近隣呼ニ遣し為相配捨候事
且浅井氏へ右明丹羽様御越延引ニ付明日免割いたし候哉之義尋入候所よろしくよし被申、則芦田氏も一寸被参候節尋入候而承知之上相極メ、幸ひなべ治・半兵衛も被参候而郷蔵場ニ出合ニ咄置候而よろしくよし被申両人へ明早々被参候よし申聞、夫ゟ田川・八平両家へ申遣し候事
　但し同夜念入候而八平方へ最一応いよ〳〵明日免割之よし申聞、直々ニて承知之よし被申居候事
同夜浅井氏ゟ大坂多田徳へ同人印形取ニ被遣候故、則一柳対助様御廻文御役所ゟ御割賦御触弐通相渡し受取取置候義頼遣し、且嶋頭村四郎兵衛殿ゟ之廻文三嶋新田、三組新田両所ぬけ之廻文多田徳へ遣し、同人ゟ遣しくれ候様頼遣し候義頼入、尤是も受取書取置候義頼遣し浅井氏へ三通相渡し候事
同夜父ゟ承り候、昨日八平殿被参候而下佐役義退候様之義申出候旨咄入有之、尚直々咄合之よし可申よし被申居候趣承り候事
　但し先達而ゟ申出候よし八平手元ニて延引之よし承知仕候事
大塚桶屋早朝ゟ参り一日働申候事
一　十一月十三日　雨天
早朝ゟ浅井・八平・なべ治・半兵衛・義助・九右衛門立会免割仕候、尤芦田呼ニ遣し候へ共草臥被居候よし尤同人岡木津九嫁

入之後呼衆之よし、且四ッ時一寸被参候へ
共近伝女房死去ニ付被引取候、八ッ半時ゟ
又々被参夫ゟ被立会候、尤中飯浅井・小
野・なべ治・半兵衛・父・義助・お留都合
七人酒飯又七ッ時ニ酒出候、同夜夕其上へ
芦田増八人飯出候而暮方過ニ相片付一統被
引取候、尤明早々中札印形取候よし申聞置
候事ニて夫ゟ浅井氏へ相頼候而中札為認弐
拾三枚調置候て初夜半時ニ浅井氏被引取候
事

　但し芦田・浅井御両所へ明四ッ時ゟ罷出
　被呉候様相頼置候事

同夜平五郎方報恩講ニて父参詣被致初夜半
時ニ相果候事

一　十一月十四日　　晴天

早朝中札之印形八平・上弥・半兵衛・九右
衛門・なべ治・下佐・芦田氏右夫々へ印形
取ニ遣し調印仕候事

但し調印後早々印形相返し候事、尤中札
認方左之通り

小堀主税御代官所河州茨田郡岡新町村
当御年貢米五斗入　　米主　何左衛門
　　　　　　　　　　升取　誰
　　丹羽般左衛門　米見　誰
　　　　　　　　　庄屋　誰

右半紙三ッ切ニて相認候且差札竹ニて離
形左之通り

寅御年貢米五斗入小堀主税代官所河州茨田
郡岡新町村米主　何左衛門
　如斯相認且浦々升取　誰相記候事

右差札壱本相記候而半兵衛殿方へ相頼置候
事

村頼母子と唱候、尤名目ニて全村頼母子ニ
ハ無之候へ共融通之講相勤父其方へ被参且
浅井氏も被参居候事

九ッ時飯いたし候而御出役御越し、とみ帰

り不申全体如何候哉不相分三矢村へ出候積り岡村へ罷出候、中嶌被申宿者矢張河与ニて相極り候よし尤河与と承知仕候へ共彼是間違之よし粗承知ニて不安心ニて三矢村へ尋旁々、然ル所とみ三矢村茂兵衛帰り淀宿ニて追越帰り候よし申之直様引取、則浅井氏誘、八平江寄候而同道□場ニ待合岡村中嶌・今西両人被参候故同道ニて天ノ川甚九郎迄罷出、尚又無程三矢村弐人、牧方泥町弐人都合八人相待居候而八ッ半時御越陸路□ニて出迎、夫ゟ伺候所見分仕候よし浅井氏へ先へ帰し□場へシヨウ木ニ上敷引、座ふとん・煙草ぼん置候而、則□□□候而浅井差ニて三、四俵ぼんへ差候而相見せ候所最一段不宜候故とも何分水入ニて相断出(カ)□成ハ致方無之よし、夫ゟ浅井ハ不被参候尚外村々岡村へ御見分三矢・牧方・泥町五ヶ村相済候而河与へ御案内いたし、且同夜下

村々守口・嶋頭夫々参り咄合候上尤御退見之趣御聞入候て其上田井・走谷も同様候成、其上畑中見舞ニ上へ参り候故同人へ丹羽様ゟ被仰候而、婦人入尤無左候共可仕積り之所、酒余程はづミ其上守口・嶋頭も呼ニ遣し候様被仰、すぐ呼ニ遣し罷出候而同席ニて追々酒はづミ候而守口・嶋頭ゟ四ッ時被帰候、尤同人口へ出候而野子呼候而明後十六日勢田川立会、廿一日摂河郡中、廿二日茨田郡中之よしニて可参よし被申居候事
同暮過ニ下村ニ被参候節村々村名書持参ニて差上候拾三ヶ村御座候、且壱番村利兵衛殿参り被居候故河六方へ参り候而昨年御廻米一件勘定金壱歩三朱相渡ぜに百三十弐文相添渡し候所不足之よし被申居候、乍去野子不存候故相尋置候よし申聞置候而、尚同人ゟ先達而頼置候勢田川一件願書扣帳三冊かり申候事ニて来十二月差入迄此方ゟ持参

為致候様申聞置候事、尤ぜにハ百三拾弐文
河六ニてかり候事
但し守口河与方へ弐度目参り候節、御廻
米一件之義申談候而右ニ而ハ不足之よし
申之候故得と手元清略ニて同人ゟ書付遣
し候様被申居候、且壱番下村ゟハ五ヶ村
分の受取書取置候事
初夜前時浅井氏ゟ前晩大坂へ遣し候嶋頭村
之廻文相戻り、且御役所御触書弐通受取書
受取候而嶋頭村四郎兵衛殿へ相渡候事
右一同酒席四ッ半時ゟ畑中被引取、尚又下
守口・嶋頭も被引取候、上奥田も歩行弥兵
衛も引取候而八ッ半時迄追々酒はづミ候上、
走谷村浅五郎殿酒酔候而甚々不都合之体
段々申宥メ候へ共何分不相分、上ニハ大ニ
立腹不相済之体ニて牧方村、岡、野子等
甚々心配仕候而色々相断候へ共同夜不相済、
先ツ私共へ御下ケニ相成明朝申上候様相成
候、尤七ッ前時酒止飯出候而夫ゟ御休候、
且銘々共はつとり屋へ参り酒飯いたし、尤
使之人無之歩行此方へ佐兵衛を以はつとり
屋為起六ッ時前迄尤はつとり屋へ参候節浅
井、大久保札(カ)之よしニて坂伝ニ被居候故延
く故被尋候ニ付同道ニて参り、尤走谷へ
段々申聞候而浅井同道ニて引取、岡角久之
所ニて倉治柴売ニ合候事
但し初夜前時此方酒取寄候様上ゟ被仰、
上酒壱升取ニ遣し差上候事且
守口・嶋頭被呼候而同席酒出候義ハ上ゟ
明晩先方へ参り候而今席入用掛ケ候様咄
合仕置遣し候よし内々被仰入候事
同夜初夜時上ゟ中札調印之儀申上候所印形
御下ケニ付調印村々分仕候、尤今後下村ニ
も調印仕候上四ッ半時御印形御返上仕候事
同夜ふけ候故走谷・田井・牧方・岡等ハは
つとりやニて被臥、野子、浅井・下佐連候

而引取候事なり

一　十一月十五日　　晴天　早朝少々小雨有之候へ共五ッ時ゟ晴申候

早朝大坂多田徳ゟ柏原勘定元ゟ之廻文持廻りニて到来、尤御講来ル廿四日相勤り候よし申参り、尤当村始ニて御役所御触留ニ写取壱人参り候よし書記遣し候事

同早々河与方へ参り候所同人方戸開候節ニて、則与吉馬借ゟ引取候時ニて同人へ申聞はつとりや申遣し只今御目さめ候よし申遣し候所、村方□走谷村被参候而同人夜前之義相頼候故承知申聞候、夫ゟ則御上へ御目さめ御挨拶申上則走谷之義も申上何分酒□事と被仰候故相断候而走谷へ其旨申聞安心為致候、其後刻牧方・三矢・岡・走谷・田井、野子同道ニて御膳挨拶ニ出候而、尚又牧方・岡、野子同道ニて出、走谷一件相詫候所不及其義ニもよしニて御遼(カ)見、当宿ゟ直さま守口へ御越ニ相成左候へ者かご等昼後拵置候故酒出候様申上候所左様之義入不申候よし、昼ハ禁酒之よしかごハ嫌之よし被仰、無拠相止人足壱人仕立くれ候様尤只今ゟ出候様被仰候、夫ゟ人足壱人仕立尤守口宿へ今晩三矢村、田井村両人御礼ニ遣し候様申上候所決而止候様被仰、夫ゟ御礼金丹羽様へ金壱両ハ各(マヽ)弐分ツヽ之積りを以御礼封し、尚又百足を酒出候へハ是非入候故其積り、且ハ田井、走之遼見兼而菓子料ニて封し、且又供へ百足肴料ニ遣し都合壱両弐歩ハ奥田扣ニて遣し候、尤差出ニて奥田・義助両人出候所守口宿へ今晩出候義ハ三矢村、奥田も酒参り不申、畢竟ハ前夜守口、嶋頭参り候故今晩当方ゟ参り候様申聞候へ共酒参らぬもの成ハ相止候様、左候へハ前之咄合も宜敷よし被仰候故左候へハ相止候様申上候、夫ゟ御立ニて四ッ過時御見

送り申上下出はづれニて相分レ引取候、尤中朝飯河与ニて出候様申出候へ共ほシく無之故後刻と申居候而中飯ニハ走谷車吉ゟ被相分被引取候、夫ゟ金ハ歩行供の計りニ被□ハはつ正へ中飯申付候よし申之、同家へ入候所へ河与ゟ中飯、朝飯出不申故参りくれ候様申之、甚々不甚無拠其義一体□余内よし申遣し候而はつ正ニて中飯仕候上酒肴も少々有之候事、其上咄合仕候ニハ明十六日勢田川一件参会ニハ三矢村、田井両人被出候様相頼置候、且郡中茨田ニハ牧方村、岡両人出勤相頼候事、尚又御講ハ当村、岡と相談決し候事

且同席ニて奥田被申候ニハ郡中一件抔一人ニ而も宜敷よし、全体新町、牧方両人ニて何事も六ッヶ敷様申之よし甚々不相分申方、且又牧方郡中壱人ハ得出勤不仕候よし被申色々談候上岡村と牧方村と相成候、尚郡中席ニてハ二条納御宿一件入用之義いづれ出候故、左候へハ此度入用夫々書出し取候而相調、一同相談仕候左被申候へとも是ハ牧方村へ相頼候而入用何程ト申分相調、郡中席へ持参仕被呉候様相頼置候而九ツ半八ツ時相分レ引取候、尤勢田川一件尚又郡中共立会勘定帳ハ写帰り被呉候様奥田、牧方へも相頼置候事

尚又明出席之上奥田へ昨年御廻米一件之義金六分六厘之訳此方へ取居、浅井掛りハ右之分ニて九分六厘ハ知り不申よし咄入相頼置候而、且守口へ頼置候廻米一件勘定書ハ受取候而早々飛脚ニて被遣候様相頼候所、同人いづれ内へ用事有之故其席へ飛脚ニて申遣し候様被申居候事

(貼紙)
十四日夜
御出役丹羽様御越待合居候節、天ノ川甚九

方ニて居候故、暫之間居候故茶為吸、尚又彼是手間取候事

十五日昼時

御講下り之儀村下へ壱人ツヽ参上仕候よし之義ハ、いづれ郡中参会之節被参候へハ、其節牧方、岡村両人ゟニ而も明勢田川一件出席之節ニ而多田徳方迄咄入相頼置候ニて此方者弐人参り候よし申申(マヽ)置候事

十四日夜

走谷村ゟ先達而宿方ニ調置候かごかり度よし、尤久兵衛殿娘嫁入之よしかしくれ候様被頼居候事ニてかし候様申付、尚岡の中嶌も聞被居候事

同夜浅井氏被参候而則昨夜ゟ御苦労之よし被申且一件跡ニ而咄入候且又、

同人手元講之儀来ル十八日ニハ差支無之哉被申候故差支□無之よし申候所、其上ニて顔不揃ニて何卒村方ニて壱株成共半株成共持くれ候様被頼候故、先ツ勘弁仕候よし申聞置候て初夜時ニ被引取候事

同

お留呼ニ遣し候所芦田口上ニて今日被申居候よし先日ゟ段々御苦労之よし被申居候、且岡村河六へ百三拾弐文持し遣し一礼申遣し候事

同夜初夜過時走谷村ゟ宿之かごかりニ参り候故則中尾被頼居候事ニて、引申候かご壱丁、つへ、合羽共かし申候、尤歩行参り候而先日ハ大ニ御世話之よし被申遣候事

同夜岡村角野氏被参候而只見舞被呉候而世間咄し、且前晩一件咄入初夜半時ニ被引取候事

一　十一月十六日　晴天

四ツ時中振村中砂村入組ニてお蔭おどり凡五百人ばかり参り八平門ニておどり申候、

甚々花美成義ニて猩々緋之のぼり四五本有之長持ござニて包候て赤襦袢はつぴニてかき尤是ハ弁当入ニて有之よし、尤八平方ニて中飯仕候、八ッ時ニ被引取候、且夫ゟ岡名古屋門ニておどり候よし承知仕候事
九ッ過時前嶋狭間氏被参候而雑談いたし、且父へ銀談有之酒飯出候而お蔭被及見七ッ時ニ被引取候事
同夜父ゟ伏見屋大坂ゟ引合書一件、先達而引合相分候故戻しくれ候様申参り候故有之、其後ふし太ゟ為戻候様申聞置候故相封し戻し候様被申承知仕候事
同夜初夜過時牧方村被参候而岡村一件咄合内々小前へ向ケ念入置候而、可然様談決仕同人へ相頼置候、且色々外之咄合いたし候而夜中過時ニ被引取候事
同夜米源方ニて浄瑠理会有之よし承知仕候事
但し内々

一　十一月十七日　晴天

早朝ふしミ屋参り候而引合貰候様申之候ニ付相封し同人相渡し申候、尤同人ゟ先方へハ相封し飛脚成ハ持し遣し慥ニ相渡候様申聞置候事
山ノ上寺報恩候故父九ッ過時ゟ参詣被致暮過ニ被引取候事、但黙雷師之法談なり
同夜三矢かせ仁ニて三匁之白雪糖取ニ遣し候所無之、弐匁之白雪糖持帰り尤使お留取ニ遣し候事
同日四ッ時髪結弥兵衛参り候而先日浅井氏ゟ申入候灰代之奉加ニ付ぜに三百文遣し、尤内之せにニて相渡候事
同夜夜中時御番所ゟ御差紙写多田徳ゟ到来飛脚ちん弐匁五分、尤油方上納金惣金ニて百疋下ケ有之よし、明日中上納可仕よし早々綿伊呼ニ遣し其旨申聞且飛脚ちん直渡

し申聞候、御触写被留置候
一　十一月十八日　晴天
早朝義助郡南氏へ参り見貰拾貼申受帰り、尤白雪糖之箱持参仕候而四ッ過時ニ引取候事
留主中
牧方村ゟ廻文到来則二条御米之儀ニ付文面左之通り

早々御順達可被下候、委細義ハ其向々可申上候

廻状を以得其意候、向寒之節追々厳敷相成候所御安康被成御勤役珍重奉存候、夫ニ付昨十七日過書方へ役舟之儀掛ケ合ニ参り候所急々舟廻り候様ニ頼置候間、何れ一両日之内ニ相廻り候故御村々何時ニ而も津出し出来候様御承知可被下候、此段御案内申上候

十一月十八日　牧方村
吉右衛門
六ヶ村
御役人中様

追而申上候、田井村ニて舟三艘、走谷壱艘五ヶ村ニて一艘〆五はい相廻り候様頼置申候、車力之義ハ走谷ゟ牧方五ヶ村之分ハ三矢村之車力、且又田井村車力之義ハ御村ニ有、則伏見へ大体百弐石程積合セ壱石ニ付車力壱升六合六夕(勺)程ニ相当り申候間、伏見之石数百三十石ニ候へ者車力弐石壱斗五升、壱升余分ニ相当り候故、引残り五拾七石之車力九斗五升程ニ相当り候故右様之御仕訳ニ御積ニ而舟積可被成候以上
尚又禁野ゟ勢田川一件廻文到来左之通り
以廻状得御意候、向寒之砌御座候所弥御壮栄被成御座候珍重之儀奉存候、然ハ勢

田川一件勘定仕度候間来廿一日天ノ川善兵衛方へ御出会可被成下候、尤入組候訳共御座候間、右一件御出役被成候御方此度参会ニ御出席可被成下候、勿論得と御熟談申上度義ニも御座候間、御庄屋中并ニ御出坂被成候御方御出勤可被成下候、短日之砌ニ候へハ廿一日も朝飯後早々御出席可被成下候、此段得貴意候廻状を以早々以上

十一月十八日　渚村六右衛門
禁野村彦平　印

岡村　新町　磯嶋　渚村　坂村
下嶋村　宇山　養父　上嶋　楠葉
御料私領
右村々
御役人中様

右弐通共早朝到来留主中ニて父被扣置候故写取候事

同日九ツ時浅井頼母子ニ付父被参候、暮方ニ被引取候事
八ツ前時伊兵衛同道ニて山ノ上報恩講へ参詣仕候、尤御隠居被仰候ニハ明後参詣人数被申候様被仰候故明早々可申上様申居候、且同席ニて三矢村畑中万庄牧方村ニ出合、牧方村ゟ内々咄合先日申候一件、岡村弐人同家へ被参候よしニて今晩此方へ可参よし被申居相分レ引取、尤□七ツ時ニ候事
　但し参り掛ケ御寺灯ちん返し候事
同夜お留を以八平呼ニ遣し置候事
尚手本米拵候様申聞置候事
同暮方ニ酒上ケ仕候事

一　十一月十九日　晴天
早朝山ノ上寺へ明日参詣人数之義七、八人之よし書面相認浄行寺へ相頼候而返答仕候事
　但し昼後母・向おばさん参詣被致候、暮

方ニ被引取候
早朝手本米村方ゟ上手本米壱升出、中なべ治ニて壱升ニ取之、下米とん市ニて壱升取之、三ッ手本寄ラセ揃へ置候尤袋仕置候離形左之通り

寅年　河州茨田郡

上手本米　岡新町村

如斯ニて中下と都合三袋仕尤大半之弐ッ切ニてこより壱筋ツヽ取之仕立置候事
七ッ半時大坂多田徳ゟ書面添御役所川方ゟ御差紙岡村へ向ケ到来、同村ゟ参り拝見仕候、尤御触留ニ扣置たゝ徳書面左之通り

弥御安康奉賀候、然ハ京都ゟ急御差紙到来仕候間御達申上候、早々御取計可被成候、先ハ右迄　早々以上

子二月十九日　多田屋篤右衛門

岡村

御役人中様

尚々飛脚ちん四匁御渡し可被成候以上

同時渚村ゟ役人代弐人被参候而何か同村之米とん田商人買取候所、当村なべ治邪魔入候よしニて不相済趣掛合候て何分清略仕置候よし申聞置候而被引取候事
同時岡村ゟ三矢村ゟ之廻文并ニ勢田川一件勘定帳走谷、泥町、当村差三通共受取、尤廻文面左之通り

以廻章得御意候、向寒ニ御座候所弥御勇健可被成御勤役奉改寿候、然ハ勢田川浚一件ニ付歎願入用割御村々引訳差并ニ勘定帳御覧入申候間御写取之上御村々へ早々御廻し可被下候、且又御出銀之義ハ不苦候へハ当村へ御遣し可被成候、此段御承知可被下候　先ハ如斯御座候早々以上

寅十一月十九日　三矢村

岡村

岡新町村　御出坂御苦労之至り奉存候

泥町村
走谷村
田井村
右村々
　御役人中

追啓申上候、田井村へハ勘定帳計御廻し可被成候、御承知可被下候

右之通ニ而外ニ昨年御廻米一件書付参り、是又受取候事

（貼紙）

覚

一　五匁六分八厘　岡村
一　五匁弐分　新町
一　拾六匁四分七厘　三矢
一　八匁九分弐厘　泥町
一　六匁八分九厘　牧方

〆
昨丑とし御廻米一件入用分壱番村ゟ参り三矢村ゟ受取候書付扣

同日四ツ時山王さん御初穂集ニ岡の宗左衛門被参候故父へ尋候所拾弐文遣し候取計候事

四ツ前時ワタ伊被参候而則前夜帰村仕候よし、尤上納金仕替相納已来入念可納旨被仰渡相済候事

四ツ時中振村仙蔵殿被参候而生粕千貫売付申候、尤八拾弐匁がへニて当金五両受取引合ハ追々可相渡、後日ニ別段払下り候へハ其節之模様乍去大体ハ彼是不被申筈相対仕候事

同夜岡村中嶌頼呼ニ遣し候て被参候故明日之手都合咄合候所、同人年寄代りニ可遣よし被申居甚々不相分舟談之上明同道可仕よ

し談合、尤供ハ此方ゟ連候よし申聞居候事
同夜なべ治呼ニ遣し渚村一件咄合候所、同人随分相分候様申居候故明日ニ而も先方へ参り其旨返事仕候よし申聞置候事
同夜岡中嶌へ手本米問合候所当村よろし過候よしニて、尚又八平方へ下米取寄候而寄らせ候、尤壱斗取之候事
同年寄中呼ニ遣し候所初夜半時ニ被参候故上京一件咄合、且渚村一件廿一日天ノ川行出席、且帰村之手都合大坂御講出勤万端留主中相頼置候事
　但し手本米見せ相談仕候所、下村宜過之よし被申候故、同人方ニ下米有之よし被申明早々持参仕候よし被申居候事
一　十一月廿日　曇天（早朝晴天ニ候へ共五ッ半時空曇る）　上京
早朝泥町村へ昨日三矢村ゟ出候勘定帳外共岡村ゟ到来之分相渡、尤泥町、走谷差共廻文共都合三品持し遣し受取書取置候事
且牧方村大坂郡中勘定ニ被出候故、御講出勤人数一寸多田屋方へ被申入候様申遣し候事
　但し当岡村共川方ゟ差紙到来上京仕候よし申聞候而出坂断遣し候事
早朝お留浅井氏ゟ事伝ニて手本米扇藤分持参仕候へ共余り宜敷候故相戻し候事
芦田氏印形かりニ遣し受取候事
（貼紙）
早朝糀吉印形娘女おとら取ニ参り、尤人足改ニ付入候よしニて相渡し候事
五ッ過時ゟ喜助岡村へ荷物取ニ遣し、夫ゟ岡中嶌同道供喜助連候而儀助都合三人上京仕候事、且橋本糀屋ニて中飯餅食、向ニて飯取寄支度仕候是ハ義助扣候ニてよど渡しせん同様横大路、養父ヶ鼻茶屋ニてかさ弐

本かり暮過ニ久下屋へ着仕候事
且夫ゟ菓子料持参仕候而穂積さま・相沢様・一柳様三軒同道罷出候、尤菓子料岡中嶌扣ニて尤穂積様宅ニて御内々被仰候ハ此度呼出候ハ石橋一件ニて、則御役ニも評義仕候所右ニて延引ハ難成故、先言訳之為少し形チ成共石台仕候様被仰候、何分委細ハ明日御役所ニ而申上候様有之、御咄合被成下候而四ッ時ニ引取候尤外弐軒ハ留主中ニ御座候事

一　十一月廿一日　曇天　四ッ時ゟ空晴晴天ニ成　在京中

五ッ時ゟ御役所へ罷出候所川御出勤無之、金方へ罷出候而三納小手形相納候而三納ハ当年御触無之よし申上候所其方ハ少之事故除キ遣し候様被仰、乍去当年ハ納候間答申上置候而引取候、然ル所岡中嶌尚又被引替候而被下候上右様新町へ申候へ共、牧方ハ新町少キ故全新町ハ失念之よし被仰候趣、岡中嶌ゟ承知仕候事、且御其（マヽ）買へ手本米相納候事ニて直様御引上受取よし被仰候事
川方ゟ御呼出有之罷出候而御差紙返上仕候而、委細往来正面橋台仕候へハ往来ニ差支ノよし申上候所、格別高くいたし候へハ差支候へ共壱弐ツ并（カ）ひ位ならハ差支不申候よし被仰、尤外色々申上候上ニて先帰村仕候而同役共へも相談仕候様申上候而引取候、夫ゟ御□□□ゟ御呼出有之、罷出候所布施様ゟ人馬長改帳ハなで不差出よし御叱り有之、当年ハ非番故不存よし申上相断申候、然ル所引取早々三矢村へ申入候よし被仰候、尤人馬長改帳ハ十一月十五日頃ニ差上候方可然延行悪敷様心付候事
問屋願内礼包銀夫々包置候而不常日故明日願出候様ニて願文岩次郎ニ被書置候而同日

ハ八ッ時ゟ東寺へ参り掛ケ嶋原通ニて奥田氏上京被致候ニ出合候故布施様之よし且茶場ニ決申候、浜様御用事有之よし弐様共申入相分レ参詣仕候而夫ゟ西本願寺参り暮過ニ久下屋へ引取候、同夜奥田、中嶌三人同道ニて堀川夜見せへ出、四ッ時帰り申候事

一　十一月廿二日　　晴天　　在京中

早朝御役所へ罷出候而御売買へ問屋願文差出置、四ッ時ニ御呼出ニて罷出候所一柳様ニて元〆方之御役所へ罷出候而被仰候ハ、問屋九右衛門退役いたし候故跡役義助へ願出候故御聞届被成候よし被仰候引取候、夫ゟ元〆四軒金方三軒岩次郎、御蔵見付弐軒へ内礼ニ罷出候事

　但し奥田ハ四ッ前ニ先へ久下屋へ被引取候而同家被出候事

九ッ時ニ相済久下屋へ引取候所、喜助今朝早々五ッ時奥田氏被頼候故砂糖買出候所父外磯嶋弐三人ニ合候よし咄候且、

早朝岡村荒清・三矢傘喜両人参り候而、則三矢村役人上京仕居候事故態々上京仕候よしニて同人共商売筋之義、此度三矢帯甚跡トテ帯五いたし候よし、左候へハ外私共困入難渋仕候故、宿方ゟ御憐愍ニて帯五方ハ差止メ候様申付呉候様申参り、尤野子事も内父へハ頼入置候よしニて中嶌へ咄合、夫ゟ野子、奥田両人へ咄くれ候様有之、咄合承り且世話人ハ片山之よしニて近々廻文相廻り候よし、左候へハ後手ニ成候ハ如何敷と有之何分引取候而相談仕候様申入為帰候事且、

九ッ時ゟ岡中嶌ハ六条方ニ用事有之よしニて無拠相分レ、夫ゟ喜助連候而日野様御殿へ罷出候所何れも不参よし、夫ゟ六角大安寺へ参り候所同人変宅小川迄罷出候所同人方ニも無之、夫ゟ神前花町平野屋方へ参り

候所同家ニ被居候故合候而父へ内へ用事無之哉相尋候而引取候、尤六角菓子屋ニて壱朱之所相調、尚又筆屋ニて硯箱共筆大壱本弐品ニて三朱弐百文ニねぎり候へ共まけ不申よし申居、先々遣くれ候様申之、尚又小筆拾三本取之代弐百文都合壱歩遣し百文取、尤勘定なしニて持帰り候事

且禎助瀬戸物土瓶壱ッ相求候而夫ゟ伏見海道へ出、暮ニ入支度いたし尤ぜんざいニて相賄夫ゟ初夜時ニ伏見綿長へ着仕候、尤岡中嶌被待居候故合候而其村所へあら清参り候而今朝得不帰候よし、無拠用事有之只今ニ成候よし申居候而尚又相分レ候事且、岡中嶌供喜助共都合三人仕度いたし舟六人前取之、ふとん三丁入四ッ時ゟ乗舟七ッ時ニ牧方へ着引取候事

同夜七ッ半時雨ふり候而少々之事

一　十一月廿三日　　中天　風半夏敷今四ッ時ゟ寒ニ入候事

早朝年寄中弐軒へ夜前舟ニて引取候よし申遣し候事且、

岡中嶌氏へ御草臥之よし申聞、且御講かけ金寄候哉寄不申候へハ廻文持廻り候て取寄候義頼遣し候事

　但し角野氏へ参り候様有之、其方へ参り候而同人より前夜廻文いたし候よし被申聞候よし承知仕候事

留主中用事

五ッ半時浅井氏被参候而則川方一件咄合且問屋願之咄合いたし其上留主中咄合

廿一日ハ

天ノ川弥助方へ参会ニ罷出候而割仕候而勘定帳持被帰候故受取見受候事

且同日

堤方御越ニて是ハ芦田氏御越御出役出役

之よし承知仕候事
御講一件岡村ハ角野氏出勤ニて同人咄合之上ニて浅井被認候而廻文岡村、当村ゟ両村名ニていたし候よし被申聞承知仕候、
且御廻米一件昨年分清略いたし先日三矢大坂ゟ被遣候書付見セ清略仕候事
且中飯出候而其上廿八日之頃一日参り被呉候様頼置候事、尤八ッ前ニ被引取候事
半兵衛殿ゟ留主中用聞取候
廿二日座頭岡村ゟ参り手引無之候へ共ぜに三文取計、手引房吉参り候而禁野村へ遣し候事
廿日
御講切出廿日ニ父ゟ出し被呉候よし承知仕候而則、今日迄壱両三分弐朱寄候よし承知仕候且、同日山ノ上寺へ夫々参詣被致候よし承知仕候事
八ッ時岡村角野氏へ皆々寄候哉尋ニ遣し候所大体寄候よし申帰り且、暮方ニ角野氏被参候而皆々寄候へ共三矢村参り不申よしニて今晩尋ニ遣し候よし咄合、尤同人ゟ為尋被呉候様頼置候而外川方一件咄合同時過ニ被引取候、且明出坂手都合咄合陸路参り候よし舟談仕置候事
同夜御講寄高分壱両三分弐朱ニ内ニて弐両三歩壱朱かりまし、都合四両弐分三朱ニいたし置候事

（貼紙）

口上

一　壱歩壱朱　日　金
一　壱歩壱朱　幡　庄
一　壱歩壱朱　綿　伊
一　壱歩壱朱　喜兵衛
一　壱歩壱朱　半兵衛
一　壱歩壱朱　吉兵衛
〆壱両三歩弐朱　十一月廿三日寄候

十一月廿三日
此上へ弐両三歩三朱　父九右衛門ゟかり
入
〆
　四両弐歩三朱

同夜暮過ニ父京都ゟ被引取候事
一　十一月廿四日　晴天　出坂
早朝芦田氏へ昨日持し遣し印形之事失念仕
候ニ付断り持遣し候事
同芦田・浅井弐軒へ只今ゟ出坂仕候故留主
中頼遣し候事
同岡角野氏同道ニて御講ニ付出坂仕候、尤
さだニて休、すぐ北佐へ四ッ半時ニ着、八
ツ半時ゟ□照(カ)□□へ参り七ヶ村掛ケ銀掛ケ
候而夫々膳料不参人之分、尚又過銀受取奥
へ通り酒飯出、入札有之是ハ守口ゟ野子へ
咄合有之壱〆弐百ゟ上之所入呉候様被頼、
尤茨田一統ニ取不申故御城代之分へ相渡し
候故其方へ落し遣し候故、左候へハ入札ニ
も不及事成共表通り不相済よしニて右様ニ
相成候、且茨田郡一統ニ取候義ハ去卯(カ)十一
月、寅三月、七月、十一月、来三月、七月
右六ヶ月分御城代渡り、村方六ヶ村ニて右
之分相除キ来年十一月ゟ当組共外一体取候
様成候よし守口ゟ咄合承知仕候事、尤入札
下壱枚除キ弐番札ニて壱〆百六十五匁ニて
落申候、是ハ新田村と聞および候事ニて相
済、初夜時ニ北国屋へ帰宅仕候、同夜羽山
屋へ参り内分手形入置候分通遣し候而勘定
頼置候、すぐ引取候事
但し北佐ニて泊り尤三矢片山、京屋、当
村井伊方お菊どの、柏屋等一緒同宿仕候
事
且北国屋方ニさし下請預ケ置候事

（貼紙）

覚
一　十七〆七百三十弐文　　油代
　右之通相かし

一　十一月廿五日　　晴天　帰坂
早朝角野同道岩城へ参り買もの上下一具アツラへ綿ぼうし一ッ長ゑり紗綾右三品調候、角緋毛せん壱枚被調候而尤上下来月ニ入候へハ何時ニ而も相渡候よし申居候、夫ゟ松屋町へ参り角野相分レ羽山屋へ参り年頭礼之目金并ニ岩城買もの同人方へ持来り候よし相頼入、且通受取候而出候且、小兵衛殿方へ参りきせる相預ケ相応もの頼置候事ニて且、川嘉ニてけさん弐本相求調尤代八匁と聞候事
松屋町ニてさし下駄相調代弐匁六分ニて小匁（カ）ニせに添相払候事ニて四ッ前時ニ佐助方へ引取候、夫ゟ九ッ時角野氏同道ニて引取守口ニて休、茶のせん拾文義助出候、木屋ニて休、茶のせんなし暮過ニ帰宅仕候、尤角野氏ニて過銭村々共野子へ引受、且膳料共岡村分御通菓子料・焼物料とも角野へ相渡外皆々此方へ引受候而灯ちんかり引取候事
同夜芦田・浅井両軒只今引取候よし申遣し候事
但しお留へ浅井方へお菊どの事伝、前夜北佐ニて御泊りニて今朝親類方へ被参候よし申聞遣し、且明日七ヶ村持廻り人足仕立候よし申聞候事
一　十一月廿六日　　晴天
九ッ時ゟ組合村へ御通膳料過上共持し遣し候廻文佐兵衛持廻りニ為致候尤廻文左之通り
　以廻文得御意候、甚寒節ニ御座候所倍御安康ニ被成御勤役奉改賀候、然ハ柏原様

御講之義野子共相勤候而昨晩帰村仕候ニ
付、御村々御通并ニ膳料、過上共御渡し
可申上候間、御入手可被下候尤御渡申上
候分左之通り
一御通壱冊　弐朱一朱焼物料菓子料　岡村
〆四百文　花当り百三十一文過上せん
　相渡候
一御通三冊　弐歩一朱膳料　三矢村
〆弐百文　花半口当り　三匁ニぜに拾文
　付、過上銀相渡候
一御通　壱冊　壱歩膳料　泥町村
百三十壱文
一御通　壱冊　弐朱膳料　牧方村
〆弐百文　花半口当り六拾文過上せん相
　渡候
一御通壱冊　壱歩膳料　走谷村
〆百三十壱文　過上せん相渡候
一御通壱冊　弐歩膳料
〆弐匁四分五厘　過上銀せん相渡候
右之通御改御受取之上、前書御村宛之所
へ受取書御記し可被下候　先ハ右申上度
早々以上
十一月廿六日
岡村宗三郎
岡新町村儀助
岡村
三矢村
泥町村
牧方村
走谷村
田井村
右村々御役人中
右佐兵衛を以為持廻候而暮過ニ引取候、尤
人足半人組合ニ出候事
留主中
浅井氏ゟ同夜暮方ニ先日廿二日下奥田・

木南両人ゟ飛脚帯（滞カ）不仕候よし聞済候よし
　之廻文到来ニ付点掛ケ候旨申参り候事
留主中
　廿五日右飛脚之儀軒別ニ切紙持参頼来り
　候事
一　十一月廿七日　　晴天
早朝大坂北浜屋清兵衛、灰平参られ候而酒
詰仕候、尤今日明樽着仕候而過急ニ候へ共
馬ニて取寄詰方いたし明樽九十丁参り古酒
四十四駄半詰申候、勘定いたし三〆匁手形
受取残り不足ニ而灰平へかし置候事
　但し八ッ半時ニ相片付候事
早朝郡医師へ薬取ニ喜助遣し尤薬拾貼受取
四ッ半時ニ引取候事
同夜お留へなべ治・八平弐軒へ御講かけ金
催促仕候ニて明来晦日ニ八月集寄切仕候よ
し触候よし申聞置候事
同夜浅井氏被参候而飛脚一件先日留主中ニ
泥町、三矢両人ゟ廻文到来披見点掛遣し候
よし、則岡中嶌氏へ参り咄合出候而甚々同
人不調法之よし被断居候、且同人手元之儀
咄一寸出候而芦田氏、まつ喜一件之□咄合
被頼居候事
　但し同人明日差支ニて明後日参り候よし
　被申相頼置候事
尚又綿吉浦之儀咄合被致候故、此義受取
人遣し引合為致候方、可然よし申聞居候
事、且尤之よし被申居候事
一　十一月廿八日　　晴天
四ッ半時日金被参候而同人今堀頼母子へ入
候質物加印吉助名前之所同人名前ニて入度
よし被頼居、証文預り置候事、清略仕置候
よし申聞候事
同時まつ喜同人同断今堀頼母子へ入候質物
ニ所持之家屋敷書入加印頼来り持参有之受
取置候事

尚又渚村ゟ勢田川一件勘定銀取ニ参り候よしニて父留主中之よし被答候ニ付引取候事

一　十一月廿九日　　晴天

五ッ時ゟ浅井氏参り被呉候ニ付手伝貰候而手元勘定いたし年貢皆済切出し認貰候而七ッ過時迄被居中飯出候、凡壱人ニ候事

但し皆済日限来月四日之よし切出しニ認置候事

八ッ時芦田氏被参候而同人手元杢喜一件之義、咄合ニて舟談聞居候へ共甚々六ッヶ敷様聞取候事

但し同人へも皆済四日ニ仕候よし申聞置候事

月集明日ニ触置候へ共間違ニて今日持参、則金壱歩三朱ぜに七〆八百六十七文寄候事

外ニ御講口なべ治弐歩弐朱受取候而受取書遣し事

同夜日金被参候故同人証文之義色々咄合候而吉助ゟ質物流しニいたし候而、同人ゟ質入ニいたし候へハ意味立候様申聞候而歩一銀之義書付ニて含候様申聞候故被引取候、尚又父此義先達而ニ禁野浄蓮寺吉助義ハ家屋敷地等金平へ切替り候へハ沙汰いたしくれ候様被頼居候よし被咄候故、又々日金呼ニ遣し其よし申聞候所、同人左候へハ浄蓮寺ニ合候よし被申居候而返事仕候よし申被引取候事

月集之内大豆卯兵衛七百文入残りハ大坂行日雇せんニて勘定頼居候事

八ッ時馬借方ゟ与吉参り則田宮村ゟ先達而ゟ引合一件いづれ二日ニハ罷出候故、引合申度よし申参り候よし申参り承知申居、尤岡中嶌へも申参り候よし申居候事

同夜四ッ時岡村ゟ御役所皆済銀納御触到来則受取、受取書遣し亥下刻拝見下ケ紙いたし調印御写取置候事

一　十一月晦日　晴天
早朝ゟ月集寄候尤同夜迄寄高（三拾弐〆五百弐拾三文三歩弐朱六分五厘前晩とも如斯）寄り候、且外ニ御講口壱分壱朱持参受取候事
早朝皆済切出し為配候而又助呼ニ遣し候事ニて四ッ過時参り候事
又助自用頼之義も有之よしニて参り月渡しぜに壱〆五百文相頼候故相渡し受取書取置候且、先達而行倒相果候村方へ取置候一札不都合故書替候様申聞書遣し候、尤其節本紙下書添持参仕候様ニと申聞置候事
九ッ時天弥助ニて磯正光寺頼母子相勤り父被参候、且岡の河六ニて今幸頼母子相勤り義助・半兵衛・善次郎三人同道ニて参り候事、且同席ニて角野・中嶌被居候而当組合御米之義、則今朝牧方四ヶ村積候よし新町、走谷ハ跡へ残り候様相成候よし承知仕候、尤今日加□質米ハ三矢村ゟ出候よし尚余米ハ弐三斗程ツ、出候よし被申咄居候且、中嶌ゟ今朝三矢村へ出候所片山ニ合候故、同人田宮村一件宿方之義咄合ニて其義委細被申候ハ二日之日〆ニハ非番問屋衆も立会被呉候様有之其心得、且片山ハ其日ハ大坂へ御公用有之よし承知、一向不相分全体引合ハ不都合難相分候よし申居、尤其日ニおり助郷ゟ呼ニ参り候へハ年番へ振、年番呼ニ越候へハ可参よし咄合居、且明日ニ而も此方へ被参候様得と談合候よし申居頼置候事
尚又飛脚一件甚々不都合之義故無致方、乍去いづれ成共申聞候半而ハ不相分よしニて同人方へ参り候へハ其義被申聞、此方へ参り候へハ申聞候よし申分レ候事
同夜日金被参候故禁野浄蓮寺之方引合仕候所尤成義、吉助送り参り無之よし代り日金弟成とも入候よし咄合ニ成候よし被咄、最

一段被申居候故利解申聞、左様為致候様取計承知被申左候ヘハ善之助ゟ日金へ之譲り一札被認越候様、尤歩一銀一札下書認相渡候事

同夜出口村田地之義父ゟ相談半兵衛両人へ被致候故、尤出口村ゟ仲人入売候哉之義申参り候よしニて両人且父三人ニて大体成ハ売払候而も可也と申咄居候事

岡村ゟ帰り掛ケ浅井ニ合候而宿方一件咄合候所、全体片山之先方へ引合口一向不相分、勿論是ハ得と木南当りとも候而厳敷御引合之方可然よしと同人ハ被申居候、且同人二日之日ハ宿役人ハ除呉候様被申、伝右衛門代りニ成候故被頼居候事

同夜夜中時上東之方ニ出火有之何処とも不相分候尤纏も不被遣候事

一　十二月朔日　晴天

四ッ前時前しまゟよしす被《ミ》持遣且書面到来候事

九ッ時井庄いせこニて義助参り且四ッ時ゟめし焼くれ候様、尚又九ッ時時分触参り候故罷出七ッ時迄居申候、尤かけせん壱人ニ百文ツヽニて勘定仕候而まつ喜へ預ケ置、尚井庄仲間入ニて弐朱出し同様まつ喜方へ預ケ置候事

九ッ時向平五郎方法事ニて尤平五郎七廻忌ニ相当り浄行禮(包)堤仕候而山ノ上へハ別段不招御布施持し遣し候事

但し前晩出火招提村と承り候

但し同夜逮夜ニ付参詣仕候事

九ッ時井庄へ参り掛お留を以岡村へ宿方一件咄合ハ此方へ御出有之様申居候へ共、今晩此方ゟ可参よし申遣し置候而同夜参り咄合、尤同村年寄中弐人共被参居故一同咄合

四ッ時ニ引取候事
　四ッ時下ノ方ニ而出火有之、則岡村ゟ不引
取候中ニて父ゟ当村纏被遣、同時過ニ帰り中
ニ出口村当りニハ無之點野ゟハまた遠きよし
ニて引取候事
　早朝半兵衛殿出口村へ田地之義ニ付引合ニ
被参候而、余り下直之よし咄合随分咄合仕度
積りニ候へ共中々、左候而ハ難出来よし申聞
被帰候事
　但し四ッ時ニ被引取夫ゟ私部村へ被参、
　尤私部北村ニハ茶立之よし承り候事
井庄へ参り
　留主中
　又助昨日相渡し候書付認持参仕置候而父
　ゟ受取被置候　但し下書共之事
　同夜兵市へ竹之義、尤夜番廻り割竹拵候様
　申遣し置候事
一　十二月二日　　晴天
早朝浅井氏呼ニ遣し宿方一件内談仕候、尤
同人事も今日伝右衛門代りニ可参積りニ候
へ共助郷ゟ同人事差支之よし申参候趣被申
居候事
九ッ時ゟとん田西田氏へ参り尤寒気見舞ニ
て暮過ニ引取候事
　但し同人方ニて酒造方越石之義咄有之、
　御触未ダ廻り不申候へ共柱本当りノよし
　三、四日之中ニハ廻り候よし、且下灘目
　辺へ廻り候触書写帰り候事
留主中
　又助ゟ山番給取ニ参り父ゟ八百文被渡候
　事尤受取書取置候事
同夜半兵衛殿方へ参り居候所へ日金被参候
而、則只今御内へ罷出候所御越ニて参り候
よし被申奥印之儀今日禁野村浄蓮寺ゟ、尚
又引合ニ被参候而一札差入候様有之、色々
咄合之上吉之助分質ニ入不申よし申入候故

同人居宅入申度よし被申居候、且先日之下書持参致置候趣ニて可然と申居候事
　但し内へ下書戻り有之故帰り候上受取候事
同中宮拾四郎被参候而右同断ニて則表り銀談之儀被申、四、五両位之よしニて四両かし遣し呉候様被頼居候、尤勘弁仕置候様申聞候事
同夜四ッ半時馬借方ゟ与吉参り日〆帳之儀助郷方ゟ調印不仕、帳面郷方手元へかしくれ候様引合ニ成候よしニて非番呼ニ参り、尤岡中嶌・今西同道ニて参り引合仕候所ニ手元帳面ニ当長崎分ハ除ケ有之よしニて左候へハ迚も難出来相延し、尤先□達而頼候へハ延し候而もよろしくよしニ談合之事ニて夜中過時ゟ尼四郎方へ参りしつぽくニて酒呑八ッ時ニ引取候事
　但し日〆帳面ハ調印ハ不仕候事

一　十二月三日　　晴天
四ッ時灰平参り生粕八拾五匁ニ□□売来り候故出候様被申候へとも粕無之よしニて、則残り五百〆丈ハ禁野村へ遣し候故右直段引合よし申居、直禁野村へ参り候跡へ高槻之人被参候而、生粕九拾匁ニて売くれ候様ニ頼被参候へとも無拠断申居候事
右灰平引取候而咄合居候事
日金被参候而尤早朝被参候而持参有之、証文被持帰只今認替被参候故、則畝歩高無之よし申聞帰し返し暮方ニ認替持参被致候事
但し同人居宅ニて質入ニ成候故、且七ッ時ニ半兵衛殿方へ参り候へハ同人被参居候而居宅ハ可成事成ハ入とむなきよし、浄蓮寺一件彼是被申候へとも難分故いろ〳〵利解申聞居候事
七ッ時舟番所ゟ参り御米積候舟廻り候よし承知仕候、尤走谷村へも申参り明早朝ゟ出

候様被申居候よし承り此方も同様申聞置候
事
まつ喜呼ニ遣し証文畝歩書入候様申聞候事
同時三矢村へ金壱歩三朱ぜに弐百十八文添、
都合勢田川一件入用銀遣し受取書受取帳ニ
取置候事
　但し茨田入用掛りなり
当村馬持早々明早朝参り御米出候様申遣し、
尤善右衛門・舟清・嘉兵衛・与兵衛へ申付
置候事
同夜浅井氏呼ニ遣し被参候故明日御米出候
よし咄合且皆済早々ゟ出勤頼置候而且下ハ
人足之もの遣し昼後参り候よし申談居、尚
又前夜日〆帳之義咄合四ッ過時ニ被引取候
事
同日八ッ時芦田氏被参候而岡久方銀談之義
ニて咄合、且明日皆済之義日〆帳之義とも
咄合居候而明日早々出勤頼置候事

　但し御米舟廻り候よし咄合置候事
七ッ過時別段芦田氏・浅井氏へ只今申参り
明日御米舟廻り之趣申参り候よし申遣し置
候事
お留へ明日ニ而も先達而行倒病人相果候一
件入用夫々書出し取候様申聞置候事
一　十二月四日　晴天
早朝ゟ浅井・芦田三人寄尤御米拾石五斗丈
外へ出目ふりいたし中札差札差候而、馬ハ
仙助・嘉兵衛両人ニて外馬参り候へとも別
段せき不申候故両人ニ為運候、且浜へ佐吉
遣し置候而拾石五斗出候昼後浅井氏被参候
事
　但し四ッ過時ニ運仕舞ニ成、浅井氏下へ
被下候上舟番所并ニ鳥羽又左衛門へ之送
り状走谷一緒ニて相認被遣尤写被帰候、
且御米も同村一緒ニ積候而上乗同村ゟ壱
人此方ゟも壱人佐吉上乗ニ参り候事

早朝ゟ米皆済寄候而参り候人ニて手伝貫、目ふり万端人足ハ遣不申、且中飯時ニ引取片付夫より中飯浅井・芦田・下佐・義助都合四人ニ候事

但し納米都合六石五斗丸俵弐斗三升五合七勺寄候て且芦田氏七ツ時ニ被引取候、尚又浅井氏暮方ニ被引取候事

尤浅井ハ下より被帰候上咄合有之、尤牧方村被参候故如斯ニ芦田氏ハ皆済銀寄勘定いたし手伝貫候故七ツ時ニ相成候事

五ツ半時日金被参候而則禁野浄蓮寺へ掛合仕候迄、矢張善之助分入質仕度よし被頼居、尤郷蔵場へ被参候事

四ツ時綿伊郷蔵場へ参り引合書頼来り、尤元銀四百匁り百四十五匁五分壱厘都合五百四拾五匁六分壱厘納仕、銭十七〆七百三十弐文

右三矢飯部屋与兵衛・同庄次郎右両人へ之引合認遣し調印其場ニて相渡候事

但し別帳面ニ記置候事

五ツ時三矢小間佐・天吉右衛門両人皆済取候場へ銀納持参ニて則金弐分ぜに三百、郷蔵場へ参り居候留主中、まつ喜証文書替持参受取候事

早朝喜助郡、南氏へ薬取ニ遣し容体申遣し候而、則寒気見舞ニかき壱升五合持し遣し候事

但し薬拾貼貫九ツ時ニ引取候事

七ツ時牧方村被参候而則岡村一件咄合、尤荒々ニて先達而岡村ゟ両人被参候よし、尚又宿方一件郡中わり一件咄合御米一件皆済銀納、是ハ此方へ引受置候而明出坂申聞置候事

但し御米一件わり勘定帳并郡中わり帳かた受取候事

尤田井・走谷へも牧方村明早々可参よし

被申居、夫ニ付皆済銀納申聞遣し尤同人
夕酒飯出之候事ニて初夜時ニ被引取候事
同夜浅井氏へ相頼候而則御米銀納勘定いた
し尤切書し認貰置候事
　但し初夜時ゟ四ッ半時迄ニて酒出し被引
　取候事
八ッ半時いかゞ誓願寺へ寒中見舞ニ被参候
而且藤坂明善寺事遍照寺、明善寺ニ被成候
故印鑑書付持参被致候事
八ッ時仙助参り則今日出候米駄ちんかりニ
参り候故拾駄半三百六文相渡候、尤嘉兵衛
分一緒ニ渡し候処不足之よし申之先調置候
よし申聞置候事

一　十二月五日　晴天　四ッ時ゟ出坂
早朝浅井頼遣し前晩仕候勘定切出し等再調
候而配りさせ四ッ時ニ被引取候、且芦田
氏・浅井氏共弐軒へ早朝今日出坂仕候よし
申聞候事ニて留主中頼置、尤切出し六日切
ニ而父ハ取寄頼置候、四ッ時ゟ出坂仕候事
八ッ過時ニ北国屋佐助方へ着仕候而羽彦へ
参り手形相渡し取付貰候、相対頼置金拾八
両かり灰彦へ金米添皆済掛候而岩城へ参り
供合羽羽彦遣し候よし頼置候而、尚又八上
氏へ申参り岩城買もの頼置右返事相渡り候
よし承り、尤同家同夜上り逮夜之よし被申
候へ共得不参、直はり武へ参り勘定いたし
佐助尚越中□□(カ)り買佐助方へ引取候、翌帰
村之積りニて佐助へ同人方通相渡し置候事
　但し牧方村分も一緒ニ掛ヶ申候、尤四両
　三朱ニて三百四十三文過上受取候事

(貼紙)
十二月五、六日頃
　三矢村専光寺入院ニて赤飯参り尤新住持
　来月ニ被参候事

一　十二月六日　晴天　七ッ時ニ帰村仕候
早朝おはらいすし方々ニて聞合、釣瓶大之

所万十ニて挟(誂カ)廿八匁と申之ねきり候へ共、先出来上り持参之上と申居候故端書取之金子壱歩相渡候、尤十日ころニハ佐助通付させ候様申居候へ共閙ヶ敷故出来懸候故先ツ預ケ置候間、十日ころニハ無間違此方へ遣し候様、且組合共皆々可遣し申候よし咄合置候而四ツ時ゟ出、尤朝飯またニて出候而七ツ前時ニ引取候事
同夜お留呼ニ遣し浅井・芦田両家共今七ツ時ニ引取、尤明早々ゟ上京可仕よしニて留主頼置候事
且岡村へ明日上京ニ付川方寒気見舞尋ニ遣し候所被頼遣候事
留主中
　尤佐吉昨晩帰村仕候よし承知仕候事
同昨日唐崎ゟ小かも持参ニて父ゟ十六羽調被置、尤代銭弐〆八百文四十文被渡候よしニ候事
同夜芦田氏被参候而只見舞ニ候事
　但し明上京ニ付頼置候事
平藤被参候而同人親類ニて女人壱人被参候而同人世話ニて長浜屋浦へ入候よし届ケニ被参候事
一　十二月七日　晴天　四ツ前時ゟ上京仕候
早朝浅井被参候而只今上京咄合、且留主中相頼置候上被引取候事
四ツ前時ゟ上京尤供喜助連候而罷出候且東寺ニてせり買七ツ過時ニ久下屋へ着仕候、且同夜夫々寒気見舞ニ出申候、尤布施様ニて水車年限之義相頼候処是ハ来春相調候故春出候様被仰候事
尚又来春ハ書付上ケ候様被仰候事
　但し田井村御米一件ニて上京いたし被居候故野子残りくれ候様被頼候へ共相断候事

一　十二月八日　　晴天　同夜初夜前ニ引取候事

五ッ時ゟ御役所へ出、小手形牧方村共両村引替村田さま掛りニて受取認貰、御触書差上候而四ッ時ニ久下屋へ引取候、尚御触書ハ皆済触ニ候而金方へ差上候事

四ッ時ゟ久下屋出尤昼飯なしニて六角前町ニて合羽将(装)束屋ニて直し頼置代金渡し十三日ニハ出来上り候よし咄合桑四郎方へ寄催促仕候、尚寺町筆屋へ寄筆あしくよし咄合預ケ置候、同町ニて南畝帖壱朱ニて調、燭代壱朱ぜに百文ニて相調候而夫ゟ紅粉屋へ寄橋下ニて支度いたし夫ゟ伏見へ出候而、綿長勘定仕候積り難相分故勘定不仕陸路引取橋本ニて昼、初夜前ニ引取候事

同夜お留を以芦田・浅井弐軒へ只今帰村仕候よし申遣し候上

留主中

牧方村ゟ組合参会日限十二、三日頃、且席尼四郎方ニ候所当年ハ走谷村中尾宅ニていたしくれ候様中尾被申候よしニて、其義問合之廻文到来有之、同夜帰村之上見申候て岡村ハ可然よし被認置候故、当村も岡村同様認遣し泥町村へ持し遣し候事

留主中

岡村紅粉半・□清両人参り候而星田村誰とか申人旅人宿仕候よしニて掛合仕居候事ニて、則其義泥町村へ咄頼置候所、同人病中且ハ来年ハいづれ上年番之事故新町へ参り候よし被振候よしニて頼ニ参り候故、父ゟ留主中故待居候哉又ハ外問屋中も有之故其方ニて頼候哉如何様とも被致候様申聞置候よし被申、尤夫儘ニて不参候事承知仕候事

一　十二月九日　　晴天

早朝まつ喜ゟ鯛壱枚貫入候とて到来仕候事

四ッ時大坂寄はらひすし万十被参候而先日

頼置候釣瓶壱組持参被致候故、廿八匁ノ内
先日金壱歩渡置候故弐朱ニぜに三百九拾弐
文今日父ゟ勘定いたし相渡され候事
まつ喜奥印認置候調印仕置候事
同夜泥町村へ木南氏へ書面ニ品添寒気見舞
ニ遣し候事ニて先方ゟも返事参り候事
同芦田氏被参候而岡久方銀談之義咄合、世
間咄等ニて四ッ前ニ引取られ候事
同暮過ニ平藤身寄とて長浜屋浦へニ這入候
故お留添候而牛蒡壱わ持参ニて挨拶ニ参り
候事
　但し外弐軒も参り候哉尋候所可参よし申
　居候事
同夜綿伊被参候而浄行寺祠堂銀之儀帳面持
参ニて相談被致、且帳面上書被頼置候受取
置候て帳面ハ小口之方可然よし申居候事
且同人先日引合書一件手都合宜敷よしニて
一礼被申居候事

同夜走谷村ゟかご戻しニ被参候而尚礼ニハ
庄屋被参候よし被申居候而受取候事
同夜牧方村ゟ多田徳ゟ之廻文到来左之通り、
尤同村々越書被認置候故如斯
　以廻文得其意候各々様弥御安康奉珍重候、
　然者其御村々当寅年二条御蔵納米不残伏
　見着之積り御取計可被成候、此段京都御
　役所ゟ厳敷申参り候間、右之段御廻文申
　上度如斯御座候已上
　　寅十二月七日　小堀主税様用達
　　　　　　　　　　多田屋
　　　　　　　　　　　篤右衛門
　　守口町始　越書有る
　　田井村　当村方之儀ハ当月六日鳥羽伏見替津出し申候
　　走谷村　牧方七ヶ村之義ハ組合申合せ鳥羽伏見四六之割合ニて先月晦日、当月四日并ニ六日皆津出仕候以上
　　牧方村
　　岡新町村

岡村　　三矢村　泥町村

御役人中様

右之通到来披見仕候、岡村へ遣し候事

同日臼屋源岩蔵儀病気ニて国元へ引取候故呼ニ参り無拠帰村仕候、勘定ハ跡ゟ和助へ事伝申候よし申聞候事

一　十二月十日　　晴天

早朝牧方村へ小手形過せん共持し遣し、則書面ニて組合勘定之義十三、四日と申遣し候所、十二日分御定成候よし返事書面到来候事

参り掛ケ岡村へ昨日之多田徳ゟ之書面持し遣し受取書取置候事

尚又烝喜呼ニ遣し奥印いたし候質証文相渡候事

早朝禁野浄蓮寺へ佐兵衛を以日金一件吉之助義掛合、為念先達而被頼置候趣意丈ケ申聞、則日金ゟ旁々掛合有之候而無申分様子

日金被申居候故奥印遣し候故、村方丈ケニて有之分ハ早々被参候様申聞入候所、留主中ニて堂守おやじへ咄置候而引取候事

五ッ過時私部村小間重被参候而糀屋口未ダ不□故裏書くれ候様、且くり屋口も同様被申居何分呼寄最一応利解申聞度申聞候所、明日可参よし申居くれ候而被引取候事

尚又同夜掛り人弐口共呼ニ遣し候所くり屋出坂ニて、尤外夫々も不参候而糀屋参り候故呉々勘弁いたし対談仕候様利解申聞候事

四ッ時日金被参候而浄蓮寺之方引合宜敷候故、吉之助分質入ニて質流し等被相頼置候故歩一銀呑合一札相渡し候事

但し同夜被認候而被持参候事ニて下書共受取置候事

且先日留主中ニ日金ゟ質流し書付質入書付持参被致置候て今日父ゟ受取候且

二条御米鳥羽又左衛門ゟ之受取書受取候、

尤是も同様先日佐吉持帰り候とて今日父ゟ
受取候事
牧方村ゟ八ッ時組合勘定之義廻文到来仕候
事
左之通り
尚々夜前定り候義走谷ゟ申来り且又延引
相成候此段御断申上候
廻状を以得其意候、極寒之節弥々御安康
ニ御勤役被成御座候段珍重之御義奉存候、
然者明後十二日組合七ヶ村勘定仕度候ニ付
朝飯早々ゟ走谷村庄屋方へ御出席可被下
候、尤御扣へもの等書出し御持参可被下
候、且又田井村之義ハ別段谷川ゟ御申遣
しニ御座候、何卒〳〵被請合早朝ゟ御来
駕可被下候
右之段御案内申上候以上
牧方村
吉右衛門
寅十二月十日
泥町村
三矢村
岡　村
御役人中
追而申上候三矢村弥兵衛義ハ例年之通り
御召連可被下候様御頼申上候、外ニ酒代
等も書付御持参可被下候、且又尼四郎・
魚り右弐軒ハ当村ゟ書出し取寄可申候、
外之義ハ最寄へ御取集メ御持参可被下候
右組合勘定ニ付年寄弐軒扣へもの有之ハ被
認遣候様申遣し候事
四ッ時岡村ゟ勢田川一件勘定帳取ニ参りか
し、暮過ニ返しニ参り候事
同夜松沢作兵衛ゟ書面廻文到来ニて明春日
ニて参会、当村九右衛門・岡中嶌弐人ニ外
壱人可参よしニて昼之中ニ参り候へとも父
被受置候、書面ハ父被写置候而則明出勤八

平殿被頼候へ共差支之よし、則岡村聞合候所角野被参候よしニて
同夜芦田氏被参候而則先日上京穂積様ニて被仰候義咄入、明参会出勤芦田氏へ相頼置候所被承知致候、則作兵衛へ掛合之義も咄込置候事ニて同人ゟ与二兵衛住家□待之義含くれ候様被頼候故、先ツ浅井氏へも相談仕候よし申聞置候事ニて又々父へ岡久一件銀談被申居候而四ツ過時ニ被引取候事
同夜表り参り候而銀談之義相頼候而、則手元得と相調候上兎も角も可仕よし申聞証文認持参申聞、尤三両ニ仕候よし申聞置候事
一　十二月十一日　晴天
早朝御役所様ゟ酒造三分弐造之義御触三矢村ゟ到来拝見仕候、尤刻付ニて三矢村卯上刻ニて当村辰上刻仕候、別帳ニ扣置候、且三矢村ゟ御見分受候哉尋候故何分明日ハ〆口候故直々御相談申上候と申遣し受取遣し候事
五ッ時兵市被参候故糀吉之一件咄合得と申聞置候事ニていづれニ対談仕候様申聞置候事
日金奥印之義ニ付弐度も被参候へ共今日ハ難出来よし申聞候事
とん田母さん九ッ時ニ被参候而おかう切もの、うば下駄外ニ肴歳暮等持参ニて且半兵衛方もお友へみやげ被持参候、酒飯出七ッ時ニ被引取候事
且八ッ時禁野村ゟおかげおどり参り此方門ニておどり申候、尤とん田母さん被見候事
同夜芦田氏被参候而則今日春日へ参り候所杉沢ゟ当方ハ甚々受あしく、尤御役所へ右石橋一件願下ケ等逐一承知いたし居候而此方へ向ケ利窟ヲ申入候而一向此方ゟハ申方も無之、尤致出よし被申居候事ニて則其義

角野氏ゟ事伝ニて急々廻文いたし候而相談
仕候様被申越候よし承知仕候、且夫ゟ同人
父へ岡久一件銀談之義被申咄居候而四ッ時
ニ被引取候事
同夜日金奥印之儀質流質入共弐通清略いた
し早朝兵市被参候故、糀吉一件得と申聞
供々ニ対談ニいたし候よし申聞候事
一　十二月十二日　晴天
早朝くり屋被参候故菊屋一件咄合早々対談
埒明候様申聞置候、尤先方被参候へハ奥書
仕遣し候よし申聞置候事

（貼紙）
早朝日金質物流し書付奥印仕候而父へ相頼
置、尤年寄弐軒調印仕候様申入相頼置候て
相渡し置候事

同まつ喜被参候而岡藤・岡久・岡綿庄相手
取候而引合書被頼候　尤元り
壱〆百匁之証文表亥十二月ゟ、り三百三
十九匁壱分六厘入候、壱〆四百三十九匁
壱分六厘滞
右被申頼候而相調置候よし申聞置候事

（貼紙）
覚
亥十二月ゟ
元銀壱〆百目
利三百三拾九匁壱分六厘　寅十一月迄
〆壱〆四百三拾九匁　相滞
壱分六厘滞
寅十一月十一日　松屋喜兵衛
岡本屋藤七様
同久右衛門様
綿屋庄兵衛様

同浅井被参候故今日組合勘定故扣へもの被
申候様申聞、且酒造御触御役所ゟ到来、
早々寄候へハ上京頼置候而芦田氏之義荒々
咄合、尤心急キ勢田川一件卯兵衛大坂行七

百文位ニて外百文仕度代之義被申居候、夫ゟ芦田付出しもの書付参り取候而浅井氏被引取候、夫ゟ参り下佐へ七ッ時ゟ灯ちん持参ニて迎ニ可参よし申聞置候、尤同人ゟ倒れもの之節入用書出し夫々ゟ取候分受取候事

夫ゟ岡村中嶌へ誘候所角野氏居合され候故昨日ハ杉沢寄合之義御苦労挨拶申入先方様子咄合承り談居候、夫ゟ中嶌同々ニて三矢村奥田氏へ寄り誘、同人用事有之よしニて先へ参り尤牧方村ゟ早朝書面出来同人ハ早々参り候よし被申遣候故不誘候而走川ニて中嶌ニ分レ郡南氏へ参り見て貰薬拾貼申受、外少し同人咄合之後内々談合八ッ前時ニ出、走川中尾氏へ参り中飯食、尤外も未ダ酒飯最中ニて其上勘定ニ成り同夜通しニいたし候へとも上書出し丈ケ出来引訳ケハ出来不申、跡へ牧方村・走谷・岡三人へ相頼候而引取、尤明候而泥町・三矢・岡同々ニて早朝引取候事

但し同席上ニて酒造り之義談合、三矢奥田へいたし候上私上京被頼候故上京積り居候而、尤万庄へも最一応咄合候よし被申居候事

早朝参り掛ケ浅井氏ゟ糀吉星田村九兵衛ゟ受人ニて外三ヶ村相手取候引合書受取、尤八日と有之候へとも九日ニ持参仕候よし被申居候、尤其上同人ゟ今一応本人相調候よし被申相頼置候事

同夜八ッ時あられ降申候事

一　十二月十三日　晴天

早朝走谷村ゟ引取候事

五ッ過時三矢奥田ゟ則酒造之義万屋へ談合候所同人被申候ニハ酒造過造等申義ハ無之、入魂仕候へハ過造も有之様ニ思候而も困入、出役受ニも可然よし被申候故同様之よし奥

田ゟ之口上ニて弥兵衛参り、尤上京止メくれ候様被申居承知仕候へとも最一段不勘弁ニ被存、乍去早々寄候へハ掛御目ニ候様申遣し候事
四ツ時ゟ野子頭痛つよく前晩労レと存居候へ共其ニも無之困り入候所へ芦田氏被参候而、則同人手元与次兵衛家之義被談荒々咄合候へ共無術、何分浅井ニ今晩合候故咄入候よし申聞置候事ニて夫ゟ父へ岡久一件咄入候被申居候事
九ツ時岡村ゟ岸本様積立金割戻し手形両村共九枚、御請印帳并ニ守口廻文共受取、同村へ受取書遣し尤廻文左之通り
　尚々留り村ゟ守口町へ御越し可被下候
以廻状得御意候、各々様御安全之由珍重奉存候、然者積銀割紙相渡り候ニ付相廻し候間、御改之上手形壱枚ツヽ御取尤帳面之奥書村名之処へ御印形之義次へ御廻し、早々御順達御取計可被成候以上
　十二月十一日　　守口町
門真四番村　同三番村　同壱番村
大庭一番村　泥町村　牧方村　三矢村
岡村　岡新町村　上馬伏村　岸和田村
箕輪村　川俣村　諸口村　横堤村
南寺方村　　両組
　右村々庄屋中
右ハ帳面別紙ニ写置調印仕候而長浜屋得兵衛殿渡り之手形ニて赤川重助殿ゟ六拾壱匁七厘受取、其上残之手形八枚帳面一冊、廻文箱とも送り書添認置候事尤諸口村へ宛
九ツ時ゟ岡中嶌氏走谷へ被参候故則長兵衛へ相尋候上、事伝相頼候而走(走谷)へ野子事上京仕可申様有之候へ共俄ニ模様変り不参よし申遣し候事
早朝日金被参候而父ゟ右質流し証文被相渡候事

同夜浅井頼呼ニ遣し被参候故則酒造御触之談合いづれ当村ゟ可差上様被存、左候へハ藤七殿名前も有之故人足ニてハ難差上同人上京相頼候、尤夫ニ付下奥田・万庄弐軒不都合被存候故、一応念入置候而も可然、咄合万庄了簡不都合被申候ニ奥田同意之よし故、此義強而此印かし候も如何敷、一通り出役受候而も最一段之よし、尤上京仕候而出役有之哉無哉内々御掛ニて伺度よし上京入用等も三ッわりニ候哉、都而相頼候所今晩三矢奥田方へ掛合参り候様被申、且上京ハ明日と相頼候へ共明後日ト被申、明日之所差支之よしニて何分相頼置候事

尚又与次兵衛家藤七殿方之義咄合候所、何分野子不勝故其内と被申居候事

一　十二月十四日　　晴天

早朝お留参り同人給米寄候義則浅井氏へ咄し候所上へも咄仕よし被申候よしニて随分可然よし申聞、尤外弐軒へも其よし申参り候様申聞候、尤同人内ニて取候積り自分申居候事

同御番所ゟ酒造三分弐造御触岡村ゟ到来ニて飛脚ちん三百四拾文位有之よし承知仕候而尤父ゟ岡村へ受取被遣、夫ゟ義助・藤七浄行寺受印仕候事

且御触留へ写置候事

　但し昨日ハ早朝御番所ゟ下諸口村相廻り参り候様申聞候事、人足拵候様申聞佐吉可参よしお留申居候事

日金被参候而奥印被頼候故昨日質流し方相渡し其上分先ツ調印取候而其上持参見せられ候上と申聞候事

　但し調印ニて八ツ半時ニ持参被致候事

九ッ時お留岡へ内自分用ニて参り候所、中嶌ゟ両村立合十七日ニ仕くれ候様被申居候、其旨申参りすぐ引返し随分可然候へ共、左

候ヘハ席ハいづれニ候哉八平へ成共申付候哉相尋遣、且廻文先方ゟ被認廻候哉尋遣し候所跡ゟ返事仕候よしニ候事
暮方牧方村ゟ明日ハ出坂ニて用事如何候哉被尋遣候書面岡村ゟ到来、披見仕候事
七ッ時牧方村廻文ニて組合之差相廻り、書面添有之岡村ゟ到来披見受取候事
同夜浅井氏ゟ書面ニて前夜三矢へ参り候様申居候へ共得不参、今晩暮方ニ罷出候所奥田被申候ニハ尤成義ニて三、四匁位ハ万屋ニ不拘と而も取計、且入用等此余入候ニ而も三ツ割被申居候、何分左様御心底ニ候へハ宜敷被頼居候、尤御出役有無等聞合も被頼居候よし之書面ニて今晩も得不参、明日参り掛ヶ寄候よし被申越、芦田氏印形かり参り候よし被申、且御触書お留ニ持し遣し芦田ゟ切替年月相調明日相渡候よし申遣し候事

一　十二月十五日　晴天

未明浅井氏被参候而則上京様子咄合頼入、尤芦田ゟ切替り年月相調候書付相渡候事
　但しいづれニ今晩帰村仕候よし被申居候事
早朝佐吉参り則御番所御触并ニ岸本様積金帳面守口廻文手形箱とも相渡し委細ニ申聞候、且羽山屋へ明日使遣し候故弐品取寄候義相頼遣し、尤八ッ半時ニ帰村仕候事
五ッ半時日金参り奥印之義証文質流し質入、且同人家之質入是ハ反古、右三枚共相渡候事
九ッ半時米源参り髪結おやじおみき居候向家へ入申度よしニて、受人ニて調印仕候哉之義西村被心添随分可然候哉尋ニ参り一応勘弁仕候様申聞置候事
早朝餅搗いたし尤義助体生日（誕）ニて候事
お留相頼候故今日佐吉参り候、人足ちんか

しくれ候様有之、せに三百文相渡し候事ニて、八平殿ニ少々用事有之被参候様申聞候事
早朝ゟ父中宮村年貢取ニ被参候而初夜過時ニ被引取候事
同夜芦田氏被参候而同人切替与次兵衛家之義咄合ニて何分浅井書付持参被置候よしニて一切不存よし申入咄合仕居、尚明後両村勘定之義申聞候事
尚又岡村へ席ハいづれニ成候哉廻文等出被下候哉尋ニ遣し候所、昨日牧方村ゟ之廻文之節返事仕候よしニて其義清略仕候所、矢張申参り有之候へ共席ハ長兵衛不申居、只両村十七日仕候よし廻文ハ岡村ゟ明日出候よし申参り候趣承知仕候事
同夜四ッ前時浅井京ゟ被帰道世舟(マヽ)ニて、則御役所御掛り布施さまへ参り候所藤七名前ハ不念之よし被仰、其処へ断書いたし且三矢村庄屋も調印無之、同様庄屋之義調印無之断書いたし候事ニて、御出役ハ布施さま・中原様御両人ニて引分レ摂河へ参り、尤年内ニ候義相尋候所未ダ江戸ゟ何とも不申参候故いづれ春之よし被仰、尤遅見(カ)之咄しも荒々被申置候よし承知仕候、且少々進物被致都合宜敷よし承知仕候事
但し同人ゟ芦田氏質流与次兵衛家之義書付、早朝可相渡候処失念之よしニて被相誌受取候事
一　十二月十六日　曇天　九ッ過時雨降る
早朝岡村ゟ両村勘定之儀廻文到来左之通り以廻状得其意候、甚寒之節各様益御安康ニ御出役被成候段珍重ニ奉存候、然者明十七日両村勘定仕度候間乍御苦労河内屋六兵衛宅へ御出勤可被下候、其節天ノ川一件も御相談申上度候間朝飯早々ゟ御出席被下候様奉頼候、先ハ右之段御案内

旁々以急書如斯ニ御座候已上

十二月十六日　中嶌太右衛門

中嶌儀助様

浅井伊三郎様

芦田藤七様

角野宗三郎様

今西次郎兵衛様

浅井氏被参候而廻文見せ候故点掛候而芦田氏へ持し遣し候且

同人ゟ芦田氏書付之義咄合仕候而右様之事成ハ無詮調印いたし遣しくれ候様被申居其意と申居候、尤清略立会仕置候且

岡久ゟ九右衛門へ入質物書付之義同人名寄帳清略被致候而被認帰候且

髪結おやじ家借受之義相談仕候所子細無之よし被申居候事

早朝出口村ゟ地所之義ニ付利兵衛ゟ書文到来、半兵衛殿、父九右衛門殿相談之上返事認遣し候事

同天ノ川中谷先生見舞品もの持し遣し書面ニて見舞之事　但し返事参り候事

早朝まつ喜参られ候へとも病中ニて断候へハ咄出不申、定而芦田一件と被存候事

八ッ時綿伊被参候而則三矢引合書一件埒明不申よしニて願申度よし被頼参候故承知申聞置候事

明両村勘定故当村分天ノ川伊助方書出し等清略いたし候様申聞置候事ニて、父へ手元書出し頼置候事

早朝喜助大坂へ遣し内用歳暮持し遣し候て佐助方ニて下駄取寄候、尤同夜初夜過ニ引取候事

同夜綿伊被参候而三矢村引合書一件いづれ上京仕候様被頼居、引合書裏書取候而持参被致候受取之事ニて何分明日模様ニいたし候様申聞候事

同夜芦田氏御出ニて同人質流し奥印いたし、尤清略両人ニていたし直相渡候、まつ喜引合書頼被居候よし咄合置候、且同人手元之義咄合居候而夜中時ニ被引取候事

（貼紙）

十六日夜承知仕候 内々 芦田氏ゟ一寸承知仕候ニハ先日十一日春日へ同人被参候日ニて被帰候へハ同人方ニて当丁子供ともゟいたし候とてのぼり、尤緋縮緬ニて黒繻子縁取金紙ニて大神宮之縫、凡緋ちりめん代四拾匁位、繻子丸壱本入候よしニて代手間代都合百匁位之よし粗咄しニて聞申候、全体花美成事子供ニ而ハ過たる事と申居あきれ居、且内々ハ同人方ニて□□の子供被致候趣承知いたし候事

一　十二月十七日　晴天

早朝出口村利兵衛被参候而則地所之儀咄合ニ而半兵衛殿ニ掛合候而相対付候、尤直々ハ合不申父・半兵衛両人ニて被引合候而五ッ過時ニ片付被引取候事

同勧化人岡村ゟ参り拾弐文取計禁野村へ遣し尤手引佐兵衛参り候事

同両村勘定ニ加り□書出し共清略いたし、四ッ時より岡村河六方へ参り尤浅井・芦田同道ニて夫ゟ勘定仕候、尤今西氏田宮村へ勘定ニ被参候よしニて八ッ時ニ被参、尤浅井八ツ過時ゟ□件願付ニ付上京付添被致、尤夫ゟ被参候事ニて被引取且引合書六角合羽将（装）束取寄相頼置候事且勘定夕方ニ相片付夫ゟ下年番宿方へ日〆帳調印之儀如何候哉未タ調印無之様子、左候へハ来年番困り入候故早々先方へ御掛合其上調印ニて来年へ御渡し有之様引合長兵衛を以申遣し、左候へハ下より田宮留主中之よし申参、尚又佐兵衛を以田宮村留主中之

よし被仰遣、是ハ今朝用事有之面会仕候所
宿元ニ被居候故早々御掛合有之様申遣し、
且宿入用差被決候様申遣し候事
　但し弐度目ハ留主中之よし承知仕候事
尚夕方ゟ天ノ川石橋一件談合候所いろ〳〵
評義区々ニて則決着来春御役所へ罷出候積
り、且近々浅井留主中ニ候へ共同人今西両
人小倉村へ治右衛門へ掛合候様申談決し候
事ニて是者年中之事ニ御座候而、夜中時ニ
相果引取候事
　但し両村勘定帳写帰り候事
一　十二月十八日　雨天　雪降る午去下ニ而ハ解水
早朝牧方村ゟ北国屋書出し持遣し被呉候而
受取候事
父ゟ承知仕候尤昨十七日
　八平被参候而則井伊家布甚持へわた喜引
受ニて油しめ這入候よし故、此義同人わ
た喜代りニ届ケニ被参候事
　禁野村ゟ勢田川掛り此方へ持し遣しくれ
　候様申参り候事
一　十二月十九日　雨天
早朝牧方村ゟ廻文ニて則座頭受取書被持遣
候尤岡村ゟ到来受取候事
八ツ時まつ喜被参候而引合書被頼候故認置
候よし申聞同夜被参候而相渡候事
同夜禁野彦平殿方へ勢田川一件掛り銀持し
遣し受取書取置候事
同夜米源呼ニ遣し則髪結おやじ義差支無之
よし申聞候所、実ハ此義申参り候も如何敷
全体手元不都合之事故、村方ゟ含呉候而得
と同人共へ申聞度よし申居、尤成義如何様
とも可然よし申聞置候、且野田殿参り来春
迄延引ニ引合成よし申居候事
同夜いづ伊家へわた喜世話ニ而入候よし、
はりまや(カ)□右衛門と申もの目明ニお留付添

参り此義如何敷、乍去今晩ハ先ツ含置候よし申聞、尤進物等も預り置候よし申聞未ダ書付入候義不済よしニ候事
同夜わた伊被参候而暮方ニ引取候よしニて浅井も同様是ハ明日参り候よし被申居候、且一件昨日暮方ニ御印差紙共出、尤雨降候故同夜止メ今日舟ニて引取候よしニ申居、預銀ハ裏書ニ相成御印出申候、油代出入差紙ニ成候而弐品共見申候而御印ハ留置、且油代出入書付同人手元ニ被扣置候よしニて明日持参之よし被申居、則三矢村へ今晩持参被致候様申聞置候事
　但し引合書弐通共且久下屋通共受取候事
一　十二月廿日　雨天
早朝綿伊被参候而差紙ニ成候方願文持参被致候而写置候、且三矢村ゟ之受取書受取候事
浅井氏ゟ六角合羽将束仕立ハ未タ出来無之よしニて書付ハ被持帰受取候事
早朝万人講元杉沢参り則八平殿・大安寺両人被参候故候而何歟用事有之よしニて可参よし、夫ゟ両村役中此方へ呼ニ遣し岡久参られ当村三人談合、其上杉沢へ色々掛合此方六人歩行弐人万平ニて中飯いたし酒有之、尚又夕飯八平ニていたし酒有之、且談合掛合ハ橋台取急キ候故両村ゟ出銀不仕候而も如何敷、両村ゟ金子五両出銀、是ハ両村ゟ橋台仕候へハ右割石百位入用少く入候而積候積り、左候へハ其銀子ヲ講中へ加へくれ候様相成左候へハ譬ハ百匁出銀被致候へハ三百匁之石出いたし掛り候よしニて最一段ニも被存候へ共、余り強盛一匁も出不申候而も如何敷、右五匁丈ケ出銀ニ相成、相渡し書両村代平右衛門ニて則同人取を以相渡し且金子ハ父九右衛門方ニて借受取候、但し勘定ハ両村立会之節と被申居候事、尚又

両村役中立会之上ニて被頼候故義助夫ニて
取ニ戻り相渡し候義ニ候事
　但し五ッ過時ゟ同夜初夜時ニ引取候事
留主中
　岡村ゟ組合勘定帳面到来、則此方へ貰候
　相対ニて受取置候事
同夜八ッ過時岡村まつこや出火ニてすく纏
遣し且義助・佐兵衛連候而参り、火鎮り
夫々へ見舞ニ参り候上木津治ニて上へ上り
届ケ相談いたし不届様相成候、七ッ前時ニ
引取候事
一　十二月廿一日　　晴天
八ッ時岡久被参候故岡藤之方杢喜引合一件
急々埒明候様申聞候事
八ッ半時山ノ上源兵衛田地之義申参り咄合
之上ニて壱〆五百匁と申遣し同人引合之よ
し申居候事
暮方ニ磯しま九兵衛殿方へ参り則吉兵衛一
件出坂ハ如何被致候哉尋ニ参り、手合仕申
上惣代遣し候よしニて明日参度、尤四ッ時
大坂ニて出合候積り談置候事
御番所様ゟ御差紙到来則くり屋常例之御召
ニも同人方へ被遣候よし御差紙父被見候而
其儘写無之、尤明後廿三日出候よし承知仕
居候事
同夜年寄中弐軒へ明日ハ野子出坂仕候よし
申遣し、且又村勘定廿四日ニ仕候よし申遣
し候所宜敷旨被申遣、左候へハ明日ニ而も
立会中丈触置候様申置候事
早朝ゟ半兵衛殿・宗八両人出口村へ年貢取
ニ被参候て七ッ時ニ被引取候事
同夜岡あら治京行尋遣し候所明日参り候よ
しニて六角合羽将束取ニ遣し書付相渡し候
事
一　十二月廿二日　中天　出坂
早朝ゟ陸路出坂仕候尤九ッ前時ニ北国屋佐

介方へ着仕候、夫ゟ磯しま吉兵衛へ合候而
御役所へ罷出候所、書付相納り御聞置被成
候よし、已来ハ出入ニ不及様御掛り安藤様
息子ニて日切方御役所も被仰渡相済候、夫
ゟ相分レ羽山屋へ参り目金受取手形相渡候
而通被認候、夫ゟ岩城へ参り買ものいたし
為付候而夫ゟ用達給壱両弐歩相渡候而過せ
ん弐百六十三文受取、尤篤右衛門殿ゟ受取
書取置塩利ニて買ものいたし為付置候事
同夜頭痛いたし候事
暮方ゟ少々雨ぼろつき申候、少し之事ニて
直打ち止メニ候事

一　十二月廿三日　晴天　　帰村
早朝北国屋ゟ申遣し塊源ニて舟弐人前取之、
尤ふとん不残為付置候而九ッ時ニ帰宅仕候
事
お留を以年寄中弐軒へ只今帰宅仕候よし申
遣し候事且

八ッ時父ゟ京宗定次郎・ふし太呼ニ被遣候
而夜番之義厳敷いたし候よし被申付候事
八ッ半時馬借方ゟ与吉参り三矢ゟニて宿助
成之金子八両弐分弐朱ぜに四十三文持参受
取、且帳面わり方扣申置候事
同夜節替りニて豆打いたし家内常例之通り
年取申候
一　十二月廿四日　晴天
早朝ゟ村勘定いたし尤浅井・芦田・小野・
なべ治・半兵衛・九右衛門・義助・下佐〆
八人中飯出之、尚又夕飯出之同夜四ッ半時
ニ万平ニて肴一ツ取寄尚酒五合此方ニて都
合酒出夜中時ニ一同被引取候事
留主中牧方村ゟ廻文被致則田井村ハ組合除
キ呉候様被申候義、浅井氏出勤被致左之通
り聞取候
　廿二日夜
同夜馬借所ニて右田井村一件牧方村ゟ咄

合ニて則同村栄蔵殿被参候而右被頼候故
先ツ一同へ咄合仕候よし、尤牧方村へ相
頼候而同村へ一応役人中同様之心腹ニ候
哉談合、相頼候様決談ニ相成候且
又助余時口勘定も先日又助勘定有之、銀
子同人持帰り候よしニて今日当り持参仕
候よしニて右之趣承知仕候事
尚又上之番所出火仕候よし尤廿二日夜之
よし承知仕候事
四ッ時岡村ゟ牧方村被参居候とて呼ニ参り、
則芦田氏相頼遣し候所右田井村一件先方へ
参り候も如何敷、且書面ニて右之訳合申遣
し候様仕候よし被申、且三矢ハ不合候へ共
大体同様候哉ニ被存候故左様取計之よし談
決之趣、同時過ニ被引取候而承知仕候事
同時又助参り則余時入用金勘定之義ニて則
扣候金持参其中ニて壱両壱歩一両弐歩都合
弐両三歩相渡し改かし候事ニて、尤父へ金
子相渡都合扣候金等父ゟ被致候様仕候事且
行倒病人介抱料書付持参仕候受取候事
八ッ時塩周ゟ月集之口へぜに弐〆七百文持
参受取候事ニて跡ゟ勘定仕候よし申置候事

一　十二月廿五日　晴天

早朝ゟ浅井氏相頼候而則村勘定仕候改候而、
書切出等認貫尚助成割等いたし七ッ過時ニ
被引取候、且中飯出し尤明日ハ同人差支之
よし被申居候而、廿七日切と切出しいたし
被配候事
半兵衛殿被参候而又助飯代集相頼候而、則
軒別改候而切出し頼置候事
四ッ半時摂州広沢村勧化人参り取計狭（挟カ）箱持
し岡村へ送り尤内ゟ中宮村新兵衛遣し候事
八ッ時田井村長兵衛殿被参候而則昨日牧方
村ゟ書文到来ニて参り候所、牧方村ゟ村々
へ可参よし被申、夫故参り候趣組合雛（カ）ノ候
一件、是非共と被申居無拠年（カ）礼之義咄合候

所、是も御米一件も同様ニ被申、乍去是ハ
勘定いたし被置候様申置候事ニて同時過ニ
被引取候事
暮方岡村ゟ両村尻口御講口松沢出金口等へ
金子七両三歩弐朱被相渡受取、尚書面久下
屋書出し等一緒ニて預り置候而、跡ゟ清略
可相渡よし申居候て金子丈受取書遣し候事
同夜暮方過ニ岡村ゟ牧方村之廻文到来、田
井一件左之通り

廻文を以得御意候、御多用奉存候、然ハ
田井村一条之義今一応御相談申上度存候
故、夕飯後早々馬借所へ御出席可被下候
以上
十二月廿五日

牧方村
吉右衛門

泥町村　三矢村
岡村　新町村

御役人中

追而申上候今日御出ニて外御村々へ一応
御咄之上御帰村可被下様申候故、御聞取
候而村方御出席可被下候

同日早朝ゟ餅搗ニ付外夫々手伝ニ参り同夜
中宮村ゟも手伝ニ参り候事
同夜岡村誘候而馬借所へ参り候所いづれも
不被参候故、暫待居候所牧方・三矢・泥町
被参候而咄合、是非田井村組合相離し被申
候へハ無致方、左候へハ年頭礼之義如何候
哉談入候所、余り怪く故其上減し候義ハ難
出来よし、然ル所泥町鯛六被申候ニハ当役
被申居候とて元来左様之義被申候とも先ツ
御役所様へ御届ケ之上、尤御役所ゟ被仰候
組合之事故と被申、尤成義夫(火)ニ付田井村へ
と一応書面ニて何分過急ニも難相成、先ツ
年頭礼ハ是迄通りニていづれ来春御米一件
わり之節決談被致候様申遣し候様ニ相決し、

夫ゟ義助書面相認尤牧方村惣代名前ニいたし且明廿六日之日付ニいたし牧方村へ相渡候、且已来ハ都而検約ヲ相立会勘定等いたし度よし申談居候尚
北国屋佐助子息相果候ニ付組合ニて香義相談出候而大体弐朱之取計可然様有之候事
但し同席ニて牧方村へ北国屋払口ニて金一両此方へ遣し被呉候様申頼候且
三矢村へ来春年頭ニハ当年頭包銀帳面かし被呉候様頼入候所未ダ認無之、早々認候而正月朔日ニハ可遣旨被申居候、尚酒造一件浅井上京之義咄合候所、浅井被申居候とハ間違有之菓子料ハ承知有之よし被申居候事
右同席ニて片山、奥田奥へ野子呼候而則蔵ノ谷仙助・卯両人義甚々不埒ニ付牧方村大ニ立腹被申居候故、宿役相断候様牧方村被申居候よし、左候へハ人足役卯ハ又々来年ニ而も持役出来候へとも仙助ハ馬持之事故大ニ六ッヶ敷、此義牧方村へ咄合之義如何仕候哉、且新町馬株故相談仕候よし、左様之義ハ片山へあつらへ候而どうと成共取計候様申聞置候事
且参会四ッ過時ニ引取候事

一　十二月廿六日　雪降　前晩八ッ時ゟ雪降る明五ッ過時三寸積り申候八ッ時ゟ小雨ニ成雪解

四ッ時三矢村かせ仁ゟ村入用銀ぜに三拾八文持参、且八ッ時岡くり嘉ゟぜに六十弐文持参受取候事
八ッ過時禁野文右衛門へ先達而村方ゟ頼候而山行之義礼ニ印紙一枚持し遣し尤下佐遣し候事
拝領米渡し候積りニて芦田氏呼ニ遣し候へ共雨降甚々困り候故先相止、則同人浅井氏一件咄合、且同人まつ喜一件咄合七ッ時ニ

被引取候事
但し明日ハ早々被参呉候様頼置候事

（挟込）

御手紙得其意候、残寒退兼候所弥御勇健ニ
御勤役被成奉改賀候、然ハ昨日ハ御越ニて
右一件之義御咄ニ御座候間、則同夜相寄相
談仕候所、是非□様組合御離し被成候へハ
無詮義ニ候へ共、全体大坂御支配之砌ゟ組
合ニ候へハ其後万端御取組合有之、勿論御
米一件も有之、左候へハいづれ共先御役所
様表へ御村方ゟ御届ケ被成候様、尤当六ヶ
村ゟも御届ケ申上度奉存候、且右様過急ニ
被仰候共いつれ来春御米一件勘定も有之、
其節御決談被成候而も可然様奉存候、此先
年頭御礼之義ハ是迄同様取計候間此段左様
御承知被成候様奉存候
是又御承知可被下候、先ハ右申上度如斯ニ
御座候以上

十二月廿六日
六ヶ村惣代
田中吉右衛門
喜多長左衛門様
同　米　蔵様
其下

四ッ時ゟ又助飯寄明後廿八日切ニて切出し配候事
暮方ニ行倒病人出来候而下橋之所ニて早々申参り、父ゟむしろ三枚被遣候よし承知仕候事
同夜お留三矢村へ参り候故席（序）ニ岡あら治へ寄せ合羽将束取寄候様申聞候而持帰り受取候事
同夜わた吉・碇太両人参り則当春已来御村方ニ御世話ニ成候一件、糀吉、星田九兵衛対談銀之義未ダ利足も勘定難出来よしニて

引合候所、夫々応対之給銀も皆々遣し申候よしニて甚々不相済よし被申参候故、明日呼ニ遣し申聞候様申居候、尤養父ゟ吉兵衛帰り居候よし承知仕候事
同夜牧方村田中被参候而則田井一件之書面今朝遣し候所、先方ゟ書面参り候と出違ニて是非断之書面到来之よし、且前晩認貰候書面通りニて又々返事仕遣し候所、又々先方ゟさつぱりと断之書中到来之よし弐通被見せ見申候、夫ゟ咄合左候と而も年礼減之義難出来、尤此度ハ七ヶ村名も六ヶ村ニいたし候も如何敷被申同様申居候て先ツ〳〵六ヶ村ニて田井村別ニいたし候共取計候様被申談候、夫故先方へ又々申遣し候も不都合相止メ候よし被申談候事
但し北国屋佐助払口ニて金子壱両受取候事ニて、且御年貢米壱斗弐升代拾弐匁内金三朱代拾弐匁七厘ニて過七文戻し候事
ニて、弐通共受取書勘定仕遣し外ニ同人手元勘定父へ被致居、且亀屋一件咄合被申候事ニて四ッ時ニ被引取候事
一　十二月廿七日　晴天
早朝ゟ村掛り寄候而芦田氏早朝ゟ手伝貰中飯出、且浅井氏も八ッ時ゟ呼ニ遣し被参候て八ッ時ゟ拝領米渡しいたし夫ゟ御助成金包渡、同夜両人へ飯出し尚中下佐中飯いたし暮過ニ浅井氏被引取候、且芦田氏ハ品分合一件調候ニ付跡へ被残候而掛り人三人呼ニ遣し清略仕候而初夜時ニ被引取候事
五ッ半時糀屋吉兵衛呼ニ遣し昨夜組中被参候よし得と申聞、甚々不相済候よし早々利勘定成共いたし候様申聞候事
同夜綿吉、いかりや両人被参候故今日呼ニ遣し得と申聞候所、同人利勘定ハ是非いたし度よし申居候よし咄居候事
四ッ時又助参り候故行倒出来候よし申届ケ

ニ参り、全体天ノ川ハ此方へ送り候へハ
甚々不馴致よし申聞無詮候事
　但し中宮村兵右衛門殿早朝ゟ内手伝被申
　居候事暮過ニ被引取候事
同夜日役此方役前分清略いたし認遣し置候
事
一　十二月廿八日　晴天
早朝日金出火之節京都久下屋飯代払并ニ浅
井小遣、まつ喜大坂めし、北国屋飯代小遣
等書付ニて相渡、尤出勤ハ直し遣し候様申
聞候事
八ッ時綿伊へ願付一件久下屋払書付遣し浅
井出勤先方取計ニて申候事
　但し両人共持参尤わた伊ぉ留持参仕候て
　受取候事
早朝いかりや・綿吉・八右衛門・藤八参り
則糀吉一件同人へ合候所利も出来がたくよ
し申し、甚々不相済左候へハ呼ニ遣し合候
よし申聞候事ニて
すく糀吉呼ニ遣し合候而甚々不相済、是非
工面いたし候様申聞候而得と工面仕候よし、
若出来不申候へハ家明渡候様組中被申居候
よし申候事ニて
尚八ッ時吉兵衛参り候て利勘定も出来不申
家明渡候よし申参り候通、左候へハ今日中
ハ待遣し候間明朝ハ是非明候様申聞置候、
尤厳敷且明日ハ此方ゟ見改ニ遣し候よし申
聞候事
綿吉外夫々被参候而則糀吉へ申聞候よし咄
合候而、明日ハ此方ゟも遣し候故組中皆々
立会家受取候様申聞候事
　但し左候へハ糀吉申ニハ待銀ハ掛置候へ
　共是ハ相戻し候よし申之、夫ハ其方ニて
　相対被致候様夫々へ申聞候事
四ッ時くり屋被参候而同人来年給、且勝太
郎分も一緒ニかしくれ候様被相頼居、且同

人手元勘定等も相調見申候、右一義ハ得と
勘弁いたし候様申聞候事
　但し昨年之証文下書被致帰参候事
八ッ過時岡角野氏被参候而則渚越石未ダ持
不参候よし早々催促仕候様被申、岡村へ申
遣し岡村ゟ渚村へ使遣し被呉候様頼遣し候
所承知之よし申帰り候事ニて
宿方定役出銀且与吉一件、片山一件夫々
荒々咄合、尤くり屋ゟ片山銀子かしくれ候
様可申居よし内々田川ゟ聞込候、且世間咄
多く七ッ時ニ被引取候事
但し芦田氏も被参候咄合居候事
尤角野氏へ頼今晩此方成共岡村成共寄候而
咄合申度よし申聞置候而談入候決之候事
（貼紙）
同暮方ニ中之所地震有之候事
九ッ半時郡村南氏へ薬礼持し遣し、且一寸
歳暮持し遣し七ッ時ニ引取受取書持帰り候
事
同夜初夜時ゟ岡三人当村三人寄合舟談仕候
上、定役片山之銀子ハ決而出来不申旨断候
よし決談、且同人頼之銭渡等も断候よしニ
評義上り是ハ岡今西氏取次ニて同人ゟ書面
ニて返事仕、被よし且明後晦日ニハ片山役
義之所も相断候書面遣し候様、是ハ奥田へ
申遣し候様談し相決し八ッ時ニ此方ゟ夫々
被引取候事
四ッ過時山ノ又助弟子参り常例歳暮ニよぬ
きぞうり五束持参仕候事
同時今堀氏へ行倒之薬礼持し遣し候事
一　十二月廿九日　晴天
早朝糀吉参り昨日ハ家明渡候様申居候へ共
難出来候故、正月迄延引外家かり候義出来
不申候よしニて相頼候へ共一切不相分聞入
不申、銀子調達仕候か両様早々可仕よし今
日中延引頼候へ共是も難出来申聞候事

四ツ時ニいかゞ村半右衛門ばゝ参られ候而
正月糀屋へ取替置候銀子返済仕呉不申よし
届ケニ参り承知申聞込置候事
五ツ半時年番三矢村ゟ宿方割差并ニ余時
帳（カ）借用口等認参り受取候、且写取候而同夜
岡村へ持し遣し候事
　当村行倒入用書出し認遣し候事
九ツ時岡久被参候而同人上京一件之節入用
等勘定ニ被参候事
八ツ時岡村ゟ未夕渚越石不参候故如何候哉、
当村ゟ催促申遣し候様申参り承知申居候所
へ同時過ニ惣代弐人被参候而銀子受取、尤
銀ハ五百匁ニて金三両弐朱せに百八十九文、
都合受取書ハ先方ゟ雛形参り其通り義助・
文蔵ニて調印仕遣し候事
同時ゟ浅井氏手伝貫仕申候而夕飯出、同夜
暮早々被引取候事
　但し同人へ宿方差等勘定いたし当村ゟ倒
もの書出し仕置、尤宿渡米勘定いたし書
付弐通とし同人ニ認遣し、七ツ時ニ与吉
参り夫へ事伝書出し遣し、同夜宿渡り米
勘定いたし金十両弐分二朱ぜに三百廿弐
文都合持遣し受取置候事
同夜田川被参候而証文口人足方弐人へ出銀
之義被頼候故、則書付認被参候ニ付金子六
両相渡候事
同夜暮過ニ磯しま村ゟ堤普請銀被持遣候所
銀子少々間違、先方引方樋（カ）伏ハ百匁三ッわ
り承知、尤両村へも早々可出有之所、五、
六匁程多く候故無拠弐両三朱丈ケ預り置候、
尤少々ぜに添候書付ニ候へ共参り不申候事
　但し其通り咄し被致候様使へ申聞置候事
同夜四ッ時過ニ芦田氏隠居へ被参候而則同
人手元之義咄合被頼候而、且前ばん同人引
受ニ成候義、甚々浅井之心底如何候哉心元
なしよし被申咄、乍去左様之事も無之、寄

て掛りていたし候よし申聞居候同時過ニ被
引取候事
同日四ッ時中之地震ゆり申候事
同夜三矢村へ米代尤宿渡候米ニて持し遣し
候事
一　十二月晦日　晴天
早朝長治、糀吉同道ニて参り則吉兵衛先日
ゟ御村方ゟ御利解之旨ニて近幡(カ)ニ□り候故
段々売払候而、利銀丈ケハ調候間先ツ元金
ハ来五月頃ニいたし候様之義、先ツ当春正
月ハいたし度旨頼出候承知申聞候
尚又綿吉外三人共参り其儀申遣し利銀ハ此
方ニて取可申義ニ候へ共左様ニも不及哉、
直々受取候様申聞候、御苦労之由申居候事
四ッ時いかゝ村半左衛門、喜右衛門殿書面
持参ニて糀吉一件銀子之義申参り承知申聞、
来春早々取調候よし申居候事
早朝夫々過上年貢方之分持し遣し受取帳ニ
て相渡、且渚幸八殿ハ被参候故別段ニ相渡
勘定仕候事
村方小払夫々持し遣し、且手明淀行分弐度
宿方ゟ不参故清略いたし書面ニて取候、村
方ハ相渡し候て受取帳へ受取置候事
早朝牧方村ゟ書面ニて組合一件田井村へ同
人被参候而引取候様子被申遣、尤包銀ハ七
ヶ村ヲ止メ六ヶ村ニいたしくれ候様申参り
候事
暮方ニ岡村ゟ三矢村・泥町村へ之定役之義
書面ニて相断候義、書面角野氏子息為認候
而被遣候事ニて
同夜義助七ヶ村之儀相談、且三矢・泥町へ
も書面等持参ニて岡中嶌氏へ参り相談之上
矢張七ヶ村ニ包銀認候よし決し、且三矢村
へ同村ゟ右書面持し遣し四ッ時ニ引取候、
且同村三人共立会被居候故相談之上如斯ニ
候事

八ッ時宿方へ三矢村へ宿渡し銀尤入用銀ニ
て拝領米ニ受取候分相待居候へ共不参候故、
差引且行倒入用銀も差引残り持し遣し候事
但し先方ゟ遣し候へハ早々可遣筈ニ候へ
共不参候故如斯候事
暮過ニ岡村ゟ相廻り則年号改元之御触拝見
仕候、尤同村へ受取書遣し預り置候、次ハ
東大寺村ニ御座候事
宿方定役之儀改之書面則浅井被致候よしニ
て角野氏利三郎殿被認遣し候文面左之通り

舌代

使を以啓上仕候、殊之外月迫仕嘸々御繁
用と奉察入候、左候へハ明年此方年番ニ
相成、夫ニ付両村先規ゟ年寄中立会勤い
たし来候所、去丑年兎角役人多候故入
用相□(カ)高候哉、小前之もの存寄甚々難黙
止候故、先馬借方候所岡村宗三郎殿岡新
町村藤七殿両人相頼候間、先役人中之義
ハ貴公様宜敷御断被下度、此義前書申上
候通り時節柄義故小前之存寄無是非右之
仕合御断ニ御座候、甚々御気之毒ニ候へ
共宜敷御断被下度頼上候、余者貴面万々
可申入候謹言

極月大晦日　　　岡新町村
　　　　　　　　岡　村

奥田八郎兵衛様
木南喜右衛門様
　　貴下

右ハ岡村中嶌氏宅ゟ長兵衛を以持し遣し候
事
右書面被持遣候所、三矢村奥田ゟ岡中嶌へ
向ケ書面ニて人足方之儀ハ如何候哉尋ニ参
り、是ハ同様之よしすぐ同人ゟ被申遣候趣(マヽ)
二月一日出合候所同人咄しニて則書面被見
披見仕候事

解　題

一　東海道枚方宿

河内国茨田郡枚方は、十六世紀末、豊臣秀吉の重臣・枚方城主本多内膳正政康が領有していた。元和元年（一六一五）の大坂落城と共に本多氏も滅亡し、枚方城も廃城となったとされている。その後、枚方は城下町から「宿場町」・「在郷町」へと変貌を遂げていった。

徳川家康は、慶長六年（一六〇一）に「岡新町・岡・三矢・泥町の四カ村を東海道枚方宿」と定めた。この宿は四カ村から構成された特異な宿駅として成立した。

枚方宿は、東海道五十七次（宿）のひとつの宿駅となり、休泊施設や人馬継立においても、東海道筋で屈指の宿場町として発展していった。これは京都と大坂のほぼ中間に位置し、交通の要衝としての役割が重視されたからである。

枚方宿は、岡新町村の東見付から堤町の西見付まで、宿場の東西は十三町十七間（一四四七メートル）であった。平均二間半（四メートル五〇）の幅をもつ往還筋の両側には、民家三七八軒が軒をならべていた。

宿の中心は三矢村で、淀川筋と御殿山（枚方丘陵の西端）の狭間に位置し、東西に長く本陣・脇本陣・専用本陣を配し、人足百人・馬百疋を常備する問屋場（馬借）。そして御高札場・郷蔵四カ所・紀州侯七里飛脚小屋・定飛脚・荷揚問屋・旅籠屋・船宿・寺院九カ寺が存在していた。

二　岡新町村

河内国茨田郡岡新町村は、淀川左岸に位置し、北は天野川が東西に流れ、東は生駒山系の麓、枚方丘陵の「交野が原」と淀川縁の低湿地の間にあり、往古より水損場でもあった。

岡新町村は東海道（通称、京街道・大坂街道）筋の枚方宿を構成する一村であった。江戸へ百二十八里、京都へ六里、大坂へ五里。そして淀川水運の京都伏見と大坂八軒家を結ぶ「三十石船」の中継港として、京都と大坂間の水陸交通の要衝として繁栄した。また、「くらわんか舟」（茶舟）が盛んであったことは、つとに知られている。

岡新町村は永正年間（一五〇四〜一五二〇）に岡村より分離独立したものと思われる。徳川幕府は岡新町村を、寛永一二年（一六三五）永井信濃守に命じ検地（古検）を実施し、村高九六石二升とした。延宝七年（一六七九）には、本多兵部少輔に命じ再び検地（新検）を行い、村高一〇四石七斗五升五合と定めた。

領主支配は、正保元年（一六四四）から天保十一年（一八四〇）まで幕府直轄領（天領）、その後、高槻藩主永井氏の預所と天領支配が交錯し、明治維新を迎え上地となった。

一、村高一〇四石七斗五升五合、反別九町七反五畝六歩。
一、土地は川表はしめ砂、山方は石まじり砂赤土に御座候。
一、御伝馬役十七疋半・高八石一斗六升九合地子御赦免、御継飛脚役二八人半・高九石八斗二升地子御赦免。
一、本百姓六一軒、水呑百姓五軒、借屋二一軒、寺一ヵ寺。
一、人数三八五人（男一八八人・女一九七人・坊主一人）。
一、牛馬一四疋（馬八疋・牛六疋）。
一、郷蔵一ヵ所（桁行二間・梁行一間半）。

一、旅篭水茶屋十二軒、味噌塩醤油麴売三軒、薬種屋三軒、材木屋一軒、畳屋一軒、晒屋一軒、請酒屋二軒、鍋釜請売一軒、古手商売八軒、こやし売三軒、染物屋一軒、足袋屋一軒。

一、男。耕作の外に藁細工、往還歩行、荷物賃取仕候。

女。綛業の外には、苧、綿しごと仕候。

〔参考「岡新町村明細帳」元文二年(一七三七)〕

三　中島家の概要

中島家の中祖は、尾州中島城主本居山城守源氏孝で、後に豊臣秀吉の家臣となり、祖先発祥地の郡地名を以って「中嶋《ナカシマ》」と改め、中嶋式部少輔氏重となる。元和元年の大坂落城後は一子、庄五郎氏種が寛文十年(一六七〇)に河内国茨田郡岡新町村(現枚方市新町一丁目)に帰農する。その後、代々九右衛門を襲名、屋号を「柴屋」と称し、元禄期(一七〇〇)頃より酒造業(酒銘「星乃井」)を始め、枚方宿の問屋役人・紀州侯専用本陣主・岡新町村庄屋及び淀川筋水難御救歎願河内国惣代を勤める。

筆者中島儀輔政孝は、幼名を松之助と称し、文化四年(一八〇七)に生まれる。父二十六歳、母二十一歳であった。松之助四歳の時に母が死去、その後、後妻ことが大坂新靭町、本両替商狭間伊右衛門家(屋号助松屋)より入嫁する。松之助は中宮村の私塾「南明堂」の塾主行田《なめた》静斎に漢詩・和算・和歌・俳諧を学ぶ。文政四年(一八二一)に十五歳となり元服を迎え、近隣の人びとに襲名披露し、名前も「儀輔政孝」と改名する。この年に母ことが二十九歳で死去。また文政八年(一八二五)祖父九代九右衛門曽平が六十一歳で世を去る。

文化・文政期には中島家の家産興隆し、交野地方で数十町歩の土地集積を行い、金銀の蓄積数万両に達した。また

河内国茨田郡岡新町村
中島家略系
（文政十三年）

- 九代 九右衛門曽平 (61)　文政八年没
  - ＝ 女 (30)　摂津国島上郡富田村　西田七郎兵衛女　寛政二年没

- 十代 九右衛門文孝 (55)　幼名寅之助　通称儀輔　天保七年没
  - ＝ お里よ (24)　河内国讃良郡蔀屋村　八上仁右衛門女　文化七年没
  - ＝ おこと（再婚）(29)　大坂新靭町　狭間伊右衛門女　文政四年没
  - ＝ お峯（再婚）(61)　大坂松屋町　八上彦兵衛女　嘉永五年没

- 十一代 **九右衛門政孝** (62)　幼名松之助　通称儀輔　慶応四年没
  - ＝ 女 (21)　摂津国島上郡富田村　西田七郎兵衛女　文政十三年没
  - ＝ お津称（再婚）(87)　河内国茨田郡三ツ嶋村　樋口庄右衛門女　天保三年入家　明治三十三年没

- 十二代 九右衛門常孝 (27)　幼名道之助　改名九十郎　明治八年没
- おかう (29)　安政四年没
- お志 (2)　天保六年没
- お休　大坂瓦町一丁目　西村庄兵衛方へ
- 儀輔重孝 (22)　幼名近之助　安政四年没
  - ＝ おと免　安政五年帰家

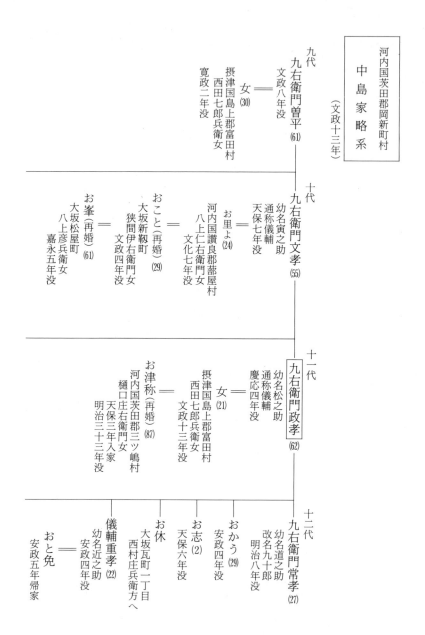

中島家一族

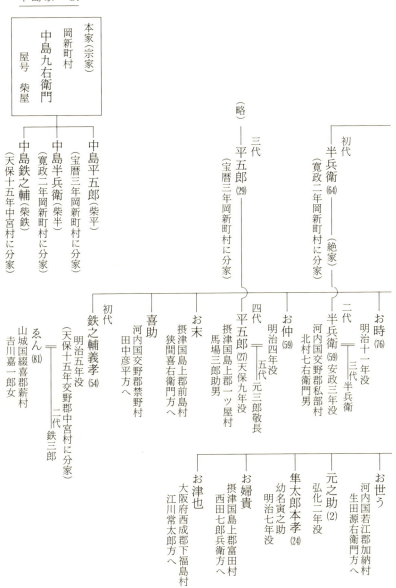

本家（宗家）
岡新町村
中島九右衛門
屋号　柴屋

中島平五郎（柴平）
（宝暦三年岡新町村に分家）

中島半兵衛（柴半）
（寛政二年岡新町村に分家）

中島鉄之輔（柴鉄）
（天保十五年中宮村に分家）

初代
半兵衛(64)
（寛政二年岡新町村に分家）
（絶家）

（略）
三代
平五郎(29)
（宝暦三年岡新町村に分家）

お時(76)
明治十一年没

二代
半兵衛(59)安政三年没
河内国交野郡私部村
北村七右衛門男
＝三代
半兵衛

お仲(59)
明治四年没

四代
平五郎(27)天保九年没
摂津国島上郡一ッ屋村
馬場三郎助男
＝五代
元三郎敬長

お末
摂津国島上郡前島村
狭間喜右衛門方へ

喜助
河内国交野郡禁野村
田中彦平方へ

初代
鉄之輔義孝(54)
明治五年没
（天保十五年交野郡中宮村に分家）
＝ゑん(81)
山城国綴喜郡薪村
吉川嘉一郎女
二代
鉄三郎

お世う
河内国若江郡加納村
生田源右衛門方へ

元之助(2)
弘化二年没

隼太郎本孝(24)
幼名寅之助
明治七年没

お婦貴
摂津国島上郡富田村
西田七郎兵衛方へ

お津也
大阪府西成郡下福島村
江川常太郎方へ

書画においても探幽・春獄・景文・雪舟・元信・花山院・熊獄などを買い求めた。そして、摂津国島上郡磯島村の領主、日野大納言家の資枝・資矩・資愛卿の三代にわたり金銀を融通したので、日野家より書画・什器などを拝領している。一方、檀那寺の交野郡山之上村、浄土真宗本願寺派常称寺の庫裏普請にも数百両の寄進を行う。

儀輔政孝は、摂津国島上郡富田村（高槻市富田）酒造家西田七郎兵衛（屋号麴屋）の女を妻とするが、この妻は文政十三年六月に長女かうを出産後二十一歳で死去する。この年儀輔政孝、弱冠二十四歳で枚方宿問屋役人及び岡新町村庄屋に就き、父の役職を継ぎ、同時に「宿村御用留日記」を書き記す。

天保二年（一八三一）儀輔政孝は、京街道四カ宿（伏見・淀・枚方・守口）惣代として東海道筋問屋役人の伊勢国四日市宿参集に出席する。翌天保三年に、河内国茨田郡三ツ嶋村（門真市三ツ嶋）郷士兼庄屋の樋口庄右衛門兼助四女の津称と再婚する。

天保五年には、中島家の田畑所有地六三町三反一畝二三歩・持高九〇七石四斗二升二合六勺・小作人三一三人となり、その支配地は十数カ村に及んだ。また、金融では貸付残高は、銀二〇二貫匁・金一五八両・銭三六三貫文・米七五五石。中でも、天保十年（一八三九）に幕府宇治代官上林六郎に金百八拾両を貸与する。この時期に中島家の全盛期を迎えたようである。

天保七年に父九右衛門文孝（雅号迎月園松臺）が五十五歳で死去。尚、文孝の存命中に常称寺への庫裏普請の寄進により、蓮如上人真筆「六字名号」一幅が寺より下付された。

天保九年に儀輔政孝、十一代九右衛門を継承し家督を継ぐ。その節父の遺言によって、天保十五年に絶家していた中島半兵衛家（西中島）を再興し、中島鉄之輔義孝（新宅）を交野郡中宮村（枚方市中宮）にそれぞれ地所五町歩及び元手銀十貫匁を与えて分家させる。

中島家は紀州侯参勤交代の折、紀州侯専用本陣であり、宿泊した付家老は、山高石見守・伊達但馬守・渡辺主水・三浦将監・安藤飛騨守等である。

九右衛門政孝は、四十一歳の弘化四年（一八四七）三月九日、大坂の私塾「梅花社」の塾主篠崎小竹へ、枚方宿泥町村庄屋、木南喜右衛門の紹介で入門している。この時期に雅号「星乃舎主人」と称し、俳諧・漢文・漢詩・和歌を学び、文化人として活躍する。また、子女は四人で、お休は安政元年に大坂瓦町一丁目（大阪市東区）、本両替商西村庄兵衛（屋号太刀屋）家へ。お勢は万延元年に河内国若江郡加納村（東大阪市加納）酒造家生田源右衛門家へ。お婦貴は明治元年に摂津国島上郡富田村、酒造家西田七郎兵衛家へ。お津也は明治八年に大坂下福島村（大阪市北区）、大庄屋の江川常太郎家に、それぞれ荷物十一荷で嫁いでいる。

安政四年（一八五七）十二月十九日夕刻出火、中島家本宅火災のため全焼、政孝五十一歳である。この時期に高槻藩に提出された中島家の家族構成は、政孝（51）・妻津称（45）・娘かう（28）・悴儀輔重孝（22）・嫁と免（15）・娘世う（11）・悴道之助常孝（9）・悴寅之助本孝（6）・娘婦貴（5）・下男（寅吉（15）・為吉（17）・岩吉（17）、下女お称（21）・とよ（20）・な津（14））、酒蔵働人（作右衛門（34）・重三郎（29）・与右衛門（24）・吉左衛門（24））、の十九人であった。尚、この時に嫡子儀輔重孝と長女かうを焼死させる。

文久元年妻津称は、九人の子供安産の報恩感謝のために、氏神日吉神社（後に意賀美神社へ合祀）へ五尺石燈篭一対を寄進する。また政孝には常称寺へ永代経田を奉納したことによって、康雲作「木仏尊像」と本願寺二十世広如筆「正信偈御文」双幅が下付されている。

慶応三年（一八六七）九右衛門政孝、六十一歳の還暦祝を盛大に行い自作和歌を刷り、近郷・親類に配る。慶応三年十一月九日に中島家に伊勢太神宮の御札降りをきっかけに、枚方宿に「ええじゃないか」が流行する。

慶応四年七月四日戌刻、医師の津田村三宅周庵・摂州鮎川村瀬田耕平・枚方宿寺内良介などの名医の往診も空しく、九右衛門政孝は享年六十二歳で往生する。この葬儀は七月六日正八ツ時（午後二時）に、参列者八百人・寺院二十五ヵ寺・僧侶九十三人が野辺送りを行う。その半年後、六尺の石塔を岡・岡新町村共同墓地に建立する。

四　文政十三年の中島家の家族構成

中島儀輔政孝が文政十三年「宿村御用留日記」を書き記した時の、中島家の家族構成は、筆者儀輔政孝二十四歳。父九右衛門文孝四十九歳。母お峯三十九歳、大坂松屋町の本両替商八上彦兵衛（屋号羽山屋）の女である。儀輔政孝の弟鉄之輔義孝十三歳。弟喜助（後に交野郡禁野村、庄屋田中彦平家へ養子縁組）。儀輔政孝の妻二十一歳（摂津国島上郡富田村、西田七郎兵衛の女）、この年の六月二十七日に死去。

儀輔政孝の姉お時二十八歳は、半兵衛三十三歳と分家（交野郡私部村、庄屋北村七右衛門家より養子縁組）。妹お末は摂津国島上郡前島村、庄屋狭間喜右衛門家に嫁し、妹お仲十八歳は、元三郎（摂津国島下郡一ツ屋村、庄屋馬場三郎兵衛家より養子縁組）を養子に迎え、中島平五郎を継ぐ。儀輔政孝の娘かう三歳。また中島家には下男・下女・酒蔵働人が十数人いる。

尚、祖父九右衛門曽平が文政八年に六十歳、祖母里よが文政七年に世を去っている。

この文政十三年の年は、中島家の全盛期で、その家産は河州で比肩する者なしといわれた。

編者紹介

中島三佳（なかじまかずよし）

1944年　大阪府枚方市生まれ

現　職　枚方市立枚方中学校教諭

(財)枚方市文化財研究調査会評議員

宿場町枚方を考える会事務局長

論　文　「文政十三年のお蔭踊りについて―東海道枚方宿を中心に―」(『地方史研究』168号

「文政五年の勅使・院使の人馬賃銭不払いについて―院使日野資愛

卿と東海道枚方宿の豪農中島家の動向―」(『地方史研究』237号

松本弦子（まつもとつるこ）

1920年　京都市生まれ

旧制京都府立第一高女卒

地域文化誌「まんだ」編集部

枚方宿役人日記

―中島儀輔御用留―

清文堂史料叢書　第63刊

1992年12月20日　初版発行

編　者　中　島　三　佳

松　本　弦　子

発行者　前　田　成　雄

組版／大阪書籍　製版／六陽製版　印刷／朝陽堂印刷　製本／倉橋製本

発行所　542 大阪市中央区島之内2-8-5

清文堂出版株式会社

電話06-211-6265 振替大阪5-6238

ISBN4-7924-0380-4 C3021